W0343786

# Frontières

## DU MÊME AUTEUR

*Famines et politique*, Presses de Sciences Po, coll. La Bibliothèque du citoyen, 2002.

*La faim dans le monde, comprendre pour agir*, PUF, 1999.

*Géopolitique de la faim* (maître d'œuvre), rapport annuel d'Action contre la faim 2001, 2000, 1999, PUF.

*Le monde peut-il nourrir le monde ?*, Croissance, les clés de la planète, n° 1, 1996.

*Ceux qui vont mourir de faim*, Éd. du Seuil, coll. « L'Histoire immédiate » (1997), traduit en portugais aux Éditions Campos das lettras (1997), en espagnol aux Éditions Mensajero (1998).

*La coopération Nord-Sud*, PUF, « Que sais-je ? », 1997.

*Le sous-développement*, PUF, « Que sais-je ? », 1996.

*Les problèmes alimentaires dans le monde* (maître d'œuvre, avec Yves Léonard), Cahiers français, n° 278, La Documentation française, 1996.

*Le Sud dans la nouvelle économie mondiale*, PUF, coll. « Major », 1995.

*Le gaspillage de l'aide publique*, Seuil, coll. « L'Histoire immédiate », 1993.

*Les Tiers Mondes*, La Documentation photographique, n° 7014, Documentation française, décembre 1992.

*Une tragédie banalisée : la faim dans le monde* (avec le concours de l'AICF), Hachette, coll. « Pluriel-Intervention », 1991

*Sahel, Nordeste, Amazonie : politiques d'aménagement en milieux fragiles* (maître d'œuvre, avec Nelson Cabral), Unesco-L'Harmattan, 1991.

*Tiers Mondes, controverses et réalités* (maître d'œuvre), Economica-Liberté Sans Frontières, 1987.

*Le Nordeste brésilien, les véritables enjeux*, LSF, 1986.

*Asie, Afrique : greniers vides, greniers pleins* (maître d'œuvre), Economica, coll. Économie agricole, 1986.

*La vache du riche mange le grain... du riche*, LSF, 1985.

# Sylvie Brunel

# Frontières

ROMAN

DENOËL

*En application de la loi du 11 mars 1957,*
*il est interdit de reproduire intégralement ou partiellement*
*le présent ouvrage sans l'autorisation de l'éditeur*
*ou du Centre français d'exploitation du droit de copie.*

© 2003, by Éditions Denoël
9, rue du Cherche-Midi, 75006 Paris
ISBN 2-207-25462-3
B 25462-3

# 1.

Quand Sarah pénétra dans les locaux de Mission contre la Famine, elle se crut dans une agence de publicité. Décor gris métallisé, hôtesse derrière un vaste comptoir d'accueil, plantes vertes et salon de réception donnant sur un jardin intérieur... Jamais elle n'aurait imaginé ainsi le siège des mythiques French doctors, dont l'épopée fascinait la jeunesse du monde occidental.

– Fabrice ! Kaboul en ligne !

La jeune femme sursauta. Un micro nasillard et réglé trop fort beuglait. Des ordres brefs, impérieusement aboyés, laminaient l'espace d'une façon que Sarah jugea oppressante.

Comme rien ne se passait, l'appel fut répété plusieurs fois. Brusquement, il changea de nature.

– Fred ! La radio pour le Honduras !

Sarah regarda autour elle, s'attendant à voir débouler, toutes affaires cessantes, des hommes au front soucieux. Mais personne ne semblait réagir. Le hall était fendu en tous sens par des personnes parfaitement indifférentes aux appels. La plupart transportaient d'un lieu à l'autre les objets les plus hétéroclites : sacs postaux débordant de lettres, malles, valises et sacs à dos, matériel électronique... Café noir aussi. Pas une qui ne tienne à la main un gobelet vacillant, dans une tentative hasardeuse de concilier le déplacement de liquide brûlant et d'éléments solides, visiblement très lourds. La planète entière attendait au téléphone, mais les French doctors ne se montraient pas. Sarah supposa qu'une agitation intense devait régner dans les étages, hors de la vue du commun des mortels.

La voyant plantée dans le hall, indécise, l'hôtesse se détourna du micro pour l'interpeller. Avec son sweat défraîchi, son air d'avoir passé la nuit sous les ponts et ses cheveux qui avaient dû, en d'autres temps, être teints en blond, elle était déjà plus proche de l'idée que Sarah se faisait des humanitaires. La jeune femme expliqua qu'elle avait rendez-vous avec le service du recrutement.

Ce n'était pas tout à fait exact : elle avait juste reçu une lettre l'informant que sa candidature avait été sélectionnée Rien d'étonnant d'ailleurs, après plus de cinq ans en Afrique, même si c'était dans une association plus petite. Plutôt que de suivre la procédure normale, interminable, avec le film de présentation, la présélection, les entretiens de recrutement..., elle avait décidé de tenter sa chance directement : se présenter au siège de l'organisation en faisant valoir sa disponibilité immédiate pouvait peut-être lui permettre de quitter très vite la France.

Depuis qu'elle était rentrée du dispensaire burkinabé où elle avait travaillé pour une organisation religieuse, Sarah se sentait décalée à Paris. Tout lui paraissait étranger : les préoccupations des gens, la lecture des journaux, avec leurs gros titres sur le salaire des cadres et les nouveaux régimes miracles, le temps toujours compté où il fallait sans cesse regarder sa montre, être pressé. L'isolement aussi. Après avoir passé des années à partager la vie d'une communauté, la solitude parisienne, l'égoïsme, l'incompréhension de ses amis et de ses parents, l'hostilité qui sourdait des passants, ces regards fuyants qui, jamais, ne croisaient le sien dans la rue, tout lui était insupportable. Même les petits bobos des enfants, que des mères affolées lui amenaient dans le service de pédiatrie où elle assurait un remplacement, l'exaspéraient : il fallait faire semblant de les prendre au sérieux, donner des conseils, des traitements, alors qu'ils guériraient tout seuls en trois jours. Elle voulait repartir pour l'Afrique.

– Vous avez rendez-vous ?

– Oui... Enfin, non. Mais Mme Braga m'a envoyé une lettre en me demandant de me présenter au siège. Mon nom est Sarah Dutour.

– Vous êtes médecin ?

– Non, infirmière.

– Alors, il faut assister à la réunion d'information du mercredi. Mme Braga ne reçoit que sur rendez-vous. Et seulement après que vous avez participé à la réunion d'information. Vous avez rempli le dossier de candidature ?

– Mais... c'est que je suis disponible immédiatement. J'ai pensé qu'en venant...

– Désolée, mais ça ne marche pas comme ça ici. Nous sommes jeudi, vous pouvez bien attendre la semaine prochaine, non ?

– Bien sûr, mais bon, comme je suis disponible, j'ai pensé que...

Sarah commençait à s'embrouiller, gênée de son insistance. Elle avait naïvement cru que ces grosses organisations non gouvernementales, les ONG comme on les appelait, avaient un besoin impérieux de personnes prêtes, comme elle, à tout abandonner pour passer de longs mois dans les pays les plus pourris. Les revues médicales qui traînaient dans la clinique où elle avait trouvé son intérim assuraient que les agences d'aide avaient de plus en plus de mal à recruter des professionnels de santé compétents et expérimentés. Surtout depuis que les préparatifs de la guerre en Afghanistan mobilisaient les ONG du monde entier, prêtes à intervenir pour lutter contre la famine dans le sillage des militaires américains. Elle pensait donc qu'on allait l'accueillir à bras ouverts et se sentait ridicule, maintenant, de poireauter dans ce grand hall sillonné par des gens affairés, qui la contournaient comme un obstacle gênant sans lui prêter aucune attention.

L'hôtesse devait avoir l'habitude de ce genre de situation car elle ne montrait nulle contrariété, nulle hostilité. Le désarroi de Sarah la touchait.

– Écoutez, puisque vous êtes infirmière, je vais téléphoner à Mme Braga. On ne sait jamais, elle acceptera peut-être de vous recevoir. J'ai vu qu'un de ses rendez-vous de ce matin s'était décommandé.

La femme disparut derrière le comptoir pour pianoter sur un énorme central téléphonique. Sarah regrettait à présent d'avoir insisté. Était-elle vraiment sûre, après tout, d'être disponible immédiatement ?

– Véronique ? C'est Nadia, au standard. Pardonnez-moi de vous appeler pour vous poser cette question – je connais déjà la réponse –, mais j'ai ici une jeune infirmière, Sarah Dutour, qui dit que vous l'avez contactée. Elle m'assure être libre pour partir tout de suite. Elle n'a pas assisté à la réunion d'information. Je lui dis de revenir, n'est-ce pas ?

Sarah pensa que pour que l'hôtesse prenne autant de précautions, la Véronique en question ne devait pas être commode. Mais son visage parut se détendre.

– D'accord, je la fais attendre.

Elle raccrocha, visiblement heureuse de ne pas s'être fait envoyer aux pelotes, et se tourna vers Sarah.

– Vous avez de la chance ! Mme Braga va vous recevoir.

Elle ajouta sur un ton complice :

– Elle avait justement rendez-vous ce matin avec une infirmière qui devait partir pour le Sawana. La fille vient d'appeler pour annuler. J'ai vu que ça l'avait beaucoup contrariée. Avec l'Afghanistan, on manque de volontaires en ce moment. Si ça tombe, vous serez dans l'avion dans trois jours ! Asseyez-vous là-bas, elle vous recevra dès qu'elle le pourra.

Sarah prit la nouvelle comme un coup de poing. Quand même, le Sawana dans trois jours... Elle savait que le pays était en guerre civile depuis longtemps. Beaucoup d'organisations humanitaires, à commencer par celle qui l'employait jusque-là au Burkina, avaient renoncé à y travailler en raison de la confusion qui régnait dans le pays. Elle qui pensait qu'on l'enverrait sans doute en Afghanistan, comme les autres. Était-elle sûre de vouloir partir aussi vite ?

Elle s'installa dans un des fauteuils bas du salon de réception, dont l'esthétique – discutable – et l'inconfort – incontestable – laissaient à penser qu'ils avaient été conçus par quelque designer à la mode. Ils commençaient à faire fureur dans ce quartier en voie de réhabilitation accélérée, où les boutiques de fringues et les restos branchés évinçaient inéluctablement les anciennes boutiques de meubles et les ateliers de confection.

Deux grands gaillards à la pilosité mal maîtrisée, un moustachu qui ressemblait à un camionneur et un grand barbu tout maigre, s'approchèrent d'elle. Des French doctors ! Elle crut ingénument qu'instruits de sa présence, ils venaient s'enquérir de ses compétences et elle amorça le geste de se lever pour les accueillir. Sans même noter sa présence, ils passèrent à côté d'elle pour rallier la machine à café. Elle la remarqua alors, juste derrière son siège. Les deux hommes se servirent puis restèrent là, tranquillement, à converser en fumant, ignorant les appels micro que l'hôtesse poursuivait inlassablement.

Sarah leur jetait des coups d'œil à la dérobée. Elle se demanda s'il y avait un uniforme humanitaire : ils portaient la même tenue négligée, jean et chemise fripée, pataugas avachis aux pieds. Elle était mal placée pour les juger d'ailleurs : la sienne ne valait guère mieux, avec son jupon défraîchi et ses sabots d'un autre âge. Mais surtout, leur visage était marqué, les yeux cernés, l'air las, comme s'ils avaient commis trop d'excès, épuisé précocement leurs forces.

– Tu as lu le dernier rapport de Morteau sur l'Afghanistan ?

C'était le grand maigre qui parlait.

– Heureusement ! En tant que directeur général quand même... il a disjoncté le pauvre, non ? Je lui ai conseillé de prendre quelques jours de vacances. En tout cas, pas question de montrer un truc pareil aux crânes d'œuf du conseil d'administration.

Sarah avait sursauté. Elle avait bien entendu : le moustachu baraqué dirigeait la boîte. Il devait s'agir de Bernard Boron, elle avait vu sa photo sur la plaquette de présentation de MCF – Mission contre la Famine avait acquis une telle notoriété que tout le monde, désormais, ne désignait plus l'organisation que par son sigle. Elle jeta un coup d'œil discret au dépliant : c'était bien lui. Sauf que près de la machine à café, il arborait un air ronchon, très différent du sourire avenant de la photo. Il avait l'air furieux contre lui-même et contre les autres. Seule sa Gitane, dont il tirait de grosses bouffées qui empestaient l'atmosphère, semblait lui procurer quelque apaisement. Enveloppée peu à peu par le nuage de fumée, Sarah avait l'impression d'être assise auprès d'un cendrier géant.

– Attends, Bernard, il ne fait que dire la vérité, rétorqua le grand maigre. Ce que nous faisions en Afghanistan depuis sept ans n'était pas vraiment un exemple d'action humanitaire neutre et indépendante. Tu te rends compte qu'on en était à supplier les talibans de pouvoir soigner des mômes en train de mourir de faim ?

– Tu exagères !

Le cendrier à moustaches semblait avoir de grandes difficultés d'élocution. Il cherchait en permanence ses mots et ses bafouillages avaient l'air de le rendre plus furieux encore. L'autre devait être un subordonné car il tenait visiblement à ménager la susceptibilité de son interlocuteur. Il avait payé les deux cafés sans broncher quand Bernard Boron lui avait déclaré abruptement qu'il n'avait pas de monnaie sur lui. Il reprit ses explications avec une passion qui, ajoutée à sa maigreur et à ses yeux fiévreux, évoquait pour Sarah une sorte de Christ déchu.

– Pas du tout. Le régime a peu à peu durci les conditions d'intervention des ONG occidentales. Employer du personnel féminin est devenu de plus en plus difficile. Et tu sais bien que sans personnel féminin, on ne peut pas soigner les mères et leurs gosses. La dernière fois que je suis allé à Kaboul, juste avant qu'on évacue, un môme est mort parce que la mère était montée à l'avant du véhicule conduit par notre chauffeur.

– J'ai vaguement entendu parler de cette histoire. Qu'est-ce qui s'est passé exactement ?

– Tu sais bien que c'est interdit par les milices de, comme ils disent là-bas, la prohibition du vice et la promotion de la vertu...

– Arrête Fabrice ! Chaque fois que j'entends ce nom-là, j'ai l'impression que tu te moques de moi !

– C'est vrai pourtant. Je peux te l'assurer pour avoir vu se comporter ces fous furieux. Ces mecs-là sont de vrais dangers publics. Ils dressent des barrages dans les rues pour vérifier que tout le monde respecte bien la loi islamique. Enfin, leur loi islamique à eux...

L'autre fit un geste agacé, d'un air de dire : abrège, je n'ai pas beaucoup de temps.

– OK, je vais vite, obtempéra le Christ, qui tenait quand même à raconter son histoire. Les milices ont arrêté la voiture manu militari et fait descendre la femme, parce qu'elle n'avait pas le droit de voyager à côté d'un homme. Le chauffeur a eu beau dire que la voiture était déjà pleine, qu'il n'y avait plus de place à l'arrière, que le gamin allait mourir si on ne l'emmenait pas tout de suite au dispensaire, ils n'ont rien voulu savoir. Ils ont chassé la femme et l'enfant, fouetté le chauffeur. Quand on a pu renvoyer une autre voiture, le lendemain, c'était trop tard : le môme était mort.

Le moustachu n'eut pas l'air plus perturbé que ça. Il poursuivait sa petite idée.

– Et avec l'intervention américaine, tu crois que ce sera plus facile d'agir ?

– Pour l'instant, on a fait évacuer tout le personnel. Ils sont prépositionnés dans les pays limitrophes. Véro cherche des gens pour renforcer les équipes, au Pakistan surtout. Dès que le pays s'ouvre, on fonce, comme tu nous l'as demandé.

– Un peu qu'on fonce : les budgets vont être considérables. Un truc à se faire des couilles en or.

Sarah tiqua. Elle ne s'attendait pas à une telle remarque. Mais son interlocuteur – Boron l'avait appelé Fabrice, Sarah pensa qu'il s'agissait peut-être de celui que l'hôtesse appelait tout à l'heure au micro – ne parut pas choqué.

– À qui le dis-tu ? Quand ils veulent, les Ricains savent mettre le paquet. Au moins, ça va renflouer les comptes. Sauf si MCF-USA nous mange la laine sur le dos...

– Qu'ils essaient ! Cette fois-ci, compte sur moi pour leur piquer les budgets. Pas question de se faire feinter comme en Somalie.

D'évoquer ce qui paraissait un sale souvenir, Boron en fulminait de rage. Son subordonné joua l'apaisement.

– On peut dire qu'elle est la bienvenue, cette urgence : des années qu'on en avait pas eu une aussi bonne. Heureusement qu'il y a le Sawana...

Sarah devait les regarder avec un peu trop d'insistance car le moustachu fit un signe à son copain pour qu'il baisse le ton. Gobelets à la main et clope au bec, ils s'éloignèrent. L'infirmière, perplexe, réfléchissait à ce qu'elle venait d'entendre. Elle n'avait pas compris grand-chose, mais la conversation lui paraissait quand même surprenante pour un sanctuaire de l'altruisme planétaire.

Elle n'avait pas remarqué que l'hôtesse tentait depuis plusieurs minutes d'attirer son attention. La fille finit par quitter son poste, furieuse d'être obligée de se déplacer : le standard téléphonique ne lui laissait pas une minute de répit.

– Vous pouvez monter au premier étage, Mme Braga vous attend.

Sarah gravit un escalier de métal brossé puis longea une coursive. Le bâtiment ressemblait à un immense navire, prêt à larguer les amarres pour tous les pays du monde. Sa salle d'attente n'abritait-elle pas des milliards d'hommes, ainsi que le proclamait une publicité diffusée sur toutes les ondes ?

– Entrez.

La voix ne contenait pas une once de chaleur. Dès que Sarah vit le regard d'acier que jetait sur elle Véronique Braga, elle comprit que mieux valait ne pas être trop féminine pour s'attirer les bonnes grâces de cette femme sans âge, maigre, comme desséchée sous son casque de cheveux gris comme de la paille de fer. De sévères lunettes métalliques accentuaient son air revêche. Sarah vit dans sa posture de méchanceté la preuve d'un manque d'assurance, le besoin d'imposer le respect coûte que coûte.

Plus tard, lorsqu'elle aurait rejoint le « terrain », elle apprendrait par les autres volontaires que comme dans beaucoup d'autres organisations humanitaires, la directrice du personnel était une ancienne volontaire, une infirmière comme elle. La plupart des ONG plaçaient des infirmières au service du recrutement, car on leur prêtait des qualités humaines spécifiques qui les auraient rendues aptes à sonder la nature humaine. Véronique Braga s'était donc vue confier ce poste parce qu'il fallait bien la recaser après trop d'années passées sur le terrain, qui l'avaient définitivement coupée du monde professionnel.

À MCF comme dans les autres ONG, les volontaires les plus anciens s'étaient, au fil des années, emparés de tous les postes de direction. Ainsi ils étaient sûrs de contrôler l'organisation, évinçant tous les rivaux potentiels, balayant les critiques du haut de la supériorité que leur conféraient leurs années de mission. Le « terrain » les avait adoubés : eux seuls savaient, eux seuls détenaient la légitimité. Les autres ne pouvaient être que des imposteurs. Tout cela, Sarah l'apprendrait bien plus tard, elle comprendrait rétrospectivement l'attitude d'emblée hostile de celle que tous les volontaires de l'ONG avaient appris à craindre.

Véronique Braga était célibataire. Elle élevait seule deux enfants dont nul ne connaissait le père, et se vengeait des difficultés de la vie en piétinant les espoirs des jeunes gens qui rêvaient de devenir des volontaires de terrain, prenant soin d'envoyer en Afrique celui qui désirait travailler en Asie, s'acharnant à séparer les couples au nom des besoins suprêmes de l'organisation. Les volontaires se défoulaient en l'affublant de mille sobriquets : la Kapo, la porte de prison, la directrice des ressources inhumaines... Mais ils redoutaient tous l'épreuve de son bureau : selon son humeur, elle pouvait leur réserver les missions les plus agréables, dans des endroits paradisiaques (pour les Blancs), comme Madagascar ou Sri Lanka, ou bien les expédier dans l'enfer de la Somalie. Ou du Sawana en guerre.

Après des années de baroud sans confort et sans attaches, Véronique Braga avait eu envie de poser son sac à dos, de pouvoir envoyer ses enfants à l'école sans l'escorte de deux gardes armés. La tâche qu'elle avait acceptée à MCF était difficile : sonder les motivations réelles des candidats au départ était une nécessité absolue pour éviter, quelques semaines plus tard, les rapatriements pour dépression nerveuse ou crise de folie, toujours effroyablement coûteux pour l'organisation. Le volontaire qui, peu à peu, perdait pied minait le reste de l'équipe et compromettait la survie de la mission. Les mauvais coucheurs, les fêlés, les cas pathologiques devaient impitoyablement être décelés dès l'entretien de recrutement car, ensuite, l'organisation engageait des frais de formation et de voyage qui devenaient de plus en plus lourds.

Véronique Braga n'avait donc pas droit à l'erreur. Et elle prenait son rôle très au sérieux. Depuis dix ans qu'elle officiait au siège, elle commençait à connaître la chanson. Pour elle, les candidats au départ se répartissaient en quatre catégories.

D'abord les déçus : un quart environ de ceux qui se présentaient étaient en train de vivre une rupture et voulaient très vite donner un sens, un nouveau départ, à une existence assombrie par un échec. Familiales, professionnelles, sentimentales... les raisons ne manquaient pas de vouloir couper les ponts. Ces candidats-là pouvaient se révéler les meilleurs volontaires... ou les plus catastrophiques. Elle devait juger très vite s'ils allaient trouver dans l'exil une nouvelle raison de vivre ou s'enfoncer dans la déprime.

Ensuite, les héros. Ceux-là venaient par idéalisme, s'imaginant investis d'une mission rédemptrice. Les recruter n'était pas moins risqué : une fois confrontés aux difficultés du travail de terrain, à l'hostilité de la population parfois, leur atterrissage était douloureux. La désillusion pouvait les remplir d'amertume, les rendre agressifs.

Troisième catégorie selon Véronique Braga, les rationnels. Ils planifiaient soigneusement leur expatriation dans le cadre d'un plan de carrière. Les préférés de la recruteuse : compétents, la tête sur les épaules. Un peu cyniques aussi : ils savaient que bien présentée, leur expérience humanitaire pouvait se négocier au prix fort auprès de leurs futurs employeurs. Au moins, ceux-là ne s'attardaient pas dans l'humanitaire. Elle n'avait pas à régler l'éternel et douloureux problème de la réinsertion des volontaires de terrain. Surtout quand ils sortaient laminés de leurs années de mission, comme ceux qu'elle appelait les has been.

Ah, les has been ! En pensant à eux, Braga soupira. Le dernier quart, le pire. Les non-recasables. De vieux humanitaires qui ne parviendraient jamais à retrouver un travail « normal ». Irrémédiablement cassés par leurs années de terrain, ils étaient condamnés à rempiler éternellement. Sillonnant la planète mission après mission, jusqu'à ce que l'alcool, la drogue, le sida ou une balle perdue, dans les endroits pourris où ils étaient les seuls à accepter de travailler, les fauchent glorieusement au champ d'honneur de la solidarité internationale.

Des paumés à la recherche d'une raison de vivre, des professionnels chevronnés qui s'offraient un break avec la certitude de retrouver leur job à l'hôpital, de jeunes diplômés perclus de certitudes, des idéalistes prêts à vivre dans les conditions les plus dures pour être fidèles à leurs convictions, Véronique Braga en avait vu défiler, des candidats au départ. Leur nombre ne cessait de croître. Le service du recrutement s'était étoffé au fil des années : une brochette de jeunes diplômés l'assistaient désormais dans la tâche ingrate de trier l'amoncellement de candidatures suscitées par l'image romantique de Mission contre la Famine, toujours au chevet d'un monde souffrant. Ses assistants assuraient maintenant les entretiens de présélection. Mais Véronique Braga tenait à voir personnellement tous ceux qui avaient passé ce premier filtre : elle seule pouvait se targuer de l'expérience de terrain qui lui permettait de déceler, en quelques secondes, le profil psychologique d'un candidat au départ, lorsqu'il prenait place dans son bureau et qu'elle le toisait à la recherche de ses fêlures intérieures. Dans une vie normale, ces fêlures seraient restées profondément enfouies. Elles explosaient lorsque celui qui les portait se trouvait confronté à une situation de stress insupportable.

Souffrance d'être confronté à la violence et à la mort, insécurité permanente des conditions de vie et de travail, tensions avec les autorités et les employés locaux, promiscuité constante avec le reste de l'équipe, difficulté à s'isoler et à faire le point – ce qui n'empêchait pas une solitude profonde –, disparition des repères familiers. Plus le froid glacial la nuit, mais la chaleur torride durant la journée, une nourriture toujours identique, des conditions d'hébergement précaires..., tout se liguait pour mettre les nerfs du volontaire à fleur de peau. Le courrier qui n'arrive pas, la même cassette cent fois réécoutée, le même livre, lu et relu, qu'on connaît par cœur au fil des mois. Le sentiment d'être abandonné par le bureau parisien qui, lui, vit confortablement et s'octroie la meilleure part : un travail salarié bien rémunéré et la renommée humanitaire, sans les difficultés concrètes du travail de terrain... Quelques semaines de ce régime suffisaient parfois à briser les carapaces les plus solides, à rendre fous certains individus. Les rapatrier d'urgence coûtait cher à l'organisation. Retrouver le quotidien calme et confortable de leur famille, de la vie provinciale, de leurs amis leur permettait en général de se refaire une santé. En apparence. C'est à ce moment-là qu'ils repartaient proposer leurs services à une autre organisation.

Ceux-là, Véronique Braga devait les déceler au plus vite. Toute seule. La concurrence avec les autres associations humanitaires était telle que tout le monde s'arrachait les meilleurs volontaires. Les recruteurs tentaient de se refiler en douce les cas pathologiques comme des patates chaudes. Esclandres et faux pas étaient soigneusement étouffés : le petit monde caritatif avait très vite compris qu'aucun scandale, qu'il s'agisse d'escroquerie aux dons, de missions ratées ou de personnel incompétent, ne devait transparaître à l'extérieur. C'était la condition pour que les organisations puissent continuer, en incarnant un idéal de vertu et de solidarité, à faire appel à la générosité publique. Révéler, se plaindre, c'était scier la branche sur laquelle l'ensemble de la corporation était assis.

Voilà pourquoi Véronique Braga était quelqu'un de stressé : sur ses épaules reposait la bonne santé de MCF. Les volontaires étaient le nerf de la guerre humanitaire.

La directrice du personnel avait fait une entorse à ses principes en acceptant de recevoir immédiatement Sarah, mais elle avait une bonne raison : l'infirmière chevronnée qui devait partir en urgence pour le Sawana venait de lui faire faux bond. Une méchante crise de paludisme, contracté lors d'une précédente mission, avait-elle expliqué au téléphone. Véronique Braga la soupçonnait d'avoir eu des propositions plus alléchantes de l'organisation rivale, Médecins Urgence Solidarité. Avec l'Afghanistan, c'était la foire d'empoigne pour les volontaires. Même si personne ne pouvait intervenir dans ce pays avant l'attaque américaine, elle avait dû prépositionner, comme on disait dans leur jargon, des équipes tout autour du pays. En Iran, au Pakistan, au Tadjikistan, en Ouzbékistan... Une fois que les Américains auraient bombardé l'Afghanistan, il faudrait accueillir les réfugiés et commencer à reconstruire le pays. Seules les agences d'aide qui pouvaient déjà se prévaloir de leur présence sur place recevraient des financements. Du coup, elle était obligée de vider les autres missions de MCF pour approvisionner l'Asie centrale, même si les volontaires y passaient leur temps à attendre, sans rien faire.

Le Sawana non plus n'était pas un pays à négliger. La France payait cash les programmes humanitaires dans cet État ami, habillant ainsi d'un vernis philanthropique ses approvisionnements stratégiques en pétrole. Grâce à l'argent reçu pour le Sawana, MCF pouvait renflouer ses caisses et financer des missions dans d'autres pays qui n'intéressaient personne. Pas question, donc, de laisser dépeuplée la mission Sawana. Et justement la recruteuse avait des soucis à son sujet.

Véronique Braga profita des quelques secondes où Sarah prenait place dans son bureau pour la scanner de son œil d'aigle. La candidate au départ lui plut : modeste d'apparence, ni maquillée, ni trop négligée, l'air plutôt à son aise mais sans forfanterie. Elle ne paraissait pas particulièrement décontenancée par son accueil glacial.

Pendant quelques instants la recruteuse inspecta en silence l'infirmière, avec sa sévérité coutumière qu'elle justifiait désormais par la nécessité de mesurer le degré d'émotivité des postulants. Sur le papier, Braga avait trouvé excellent le profil de Sarah Dutour : une fille compétente, pas trop jeune, qui possédait une expérience précieuse puisqu'elle avait déjà travaillé de longues années dans le domaine caritatif, en Afrique noire qui plus est. Disponible immédiatement aussi. La volontaire idéale. Restait à savoir quelle personnalité cachait ce curriculum vitae parfait.

L'entretien dura plus de trente minutes. Sarah Dutour répondait posément à toutes les questions, avec une certaine placidité. Non, elle ne laissait pas en France une famille, un mari, des enfants. Ni même un petit ami, ajouta l'infirmière en riant. Braga resta de marbre, soucieuse de ne pas laisser s'installer entre elles une complicité qui aurait été préjudiciable à une bonne évaluation. Surtout dans un domaine pour lequel elle avait, personnellement, perdu depuis longtemps tout sens de l'humour. Elle poursuivit sa batterie de questions avec raideur. La candidate au départ ne paraissait pas s'en formaliser. Oui, poursuivait l'infirmière, elle aimait l'Afrique et ne craignait pas d'y retourner. Oui, elle pratiquait sans problème le travail d'équipe. Oui enfin, elle acceptait de quitter son emploi actuel pour s'engager comme volontaire.

En son for intérieur, la décision de Véronique Braga était déjà prise : il fallait que cette fille parte au plus vite. Elle résista néanmoins à l'envie de lui demander immédiatement si elle avait bien tous les vaccins nécessaires et un passeport valide, se contentant d'expliquer que la situation du Sawana nécessitait de renforcer la mission sur place, dans la région du Soro : la guerre civile avait multiplié le nombre de réfugiés en provenance du nord du pays, la faim gagnait du terrain, l'équipe ne parvenait plus à faire face. Même si l'Afghanistan était la priorité des priorités, elle devait d'urgence accroître les effectifs au Sawana. Voilà pourquoi, se justifiait la directrice du personnel, elle avait décidé de recevoir une candidate qui n'était pas passée par toutes les étapes habituelles de sélection des volontaires. Sarah, qui ignorait comment procédait MCF en la matière, n'entrevoyait qu'une chose : elle allait retourner très vite dans « son » Afrique. Et pour le compte d'une des organisations d'aide les plus prestigieuses au monde.

Quand la jeune femme sortit du bureau de Véronique Braga, celle-ci poussa un soupir de soulagement : son problème était déjà en partie réglé. Dans sa typologie personnelle, elle classait l'infirmière parmi les héros, mais les héros rationnels. Elle s'empressa d'appeler Philippe Morteau, le responsable géographique en charge du Sawana.

– Philippe ? C'est Véro. Je t'ai trouvé une infirmière pour le Soro. Première mission, mais déjà de l'expérience. La fille plus-plus-plus.

Dans son jargon, c'était le top. Morteau la félicita chaleureusement.

Sarah aussi était soulagée que l'entretien se soit conclu positivement. La responsable du personnel de MCF n'incitait pas vraiment à la décontraction. Et puis elle dégageait une écœurante odeur de banane que Sarah avait trouvée assez pénible à supporter. Personnellement, elle ne se parfumait pas, mais si elle avait eu envie de le faire, jamais elle n'aurait opté pour cette surprenante fragrance.

Il lui fallait maintenant faire le tour des bureaux. Par chance, elle avait son passeport sur elle, ce qui lui permit de le déposer au service des visas. Il s'occuperait de l'adresser à l'ambassade du Sawana en France. Au département du départ, des filles avenantes lui remirent des documents d'information et des guides professionnels. Tous les volontaires en partance devaient les connaître, insistèrent-elles.

Elles lui demandèrent aussi de lire attentivement ce qu'elles présentèrent comme la « charte de déontologie » de l'organisation. Sarah devait l'approuver par écrit et y apposer sa signature. Elle s'engageait ainsi à respecter les principes de l'organisation, à adhérer à ses valeurs, à ne pas prendre parti dans les conflits qu'elle serait amenée à côtoyer, à respecter les valeurs religieuses et les us et coutumes du pays qui allait l'accueillir. Sarah le parcourut en diagonale et signa immédiatement : c'était l'évidence même.

On l'envoya ensuite au département des nutritionnistes : en tant qu'infirmière, elle allait recevoir une formation de quelques jours avant de partir, afin de prendre connaissance des méthodes employées par l'organisation pour lutter contre la faim. Sarah se perdit dans des couloirs labyrinthiques mais, à force de déranger les uns et les autres, elle finit par aboutir dans le bon bureau. Il était situé tout en haut du bâtiment, comme si on avait voulu le reléguer sous les combles. Elle trouva cet éloignement surprenant de la part d'une organisation qui proclamait partout que la lutte contre la faim était sa priorité première.

Par politesse, elle frappa à la porte, pourtant ouverte, avant d'entrer. Trois filles plutôt revêches la dévisagèrent froidement sans esquisser un sourire. Elle devait mal tomber, se dit-elle. L'une des filles était aussi maigre et desséchée que le Christ de la machine à café, tandis qu'une autre était enfouie dans un tas de vêtements informes qui dissimulaient mal son obésité. Décidément, les employés de cette organisation respiraient la joie de vivre.

Ne sachant quelle contenance adopter, elle commit la maladresse d'avouer le mal qu'elle avait eu à les dénicher. Agacée, l'une des trois nutritionnistes – la seule qui présentait une corpulence à peu près normale – lui répondit qu'à MCF, ceux qu'on appelait les départements techniques, l'eau, la santé, la nutrition, étaient dissociés des responsables géographiques, qui dirigeaient, eux, les missions par pays. Sarah devina que la fille désapprouvait franchement cette organisation du travail, mais elle se garda bien de demander des éclaircissements. Personne ne devait gâcher sa joie d'avoir été recrutée.

La nutritionniste – elle s'appelait Gisèle – lui présenta l'ensemble des produits qui servaient à « récupérer », comme elle dit, les enfants affamés. Au fur et à mesure qu'elle lui parlait de son travail, elle paraissait retrouver sa joie de vivre.

Sarah examina les sachets de poudre de lait enrichi, les concentrés nutritionnels. Il y avait même des biscuits.

– Ce sont des prototypes élaborés avec une entreprise spécialisée, expliqua Gisèle. Nous sommes en train de les tester pour éviter aux mères de devoir rester dans les centres nutritionnels avec leurs gosses. Tu en utiliseras au Sawana.

Sarah passa près d'une heure dans le département. Une formation aux techniques de renutrition en situation d'urgence commençait dès le lendemain. Elle la suivrait avec d'autres infirmières, en partance comme elle.

Elle se rendit ensuite dans le bureau de Philippe Morteau, le responsable géographique du Sawana. Le « desk » Sawana comme ils disaient chez MCF. Il était vide, tout comme ceux d'à côté. Ne voyant personne, elle redescendit au standard. Nadia lui apprit, entre deux appels, que tous les responsables de l'association s'étaient réunis en comité de direction. Personne ne pouvait les déranger. Sarah crut déceler dans son ton une note d'ironie, mais le visage de la fille était resté impassible, parfaitement professionnel. Comme l'infirmière devait de toute façon revenir le lendemain, elle n'insista pas.

Elle se retrouva sur le trottoir, que l'ombre portée de l'immense navire avait noyé de pénombre, sans même réaliser encore ce qu'elle venait de vivre. Il lui avait suffi de quelques heures pour rejoindre la grande communauté de Mission contre la Famine ! Elle était décontenancée par tant de rapidité. La fille du standard avait presque vu juste : il ne lui restait que quelques jours en France, le temps de se familiariser avec son futur travail, avant qu'un avion ne l'emmène au Sawana.

## 2.

Retrouver à trente ans sa chambre d'enfant avait paru à Marc le signe d'un terrible échec. Il y avait bien la solution de se trouver vite une nouvelle amie qui disposerait d'un logement accueillant. Mais les efforts de séduction à déployer l'épuisaient d'avance, sans parler de toutes les complications prévisibles : les interrogations sur son emploi du temps, la jalousie, les crises. Il venait d'échapper à cet enfer, dont Laure était une vraie spécialiste – même s'il devait bien admettre qu'il en était largement responsable, avec son infidélité chronique –, y replonger aussi vite aurait été une erreur tactique. Et puis, avant d'envisager un emménagement commun avec une autre personne, il fallait quand même se connaître depuis quelques mois.

Il essaya de voir le bon côté des choses. Pourquoi ne pas profiter de ce congé sabbatique pour faire le point, voyager, se cultiver ? Tout ce qu'il n'avait plus eu le loisir de faire depuis des années. Il disposait enfin de temps et d'argent, l'occasion risquait de ne pas se renouveler avant longtemps.

Il décida d'acheter tous les livres qui lui faisaient envie depuis des lustres, pour pouvoir, enfin, combler les carences béantes de sa culture générale. Et puis il ferait de la musculation tous les matins. Son prof de boxe française pourrait même venir lui donner des cours particuliers à domicile. Finalement, c'était une chance, cette histoire. Même s'il reconnaissait qu'il ne s'était pas comporté très intelligemment.

Faire venir Nathalie dans l'appartement qu'il partageait avec Laure avait été une grossière erreur. Il aurait pu choisir tout simplement un hôtel. Mais il était furieux que Deloye lui ait refusé sa promotion : cet avancement, il l'attendait depuis des mois ; il le méritait, avec ses six ans d'ancienneté dont trois chez Caltech. En courtisant Nathalie, il avait voulu, en quelque sorte, faire coup double : se venger de son patron en lui piquant la nouvelle assistante et prendre sa revanche sur Laure, qui lui soufflait sous le nez le poste qu'il convoitait. Et l'augmentation de salaire qui allait avec.

Bien sûr, Laure n'y était pour rien, mais sur le coup, Marc était tellement furieux qu'il n'avait pas vraiment réfléchi. Depuis qu'il s'astreignait à rester vissé à son rameur plus d'une heure par jour – le rythme des pros, disait le mode d'emploi –, il avait le temps de se livrer à son autocritique. De repasser en boucle tous les événements des dernières semaines.

L'attitude goguenarde de Deloye surtout, il n'arrivait pas à l'oublier. C'est à cause d'elle que tout avait commencé. Lorsque son patron lui avait appris que Laure serait promue à sa place, il avait fait la tronche évidemment. Alors Deloye lui avait dit, en souriant d'un air condescendant :

– Enfin Marc, arrête de croire toujours que tout doit te tomber tout cuit dans la bouche ! C'est à Laure de passer senior cette année, elle a plus d'expérience que toi. Ton tour viendra.

– Sauf que tu n'ignores pas nos relations, avait grommelé Marc. Ça la fout mal que ma nana me passe devant dans la boîte.

Son boss avait éclaté de rire.

– Tu es vraiment gonflé d'oser dire une chose pareille ! Parce que c'est une femme, elle devrait attendre plus longtemps que toi ? Alors qu'elle a plus d'ancienneté que toi à Caltech ? Et qu'elle a réalisé un plus gros chiffre d'affaires cette année ?

Marc s'était renfrogné un peu plus encore, vexé jusqu'à l'os. Il le détestait, ce bellâtre toujours bronzé, qui jouait les gourous parce qu'il avait créé tout seul sa boîte d'ingénierie, puis l'avait fait croître tant et si bien que la presse économique ne cessait de donner en exemple la *success story* de Caltech.

Il était allé s'enfermer dans son bureau pour cuver sa rage. Laure n'était pas là, elle passait la journée chez un client. Heureusement, parce qu'elle n'aurait pas aimé voir comment son petit ami avait accueilli la nouvelle de sa nomination à l'un des postes les plus enviés de Caltech. Marc se doutait bien que l'un ou l'autre des collègues de la boîte se chargerait de lui transmettre l'information. Mais sur le moment, il s'en fichait. C'était quand même dégueulasse de la part de Deloye. Une jalousie de mec, à coup sûr : Deloye ne supportait pas ses succès féminins. Déjà, quand Marc lui avait soufflé Laure, il avait eu beau ravaler son dépit, Marc avait senti qu'il était plus que contrarié...

Peut-être que si Deloye y avait plus mis les formes, il n'aurait jamais eu l'idée d'inviter Nathalie à déjeuner puis, un soir, de l'emmener au cinéma, puis de se mettre à faire du jogging avec elle... Chez Caltech, deux personnes au moins avaient commencé à allonger le nez : Deloye et Laure. Marc savourait sa revanche. Il aurait dû s'en tenir là.

Mais il avait commis une erreur, celle de sortir avec Nathalie. Et même, pour être plus précis, de l'emmener chez lui. Ou plutôt chez eux, puisque Laure et lui partageaient le même appartement. Erreur d'autant plus stupide que l'appartement appartenait aux parents de Laure, qui le mettaient à la disposition de leur fille et de son petit ami. Pouvait-il prévoir, aussi, que Nathalie et lui allaient s'y attarder, et beaucoup plus longtemps que prévu ?

Marc resserra d'un cran le niveau de difficulté du rameur. S'infliger une épreuve supplémentaire lui permettrait peut-être de chasser de ses pensées la scène. Nathalie et lui, nus, enlacés, les yeux rivés à l'écran de télévision. Hypnotisés par le plan fixe du World Trade Center dévoré par les flammes.

Tétanisés par l'effondrement successif des deux tours du plus grand centre d'affaires au monde, ils avaient oublié l'heure. Qui ne l'aurait pas oubliée à leur place ? Partout, dans le monde entier, quelles que soient leurs occupations, les gens s'étaient immobilisés devant le terrifiant spectacle que toutes les chaînes de télévision diffusaient en même temps.

Au début, Marc avait allumé la télévision pour que les voisins n'entendent pas les échos de leurs ébats. Nathalie et lui n'avaient même pas fait attention à ce qui s'y passait. Le ronron habituel des émissions du début de l'après-midi, destinées en principe à la ménagère de moins de cinquante ans – et en réalité regardées surtout par des ménagères de plus de soixante. Le feuilleton à l'eau de rose et les chansons s'étaient révélés tout à fait adaptés comme fond sonore. Juste ce qu'il fallait pour couvrir d'autres bruits. Les voisins avaient dû penser que la femme de ménage avait changé ses horaires et qu'elle repassait en regardant la télévision. Marc faisait très attention à ce que pensaient les voisins, tous plus ou moins amis des parents de Laure.

Nathalie travaillait depuis deux semaines à Caltech. Marc avait été conquis par cette jeune assistante pleine d'ambition professionnelle. Une célibattante sportive comme lui, qui, tous les jours, courait ou allait au club de sport. Une fille en apparence très sûre d'elle, très sexy. Marc n'avait jamais su résister au charme d'une jolie fille.

Le problème, c'est que Nathalie avait apparemment pris leurs badineries plus au sérieux que lui. Elle s'imaginait sans doute avoir enfin rencontré le grand amour. Le jeune ingénieur avait été un des rares à l'accueillir avec chaleur dès son arrivée chez Caltech. Les autres salariés n'avaient pas été très sympathiques, surtout les filles. Excepté Deloye évidemment, mais lui ne comptait pas : il devait s'imaginer que l'avoir recrutée lui donnait tous les droits. Nathalie avait raconté à Marc qu'elle repoussait régulièrement les avances de son patron, en essayant d'y mettre les formes jusqu'à l'expiration de sa période d'essai.

Nathalie savait bien, pourtant, que Laure était la petite amie officielle de Marc. Mais une petite amie virtuelle en quelque sorte : absorbée par une mission importante à l'extérieur de Caltech, Laure n'était jamais au bureau. Nathalie devait estimer que si Marc s'intéressait à elle, tant pis pour l'autre. À la guerre comme à la guerre. Elle n'avait pas fait de difficultés pour l'accompagner dans son appartement.

Mais avec cette histoire tragique et tellement incroyable de New York, le temps s'était comme suspendu. Figés devant la télévision, ils n'avaient pas vu l'après-midi passer.

Marc soupira. Il avait vraiment joué de malchance. Croiser les voisins sur le palier, en train de rentrer chez eux chargés de sacs et de paquets, au moment précis où Nathalie et lui quittaient enfin l'appartement... Il se souvenait encore des salutations gênées qu'ils avaient échangées tous les trois. La seule qui ne paraissait guère perturbée par la rencontre était Nathalie. Elle lui avait caressé les cheveux juste avant de monter dans l'ascenseur, faussement innocente.

Pendant quelques jours, il ne s'était rien passé. Marc espérait encore que son incartade resterait inaperçue. Il n'avait pas la partie facile : s'employer à ne pas donner trop de fausses illusions à Nathalie tout en ménageant les apparences vis-à-vis de Laure relevait du tour de force.

Mais, évidemment, les voisins avaient cafté. Assez sournoisement, estimait Marc, ils n'avaient pu s'empêcher de s'enquérir auprès des parents de Laure de l'identité de la jolie jeune femme croisée quelques jours plus tôt en face de chez eux, en compagnie de leur futur gendre. Informée, Laure l'avait questionné, déjà furieuse. Après des explications laborieuses et plutôt embrouillées, Marc avait dû avouer. Depuis, Laure était très en colère – et encore, se disait Marc, elle ne connaissait pas, heureusement, le dixième de ses infidélités. Ulcérée, elle lui avait demandé de prendre un peu de champ, le temps qu'ils fassent le point tous les deux sur leur engagement mutuel, comme elle avait dit.

Marc se retrouvait donc sans petite amie et, surtout – c'était plus grave à ses yeux –, sans appartement. Conséquence la plus concrète de son aventure : Laure lui avait fermé la porte au nez.

Chez Caltech aussi, l'ambiance avait été sacrément plombée par l'incident. Marc avait finalement rompu avec Nathalie, lui expliquant qu'il devait à tout prix sauvegarder son couple – en repensant à la scène, il se trouvait assez minable. La jeune femme l'avait très mal pris, évidemment.

Et puis, comme si la haine de Nathalie et la fureur de Laure n'étaient pas suffisantes, Deloye s'en était mêlé. Il avait convoqué Marc dans son bureau pour lui passer un savon. À l'entendre, Marc avait dépassé les bornes. Francis Deloye souhaitait des relations de travail saines entre ses collaborateurs. Par son attitude, l'ingénieur constituait un élément perturbateur. Deloye se demandait même si à cause de lui, il n'allait pas devoir se séparer de Nathalie, mettre fin prématurément à sa période d'essai : depuis cette malheureuse histoire, elle se révélait beaucoup moins efficace qu'avant. Une recrue pleine de qualités pourtant. Et le seul responsable de ce gâchis, c'était lui, Marc.

Pour clore l'entretien, Deloye avait fortement suggéré au jeune ingénieur de prendre le temps de faire le point. Le même discours que Laure...

Quelques jours après, Marc avait déposé une demande de congé sabbatique. Le patron de Caltech l'avait accueillie avec soulagement : il prévoyait un ralentissement de l'activité économique ; les événements aux États-Unis, la guerre peut-être, risquaient de remettre en question un certain nombre de contrats. Alléger la charge de personnel pendant quelques mois s'imposait.

Marc avait débarrassé son bureau pour que d'autres consultants puissent l'occuper en son absence. Ni Laure ni Nathalie ne vinrent lui dire au revoir. Il avait entassé quelques cartons dans sa voiture pour les déposer en banlieue : ses parents s'étaient déclarés prêts à l'héberger le temps qu'il trouve une solution de rechange.

Après quelques semaines de lecture et de musique, les charmes de la solitude et de la musculation commencèrent à s'épuiser. Marc avait bien essayé de rappeler ses anciennes copines, mais ses tentatives s'étaient révélées plutôt infructueuses : entre celles qui étaient casées et celles qui lui rappelaient d'un ton glacial la façon ignoble dont il s'était comporté à leur égard, il perdait beaucoup de temps au téléphone pour rien.

Il se rendit compte qu'il s'ennuyait horriblement. Le

rythme de la boîte lui manquait. Laure aussi. Il se sentait bête, à trente ans, de ne rien faire de ses journées. Ses copains étaient au boulot, les filles se méfiaient de lui. Il n'était pas très attirant dans son nouveau statut de dilettante. Les soirées devenaient interminables. À force de zapper sans fin devant la télévision en sifflant des whiskies, il était en train de se transformer en légume. En légume alcoolique. Il devenait agressif avec sa mère sans même s'en rendre compte. Bien évidemment, Laure refusait de le revoir. Il devait absolument sortir de ce marasme.

La révélation l'assaillit un matin qu'il déambulait dans les rues, après un vague jogging qui s'effilochait de plus en plus, comme tout le reste. La guerre en Afghanistan occupait l'espace urbain. Dans les rues, les affiches des ONG se multipliaient. Elles montraient des femmes et des enfants vêtus de haillons aux couleurs vives, sur fond de paysages montagneux grandioses. Les enfants étaient superbes, avec leurs yeux noirs soulignés de khôl, même s'ils marchaient pieds nus. On ne voyait pas le regard des femmes en revanche : elles étaient entièrement dissimulées sous de grandes robes bleues, dont les plis gracieux évoquaient les tableaux de la Renaissance italienne – il avait lu des ouvrages de peinture pendant son inactivité forcée. Seule l'espèce de grillage qui leur masquait le visage rappelait que l'esthétisme n'était pas de mise. Il convenait au contraire de se mobiliser contre l'oppression, clamaient les affiches à l'attention de ceux qui auraient pu se laisser aveugler par la beauté afghane : après vingt ans de guerre civile, trois ans de sécheresse et le joug d'un régime psychotique, le peuple afghan allait connaître un exode massif, que ne manqueraient pas de susciter les bombardements américains. Une catastrophe humanitaire majeure s'annonçait, l'imminence de l'hiver risquait de la rendre plus dramatique encore. Les ONG appelaient à une mobilisation massive : il fallait leur envoyer de toute urgence de l'argent afin qu'elles puissent éviter le drame.

Marc songea que la chance lui tendait les bras. Pourquoi ne pas profiter de l'intermède qui lui était imposé pour se rendre utile ? Certes, il avait mauvaise conscience, face à la tragédie qui se nouait à l'autre bout du monde, de continuer à envisager les événements sous un angle personnel. Mais il devait bien se rendre à l'évidence : l'humanitaire lui offrait une formidable occasion de rentabiliser son congé sabbatique.

Il monta dans sa voiture, pensif. Il avait depuis longtemps renoncé à prendre le métro, qu'il jugeait sale, bondé. Pas fait pour lui en un mot : trop peuple. Au moins, dans les embouteillages, pouvait-il écouter la radio, regarder les jolies filles passer dans la rue, occuper sa bulle sans penser au vide de son existence.

Il alluma la radio. Aussitôt jaillirent les mots terrorisme, représailles, taliban. La fin d'un reportage sur l'Afghanistan. Le présentateur donna ensuite la parole à l'invité du journal. C'était le directeur d'une ONG dont il venait de voir l'affiche : Mission contre la Famine, la fameuse MCF qui avait pignon sur rue depuis que Marc était petit. Il dressa l'oreille.

Invité à s'exprimer sur la situation du pays, l'homme répéta ce que Marc avait lu sur les affiches : le froid, la faim, la guerre, la sécheresse, les besoins humanitaires criants d'un peuple martyr. Marc trouva pourtant l'interviewé curieusement malhabile. Avait-il le trac ? Ses mots se bousculaient en désordre, entrecoupés de borborygmes incompréhensibles. De cette bouillie verbale, il ressortait surtout que dans un moment aussi critique, son organisation avait besoin d'argent. Et de volontaires pour l'Asie centrale.

Le journaliste, qui devait être désespéré par la piteuse prestation de son invité, saisit la balle au bond et lui demanda quelles sortes de compétences étaient recherchées. On sentit l'homme, coupé dans son laborieux élan, hésiter. Après un instant de silence pendant lequel Marc perçut l'impatience de l'interviewer – qui devait avoir l'œil sur le chronomètre, dans cette radio où chaque instant était minuté pour ne pas lasser l'auditeur, soupçonné de changer de station à la moindre baisse de rythme –, il finit par jeter pêle-mêle, à toute vitesse, une liste de métiers dans laquelle Marc crut reconnaître les mots infirmières, médecins, logisticiens, administrateurs, hydrologues... Le directeur de l'ONG était visiblement pressé d'expédier la question, pour revenir à ce qui paraissait être son obsession première : l'argent. In extremis, juste au moment où le présentateur annonçait la fin de l'entretien, lui coupant le sifflet, il parvint à donner l'adresse et le numéro de compte bancaire de son organisation, avec une dextérité que le début de l'interview n'aurait pas laissé présager.

Marc se jeta sur une vieille contravention qui traînait sur le siège avant – il ne les payait jamais – et parvint à griffonner l'adresse et le numéro de téléphone. Déjà, un concert de klaxons retentissait avec fureur : n'était-il pas coupable de ne pas avoir démarré à la seconde même où le feu passait au vert ? Il enclencha la vitesse sans s'offusquer de ces manifestations d'agressivité urbaine, se dispensant même du bras d'honneur réglementaire. Partir pour une ONG, quelle idée géniale ! Il n'en revenait pas de ne pas y avoir pensé plus tôt.

Après avoir, comme chaque matin lorsqu'il rentrait de son jogging au parc, fait trois fois le tour du pâté de maisons avant de trouver une place pour garer sa voiture, il s'arrêta au kiosque à journaux. L'imminence de la guerre en Afghanistan envahissait les couvertures de tous les magazines. Son hebdomadaire favori coûtait plus cher que d'habitude : par solidarité avec les victimes, la différence serait reversée à MCF. Elle financerait les programmes humanitaires de l'ONG en Afghanistan dont – refrain désormais connu –, après vingt ans de guerre et trois ans de sécheresse, le peuple martyr allait connaître un terrible exode, alors que le froid s'installait dans les montagnes. En connaisseur, Marc admira le tir groupé : l'organisation disposait visiblement d'un service de communication efficace et d'une force de frappe hors norme. Le genre d'ONG moderne où il pourrait se plaire, lui qui avait horreur de l'amateurisme, quel qu'en fût le domaine.

Il feuilleta le dossier central, consacré comme il se devait à l'Afghanistan. Dans un article panégyrique d'une dizaine de pages en quadrichromie, la photogénie des French doctors, dans leurs tee-shirts frappés au logo de MCF, éclipsait presque celle des victimes, pourtant remarquable avec les yeux toujours soulignés de khôl des enfants et les burka toujours bleues des mères – il apprenait enfin le nom de ces curieuses murailles de toile qui isolaient les femmes du reste du monde.

L'ONG qui avait eu la judicieuse idée de ce partenariat – à moins que ce ne soit le journal lui-même, soucieux d'améliorer son image de marque, qui l'ait suggéré – semblait incroyablement efficace, même si les bafouillages qu'il venait d'entendre à la radio semaient quelques doutes dans son esprit. Le dévouement des jeunes volontaires humanitaires qui, depuis des années, étaient courageusement restés aux côtés du peuple martyr malgré l'oppression des talibans inspirait au journaliste des envolées lyriques. Grâce à cette jeunesse dévouée, prête à voler au secours de toutes les misères du monde, l'honneur de la France était sauf. Quel contraste avec la pusillanimité d'un gouvernement hésitant à se rallier au bras vengeur de l'Amérique ! Le courroux unanime des commentateurs stigmatisait les seconds pour mieux encenser la première.

Marc n'hésitait plus, lui. Voilà ce qu'il lui fallait pour laver les turpitudes de son quotidien : l'action humanitaire. En quelques mois, il enrichirait son CV tout en voyant du pays. Et qui sait, Laure, éblouie, lui retomberait-elle peut-être dans les bras à son retour ? Tout à gagner, rien à perdre. De toute façon, il ne supportait plus son travail d'ingénieur. Chez Caltech, passer moins de quinze heures par jour à bosser était considéré par Deloye comme un manque de motivation. Changer d'existence devenait une question de survie. Les interminables journées à tourner en rond chez ses parents le terrorisaient. À trente ans, sa vie allait-elle se résumer à des allers et retours sans fin entre des chantiers dont il n'avait que faire et sa chambre d'adolescent ? Il quitterait les deux avec autant de soulagement. Allait-il continuer à s'abîmer chaque soir dans un zapping désœuvré, une bouteille pour toute compagnie, en répondant par monosyllabes à ses parents, dont il ne supportait déjà plus la sollicitude inquiète ? Non, une fenêtre s'ouvrait devant lui. Il fallait qu'il tente sa chance ailleurs, pendant qu'il en était encore temps. Un intermède de six mois dans une organisation humanitaire, peut-être même un an, lui permettrait de découvrir d'autres horizons tout en se rendant utile. Il serait toujours temps ensuite de reprendre le cours d'une carrière que cette expatriation militante aurait dopée.

Il adressa sa candidature à cette agence d'aide si efficace dans sa campagne de promotion personnelle, ainsi qu'à toutes celles qui avaient su, comme elle, réagir à l'actualité en occupant l'espace médiatique. Il lui fallait du moderne, du stimulant. Des boîtes qui sachent valoriser un profil comme le sien, pas une de ces associations caritatives ringardes et désuètes, dont les bénévoles agitaient des troncs à la sortie des églises, puis vous épinglaient maladroitement au veston une hideuse pastille autocollante prouvant votre générosité, ce qui évitait à un autre branquignol de venir vous taper quelques mètres plus loin. Non, Marc visait les organisations dont on voyait les volontaires à la télévision, toujours au premier plan dans les grandes catastrophes. Ces héros positifs le fascinaient. Même si leur propension à accuser le monde d'indifférence pendant qu'eux sauvaient la planète avait quelque chose d'irritant. Au moins serait-il du bon côté cette fois-ci, au lieu de culpabiliser tout seul devant l'écran de sa télévision.

Pour la première fois depuis qu'il était retourné chez ses parents, il avait retrouvé un semblant d'énergie. D'un seul coup, il se rendait compte qu'il n'allait pas avoir suffisamment de temps pour réaliser toutes les tâches culturelles et sportives qu'il s'était assignées. Il se remit à lire avec frénésie. Des ouvrages sur l'Asie centrale. Sa mère n'en revenait pas de ce changement d'attitude, mais il ne lui expliqua rien.

Une lettre lui apprit quelques jours plus tard que sa candidature avait été retenue. Il n'en fut pas surpris : l'actualité le servait, il était évident que les organisations humanitaires recherchaient des personnes diplômées et compétentes comme lui. Des qualifications comme les siennes ne devaient pas courir les rues. Et puis, dans sa lettre de motivation, il avait fait ce qu'il fallait pour retenir l'attention : c'était le principal intérêt de l'école d'ingénieur où il avait fait ses études, on leur avait appris à se vendre. Son courrier mettait certes en avant son désir de se rendre utile, mais il vantait aussi ses diplômes, qui faisaient de lui un bâtisseur-né, sa parfaite maîtrise de l'anglais et même un permis poids lourds, qu'il avait passé quelques années plus tôt dans l'optique d'un voyage humanitaire au Sahara. Marc y voyait la preuve que son intérêt pour l'humanitaire ne relevait pas d'un simple concours de circonstances.

De ce voyage, qu'il avait fini par effectuer avec des copains l'été de sa réussite au concours d'ingénieur, il conservait pourtant un souvenir mitigé. Sous le vague prétexte de venir en aide aux nécessiteux du Sahel, ils avaient mis à contribution tout leur entourage. Parents et amis, personne n'avait osé refuser de verser son obole : leur petite bande avait su persuader les proches que ne pas participer à leur mission aurait été la preuve d'un égoïsme et d'une ignorance crasses face aux malheurs du monde. En quelques jours, le budget de leur voyage était bouclé.

Le seul inconvénient venait des caisses de médicaments, de biscuits, de nouilles et de vieux vêtements que, du coup, il leur avait fallu trimballer. Elles prenaient une place folle. Ils espéraient les larguer dès leur arrivée au Sahara. Pourtant, contre toute attente, ils avaient eu un mal de chien à s'en débarrasser : aucun des nomades rencontrés n'en voulait. Aussi surprenant que cela puisse paraître, les familles nécessiteuses ne semblaient pas s'être trouvées sur leur route.

Ils en comprirent la raison en arrivant au Mali : la piste qu'ils avaient choisie, pour la bonne raison qu'elle était la seule indiquée sur les cartes routières disponibles au rayon voyages de la Fnac, était celle des convois affrétés par les tour-opérateurs spécialisés dans l'organisation d'aventures sportives – et coûteuses – à destination des cadres pressés. Celle, soigneusement balisée, qui ne passait pas par des régions en guerre. En guise d'autochtones, c'était une approche du pays relativement limitée.

Les caisses avaient quand même fini par servir. Les nuits étaient beaucoup plus fraîches qu'ils ne s'y attendaient. Une méchante bronchite avait conduit Marc à dresser l'inventaire du chargement à la recherche de médicaments adaptés. Il découvrit alors qu'ils avaient convoyé des articles tout à fait fantaisistes – il dénicha même des préparations pour maigrir et des gélules contre les varices. La plupart des boîtes étaient périmées. Leurs proches en avaient visiblement profité pour faire le ménage dans leurs armoires à pharmacie. Dans leurs greniers aussi d'ailleurs : les vieux anoraks usés dans lesquels ils s'enroulèrent pour ne pas grelotter à l'aube puaient l'antimite et la poussière.

Ils arrivaient presque au terme de leur périple et les caisses encombraient toujours la voiture. Impossible de s'en débarrasser. Ils commençaient à se demander s'ils n'allaient pas devoir les balancer subrepticement derrière une dune, quand un type rencontré dans un bar à Gao leur offrit une providentielle issue de secours. Il se présenta comme le chef d'un petit village dogon, sur les falaises de Bandiagara, les remercia chaleureusement de leur générosité, s'engageant à réserver les médicaments aux familles les plus misérables de sa communauté.

Ils continuèrent leur voyage allégés, tout ragaillardis par le sentiment du devoir accompli. Enfin, ils pouvaient se livrer au tourisme avec bonne conscience. Segou, Mopti, Djenné, les villes maliennes, avec leurs mosquées en terre, étaient de véritables merveilles. D'accueillantes jeunes femmes leur servirent de guide touristique, et, malgré leur propension à subordonner leur empressement aux largesses qu'ils étaient prêts à leur consentir, ils eurent le sentiment qu'une vraie amitié s'était nouée. Le réseau de connaissances de ces jeunes femmes, incroyablement vaste, leur permit de revendre avantageusement la voiture, pourtant une véritable épave après la méharée saharienne. Au bilan, non seulement leur voyage ne leur avait rien coûté, mais il dégageait même un petit bénéfice.

Quelques jours plus tard, alors qu'ils flânaient sur le marché de Bamako en attendant l'avion qui les ramènerait chez eux, Marc eut l'œil attiré par une boîte de médicaments blanche et verte qui lui parut familière. Il s'approcha et reconnut immédiatement les comprimés contre la constipation qui traînaient dans la salle de bains familiale depuis sa toute petite enfance. Sa mère avait tendance à en faire un usage immodéré. La boîte portait même les indications de posologie du pharmacien de son quartier, qui essayait inlassablement, depuis des lustres, d'en limiter la consommation maternelle. En vain.

Le médicament trônait au-dessus d'un amoncellement invraisemblable de centaines d'emballages et de comprimés de toutes les couleurs, vendus à l'unité à un prix qui parut scandaleusement élevé à Marc, comparé au niveau de vie local. Poursuivant leurs investigations, le jeune homme et ses amis retrouvèrent presque tout leur généreux don sur l'étalage du marchand ambulant. Ce dernier se proclamait « farmasien », comme l'attestait une pancarte décorée de façon pittoresque d'une vague croix sur laquelle s'enroulait un menaçant cobra. Des spécialités multiples s'entassaient en vrac, recouvertes par une épaisse couche de suie à cause des engins divers qui pétaradaient sur la chaussée boueuse. Toutes les maladies pouvaient trouver leur solution : remèdes contre la toux, le rhume, l'impuissance, le paludisme, l'obésité, et même le sida, antidépresseurs, cantharides pilées, célèbres pour leurs vertus aphrodisiaques... Les spécialités les plus modernes se mêlaient aux grigris les plus anciens.

Pressé de questions quant à l'origine des boîtes, dont les indications manuscrites indiquaient sans doute possible leur origine, le vendeur resta évasif. Puis, sous leurs yeux, il refila un flacon d'antibiotique entamé depuis des lustres à une femme venue s'enquérir d'un remède contre la fièvre de son dernier-né.

Même si Marc s'en prévalait dans son formulaire de candidature, sa première expérience de l'humanitaire en Afrique ne pouvait donc pas être qualifiée de franc succès.

Pourtant, grâce sans doute, à la qualité de sa compétence professionnelle et à sa connaissance de l'Afrique, le résultat était là : une lettre, frappée du si fameux logo de Mission contre la Famine lui proposait de venir passer des tests et des entretiens de sélection en vue de, peut-être, être recruté comme volontaire pour leurs actions humanitaires.

Fébrile, il appela pour prendre rendez-vous. Puis rappela, et rappela encore : s'il parvenait, après un interminable message d'attente, à parler enfin à une standardiste, le service du recrutement qu'elle essayait de lui passer semblait injoignable. L'association devait être prise d'assaut. Pourvu qu'il parvienne à partir ! Maintenant qu'il avait caressé l'espoir d'entrer dans l'humanitaire, il ne pourrait pas supporter l'idée d'un échec. Heureusement qu'il n'avait encore fait part à personne de ses intentions...

Le mardi suivant, vêtu après mûre réflexion d'un jean et d'un blouson de cuir, qu'il avait jugés plus appropriés à son nouveau statut d'aspirant baroudeur que le traditionnel costume-cravate avec lequel il se rendait au bureau tous les jours, il se présenta donc, pétri de trac, au siège de l'association.

Première surprise : c'était une grande bâtisse moderne tout en verre fumé. Telle la proue d'un navire, son architecture audacieuse fendait le pâté de maisons vieillottes d'un arrondissement de Paris où continuaient à se loger les ménages modestes, même si depuis peu, quelques lofts avaient fait leur apparition. Il ne s'attendait pas à ce que le siège d'une organisation humanitaire ressemble à celui de Caltech.

Sa deuxième surprise, il l'eut en pénétrant dans le bâtiment : à ce rendez-vous, dont l'issue risquait fort d'infléchir de façon décisive les prochains mois de son existence, ils étaient plus de cinquante, comme lui, à tenter leur chance. Dont au moins trente types en jean et blouson de cuir. Il regretta de n'avoir pas conservé son complet-veston : au moins aurait-il pu faire la différence. Et dire qu'il s'était imaginé un entretien personnalisé, qu'il avait préparé soigneusement son petit discours sur l'engagement humanitaire ! Il se sentait floué. Ici non plus, on ne l'attendait pas.

Il résista à l'envie de s'enfuir à toutes jambes. De toute façon, les autres avaient l'air aussi furieux et déçus que lui. Assis sur des chaises ingrates, quoique tout à fait branchées, au milieu d'un hall où, malgré l'effervescence ambiante, personne ne leur jetait un regard, ils se toisaient mutuellement, comme des rivaux prêts à tout pour remporter un appel d'offres particulièrement prometteur. Il attendit lui aussi qu'on veuille bien statuer sur son sort.

Finalement, une très jolie jeune femme les prit en charge. Marc la jugea un peu trop sexy pour l'association. Les campagnes de communication ne mettaient-elles pas toujours en scène, volant au secours des peuples affamés et en guenilles, de bons samaritains dévoués, à qui le tee-shirt estampillé maison conférait une allure modeste ?

Betty Boop les fit entrer dans une grande salle où on leur projeta un film de présentation. Pendant vingt minutes, défilèrent famines, guerres, plaies béantes, enfants squelettiques. Des scènes horribles que Marc avait déjà vues mille fois à la télévision. Sinon qu'ici, elles avaient été placées bout à bout, concentrées, tel un jus serré des pires moments des informations du soir. Autre différence essentielle : chaque moment tragique était suivi de la vision roborative de solides gaillards en train de creuser des puits, dont jaillissait une eau limpide, de manœuvrer d'énormes camions, là encore aux couleurs de l'association, sur des ponts de fortune surplombant de vertigineux abîmes. Des infirmières déterminées enfournaient des cuillerées de bouillie dans les bouches d'enfants décharnés ressemblant à de petits vieillards. Assise sur une natte, une femme noire sans âge veillait un bébé aux yeux immenses, tandis qu'au-dessus d'elle, un French doctor – on le reconnaissait à son stéthoscope, négligemment posé sur la blouse blanche – tripotait d'un air affligé la perfusion qui reliait l'enfant à la vie. La séquence suivante montrait le même enfant dans les bras de sa mère. Cette fois, il était joufflu comme un ballon qu'on aurait regonflé et il souriait, tout comme sa mère, éperdue de reconnaissance envers le même médecin qui, cette fois, plastronnait de légitime satisfaction. Un commentaire didactique expliquait combien il était réconfortant de pouvoir ainsi sauver des vies, de soulager les souffrances des peuples meurtris. Le savoir-faire de l'association et la compétence de ses volontaires permettaient d'enrayer une famine terrible en quelques semaines seulement, assurait la voix.

Agressé par l'horreur des scènes les plus épouvantables, puis soulagé par les solutions proposées, Marc souhaitait plus que jamais faire partie des heureux élus. C'était bien le rôle qu'il était venu chercher. Lui aussi voulait panser les plaies du monde, construire des hôpitaux et des puits, combattre le malheur et la misère. Pas seulement pour oublier Laure – une telle motivation lui apparaissait dérisoire maintenant –, mais pour donner enfin un sens à sa vie. Jusque-là, il n'avait fait que profiter de tout ce qui lui était donné, d'abord grâce à l'aisance matérielle de ses parents, puis par son métier. Sports de glisse et vacances au soleil, belles bagnoles, sorties en boîte, consommation effrénée de fringues à la mode et de gadgets électroniques branchés. De quelle imbécillité futile il s'était contenté ! Il avait traversé la vie comme un petit con, un nanti insouciant et stupide, tandis que des gens souffraient, que des guerres tuaient, que des enfants mouraient. Tous ces combats à mener le fascinaient.

La lumière revint dans la salle de projection. Personne ne parlait. Tout à la fois assommés par les horreurs qui leur avaient été projetées et galvanisés à la perspective d'endosser à leur tour la blanche tenue du secouriste, les candidats attendaient, dévorés par l'émotion et l'envie.

Betty Boop était de nouveau là. Elle leur expliqua que ceux qui étaient dans la salle avaient été retenus lors d'une première sélection, effectuée à partir de leur lettre de candidature. Ils allaient maintenant passer un entretien individuel avec les responsables du recrutement. Chacun devait attendre son tour. Ceux qui n'avaient pas le temps de rester étaient invités à prendre rendez-vous pour un autre jour.

Marc choisit de patienter. Après tout, qu'avait-il de mieux à faire ?

En compagnie d'une trentaine d'autres candidats, il se retrouva de nouveau dans le hall de l'association, toujours planté sur sa mauvaise chaise, à attendre son tour. Les autres l'ignoraient. Ils savaient sans doute, comme lui, que les places étaient comptées et le nombre de postulants élevé. Il repéra une fille, sèche et nerveuse. Bizarrement vêtue d'un treillis militaire, elle fumait clope sur clope avec une nervosité visible. Elle aussi devait avoir de bonnes raisons de s'engager dans l'humanitaire.

L'attente fut interminable. Mille fois, il faillit se lever et partir. La fureur commençait à l'envahir : il fallait vraiment ravaler toute fierté pour accepter de rester ainsi, en plein passage, sans que personne ne fasse attention à lui, à attendre le bon vouloir d'un service de recrutement qui ne lui proposerait au mieux que l'insigne privilège de partir pour le casse-pipe.

L'association semblait frappée de convulsions permanentes. Toutes les cinq minutes, un haut-parleur brisait le brouhaha ambiant pour ordonner à des gens que la standardiste n'avait pas réussi à joindre de regagner leur bureau. Il faut dire qu'elle ne chômait pas, l'unique standardiste. Marc l'observait, juste en face de lui, tenter vaille que vaille d'endiguer un flot continu d'appels : renseigner un donateur soucieux de savoir si son obole n'allait pas être immédiatement dilapidée, expliquer à un candidat au départ la procédure à suivre, assurer à un autre donateur que son reçu fiscal allait lui être expédié dans les plus brefs délais – ce dont Marc doutait lorsqu'il la voyait griffonner sur un Post-it un nom dont l'orthographe lui avait visiblement échappé.

Parfois le visage de la fille s'éclairait : une voix familière l'appelait de l'autre bout de la terre. Elle saisissait alors derechef son haut-parleur pour annoncer que « le Laos » était en ligne. Marc supposait que tous ceux qui étaient concernés par « le Laos » cessaient séance tenante leurs occupations multiples pour se rendre immédiatement à ce rendez-vous téléphonique de la plus haute importance : pouvait-on faire attendre le Laos ?

En réalité, la standardiste devait renouveler plusieurs fois son appel, chaque fois plus insistant, plus comminatoire. Marc imaginait, à l'autre bout de la terre, le type ou la fille du Laos qui, à en juger par sa propre expérience, avait déjà dû avoir du mal à joindre l'association, piaffer d'impatience en regardant le compteur défiler.

Ce qui semblait encore plus dur pour la pauvre fille à qui ce job ingrat avait été affecté – à force d'entendre les uns et les autres, Marc avait compris qu'elle s'appelait Nadia –, c'était que lorsque, miraculeusement, les gens de l'association se trouvaient bien dans leur bureau, ils refusaient pour la plupart de prendre la communication. La standardiste devait inlassablement décevoir ses interlocuteurs. Instruite par ce qu'on sentait être une vieille habitude, elle alternait une série de formules types, dont Marc finissait par connaître la litanie : « Je regrette, monsieur, il est en réunion. » « Sa ligne est occupée, pouvez-vous rappeler ? » « Il s'est absenté quelques instants, je vous passe son assistante. » « Il est sur le terrain, monsieur, puis-je prendre un message ? »

Lorsque le type au bout du fil devenait insistant – on sentait qu'il n'en était pas à sa première tentative –, la fille le mettait en attente et rappelait la personne demandée. Marc l'entendait dire, de plus en plus énervée : « J'en ai marre, tu n'as qu'à lui dire toi-même que tu ne veux pas lui parler : ça fait dix fois qu'il appelle depuis hier. »

Entre-temps, coursiers, donateurs, visiteurs ne cessaient d'entrer et de sortir, de lui livrer des paquets, de lui demander de signer un reçu, de prévenir de leur arrivée, de déposer un pli urgent sur son comptoir. Quant au personnel de l'association, il n'était pas en reste : les uns lui jetaient négligemment, en quittant le hall, qu'ils « s'absentaient dix minutes » – Marc n'en vit pas un seul revenir de toute la matinée –, les autres lui demandaient leur courrier, exigeaient qu'elle leur trouve un taxi à la seconde, signalaient une déficience dans le fonctionnement de la machine à café. L'ombilic de la maison, cette machine. On aurait dit que les French doctors ne pouvaient survivre plus de dix minutes sans leur perfusion de caféine. Le va-et-vient des gobelets tournoyait autour des candidats au départ, sans doute les seuls êtres immobiles dans la folie ambiante. Que la pauvre fille soit déjà en train de répondre au téléphone semblait ne perturber aucun de ceux qui lui laissaient des consignes. Méritoire, elle essayait de satisfaire tout le monde en même temps, tout en restant avenante au téléphone. On avait dû lui seriner que l'image de marque de l'association dépendait de son comportement.

– J'espère qu'on ne teste pas les volontaires en partance en leur confiant une semaine le standard.

Marc sursauta. La réflexion émanait d'un grand gaillard barbu. Comme lui, il tuait le temps en observant la pantomime standardesque. Ils s'adressèrent un sourire entendu. À côté d'eux, la fille en treillis devait en être au moins à sa dixième clope.

Dans un renfoncement de la pièce, des types bronzés – sans doute ceux qu'on appelait au téléphone – sirotaient leur petit noir en se relatant mutuellement leur dernière mission, en des termes qui n'évoquaient que de fort loin le film que Marc venait de voir. Ils pratiquaient une sorte de sabir que seuls, sans doute, les initiés devaient comprendre. Des mots revenaient régulièrement : indemnités, bouffe, contrat, bailleur, nombre de bénéficiaires... Parfois, sommé par un ultime rugissement du haut-parleur, l'un d'eux s'interrompait net pour filer dans les étages. Le plus souvent, personne ne bougeait. La standardiste devait être habituée car elle quittait parfois son siège pour venir les houspiller dans leur planque, exigeant qu'ils la débarrassent d'un interlocuteur particulièrement tenace. Marc se dit que la première urgence humanitaire aurait dû être de doubler le poste. Au moins le doubler. Au moment où il se demandait s'il ne fallait pas le tripler, la fille étant visiblement au bord de la crise de nerfs, une secrétaire vint chercher le barbu assis à côté de lui. Devant son air inquiet, elle se sentit obligée de le rassurer : son tour était imminent.

Marc ne fut guère rassuré par ces paroles lénifiantes maintenant qu'il avait vu Nadia aux prises avec ses multiples interlocuteurs téléphoniques. L'observation du standard et du distributeur de boissons ayant épuisé ses charmes ethnologiques, il décida de se lancer dans l'examen des multiples articles de presse que le service communication avait punaisés sur un panneau de liège, dans le hall. Tous mentionnaient l'association, dont le nom était chaque fois surligné de jaune fluorescent, au cas où un lecteur distrait aurait ignoré en quoi résidait l'intérêt essentiel de l'article. Portraits de volontaires publiés dans la presse régionale, articles de fond sur l'humanitaire, témoignages de donateurs, y compris une lettre rageuse sur la nécessité d'« administrer la pilule à ces affamés qui feraient mieux de faire moins d'enfants » – Marc crut comprendre qu'elle avait été affichée dans un but humoristique – cartes postales du monde entier... le pêle-mêle donnait le sentiment d'une grande famille unie, postée au chevet de la planète souffrante. Il se prit à rêver du jour où son portrait figurerait dans cet exaltant patchwork.

L'heure du déjeuner était depuis longtemps passée. Il avait vu défiler devant lui tous les wonder boys et wonder girls de l'association, pour la plupart jeunes et hâlés. Un peu déjantés aussi. Beaucoup avaient le visage étrangement creusé. Trop maigres, les yeux cernés souvent. Comme s'ils portaient en eux un poids trop lourd, des drames tenus secrets. Marc, lui, commençait à mourir de faim, un comble. Beaucoup de ceux qui attendaient avec lui étaient passés, d'autres s'étaient découragés. En sortant de son entretien, le barbu lui avait fait un petit sourire amical. Il s'apprêtait à se lever quand la grande bringue lui souffla la place, s'engouffrant dans le bureau du recrutement. En d'autres lieux, il se serait rebellé. Ici, il préféra se taire.

Les dernières minutes lui parurent interminables. Enfin, la fille réapparut, l'air rageur, et se dirigea immédiatement vers la sortie en grommelant des insultes. Une femme entre deux âges, plutôt revêche, l'invita à s'asseoir dans son bureau, qui sentait bizarrement la banane. Inviter n'était d'ailleurs pas le terme exact car elle avait l'air vraiment méchant. Tout de suite, elle l'interrogea d'un air soupçonneux sur ses attentes, ses goûts, son aptitude à vivre en groupe, ses compétences professionnelles. L'attention particulière qu'elle attacha à son permis poids lourds rabaissa quelque peu sa superbe quant à la haute valeur de ses diplômes.

À chacune des réponses de Marc, elle griffonnait un petit signe cabalistique sur une fiche quadrillée qui portait son nom, et à laquelle on avait agrafé son CV. Il faillit s'énerver : elle semblait avoir oublié qu'il était venu ici avant tout pour rendre service, qu'il allait renoncer à un bon métier et à son confort matériel juste pour une idée, un idéal. Elle aurait quand même pu lui être reconnaissante de sa bonne volonté, au lieu de lui chercher des poux dans la tête.

Au moment où il allait l'envoyer bouler – elle venait de l'interroger avec suspicion sur les véritables raisons qui l'avaient poussé vers l'humanitaire, et il avait eu un instant la tentation de lui parler de Laure et de Nathalie, juste pour voir sa tête –, elle se radoucit. Apparemment, il avait passé l'épreuve avec succès : elle lui annonça que l'association cherchait un logisticien immédiatement disponible pour le Sawana. Son profil le rendait apte à faire l'affaire.

Il en fut tout déconcerté. Il s'était attendu à un parcours du combattant, débouchant sur une glorieuse affectation en Asie centrale. À vivre des moments historiques, dans une région sur laquelle le monde entier avait les yeux braqués. Et voilà qu'on lui proposait de s'envoler séance tenante pour le cœur de l'Afrique noire, dans un pays déchiré depuis des lustres par une guerre civile tellement ancienne que les journaux l'avaient oubliée depuis longtemps. Marc n'arrivait même plus à se rappeler qui se battait contre qui exactement. Il pensa qu'il fallait qu'il vérifie sur un atlas où se trouvait le Sawana.

Son visage devait exprimer la déception car la fille devint tout à coup plus conciliante.

– Vous comprenez : envoyer une première mission dans un pays comme celui-là, on préfère prendre des garanties.

On aurait presque dit qu'elle s'excusait.

Marc flaira le coup foireux. Il faillit refuser, expliquer que c'était l'Afghanistan ou rien. Tout allait trop vite d'un seul coup. Il avait besoin de réfléchir. Mais, après tout le baratin qu'il venait de servir sur son engagement, son désir ardent de solidarité active, comme il avait dit, il sentit qu'une telle défausse allait le ridiculiser aux yeux de la femme, le griller chez les French doctors.

Tandis qu'il hésitait sur la conduite à tenir, la recruteuse lui expliquait, sans paraître remarquer son trouble, qu'il allait recevoir une formation au siège pendant la semaine à venir. Son vol était prévu dix jours plus tard, le temps de demander le visa, de signer le contrat. Il devait aussi subir tous les vaccins nécessaires pour l'Afrique noire.

Il sortit de là tout étourdi, sans savoir si c'était la faim ou le choc d'un départ imminent. Voilà qu'il allait rompre les amarres pour de bon, changer complètement de vie, plonger dans l'inconnu. Il ne pensait déjà plus à Laure.

De retour chez lui, il appela immédiatement Deloye pour l'informer de sa décision. Ce dernier le félicita chaleureusement. Il ne cachait pas sa satisfaction. Non seulement il se débarrassait pour quelques mois d'un collaborateur devenu pesant, mais le Sawana était un pays où Caltech rêvait de s'implanter.

– Il y a du fric à se faire là-bas, insistait son patron d'une voix rêveuse, ce qui ne lui ressemblait guère.

Marc balbutia que, bien sûr, il prospecterait sur place. Puis, conscient de l'occasion qui s'offrait à lui, il en profita pour négocier le versement d'un intéressement significatif si jamais il apportait une affaire intéressante pour la boîte.

Ses parents furent atterrés par la nouvelle. Jusque-là, le parcours de leur fils avait été un sans-faute : une adolescence tranquille, de bonnes études, un métier solide et reconnu. Le congé sabbatique les avait quelque peu ébranlés, mais ils avaient cru comprendre que leur fils était fatigué.

Sa mère le supplia de renoncer à son projet. Son père le menaça des pires ennuis s'il persistait. À l'entendre, Marc allait tout perdre dans son aventure humanitaire : sa crédibilité professionnelle, ses revenus, et même sa santé – lui-même n'avait rapporté que des désagréments d'un séjour forcé en Afrique noire, pendant son service militaire. Pour rien au monde, il n'aurait remis les pieds dans un continent jugé maudit.

Devant leur réaction outragée, Marc ne tenta même pas de leur expliquer. Il reconnaissait bien là l'égoïsme petit-bourgeois de ses parents, qui n'avaient cure des souffrances du monde. Leur univers s'arrêtait à la porte de leur jardin, le confort matériel leur tenait lieu d'horizon. Sa mère se mit à se plaindre amèrement à son entourage du mauvais tour que son fils chéri lui jouait, tandis que son père s'enfermait dans un silence hostile. Qu'allait-il faire dans cette galère ?

Ébranlé intérieurement par le chaos suscité par l'annonce de son départ au sein de sa famille, Marc crânait. Deux ou trois coups de fil intrigués en provenance de Caltech lui avaient appris que ses collègues de travail n'en revenaient pas, eux non plus, que Marc le futile, Marc le dragueur puisse embrasser une carrière humanitaire. Toutes ces réactions le confortaient dans la conviction qu'il avait fait le bon choix. Il ne se doutait pas qu'une fois la surprise passée, le personnel de Caltech y avait vu la confirmation du côté immature et tête brûlée de Marc, se réjouissant de cette décision courageuse qui avait le mérite de libérer un poste bien payé dans l'entreprise. Laure ne se manifesta pas.

La veille de son départ, il sortit pour dire adieu à ce quartier familier où il avait passé son enfance. Il risquait de ne pas revoir la maison de ses parents avant de longs mois. L'association avait exigé qu'il signe son contrat pour un an – elle refusait d'envoyer ses volontaires sur le terrain pour une durée moindre car, dans ce cas, comme l'avait exprimé crûment Véronique Braga en réponse à sa question, l'investissement humain en formation et le coût du voyage ne pouvaient être rentabilisés.

Marc avait dû subir tous les vaccins nécessaires, il en ressentait d'ailleurs encore une légère fièvre. Son passeport s'ornait d'impressionnants tampons colorés, aux armes du Sawana, mais aussi des pays environnants, au cas où il devrait être évacué. Déjà bouclé, son lourd sac de voyage regorgeait de tout un attirail censé lui permettre de tenir bon, même sans le secours des salles de cinémas parisiennes : livres, musique.. tout ce qu'il avait eu envie de lire et d'écouter depuis des années sans jamais trouver le temps. Plus les vêtements, les chaussures, les médicaments – la trousse à pharmacie occupait un volume impressionnant car il devait aussi pourvoir aux besoins de l'équipe sur place, qui n'avait pas été réapprovisionnée depuis de longues semaines. Les boîtes de préservatifs surtout étaient particulièrement encombrantes : Fred, le responsable de la logistique, avait insisté pour qu'il en emporte toute une cargaison. « Vous êtes sûr qu'il en faut tant que ça ? » avait-il demandé, perplexe, tandis que l'autre n'en finissait pas d'empiler les boîtes devant lui. « Tu verras » avait simplement répliqué Fred, sans même un sourire égrillard.

L'après-midi touchait à sa fin. Des femmes promenaient leurs bébés dans de curieuses poussettes tout-terrain. Les enfants rentraient de l'école. La circulation devenait plus dense dans ce quartier tranquille de banlieue chic, où il avait vécu heureux. Il était soulagé d'avoir pu laisser ses affaires chez ses parents : l'indemnité de volontaire ne couvrait même pas le montant du loyer qu'il payait aux parents de Laure, lorsqu'il vivait avec elle.

Son sang-froid le surprenait lui-même. Curieusement, tout laisser derrière lui, peut-être même tout perdre, si son père disait vrai, ne l'affectait pas vraiment. Il se sentait plongé dans une sorte d'exaltation intérieure. La vie calme qui l'environnait lui paraissait soudain d'un ennui mortel. Il avait le sentiment d'avoir échappé in extremis à une nasse. Sans ce tournant inattendu, et finalement providentiel, sa vie se serait résumée à un boulot sans surprise, sans génie, sans envergure. Tout au plus aurait-il pu aspirer à doubler son salaire en devenant senior. Il aurait eu des enfants avec Laure, un logement plus grand, sans doute un pavillon en banlieue comme ses parents. Laure et lui se seraient engueulés sur le choix des papiers peints et des clubs de vacances.

Ses parents qui le tançaient pour cette décision, qu'ils jugeaient irresponsable, lui offraient-ils eux-mêmes l'exemple d'une vie réussie ? Un couple racorni sur ses habitudes, des opinions politiques de plus en plus mesquines, des préoccupations qui se résumaient à la gestion avisée d'un portefeuille d'actions péniblement constitué et à l'obsession de vivre en paix, sans que personne ne touche à leur voiture, à leur maison, à leurs revenus. Surtout rien de dérangeant, mais une bonne conscience qui provoquait un apitoiement de circonstance, lorsque les journaux télévisés du soir titraient sur les misères du monde, avec cependant l'arrière-pensée – que personne n'avouait parce qu'on savait à quel point elle était politiquement incorrecte – que certains peuples, quand même, l'avaient bien cherché.

Sa mère adressait pourtant régulièrement de l'argent à une organisation humanitaire. Marc ne parvenait plus à se souvenir s'il s'agissait de celle qui lui avait proposé un poste, ou l'une de ses rivales. Son père n'approuvait pas les largesses de son épouse. C'est toujours lui qui appelait le service comptabilité de l'organisation en fin d'année, pour exiger le reçu fiscal qui allait lui permettre de déduire des impôts une bonne part de la générosité familiale. Chaque année, il s'énervait au téléphone. Marc pensa tout à coup qu'il comprenait mieux pourquoi, s'il s'agissait de l'association qui l'avait recruté : son père devait poireauter des heures au téléphone avant qu'on lui passe la bonne personne, ou bien rappeler sans arrêt pour que sa demande soit bien prise en compte. Au total, la somme d'appels et de temps perdu devait coûter cher. Presque le prix de ce qu'il parvenait à économiser grâce au précieux bout de papier qui, après une dizaine de vaines tentatives, lui était enfin envoyé.

Non, il avait envie de connaître autre chose. Ne plus résumer le monde à la vitrine trompeuse de la télévision. Vivre de l'intérieur ses drames, ses crises, y jouer un rôle actif en tentant, à la mesure de ses moyens, d'infléchir le cours de l'Histoire, au lieu de rester éternellement un spectateur passif, un consommateur. Ses parents se feraient une raison. Peut-être même seraient-ils fiers, au bout du compte, que leur fils devienne un de ces héros de l'humanitaire, dont la télévision dressait à intervalles réguliers des portraits si élogieux. Pourquoi sa mère trouvait-elle normal de soutenir l'action d'une association caritative, mais choquant que son fils en soit l'un des protagonistes ?

Il se demanda s'il devait appeler Laure. Lui annoncer qu'il partait, en dressant de sa future vie dans un pays africain en guerre où sévissait la famine un portrait propre à lui faire regretter d'avoir quitté un type comme lui. Il se grisait de cette évocation : elle allait s'effondrer en réalisant qu'elle avait fait fausse route, prendre conscience qu'une fois délivré d'elle, il pouvait enfin donner sa pleine mesure, réaliser ses aspirations morales les plus profondes.

Tout à coup, il se sentit ridicule : voilà qu'il voulait sauver des vies rien que pour épater son ex-petite amie. Non, Laure devait déjà savoir qu'il allait partir. Elle devait se poser des questions sans pouvoir obtenir de réponses. C'était mieux. Ne rien expliquer, ne rien justifier, partir.

Et puis, s'il en jugeait par le nombre incalculable de boîtes de préservatifs qu'on lui avait demandé d'emporter, les occasions ne devaient pas manquer sur place. Il se souvint avoir repéré, dans la cohorte des candidats au départ, quelques nanas plutôt jolies. Sans doute des filles en mal de dépaysement, comme lui. Restait à espérer qu'elles aient été, elles aussi, affectées au Sawana. Si elles atterrissaient en Afghanistan...

À MCF, la fille du recrutement lui avait expliqué qu'il allait partir comme logisticien. Même s'il ne savait pas très bien ce qu'il allait faire exactement, il avait compris qu'on lui donnait la responsabilité de mettre en œuvre, sur place, les conditions de la réussite de la mission humanitaire, en construisant des hôpitaux ou des réseaux d'adduction d'eau par exemple. Non seulement il faisait preuve de générosité, mais il allait améliorer sa formation professionnelle. Il avait hâte d'être sur place, de commencer sa nouvelle vie.

De toute façon, il ne prenait pas un grand risque puisqu'il avait assuré ses arrières en négociant avec Deloye. Il était sûr de retrouver son job après son expatriation. Peut-être même parviendrait-il à faire du fric au Sawana. Son boss lui avait appris que des entreprises comme la sienne pouvaient décrocher de juteux contrats en Afrique noire. D'autant plus juteux qu'ils étaient surfacturés aux riches potentats locaux. Peut-être y aurait-il des occasions à saisir au Sawana ? Dans ce cas, il toucherait lui-même un intéressement significatif. Ses parents avaient tort de s'imaginer qu'il coupait les ponts avec le business.

L'avion se préparait à atterrir. Marc n'avait pas fermé l'œil de tout le voyage. L'impatience, le stress aussi. Ainsi, sa première mission humanitaire commençait. Il avait enfin franchi la frontière.

Il débarquait en terre inconnue, bardé de bagages. S'il avait veillé, en définitive, à en limiter la quantité, pour que les autres comprennent très vite qu'ils avaient affaire à un vrai baroudeur, pas à un citadin délicat craignant l'imprévu, les types de la logistique lui avaient confié pour la mission un matériel invraisemblablement lourd. Ordinateur portable, batteries de rechange et, surtout, un téléphone satellite, que Fred lui avait remis en lui demandant d'y veiller comme à la prunelle de ses yeux : un tel matériel était hors de prix mais, dans la brousse, c'était le seul moyen de communiquer avec le siège, surtout en cas de pépin.

La comptabilité lui avait aussi donné une épaisse enveloppe contenant une liasse de dollars : le contrôle des changes du Sawana était strict et se faisait à un taux exorbitant, sans aucun rapport avec la vraie valeur de la monnaie locale, le biri. Les financiers de l'association profitaient donc de chaque départ pour approvisionner la mission en argent frais. Marc avait été touché qu'on lui ait fait d'emblée confiance. Fred lui avait raconté sur le mode de la plaisanterie – et peut-être aussi pour le prémunir d'une telle tentation – que quelques années plus tôt, un volontaire s'était évaporé dans la nature avec tout l'argent de la mission. Des milliers de dollars. On n'avait jamais su ce qu'il était devenu. C'était un risque que l'organisation était obligée de prendre, mais depuis cet incident – qui avait quand même coûté l'équivalent de trois mois de programme –, la responsable du personnel faisait très attention à sélectionner des volontaires qui n'aient pas la tentation de partir avec la caisse. C'était peut-être pour cette raison qu'elle l'avait tellement cuisiné pendant son entretien de recrutement, se comportant avec lui comme s'il était un psychopathe en puissance. Elle l'avait accablé de questions pièges en le vrillant de ses yeux métalliques. On aurait dit qu'il partait comme volontaire comme on s'engageait autrefois dans la Légion étrangère, pour fuir quelque abominable forfait. Une vraie frustrée celle-là.

Il devait se poser à Bango, la capitale du Sawana, puis partir pour le Soro, la région où l'organisation avait déployé ses interventions. La perspective de l'aéroport l'angoissait. La valeur de ce qu'il transportait devait représenter une véritable fortune dans un tel pays.

Il se demandait qui viendrait l'accueillir : Didier, le chef de mission, Anne, l'administratrice, ou Antonio, l'autre logisticien ? Il avait vu leurs photos dans le bureau des volontaires, à Paris. Un immense arbre peint sur le mur portait, sur chacune de ses branches, le nom d'une mission de l'association et les photos de ceux qui y travaillaient, assorties de leur fonction au sein de MCF. Tous avaient le même air blafard et hébété de ceux qui viennent d'être saisis, dans le hall d'une gare ou à l'entrée d'un supermarché, par ces appareils instantanés qui n'ont pas leur pareil pour vous donner une mine de déterré.

Marc se demandait comment il allait s'entendre avec ceux qui allaient devenir ses compagnons forcés durant des mois et des mois. Il était le seul « première mission » du groupe, mais la robocop du recrutement lui avait néanmoins précisé qu'une infirmière allait les rejoindre. Elle devait arriver presque en même temps que lui. Une fille qui connaissait déjà l'Afrique, à ce qu'il avait compris, mais qui, comme lui, n'avait encore jamais travaillé pour MCF. Sa photo n'avait pas encore été affichée. Pourvu qu'elle soit mignonne, pensa-t-il.

L'avion était presque vide. Dans la salle d'embarquement, il avait remarqué quelques hommes d'affaires (blancs) et des diplomates (noirs), mais ils avaient disparu à l'avant de l'appareil : ils voyageaient en classe affaires, eux, comme lui avant. La classe économique ne comptait, à part lui, que quelques émigrés de retour au pays. On les reconnaissait à leurs sacs Tati bourrés à craquer et à leurs caisses de matériel électroménager. Au moins, avec ses paquets ficelés à la diable par la logistique – ils avaient encore des progrès à faire de ce côté là –, ne s'était-il pas trop distingué des autres lors de l'enregistrement.

Dans l'avion, chaque passager s'était octroyé une rangée entière de sièges afin de dormir à son aise. Marc avait fait le voyage entouré de ronflements et de pets, sans réussir à s'intéresser au film projeté sur l'écran. Il n'arrivait même plus à se souvenir de son titre. De toute façon, charme des compagnies africaines, ses écouteurs ne fonctionnaient pas.

Les passagers se levèrent de leur siège alors que l'avion roulait encore sur la piste d'atterrissage. Les hôtesses eurent beau les réprimander, on aurait juré qu'un ordre d'évacuation venait d'être donné tant ils se pressaient de rassembler leur barda. Marc les comprenait : ils avaient hâte de rentrer au pays, montrer à leur famille tout ce qu'ils rapportaient de Paris, recommencer peut-être une nouvelle vie de nantis, après être partis tenter leur chance dans l'eldorado des Blancs.

Tandis que les Sawanais se piétinaient mutuellement dans les travées, il prit tout son temps pour descendre. Le téléphone satellite qu'il portait en bandoulière pesait comme un âne mort, lui cisaillant l'épaule en heurtant les sièges au fur et à mesure qu'il progressait vers l'avant de l'appareil. La log – tiens, il commençait déjà à parler le jargon humanitaire, se dit-il – lui avait recommandé de ne surtout pas le mettre dans la soute pour éviter les vols.

Il s'attendait tellement à la chaleur humide du pays qu'il ne fut nullement surpris par l'impression de gant de toilette plaqué sur la figure qui le saisit dès la porte de l'avion. Il se demanda ce qui l'attendait. Il n'existait aucun guide touristique du Sawana, et même s'il avait déjà passé des vacances sous les tropiques avec sa famille, c'était dans des clubs de vacances soigneusement choisis par son père en dehors de l'Afrique noire. Peinant sous le poids du téléphone, il descendit l'étroite passerelle en suant à grosses gouttes. Déjà.

En bas, c'était noir de monde. Dans un chaos ahurissant, les gens s'étreignaient, s'interpellaient, se bousculaient, tandis que des flics en uniforme vaguement militaire, ou l'inverse, tentaient de canaliser les passagers vers la police des frontières. Personne ne prenait garde à eux et ils semblaient s'accommoder de ce sort ingrat tout en poursuivant leurs vaines injonctions.

Marc fut étonné : personne ne l'attendait au pied de la passerelle. Mais peut-être les autres de la mission étaient-ils restés à l'intérieur de l'aéroport. Il les comprenait, avec cette chaleur infernale. Il se dirigea vers la douane son passeport à la main, courbé sous son fichu téléphone satellite. Sur les trente mètres qui le séparaient du contrôle, trois flics et dix types qui n'avaient pas d'uniforme se proposèrent de lui faciliter les formalités, tout en tentant de lui arracher son passeport et son chargement. Fred l'avait prévenu et il les conserva fermement avec lui. Si seulement les gens de la mission avaient eu le bon goût d'être là, au lieu de le laisser seul dans ce capharnaüm. En plus, si jamais ils ne venaient pas l'attendre, il ne savait même pas où se trouvaient les bureaux de MCF au Sawana. On lui avait recommandé de se méfier des taxis locaux. Il se sentait mal parti.

Il tendit enfin son passeport à un gros type suant, dans une guérite en bois, qui lui paraissait habilité à l'inspecter. L'homme s'abîma dans la contemplation du document, de la photo, tournant les pages l'une après l'autre avec une lenteur qui parut à Marc de mauvais augure.

– Qu'est-ce que vous venez faire ici ? Business ? Tourisme ?

– Non, je suis en mission humanitaire.

Le type hocha la tête, pas radouci pour autant.

– Combien de temps allez-vous rester ?

– Un an en principe.

Le type haussa les sourcils comme s'il avait proféré une incongruité.

– Vous avez un visa d'un an ?

Marc reprit le passeport, l'ouvrit à la page du visa et le tendit au contrôleur. Celui-ci fixait le tampon coloré comme s'il n'en avait jamais vu de sa vie. Marc se demanda s'il aurait dû glisser un billet dans le passeport. On l'avait briefé sur les bakchichs à l'association, mais il avait eu peur de commettre un impair dès son arrivée.

Finalement, comme à regret, le gros type apposa d'un geste brutal un énorme cachet sur le tampon du visa, ce qui le rendit à peu près illisible, et lui rendit son passeport sans un mot.

Ses bagages tardaient à arriver. Il attendit au milieu des autres passagers et de leur famille. Tout le monde se congratulait, dans de grandes gesticulations où il se faisait régulièrement bousculer. Des petits vendeurs passaient entre les groupes pour proposer des friandises défraîchies et des sodas. Dans cet espace confiné qui sentait la sueur et la poussière, la chaleur était proprement insupportable. Marc essayait de garder son calme, mais il sentait l'exaspération monter en lui. Son père avait raison : qu'était-il venu faire dans cette galère ?

Finalement, les bagages arrivèrent. Comme le tapis roulant ne fonctionnait pas, les employés les jetèrent sur le sol sans ménagement. Fred avait vraiment bien fait de lui demander de garder le téléphone avec lui. Restait à espérer qu'il ait correctement protégé l'ordinateur portable. Marc compta et recompta ses sacs, surpris de les retrouver tous dans une telle cohue. Il fallait maintenant affronter l'épreuve de la douane. Des hommes l'entouraient, lui tapaient sur l'épaule pour lui proposer leurs services, lui assurant que grâce à eux, tout se passerait bien. Il hésitait. Qui sait si l'un d'entre eux n'allait pas partir à toutes jambes avec l'ordinateur portable, le téléphone, ou même le sac qui contenait toutes ses affaires personnelles, y compris son appareil photo ?

Tous les hommes d'affaires avaient disparu depuis longtemps. Ne restaient plus que les « immigrants » et lui. Certains avaient dû vider entièrement leurs valises sous l'œil suspicieux des douaniers. Une vie entière s'étalait à la vue de tous, tandis qu'ils parlementaient, tentaient d'amadouer leurs concitoyens, les suppliant avec de grands gestes de faire preuve de compréhension. Marc comprit qu'il était vraiment très mal parti. Il se mit dans la file des passagers avec ses bagages, en se demandant combien il allait devoir payer pour tout le matériel qu'il apportait. De temps en temps, il portait discrètement la main à la ceinture banane qu'il avait glissée à même sa peau, sous sa veste et sous sa chemise, pour vérifier que l'argent de l'association ne s'était pas évaporé dans les bousculades.

Une accolade brusque le fit sursauter. Un Blanc lui souriait.

– C'est toi Marc ? Je suis Antonio. Bienvenue au Sawana !

Il ne reconnut pas le type de la photo : celui qui se tenait en face de lui avait dix ans de plus et autant de kilos en moins, le teint presque noir tant il était bronzé, des lunettes de soleil qui maintenaient en arrière ses cheveux longs et, surtout, un sourire jusqu'aux oreilles, dont la droite s'agrémentait, nota-t-il, de plusieurs piercings.

– Pardonne-moi de t'avoir fait poireauter. Je ne m'attendais pas à autant de barrages sur la route. Ça n'a pas été trop dur ? Attends, je vais te soulager.

Antonio empoigna avec autorité le téléphone satellite, que Marc lui abandonna bien volontiers. Il débitait les mots comme une mitraillette, d'une voix sonore qui fleurait bon le midi catalan. Marc pensa qu'il avait dû être envoyé au Sawana par le bureau espagnol de MCF : Fred lui avait dit que la plupart des équipes étaient internationales, avec des volontaires qui pouvaient venir des bureaux new-yorkais, londoniens, belges, suédois, allemands ou madrilènes de l'organisation. Certaines missions étaient ainsi gérées par d'autres sièges que MCF-Paris, ce qui posait parfois des problèmes : les sièges se faisaient concurrence entre eux pour capter les budgets ou choisir les pays les plus intéressants en termes de retombées médiatiques.

– En ce moment, toutes les branches de MCF veulent travailler en Asie centrale, sur fonds américains. Tu imagines le bordel ? avait conclu Fred, tandis qu'il entassait ses boîtes de capotes dans les sacs de Marc.

Sans paraître remarquer l'air absent du nouveau volontaire, Antonio continuait de s'excuser.

– Et puis c'est rare que l'avion soit à l'heure. Bon, c'est vrai aussi que je suis parti un peu tard. Tu comprends, le dimanche, c'est le seul jour où on peut dormir un peu. Alors j'en ai profité.

Il se dirigea d'un air décidé vers un grand type qui semblait être le chef des douaniers, lui expliqua quelque chose que Marc ne comprit pas. Tous deux sortirent sans autre formalité, abandonnant les passagers à leur triste destin. Les porteurs, les petits vendeurs, les mendiants n'essayèrent même pas de les arrêter tandis qu'Antonio guidait Marc vers un gros 4 × 4 poussiéreux aux couleurs de l'association. Enfin, les choses sérieuses commençaient.

En chemin, Antonio, qui n'avait pas cessé de parler – soûlé par sa volubilité, Marc avait déjà renoncé à placer un mot –, lui expliqua que les quartiers généraux de la mission avaient été installés à une soixantaine de kilomètres de la capitale, dans le Soro. C'était une région troublée, où des minorités ethniques tentaient de se révolter contre les injustices perpétuelles dont elles étaient victimes : vols des terres, destruction et pillage de leurs récoltes, corvées imposées par l'armée gouvernementale. Cette situation tendue avait motivé l'ouverture de la mission trois ans auparavant, lorsqu'une sécheresse avait encore aggravé les conditions de vie des Soros en les privant de leurs réserves alimentaires. L'épisode climatique avait eu au moins le mérite, en déclenchant la famine, de mobiliser l'assistance internationale.

Mais l'aide envoyée était régulièrement détournée au profit de la capitale et de l'armée, et la situation ne s'améliorait pas. L'association avait donc maintenu son programme humanitaire dans la région frappée par la faim, pour s'assurer que la nourriture, cette fois, parviendrait bien aux victimes. Bien que les pluies fussent revenues depuis près d'un an, elle avait dû rester sur place : la faim tenaillait toujours les habitants du Soro car le gouvernement entretenait l'insécurité, prenant prétexte de l'existence d'un mouvement rebelle pour terroriser les paysans et piller les villages. Les volontaires humanitaires ne devaient leur présence qu'à leur nationalité : la France était de longue date un pays ami du Sawana, avec lequel elle entretenait des relations militaires et commerciales intenses. Des compagnies françaises exploitaient le pétrole.

– Le problème, continuait Antonio qui, décidément, ne s'arrêtait jamais de parler, c'est que la majeure partie des gisements se trouve dans le nord du Soro. Et avec la rébellion indépendantiste, ils sont inaccessibles. Du coup, le régime veut briser les rebelles à tout prix. La France lui apporte son aide militaire. Et elle finance aussi notre action humanitaire.

Marc avait lu ces informations, présentées de façon plus diplomatique, dans le dossier d'information qui lui avait été remis au siège. Par courtoisie, il se sentit néanmoins obligé de faire preuve d'intérêt.

– Mais nous arrivons à travailler à peu près librement ?

– Tu parles ! s'exclama Antonio sans quitter la route des yeux. Tout le monde a intérêt à ce qu'on reste ici : on fait le boulot du gouvernement en approvisionnant les dispensaires et en construisant des routes et des puits. Je peux te dire que les politiques ici n'ont pas la moindre envie de dépenser du fric pour le Soro. Ils préfèrent se le mettre dans la poche. Le comble, c'est qu'ils nous demandent même à nous de leur verser un pourcentage : qu'il s'agisse du matériel ou de la bouffe, il en faut toujours un petit peu pour eux. Un petit peu, ou beaucoup, ça dépend des jours. De toute façon, si tu veux maintenir la mission, tu la boucles. C'est la règle du jeu.

– On ne peut pas refuser ? risqua Marc.

Il commençait à avoir mal au crâne : le manque de sommeil, la chaleur, la poussière, le discours ininterrompu d'Antonio, les effets secondaires des vaccins, tout se liguait pour lui donner la migraine. La voiture rebondissait sur les ornières de la route boueuse, le secouant comme un sac de noix.

La circulation autour d'eux avait atteint un degré de désordre qu'il ne croyait même pas imaginable : poules, chiens, mômes, motocyclettes, occupées par deux, voire par trois passagers, chargées des objets les plus volumineux et les plus ahurissants – Antonio dut même éviter un matelas qui tanguait dangereusement –, camionnettes défoncées, tout aussi écroulées sous les colis, festonnées de passagers qui, n'ayant pas trouvé de place, s'accrochaient aux portières, debout sur les marchepieds... Marc pensa aux gendarmes français veillant à ce que les ceintures soient bien bouclées, y compris à l'arrière, sermonnant les pères de famille insouciants. Il venait de changer de planète. C'était à qui occuperait la route comme si elle lui appartenait tout entière, zigzaguant, klaxonnant, traversant, doublant, sans paraître remarquer que la voie de circulation en face était encore plus bouchée.

Antonio conduisait sans paraître outre mesure perturbé par le trafic chaotique qui les entourait. D'ailleurs, il répondait déjà à Marc :

– Nous n'avons pas le choix. Si nous refusons, on cessera de nous financer au premier prétexte. Et puis tu verras, notre action n'est pas inutile, loin de là. Les gens dont nous nous occupons, nous devons être les premières personnes au monde à faire attention à eux depuis qu'ils existent. Pour les mômes surtout, c'est important. Tu n'imagines pas le nombre de ceux qui meurent en bas âge ! Pour des conneries en plus : un rhume, une bronchite, une diarrhée pas soignée – tu parles, ils arrêtent de leur donner à boire, aux mômes qui se vident : en deux jours, c'est plié.

– Tu veux dire que l'enfant meurt ?

– Et comment ! Déshydratation. Il y a aussi les erreurs alimentaires, les mères qui reproduisent les gestes de leur mère, sans savoir qu'ils sont fatals. Sevrer les mômes du jour au lendemain en les passant du lait maternel à la boule par exemple.

– La boule ?

– La boule de manioc pardi ! C'est le plat national ici. Dégueulasse. On est parfois obligé d'y passer parce qu'on n'a pas été réapprovisionné. Même avec les sauces qu'ils mettent pour cacher le goût, c'est immangeable. Moi, rien que l'odeur me fait gerber maintenant. Non, il y a un boulot énorme. Mais pas facile. En ce moment, en plus, la situation se durcit. On a dû t'en parler au siège ? Merde !

La voiture fit une violente embardée, évitant de justesse un groupe d'enfants qui venaient de se jeter sous ses roues. Ils poursuivirent leurs jeux comme si de rien n'était. Antonio avait pâli. Il alluma une cigarette et, après avoir pris le temps d'en tirer quelques bouffées, reprit :

– Ça, c'est le danger numéro un. Plus que les militaires. Ne quitte jamais la piste du regard, même une seconde. Ils sont fous ici. Il y a des accidents mortels tous les jours. En plus, si on est pris dedans, je ne te dis pas les emmerdes. En principe d'ailleurs, nous n'avons pas le droit de conduire nous-mêmes.

– Pas le droit ?

– Non, question de sécurité. C'est un job réservé au chauffeur de la mission, Ali. Un mec sympa d'ailleurs, tu verras. Mais aujourd'hui c'est son jour de congé. C'est pour ça que j'ai pris le volant moi-même. Ça me fait toujours flipper. Il y a un mois, il y a un log qui a dû être rapatrié en urgence parce qu'il s'était méchamment planté avec le précédent pick-up de la mission. Remarque, c'était un peu de sa faute : il revenait bourré d'une virée chez les filles.

Marc le dévisagea, choqué. Antonio n'avait pas l'air particulièrement perturbé. Sentant peser sur lui le regard de son compagnon de route, il se tourna l'espace d'une seconde et éclata de rire.

– Oh, mais ça arrive tout frais, tout propre, avec toutes ses illusions ! Comme c'est mignon... Une vraie première mission. Te bile pas, va, dans quelques mois on en reparle !

Le silence s'installa enfin dans la voiture, si on pouvait appeler silence l'infernal vacarme vomi par une cassette de musique techno. Antonio avait poussé le son au maximum, dans l'espoir insensé de couvrir les rugissements du moteur et les tressautements des suspensions du 4 × 4, visiblement fatiguées, sur la route défoncée. Il battait la cadence sur le volant avec délectation. Marc avait de plus en plus la nausée. Il n'osait pas lui demander de baisser le volume, de peur de paraître trop délicat. Antonio se sentait visiblement en verve, ravi d'infliger à son nouveau collègue ce qu'il devait considérer comme l'indispensable baptême du feu.

– Attends, tu n'as encore rien vu ! Quand on aura quitté la ville, tu vas avoir droit aux camions. Des camions bourrés à mort, à tous les sens du terme. Il y en a de plus en plus depuis que le gouvernement a décidé de mater les rebelles : troupes, matériel militaire, trafics en tous genres, on ne chôme pas dans le Soro.

– On m'a dit à Paris que la situation se durcissait et que c'était pour cette raison que les effectifs de la mission étaient renforcés.

Le visage d'Antonio s'assombrit. Machinalement, il baissa le son de l'autoradio. Marc en soupira de soulagement, mais l'autre n'avait rien remarqué. Il poursuivait.

– Tu sais, ça commence à craindre ici. Même du point de vue de la sécurité. Tu as entendu parler des regroupements forcés ?

– J'ai lu un dossier là-dessus : le gouvernement rassemble les paysans dans de nouveaux villages, en prétendant que c'est le seul moyen de pouvoir leur apporter les équipements qui leur manquent, les écoles, les dispensaires. Ils disent que c'est pour mieux lutter contre la faim.

– Ils le disent. Antonio haussa les épaules. C'est le discours officiel, repris d'ailleurs par les UN [1]. Ils financent le programme de réinstallation. Tu verras, la réalité est nettement moins sympa.

Antonio s'interrompit. À quelques mètres d'eux, la route était barrée par une rangée de tonneaux vrillés de barbelés. Des militaires, armés jusqu'aux dents de lourds fusils d'assaut, montaient la garde près des chevaux de frise.

– Bienvenue dans le Soro, mon cher Marc, lança Antonio entre ses dents. Surtout, tu me laisses faire.

Il ralentit, mais avant même que le véhicule s'arrêtât, un des militaires s'avança. Il frappa brutalement sur le capot.

– Stop !

C'était un immense type galonné. Marc trouva qu'il ressemblait à Amin Dada, du temps où le dictateur terrorisait son pays. En tout cas, le colosse, qui braquait son fusil-mitrailleur dans leur direction, ne respirait ni l'intelligence, ni l'aménité.

– Merde, le commandant Ben. Un des pires, chuchota Antonio.

Le gradé s'approcha d'Antonio et exigea les papiers du véhicule, tandis qu'un autre homme les considérait soupçonneusement, le canon de sa mitraillette pointé sur Marc.

---

1. United Nations, ou Nations unies.

Les pourparlers lui parurent interminables. Les types prétendaient ne pas les laisser passer sans une autorisation du gouverneur de la province. Antonio avait beau leur expliquer qu'il n'avait jamais entendu parler de cette autorisation, qu'il avait emprunté la même route une heure plus tôt et que personne ne lui avait parlé de ce formulaire, rien n'y faisait. Le militaire rétorquait que, dans ces conditions, il fallait rester là jusqu'à ce qu'un de ses subordonnés se soit rendu dans la capitale pour chercher l'autorisation. Antonio essayait de ne pas s'énerver mais on sentait monter son exaspération. Il expliqua que c'était impossible, que l'association travaillait depuis trois ans au Sawana sans que personne n'ait jamais mis d'obstacle à son travail humanitaire. Marc se demandait comment les choses allaient tourner. Le canon de la sentinelle continuait de le menacer.

Finalement, Antonio accompagna le commandant Ben dans une case située non loin. Les militaires semblaient y avoir installé leur quartier général. Il revint très rapidement s'installer au volant, l'air furieux. D'un signe de tête, le gradé enjoignit à ses subordonnés d'écarter les chevaux de frise. Antonio enclencha la première, fit rugir son moteur et franchit le barrage sans un salut pour les hommes. Lorsqu'ils furent hors de vue, il laissa éclater sa rage, donnant de grands coups de poing sur le volant.

– Putain ! Ce connard m'a pris cinquante dollars. Des dollars en plus, même pas des biris ! C'est le tarif le plus élevé que j'aie eu à payer depuis que je suis arrivé dans ce pays de merde ! Ce mec est vraiment une ordure. D'habitude, on ne paye jamais, c'est la règle. Mais avec lui, il n'y a rien à faire. Un salaud fini. Il faut voir comment il se comporte avec les paysans.

– Pourquoi ne pas lui avoir glissé son fric tout de suite ? On aurait gagné du temps, risqua Marc.

– Tu plaisantes ! Si tu fais une chose pareille, d'abord tu le vexes. Il est même capable de t'envoyer en tôle : corruption de fonctionnaire. Ensuite, tu l'obliges à partager immédiatement avec ses hommes. Mauvais, ça.

Après un instant de réflexion, il ajouta, goguenard :

– Et puis, tu n'es jamais sûr qu'il ne va pas se contenter de moins. Glisser immédiatement un billet, c'est fixer d'emblée le tarif que tu es prêt à payer. Erreur fatale, comme ils disent chez Microsoft. Après, tu peux être sûr que tu as des barrages partout.

– Parce qu'il y en a beaucoup, des barrages ?

– Tout le temps. De plus en plus. C'est une spécialité du Sawana. Les militaires ne touchent pas leur solde, ou bien ils touchent une solde ridicule, alors ils vivent sur la bête. Même les plus pauvres doivent payer. Normalement, les humanitaires sont exemptés de ce racket. À cause des services qu'ils rendent au pays. Normalement, mais des mecs comme Ben n'en ont rien à cirer.

– Tu me disais qu'il était affreux avec les paysans ?

– Tu n'imagines même pas ce dont il est capable. De toute façon, les gens du Soro, ici, tout le monde les déteste. À cause de la rébellion. Ce sont les paysans qui trinquent pour les rebelles. Non seulement ils paient, mais ils sont maltraités. C'est simple, ils n'osent plus sortir de leurs villages. C'est pour ça qu'il y a tant de problèmes d'ailleurs : si les gens avaient le droit de circuler librement, ils pourraient vendre leur production. Et bouffer.

Marc se sentait révolté. Comment tolérer de telles injustices ? Il exprima son indignation. Antonio se tourna vers lui, soulevant ses lunettes de soleil pour mieux le considérer.

– Dis donc toi, c'est vraiment ta première mission. J'ai l'impression qu'on va s'amuser.

Après une bonne dizaine de barrages, quelques billets de mille biris, l'équivalent de cinq dollars environ, avait expliqué Antonio à Marc – seul le commandant des troupes s'était vraiment montré gourmand –, le 4 × 4 arriva enfin à la mission. Marc était soulagé de voir s'achever le voyage, qui s'était résumé à un slalom permanent entre les nids-de-poule et les poules elles-mêmes. Dans tous les villages qu'ils avaient traversés, elles disputaient la piste aux chiens galeux, aux chèvres et aux gosses. Parcourir ces soixante kilomètres avait pris près de cinq heures. Pétrifié par une gangue de poussière, les membres raides à force d'avoir tressauté sur les cahots de la piste, Marc se sentait complètement déshydraté.

Antonio lui indiqua où se trouvait le réfrigérateur, dans une petite pièce à l'arrière de la maison. Marc le découvrit sans peine, guidé par la chaleur intense et le ronflement qu'il exhalait. Les milliers de mouches qui le recouvraient décollèrent mollement quand il en ouvrit la porte, pour se reposer aussitôt, guère perturbées.

Alimenté par un groupe électrogène aussi bruyant que puant, l'appareil contenait un nombre impressionnant de canettes de bière fraîche. Marc prit le temps d'en savourer une pendant qu'Antonio déchargeait le véhicule. La maison des humanitaires était une grande case en banco, sans rien qui puisse lui donner le moindre charme. Aucun signe ne la distinguait, à part un vague autocollant défraîchi du logo de l'association punaisé sur la porte de bois.

– Mais... où sont les autres ?

– Je te l'ai dit. C'est dimanche aujourd'hui. Ils sont partis se baigner dans un grand lac, pas loin. Ils ne vont pas tarder à rentrer d'ailleurs : dans une heure, il fait nuit. En attendant, mets-toi à l'aise. Je vais te montrer ta chambre.

Il le conduisit dans une petite pièce nue où un simple matelas reposait à même le sol. On entendait ronfler le groupe électrogène juste derrière la cloison.

– C'est toujours aussi bruyant ? demanda Marc.

Antonio eut l'air gêné.

– C'est vrai que ce n'est pas la meilleure chambre. C'est pour ça que tu la récupères d'ailleurs. Tu sais comment c'est... les derniers arrivés sont toujours les moins bien servis.

Marc ne fit pas de commentaires, tout en se demandant intérieurement où ils allaient mettre l'infirmière qui devait arriver. On pouvait difficilement faire pire. Sur les murs, de gros lézards transparents le fixaient, sans paraître le moins du monde intimidés par sa présence.

– Qu'est-ce que c'est ?

– Des margouillats. Tu n'en as jamais vu ? Ne t'inquiète pas, c'est complètement inoffensif. Et moins écœurant que les blattes. Elles sont énormes par ici. Ne laisse surtout pas traîner de bouffe. Et évite de marcher pieds nus, surtout la nuit. C'est assez désagréable quand on en sent une s'écraser sous son talon.

Marc commença à déballer ses affaires. Par une petite fenêtre grillagée, garnie d'une moustiquaire qui ne devait plus dissuader grand monde, il voyait Antonio s'affairer auprès du pick-up. Derrière la maison, la brousse s'étendait, verte et hostile. L'espace défriché cédait très vite la place à un taillis d'arbres obscurs. Pas âme qui vive. Devant en revanche, il devinait des cases enfouies sous les arbres, toute une vie qui s'activait avant le crépuscule : tintements de vaisselle, gloussements affairés de poules, cris d'enfants... Antonio lui avait expliqué que la mission occupait une ancienne école désaffectée, qui avait dû être construite par des missionnaires. Elle se trouvait à l'écart des nouveaux villages regroupés, dans un gros bourg commerçant. L'équipe devait faire près d'une heure de route chaque matin pour rejoindre les zones d'intervention.

Il regrettait déjà de ne pas avoir emporté plus de livres, plus de musique. Les journées allaient être longues dans ce trou.

# 3.

L'horreur. C'était l'horreur. Jamais, sauf à la télévision, il n'avait vu de gosses aussi maigres. On aurait pu compter leurs os un à un. Une vraie leçon d'anatomie.

Les enfants ne parlaient pas. Ils étaient allongés sur des nattes en osier. Certains sous perfusion, d'autres non. Parfois, leur mère attendait à côté d'eux, sans rien dire, presque aussi décharnée que son enfant. Parfois, ils étaient seuls. Tout à leur souffrance silencieuse, ils ne le regardaient même pas passer.

Marc se demanda comment on pouvait accepter une telle réalité. L'équipe l'avait amené au centre nutritionnel thérapeutique, là où elle prenait en charge les enfants les plus atteints. Deux femmes l'accompagnaient : Sarah, l'infirmière qui était arrivée un jour après lui à cause d'un problème de visa, et Anne, l'administratrice.

Un personnel sawanais très nombreux s'activait auprès des enfants. Ces employés étaient recrutés localement par l'association pour gérer le centre, sous le contrôle des volontaires humanitaires occidentaux : si ces derniers se succédaient, le personnel local, heureusement, restait. C'était lui qui, de fait, détenait la connaissance et assurait la continuité du programme. Marc avait ainsi fait la connaissance de Khadia, l'infirmière en chef. Une splendide noire d'une trentaine d'années qui menait son monde à la baguette. Elle les avait accueillis plutôt froidement, Sarah et lui, et Marc en était tout contrit, lui qui était habitué à ce que les filles ne restent pas insensibles à son charme. Il se consola en interprétant son attitude comme la réserve distante de celle qui assiste au défilé permanent d'expatriés censés lui apprendre son métier, alors qu'ils n'ont pas le dixième de son expérience.

Ce jour-là, ils n'étaient que trois Européens au centre nutritionnel : Sarah, Anne et Marc. Didier, le chef de mission, était parti pour la capitale, convoqué par les autorités sawanaises avec les autres ONG travaillant dans le Soro. Le gouvernement voulait régler avec elles toutes les questions ayant trait à la sécurité du personnel humanitaire. Il avait décidé d'imposer un couvre-feu car les rebelles multipliaient les raids. Leur front n'était plus qu'à quelques dizaines de kilomètres des bases gouvernementales et la situation se tendait. Les militaires devenaient plus nerveux, multipliant les arrestations et les contrôles. Antonio avait accompagné Didier : il devait essayer de régler des problèmes de mise en marche du matériel apporté par Marc ; il manquait apparemment des pièces détachées, il espérait se les procurer en ville. Tous deux étaient partis pour la journée. Il fallait prévoir un tel délai à cause des barrages et de l'état des routes.

Marc et les deux femmes avaient quitté la case dès l'aube. Ils avaient été conduits au centre nutritionnel par Ali, un grand homme jovial qui travaillait à la mission depuis son ouverture, faisant office tour à tour de chauffeur, de gardien ou de mécanicien en fonction des besoins de l'équipe. Les journées commençaient tôt : à six heures du matin au plus tard, il fallait avoir pris place dans la voiture afin d'arriver au centre avant sept heures. Mais elles se terminaient tôt aussi : en raison de l'état d'urgence décrété par le gouvernement du

Sawana dans le Soro, les expatriés n'avaient pas le droit de circuler après la tombée de la nuit. Ils devaient donc avoir quitté le centre nutritionnel avant cinq heures du soir pour être de retour à la mission à six heures au plus tard, heure à laquelle le soleil tombait comme une pierre avec une régularité de métronome. La nuit appartenait aux rebelles et aux militaires.

– Tu imagines comme ça nous énerve quand on appelle Paris, qui est dans le même fuseau horaire que nous, de voir qu'il n'y a personne au bureau avant dix heures du matin ? Nous, à cette heure-là, on a déjà fait la moitié de notre journée de travail ! avait plaisanté Antonio au petit-déjeuner.

Une aube grisâtre venait tout juste de se lever. Antonio était venu tirer Marc du lit. À grand-peine : Marc avait l'impression de s'être endormi quelques minutes auparavant seulement. Il s'était installé sans appétit à la table du petit-déjeuner, dans un état nauséeux qu'il attribuait à l'indispensable médicament contre le paludisme. Il se demandait comment il allait tenir un an à ce régime. Antonio, lui, ne se protégeait pas, comme tous les vieux expatriés. En le voyant avaler son comprimé, il s'était moqué de lui, le traitant de novice. À l'entendre, il valait mieux attendre la crise de palu pour se traiter :

– Tu comprends, si on ne le chope pas, c'est tout bénef ! s'était-il exclamé, avec la jovialité bonhomme qui semblait ne jamais le quitter. Comme les effets sur longue durée des médocs contre le palu sont pires que la maladie, si tu arrives à ne pas tomber malade, tu as gagné des années.

– Et si tu le chopes, tu risques juste de crever, remarqua froidement Sarah.

Marc la regarda, interrogatif. Elle précisa à son intention :

– De temps en temps, la crise est tellement grave que le traitement ne parvient pas à l'enrayer. Et tu meurs. Il vaut mille fois mieux se soigner préventivement.

Marc savait qu'elle avait raison. Les médecins qu'il avait consultés avant le départ avaient multiplié les mises en garde. Sans parler de ses parents... Son père lui avait fait jurer qu'il ne plaisanterait pas avec cette question, lui fichant la trouille avec ses scénarios catastrophistes.

Les autres au contraire, Didier et Antonio, prenaient le risque de contracter la malaria avec fatalisme : après avoir passé des années en Afrique, ils préféraient essayer d'éviter les piqûres de moustiques, quitte à absorber un traitement de choc si nécessaire. Quant à Anne, Marc n'avait pas compris exactement sa position. Elle semblait contrariée par l'apparente désinvolture des deux hommes qui, après tout, relevaient de sa responsabilité d'administratrice. Devoir rapatrier un expatrié pour des questions sanitaires posait toujours un tas de problèmes, qu'elle préférait ne pas avoir à affronter. Pourtant, Marc ne la voyait pas plus qu'eux avaler de comprimés. Un vrai mec, cette fille. Ses cheveux sombres étaient coupés très court et elle ne faisait aucun effort pour adoucir la sévérité de sa mise : jean et chemise d'homme, aucun bijou, pas de maquillage. Rien de féminin. Il sentait bien qu'elle le jaugeait. Dans la voiture qui l'amenait au centre, elle lui avait demandé, d'un ton presque agressif, si c'était bien sa première mission.

– Pourquoi ? tu as peur que je craque ? avait-il plaisanté.

– Non, je te demande juste pour savoir. Ça m'étonne toujours un peu que Paris nous envoie ici des gars qui n'ont jamais fait leurs preuves dans des pays plus faciles.

Marc avait préféré ne pas lui répondre. Ils allaient passer des mois ensemble, mieux valait ne pas envenimer les relations dès le début.

En roulant vers le centre nutritionnel, ils croisaient sans cesse des convois militaires. Dans les gros villages traversés, des patrouilles les regardaient passer, sans chercher à les arrêter cette fois. Anne expliqua à Marc que ces villages étaient pour ainsi dire factices : il s'agissait de camps de regroupement. Les militaires obligeaient la population à quitter ses villages traditionnels, situés sur les hauteurs boisées. Ils brûlaient les cases et emmenaient les paysans par camions entiers jusqu'à de gros bourgs, le long de la route principale. Les gens se reconstruisaient tant bien que mal une nouvelle vie, sous l'œil de l'armée.

– Ils espèrent ainsi priver les rebelles de leurs bases arrière, conclut-elle.

– Parce que les paysans soutiennent les rebelles ? questionna Marc.

– Les paysans ne soutiennent personne, rétorqua Anne d'un ton sec. Ils n'ont pas le choix : un jour, c'est la guérilla qui déboule et exige de la nourriture et des porteurs. Le lendemain, l'armée débarque, apprend que les rebelles étaient là la veille, massacre quelques paysans en guise de représailles et oblige tout le monde à quitter le village. Tant pis pour les récoltes.

– Et personne ne bouge ? intervint Sarah.

Anne ricana, agacée de tant d'ingénuité.

– Mais vous êtes vraiment des bleus, vous deux ! Si vous saviez, mes pauvres petits, le nombre d'endroits sur terre où il se produit des atrocités sans que personne ne bouge !

Après un instant de réflexion, elle reprit :

– Je ne suis pas tout à fait exacte : la France bouge. Elle aide l'armée à lutter contre les rebelles. Elle envoie des troupes, des conseillers, des armes. Et puis, elle nous finance, nous, les humanitaires. Pour que nous réceptionnions dans nos centres les conséquences de sa coopération militaire. Nous essayons de sauver les gosses que notre gouvernement a affamés.

– Tu exagères ! la coupa Sarah.

Marc la regarda. Elle était rose de colère. Visiblement, le ton condescendant d'Anne l'avait horripilée. Anne esquissa un geste de la main pour balayer d'avance les arguments de l'infirmière, mais celle-ci ne se laissa pas démonter, poursuivant avec véhémence :

– Tu caricatures tout. Moi, j'ai vu l'action de la France dans le pays où je travaillais avant, au Burkina. Je peux te dire que sans sa coopération, sans son appui aux hôpitaux et aux écoles africaines, la situation serait bien pire. Ici, je suis arrivée depuis trop peu de temps pour savoir ce qui se passe exactement, mais je trouve ta vision bien négative. On se demande ce que tu fais dans l'humanitaire. Peut-être est-il temps pour toi de changer de métier ?

Elle se rencogna sur sa banquette, le visage tourné vers l'extérieur, et ne dit plus mot. Marc était soufflé par la violence de sa sortie. Elle avait fait mouche : Anne s'était tue, vexée. Les deux filles n'avaient rien de semblable. Sarah était une fille aux yeux pâles, pleine de rondeurs, d'une rousseur exubérante, avec des cheveux fous, tout autour d'un visage semé de taches de son. Une fille nature qui ne s'embarrassait pas de son apparence, avec son pantalon avachi, à moitié recouvert d'une grande blouse bariolée qui la faisait paraître plus ronde encore. Elle avait dû acheter ses vêtements lors de son précédent séjour africain. Marc pensa aux salariées de Caltech, sanglées dans leurs tailleurs de marque, qui déjeunaient à midi d'un substitut de repas dans leur club de gym. Il y avait un monde entre l'infirmière et elles. Cela dit, un petit régime lui aurait quand même fait du bien : elle donnait l'impression d'être toute molle. Ce relâchement suggérait d'ailleurs une sorte de bonhomie qui contrastait avec le grand corps d'Anne, sec et anguleux. L'administratrice exaspérait Marc en fumant clope sur clope dans l'espace confiné de la voiture, sans rien demander à personne. Il avait le choix entre la poussière de la route et la fumée de la cigarette d'Anne. Ali semblait s'en accommoder. Quant à Sarah, elle ne pipait mot, malgré la gêne visible qu'elle ressentait. Elle devait penser, comme Marc, qu'Anne aurait été plus pénible encore sans sa cigarette. Tirer sur chaque bouffée avec agressivité semblait canaliser sa nervosité. Elle était toujours sur le qui-vive.

– Enfin, il doit bien y avoir une raison pour expliquer la position de la France ? reprit Marc, ignorant le jeu de fleuret entre les deux filles.

– Les champs pétrolifères du Sawana bien sûr, jeta Anne, comme à contrecœur. Le pays est riche. Nos entreprises y monopolisent les marchés. Et puis ici, au moins, on parle français. Les rebelles viennent du pays voisin, le Kongue. Ils sont anglophones, eux. Les États-Unis les financent en sous-main. Les hommes d'affaires américains attendent avec impatience que le pays bascule pour pouvoir y prendre pied. Nous, nous défendons notre confetti d'empire.

– Notre président et le président français s'entendent à merveille, intervint Ali, qui, jusque-là, était resté coi, concentré sur la route. C'est vrai que notre pétrole fait le bonheur de la France, mais nos présidents se comportent ensemble comme s'ils étaient de la même famille. On dit même que, dans l'intimité, votre président appelle le nôtre « papa ». Son fils a beaucoup d'amis ici.

Personne ne fit de commentaire, même pas Anne. Marc pensait que pour le coup, elle aurait eu raison de ricaner, mais elle semblait approuver Ali. Jusqu'à l'arrivée au centre nutritionnel, le reste du trajet fut silencieux.

C'est en voyant l'état des enfants que Marc avait découvert combien les paysans du Soro souffraient de la situation insurrectionnelle de leur province. Anne les avait conduits dans la salle des « crevettes ». C'est ainsi qu'on appelait les tout petits enfants gravement sous-alimentés. Leur mère les amenait quand ils étaient au seuil de la mort. Quand Marc les vit, si chétifs, si vulnérables, posés les uns à côté des autres, avec leurs perfusions, leurs sondes nasales, immobiles, l'émotion fut trop forte. Les larmes lui jaillirent des yeux. Sarah passait d'un enfant à l'autre sans paraître remarquer son trouble. Elle vérifiait le niveau des perfusions, posait sa main sur leur crâne chauve, caressait leurs membres grêles, sollicitait quelques explications complémentaires aux assistants qui s'occupaient des nourrissons. Leurs blouses vertes portaient toutes l'emblème de MCF. Khadia regardait procéder l'infirmière sans intervenir, sauf quand Sarah lui demandait des précisions sur l'état d'un petit malade.

Pour tenter de surmonter son trouble, et aussi s'attirer les bonnes grâces de Khadia, qu'il trouvait vraiment séduisante, Marc interrogea l'infirmière sawanaise à voix basse.

– Mais pourquoi sont-ils seuls ceux-là ? Les mères ne sont pas avec eux ?

– Non, elles nous les ont laissés parce qu'elles pensent qu'ils vont mourir. Elles préfèrent s'occuper de leurs autres enfants, ceux que tu as vus dans la salle d'à côté, ou ceux qui se portent mieux et qui sont restés dans la case.

– On en sauve beaucoup ?

– Ça dépend. Tu sais, la plupart n'ont que quelques mois, parfois quelques semaines. Certains sont malades. Malades et dénutris. Pour ceux-là, c'est presque sans espoir. Mais il y en a d'autres qu'on arrive à tirer d'affaire. Les mères viennent les chercher... et puis, elles nous les ramènent quelques semaines plus tard, encore plus mal en point.

– Et tu n'es pas découragée ?

– Non, parce qu'on est là pour ça. Et qu'on arrive quand même à en voir quelques-uns repartir en ayant retrouvé la santé.

Anne suivait la conversation. À ces mots, elle acquiesça et son visage tout sec, tout triste s'illumina brusquement.

– Si tu savais comme on est heureux quand ils sont tirés d'affaire ! Viens voir, dit-elle à Marc en le prenant par le bras.

Elle le conduisit dans un autre bâtiment. Celui-là accueillait des enfants moins malades que les premiers. Pour avoir lu les documents remis par l'association, Marc savait qu'il s'agissait du centre de nutrition supplémentaire, qui distribuait aux enfants un repas par jour à l'heure du déjeuner. Situé à quelques centaines de mètres du premier, il était entouré de cases. Un véritable village s'était reconstitué autour de la mission humanitaire. Aux camps de regroupement mis en place par le gouvernement, les paysans du Soro qui avaient été déplacés de force préféraient encore la proximité des zones d'aide, où de la nourriture était distribuée à leurs enfants et où les femmes pouvaient s'épargner la corvée d'eau grâce aux puits forés par les hydrauliciens de l'association.

Au petit-déjeuner, Antonio, qui décidément ne s'arrêtait jamais, avait expliqué à Marc que souvent, rien n'était prêt pour accueillir les déplacés dans les nouveaux villages : ni équipement, ni école, ni dispensaire. Éloignés de leurs champs, qui se trouvaient parfois à des kilomètres, les gens se débrouillaient comme ils pouvaient pour cultiver un petit lopin et se nourrir. La faim, le paludisme, les maladies intestinales et respiratoires faisaient des ravages. Les enfants mouraient par dizaines. Le grand tort des habitants du Soro, s'enflammait Antonio, était juste de faire partie d'une minorité ethnique vivant sur des terres dont les richesses suscitaient la convoitise générale. Le pays voisin, ce Kongue dont venaient les rebelles, prétendait que le Soro était une région qui n'aurait jamais dû être séparée de son territoire par les colonisateurs. Et il n'avait pas tort : ni les modes de vie, ni les habitudes culturelles, ni l'aspect physique ne distinguaient les habitants du Soro de ceux du Kongue, alors qu'une frontière les coupait en deux depuis un siècle. Mais, colonisation oblige, les Soros du Sawana parlaient français et ceux du Kongue, anglais. Et le pays soro constituait une enclave chrétienne dans un Sawana musulman. Les missionnaires avaient naguère rallié à leur foi quelques centaines de milliers de personnes... pour leur plus grand malheur.

– Les Sawanais méprisent aujourd'hui les gens du Soro. Ils les considèrent comme des infidèles. Et ils en profitent pour les maltraiter.

Antonio s'échauffait. Marc était à la fois passionné et exaspéré par le débit de plus en plus rapide du logisticien espagnol. On aurait dit qu'il voulait faire tenir toute l'histoire de cette région africaine dans les quelques minutes consacrées à avaler le bol de café matinal. Marc comprendrait plus tard à quel point le petit déjeuner en commun constituait un répit précaire avant d'infernales journées de travail.

Indifférent à l'air maussade du nouvel arrivé, tenaillé par la migraine, Antonio avait raconté comment le gouvernement sawanais arguait de l'intangibilité des frontières héritées de la colonisation pour mettre le Soro en coupe réglée. Il voulait à tout prix conserver la province en raison de sa richesse en pétrole. Si les habitants du Soro avaient pu disparaître jusqu'au dernier, le régime s'en serait fort bien accommodé. Il les regroupait donc, dans des conditions qui revenaient à les laisser mourir de faim, tout en tolérant quelques équipes humanitaires afin de donner le change. Comme les incursions armées des rebelles menaçaient le pays, les Soros étaient tous considérés comme des ennemis, même si la plupart d'entre eux n'avaient jamais touché une arme de leur vie, se contentant de leur machette pour défricher les champs et de leur houe pour les gratter, sans en tirer grand-chose.

Dès son entrée dans le centre de nutrition, Marc fut accueilli par un boucan d'enfer. Cris d'enfants, bousculades, remue-ménage, le contraste avec le silence coupé de gémissements du centre thérapeutique était saisissant. La distribution de nourriture allait commencer. Toutes les mères se précipitaient avec leur progéniture et le personnel sawanais avait bien du mal à discipliner la cohue. À l'aide de barrières, les employés avaient mis en place une sorte de couloir qui faisait office de sas. Toutes les familles qui voulaient que leur enfant soit nourri devaient y faire la queue. Un par un, les petits se présentaient avec leur mère devant un infirmier qui les examinait, vérifiait leur fiche médicale, puis les autorisait à entrer dans la pièce où le repas était distribué. Parfois l'infirmier refusait l'accès. Marc le vit repousser, non sans une certaine férocité, un gamin solitaire, plus grand que la moyenne, qui tentait de forcer le passage.

– Pourquoi le rejette-t-il celui-là ? Il ne peut pas les accepter tous ?

– Il est obligé de faire une sélection, lui répondit Anne avec son habituel ton tranchant. Ça peut te paraître choquant mais si on accepte tout le monde, le centre sera submergé. On n'aura pas les moyens de faire face aux vraies détresses, aux vrais besoins. Ce gamin-là tente sa chance, mais tu vois bien qu'il est plutôt en bonne santé. On a plein d'adolescents comme celui-là, qui se débrouillent pour essayer d'avoir un repas dans le centre. Ou dans celui des médecins suédois, de l'autre côté de la rivière. Les plus malins arrivent à prendre jusqu'à trois repas par jour !

Une fois admis, les enfants recevaient un bol, le même bol orange, nota Marc, que ceux qu'il avait vus dans le film de présentation projeté lors de son recrutement. Assis les uns à côté des autres, ils le présentaient à des cuisiniers qui le remplissaient d'une sorte de bouillie crémeuse assez épaisse. Les gamins se jetaient dessus et la dévoraient avec délectation. Marc remarqua que dès que les cuisiniers avaient le dos tourné, certaines mères disputaient à leurs enfants le contenu de la gamelle. Il désigna l'une d'entre elles à Anne : la mère, qui avait manifestement siphonné le repas à la place de sa petite fille, cherchait à obtenir un supplément de nourriture en tendant le bol vide vers les cuisiniers.

– Pourquoi est-ce que personne ne l'empêche d'agir ainsi ?

– C'est difficile, intervint Khadia. D'abord, elle a probablement d'autres enfants à nourrir. Peut-être même est-elle enceinte. Il vaut mieux lui redonner de la nourriture que la réprimander. Sinon, elle risque de ne jamais revenir... et sa gamine ne s'en portera pas mieux.

– Oui, et puis tant que sa gamine est en mauvais état, elle est sûre d'être accueillie au centre, ricana Anne. Accès garanti pendant des semaines et des semaines !

Khadia s'éloigna d'eux pour réprimander un cuisinier, il venait de laisser tomber une marmite de bouillie en la tirant du feu. Le contenu se répandit sur le sol en ciment. Soudain, une dizaine de mômes qui avaient terminé leur bol se jetèrent par terre pour se disputer frénétiquement la nourriture, grattant le pavement de leurs cuillères. Marc eut le cœur serré devant un tel dénuement.

– Au moins, il n'y aura pas de gaspillage, soupira Anne.

Mais son ton était moins acerbe que d'habitude.

Quand ils sortirent du centre, Marc vit d'autres mères qui attendaient à l'extérieur, tenant par la main des enfants qui n'avaient pas reçu de repas.

– Et ceux-là, on les laisse mourir de faim ?

Il avait choisi d'interpeller Anne en imitant son apparente désinvolture. Celle-ci ne parut pas surprise qu'on lui parle comme elle s'adressait aux autres.

– Il y a une autre distribution dans deux heures, le temps que les cuisinières préparent d'autres rations de bouillie.

Marc apprit que les enfants recevaient un mélange de céréales, d'huile et de sucre, enrichi en sels minéraux et en vitamines.

– Tu comprends, lui précisa Anne, on risque moins de se faire voler un aliment pareil : c'est dur à revendre sur les marchés.

– Et puis, leur formule est spécialement conçue pour récupérer au plus vite les gosses malnutris, renchérit Sarah.

Marc la regarda. Avec son visage comme illuminé de l'intérieur, elle avait l'air de s'être coulée immédiatement dans ses nouvelles fonctions. En voilà une qui sait pourquoi elle fait de l'humanitaire, se dit le jeune homme.

Il se sentait, lui, beaucoup plus mitigé. Il faut dire que le travail qu'on lui avait affecté n'était pas spécialement exaltant : en arrivant dans le Soro, il avait appris par Didier qu'il devrait réaliser un programme de construction de latrines pour lequel MCF avait obtenu un financement très important. La nouvelle l'avait consterné.

Il n'ignorait pas l'importance de cette action, pourtant : une partie essentielle du travail humanitaire, leur avait-on expliqué au siège, consistait à éviter la propagation des maladies et la pollution de l'eau potable. Une eau polluée était la première cause de maladie et mortalité. L'existence de lieux d'aisance corrects permettait aux gens de ne pas faire leurs besoins n'importe où, donc de ne pas contaminer les mares et les cours d'eau. Si Marc était tout à fait d'accord pour admettre que le travail humanitaire ne présentait pas que des aspects nobles et éthérés, il regrettait qu'on l'ait précisément envoyé, lui, pour construire les chiottes du Sawana.

Dès qu'il s'était approché des latrines construites avant son arrivée, l'odeur âcre lui avait sauté à la gorge. La puanteur était insoutenable. L'arrivée de nouveaux déplacés rendait insuffisantes les installations existantes, déjà saturées. Il fallait d'urgence en construire de nouvelles. Marc enviait Sarah de pouvoir se consacrer à la partie la plus gratifiante de leur mission. Sauver des vies en donnant à manger à des êtres humains était quand même beaucoup plus stimulant que de leur permettre de déféquer dans des conditions correctes.

Ses collègues de bureau auraient ricané de le savoir affecté à une telle opération. Quant à Laure... il réfléchissait déjà à la façon dont il pourrait présenter sa mission humanitaire lorsqu'il la retrouverait.

Sarah aurait dû arriver au Sawana quelques jours avant Marc, mais elle était finalement partie après la date prévue : le consulat sawanais avait tardé à lui accorder son visa, parce que son passeport portait celui du Burkina Faso, pays dont le gouvernement avait noué des alliances avec des nations hostiles au Sawana. Selon l'adage bien connu qui dit que les amis de nos ennemis sont forcément, eux aussi, nos ennemis, les fonctionnaires sawanais en poste à Paris s'étaient cabrés dès qu'ils avaient constaté que la volontaire humanitaire que MCF comptait expédier chez eux avait longuement séjourné auparavant au Burkina. Il leur fallait s'assurer que l'ONG n'envoyait pas, sous couvert d'une mission humanitaire, un agent espion dans leur pays. C'était déjà arrivé par le passé, les organismes d'aide offrant une couverture idéale pour toutes sortes d'individus douteux.

Leur enquête avait été rapidement bouclée : la jeune femme faisait vraiment partie de ces braves infirmières blanches, animées des meilleures intentions du monde, que l'Occident dépêchait chaque année par paquets dans le continent noir. Et ils avaient donc consenti à apposer le précieux tampon qui avait permis à Sarah de s'envoler pour le Sawana.

Antonio, conduit cette fois par Ali, avait donc dû, dès le

lendemain, se coltiner à nouveau l'interminable route pour la capitale. Il avait l'habitude : à chaque arrivée d'un expatrié en provenance de Paris, que la logistique chargeait systématiquement d'acheminer les objets précieux afin d'éviter les vols, il devait multiplier les « expéditions pièces détachées » pour mettre en service le matériel. Pour une fois, il avait fait le trajet avec plaisir, car il était avide de découvrir le nouveau gibier féminin que lui dépêchait le siège. Depuis le départ de la précédente infirmière, l'équipe était plutôt dépeuplée en la matière, Anne ne pouvant guère être qualifiée de proie susceptible d'être conquise.

Didier, le chef de mission, préférait les autochtones. Il entretenait une cour de petites Africaines, toutes aussi mignonnes et dociles les unes que les autres, ses *« sisters »* comme il disait. Le chef de mission avait vivement incité Antonio à en faire autant :

– Ça met moins de souk dans les équipes d'expatriés, lui avait-il expliqué. Crois-en ma vieille expérience : les ravages du log-bite-couteau en mission, j'en ai ma claque !

Antonio savait très bien de quoi il parlait : lui-même en Amérique centrale n'avait pas eu un comportement exemplaire. Qu'y pouvait-il d'ailleurs ? Il était de tradition, dans l'humanitaire, que les infirmières constituent un vivier de premier choix pour des logisticiens à la virilité en bandoulière. Peaux blanches, peaux noires, tout était bon à prendre. Antonio avait hâte de voir à quoi ressemblait cette Sarah.

Lorsqu'il la vit débarquer de l'avion, il fut déçu. À ses vêtements, visiblement choisis pour être confortables et pratiques, sans rien de sexy ni même d'élégant, le sérieux des questions avec lesquelles, à peine entrée dans la voiture, elle avait commencé à le bassiner sur la mission – pour une fois, ce n'était pas lui qui tenait le crachoir, il avait du mal à s'y faire –, sa façon de se comporter, droite, directe, sans minauderie, comme si elle n'avait pas été une fille et lui un mec, il comprit tout de suite qu'il n'aurait rien à attendre de cette fille-là. Ou alors le genre d'histoire sérieuse qui vous faisait revenir de mission lié à une nana que vous n'auriez même pas remarquée si vous étiez resté au pays. Le style de fille qui s'est engagée dans le monde caritatif comme on entrait naguère en religion. Décourageant.

Sarah dut faire avec lui le tour des – rares heureusement – fournisseurs de matériel électronique, ce qu'elle trouva épuisant après les heures de voyage en avion et, surtout, l'arrivée à l'aéroport bondé. Elle était pressée de se retrouver à la mission pour prendre une bonne douche. Tandis qu'elle attendait dans la voiture, se déroulait sous ses yeux le spectacle étonnant de cette Afrique urbaine qu'elle connaissait si bien, emplie d'agitation et de vacarme. Le concert des klaxons et le ballet des cyclomoteurs, la boue des rues défoncées, où des mamas faisaient rissoler des morceaux de poulet et des beignets dans de grandes bassines de métal posées à même le sol, enfumant un peu plus une atmosphère déjà saturée d'odeurs de toutes sortes, la sono des échoppes, poussée à fond, que tentaient de couvrir les appels des vendeurs de rue... elle retrouvait toujours avec le même plaisir le désordre frénétique des villes africaines, où chacun semblait jouer sa propre partition sans se soucier des autres.

Ils quittèrent enfin la ville pour rouler en direction de cette province du Soro où se trouvaient les programmes. Ali, le chauffeur, conduisait avec attention, tandis qu'à côté de lui, Antonio tapait en cadence sur la boîte à gants pour accompagner la musique techno qu'il avait cru bon de lui imposer. Il l'avait mise tellement fort qu'elle l'empêchait de lui demander toutes les informations qu'elle aurait voulu avoir sur la mission. Assise à l'arrière, la jeune femme examinait à la dérobée le garçon qui était venu la chercher à l'aéroport. Il avait plutôt l'air d'un bon bougre. Pas compliqué, direct. Marrant aussi, avec ses anneaux dans les oreilles et ses cheveux longs. Aux yeux de Sarah, tous les logisticiens humanitaires qu'elle avait croisés en Afrique se ressemblaient, sauf qu'ils avaient parfois, contrairement à Antonio, le crâne totalement rasé. Mis à part cette variante, elle avait déjà l'impression de le connaître. Les religieuses avec lesquelles elle travaillait au Burkina n'aimaient pas les volontaires des ONG urgencières, qui repartaient des pays aussi vite qu'ils y avaient déboulé, prétendant tout savoir et tout résoudre. Elles les trouvaient beaucoup trop désinvoltes, superficiels, déplorant leur ignorance des populations locales. Sarah, elle, était curieuse de cette nouvelle expérience.

Elle se sentait bien, foncièrement heureuse d'avoir pu partir si vite pour un pays où l'action humanitaire semblait s'imposer. Malgré l'inconfort de la piste, elle dévorait des yeux le paysage, retrouvant avec infiniment de plaisir cette Afrique rurale qu'elle aimait tant. Bien sûr, le Sawana n'avait rien de commun avec le Burkina, ses savanes et ses champs de mil, ses habitants élancés et volubiles. Ici, le pays paraissait plus retenu, plus compact, comme écrasé sous le poids des cathédrales végétales qui longeaient la route, faisant paraître les habitations et leurs occupants plus petits, tassés. Les villages étaient regroupés le long de la piste, tout en longueur. Des cases en banco mais aussi des maisons en ciment, avec leur toit de tôle, qui semblaient plus récentes. Les villageois les regardaient passer sans un signe. Seuls les enfants, comme partout ailleurs, criaient et gesticulaient, courant le long de la route pour escorter la voiture. Elle remarqua la présence obsédante des militaires. Ali dut plusieurs fois présenter les documents du véhicule, acquitter discrètement des droits de passage aussi.

Elle avait hâte d'arriver, de faire la connaissance de ceux

qui allaient être ses compagnons pendant des mois et des mois. Hâte aussi de prendre la mesure du travail qui l'attendait, de s'y plonger à corps perdu. Loin de l'accabler, la chaleur du pays l'exaltait : cette haleine d'Afrique, tellement familière, avait constitué son quotidien depuis tant d'années...

Elle fit connaissance d'Anne, qu'elle trouva immédiatement sympathique, malgré son côté revêche. L'administratrice fut surprise de la franchise désarmante avec laquelle Sarah vint faire allégeance, comme si elle reconnaissait implicitement que l'autre serait la boss, celle qui savait et lui montrerait comment faire. Sarah avait une longue expérience de celles qu'elle appelait les « filles-oursins », qui se vengent de leur mal-être en agressant les autres. La mission où elle avait travaillé au Burkina en était farcie, comme si le dispensaire religieux représentait le havre idéal pour toutes ces âmes déçues. Sarah avait appris à apprivoiser peu à peu ces filles-là, à déminer progressivement, avec fermeté mais sans brusquerie, leur éternelle peur de se faire gruger. Il ne fallait jamais se poser en rivale, les laisser étaler leur mauvaise humeur sans réagir, afin qu'elles comprennent qu'elles n'établiraient pas avec elle un rapport de force. Mais aussi imposer d'emblée les limites à ne pas franchir. À tout prendre, l'infirmière préférait ces caractérielles si prévisibles aux minettes fragiles qui perdaient leur sang-froid face à la mort, au sang, au stress. Elle en avait croisé beaucoup en Afrique, égarées dans l'humanitaire, jusqu'à ce que l'organisation qui les avait envoyées ait la charité de les réexpédier dans le confort occidental.

Anne lui présenta les autres hommes de l'équipe, Didier, le chef de mission, et Marc, qui venait d'arriver, comme elle. Eux aussi, elle les identifia très vite : Sarah adorait classer les personnes qu'elle rencontrait dans la galerie de caractères qu'elle s'était constituée au fil des années. Didier était le volontaire humanitaire qui a tellement d'années de service au compteur qu'il ne sait plus rien faire d'autre que passer de mission en mission. Un peu alcoolique, un peu déjanté, mais connaissant toutes les ficelles du métier. Elle aurait été d'accord avec Véronique Braga si cette dernière lui avait parlé de ses inrecasables « has been ». Anne semblait estimer le vieux volontaire. Elle lui apprit discrètement, lorsqu'elles se retrouvèrent seules toutes les deux, que Didier avait reçu une balle dans le coude en Somalie, lorsque le pick-up dans lequel il se trouvait avait été pris en embuscade par des bandits. À l'époque, l'aide humanitaire dans ce pays ne pouvait se passer d'escortes armées, à cause des seigneurs de la guerre qui tentaient de faire main basse sur les convois de nourriture. Les véhicules d'aide devaient circuler protégés, une mitrailleuse sur le plateau du pick-up – on appelait ces ambulances d'un style un peu particulier des « Mad Max ». Les gardes avaient répliqué à l'assaut en tirant sur leurs assaillants. Dans la fusillade qui avait suivi, plusieurs hommes étaient morts. Didier avait eu de la chance : la balle n'avait fait que traverser son bras. Il restait légèrement handicapé, ce qui ne l'empêchait pas d'être un excellent chef de mission.

L'infirmière s'était sentie plus réticente, en revanche, face à l'autre, Marc. Trop propret, trop sûr de lui, avec sa belle gueule de fils de bonne famille élevé dans un cocon. Anne ne l'aimait pas non plus et elle éclata de rire quand Sarah lui raconta qu'adolescentes, ses amies et elle avaient pris l'habitude d'affubler de tels garçons du surnom de Ken, en référence à l'ami lisse et parfait de la poupée Barbie. Un Ken, voilà à qui Marc lui faisait penser. Fier de sa formation d'ingénieur, avec des certitudes d'ingénieur, une assurance d'ingénieur. Sarah détestait ce type d'hommes. Ils fourmillaient en France, elle n'avait été que trop heureuse de les fuir en se réfugiant dans son dispensaire africain, où personne, de près ou de loin, ne leur ressemblait. Sa répulsion devait être réciproque, car l'autre l'avait jaugée avec un air dégoûté et vaguement condescendant ; il devait déplorer que la nouvelle infirmière ne soit pas plus consommable.

Pourtant, Sarah décida de surmonter ses réticences : après tout, elle n'était pas venue au fin fond de l'Afrique pour commencer à tisser des inimitiés. Elle devrait cohabiter avec les membres de l'équipe, que ça lui plaise ou non. Quand Anne lui apprit ce à quoi Marc était affecté, elle ne put s'empêcher de sourire : construire des latrines allait peut-être le ramener à un peu plus d'humilité.

# 4.

Trois semaines s'écoulèrent. Marc avait déjà cessé de compter les jours, absorbé par un rythme de travail harassant. Même le bruit du groupe électrogène ne l'empêchait plus de sombrer dans un profond sommeil une fois terminée la journée de travail. L'équipe partait à l'aube, Sarah rejoignait Khadia dans les centres nutritionnels ; Ali, Antonio et lui parcouraient des pistes défoncées pour faire le tour des puits forés, des bornes-fontaines, des latrines qu'il fallait vider et nettoyer, dans une odeur pestilentielle, sans parler des essaims de mouches qui leur collaient au visage, s'introduisant dans tous les orifices, exaspérantes. Anne et Didier restaient le plus souvent à la mission pour gérer les stocks et le personnel, établir les fiches de paie et rédiger les rapports à destination de Paris et des bailleurs de fonds ; ils devaient aussi se rendre fréquemment à Bango pour rencontrer les autorités, les fournisseurs, accueillir les visiteurs de passage.

Ils travaillaient toute la journée, rentraient au crépuscule. Chaque fois qu'ils arrivaient dans un des nouveaux villages, c'était toujours le même rituel : palabrer avec les militaires et les chefs locaux, vérifier ensuite le bon fonctionnement des équipements installés, superviser la construction des nouveaux.

Marc allait de surprise en surprise. Il s'était imaginé que les Sawanais leur seraient reconnaissants du travail qu'ils mettaient en œuvre pour eux. En réalité, l'accueil qu'ils recevaient n'était pas toujours très chaleureux. Les villageois se méfiaient d'eux, les soupçonnant de travailler main dans la main avec l'armée. Le matériel disparaissait souvent à peine installé. Et, évidemment, personne n'était capable de désigner un responsable. Les autorités accusaient les paysans, les paysans se défaussaient sur les militaires, les militaires sur le personnel employé par MCF. Et le pire, c'est que tous semblaient avoir raison. Les humanitaires retrouvaient parfois une partie de leurs installations dans la concession des chefs ou au poste des militaires. Les robinets étaient entreposés à côté des sacs de nourriture, des caisses de médicaments ou des couvertures, sous bonne garde. Les récupérer prenait des heures. Il fallait parlementer, expliquer longuement que le matériel était un bien collectif, destiné à la communauté des villageois. Les autorités leur rétorquaient que justement, eux savaient mieux que quiconque qui avait besoin de quoi.

Les militaires comprenaient mal que ces paysans misérables et retors bénéficient de telles attentions, alors qu'eux-mêmes recevaient leur solde de façon épisodique. Vivre aux dépens de la population locale, se nourrir sur la bête faisaient partie des habitudes admises par tous. Y compris par ceux qui en étaient les premières victimes : les villageois n'hésitaient pas, eux non plus, lorsque l'occasion se présentait, à prélever le misérable larcin qui allait permettre d'améliorer leur ordinaire. Même si tout le monde devait en pâtir. Tout était négociable sur les marchés. Le filetage de cuivre indispensable au fonctionnement de la pompe à eau était dérobé et revendu. Le voleur en tirait un bénéfice dérisoire et la pompe cessait de fonctionner. Les stratégies de débrouillardise individuelle l'emportaient sur l'intérêt collectif.

Anne s'énervait quand elle constatait que les stocks de semences avaient disparu des réserves attenantes aux centres nutritionnels. Sans semences, les paysans ne pouvaient espérer reprendre une vie normale, retrouver leur autonomie. Et pourtant, c'était eux, souvent, qui les avaient dérobées pour les consommer avec leur famille. Ou pour les revendre. Il arrivait aussi que les magasiniers, pourtant salariés par l'association, se servent pour s'en nourrir. Ils feignaient toujours d'être surpris quand le vol était découvert, protestant de leur innocence avec une véhémence indignée, qui aurait rendu Anne honteuse de ses soupçons si elle n'avait été renseignée sur l'identité des auteurs par des indiscrétions d'autres membres du personnel, excédés que certains puissent tirer de leur position un bénéfice supérieur au leur.

Renvoyer les indélicats signifiait des tracasseries supplémentaires : les Sawanais, qui ignoraient le droit du travail dans leurs relations avec leurs compatriotes, en retrouvaient subitement toutes les subtilités dès qu'un litige les opposait à un Occidental, se muant en de redoutables experts juridiques. Didier et Anne se voyaient menacer d'être traînés devant les tribunaux. Et ils l'étaient quelquefois. Il fallait alors payer des indemnités, graisser les pattes pour apaiser les esprits. Un comble quand ils apprenaient, quelques semaines plus tard, que le coupable s'était enrichi au vu et au su de tous, en revendant les marchandises détournées sur quelque marché, même pas éloigné de leur base de travail !

Depuis l'instauration du couvre-feu, les autorités sawanaises leur avaient interdit de séjourner la nuit dans les centres nutritionnels. Ils devaient retourner à la mission avant le crépuscule. Une heure de voiture, le matin comme le soir. Question de sécurité, avait prétexté le gouverneur de la province. Didier et Anne soupçonnaient un motif beaucoup moins noble : sans témoins gênants, les militaires pouvaient patrouiller et contrôler à leur aise. Certaines personnes disparaissaient des villages ou des centres nutritionnels, sans que quiconque puisse leur dire où elles étaient allées. Un silence gêné accueillait leurs questions. Le personnel local, qui résidait sur place, lui, car il n'était pas soumis aux mêmes contraintes que les volontaires expatriés, était particulièrement peu loquace dès lors qu'ils s'écartaient des traditionnels sujets de travail, comme s'il avait reçu des consignes de silence. Ou des menaces. Ali avait pris à part les volontaires humanitaires pour leur demander de ne pas insister : ils mettaient en danger ceux qu'ils pressaient de questions. Il leur avait expliqué brièvement, lors d'un des longs trajets en voiture qui leur étaient quotidiennement imposés, que les espions à la solde du régime étaient partout : infiltrés au sein du personnel, dans les centres, dans les villages. On ne savait jamais qui répéterait quoi aux militaires. Ou aux rebelles. Dans les deux cas, mieux valait pour les villageois qu'ils se taisent. Didier, Anne, Antonio et à présent Marc avaient appris à brider leur curiosité. Quant à Sarah, personne n'avait eu besoin de lui donner des consignes de discrétion : entièrement dévouée à son métier d'infirmière, elle ne semblait vivre que pour ces petites vies qu'elle essayait l'une après l'autre d'arracher à la mort, avec une patience et un dévouement qui paraissaient sans limite. Une vraie bonne sœur, s'agaçait parfois Marc. Il parvenait mal à ressentir le même enthousiasme face à ses latrines.

Chaque jour était à la fois différent et identique au précédent Ils parcouraient en tous sens la province pour y effectuer les mêmes tâches. Seule variait l'ampleur des difficultés rencontrées. Le matériel qui lâchait. Ou bien le personnel local qui disparaissait soudain, envolé dans la nature, emportant parfois les outils nécessaires au bon accomplissement de la tâche. Chaque fois que l'équipe arrivait dans un village, elle se demandait à quelle mauvaise surprise elle devrait faire face. Si c'était la pompe à eau qui ne fonctionnerait pas, ou le responsable local qui exigerait qu'elle soit installée à proximité de son propre jardin, pour pouvoir arroser tranquillement ses légumes, pendant que les déplacés n'auraient pour toute eau de boisson que la mare polluée, où ils lavaient leur linge, abreuvaient leurs bêtes et, à l'occasion, quand Marc n'avait pas encore terminé les latrines, déféquaient.

Les repas n'apportaient guère de distraction : du riz, des pâtes, quelques poulets trop coriaces d'avoir couru toute leur courte vie pour échapper aux écraseurs de tous poils et aux chiens errants. Du manioc aussi, à l'occasion, quand ils n'avaient vraiment pas le choix. Personne à la mission n'aimait en manger. C'était bien assez de devoir respirer l'odeur âcre des tubercules mis à rouir, qui imprégnait tous les villages. Sans cette précaution, l'aliment était toxique. On le laissait donc mariner devant les cases, dans de grandes bassines placées en hauteur pour décourager les animaux domestiques de voler leur pitance aux paysans. Les miasmes du manioc... Pour Marc, c'était un des éléments les plus difficiles à supporter. Non qu'il ait la narine particulièrement sensible – mieux valait dans ce domaine témoigner de quelque résistance car les latrines lui infligeaient des supplices autrement plus élaborés –, mais la bassine de manioc lui donnait la nausée.

Il s'interrogeait aussi sur lui-même. Après trois semaines d'Afrique, que connaissait-il vraiment de ce continent, dont il s'employait à guérir les maux ? Rien. Des latrines, des centres nutritionnels, des villageois qui prenaient un air apeuré dès qu'il essayait d'engager la conversation, des employés faussement soumis et flagorneurs, qui pouvaient se muer en de redoutables négociateurs, s'ils estimaient avoir été insuffisamment rémunérés, menaçant à tout instant de cesser le travail, de se mettre en grève, d'aller se plaindre aux militaires. Et encore les humanitaires avaient-ils réussi à refuser l'escorte armée que le gouvernement prétendait leur imposer : il aurait été inutile, alors, d'espérer gagner la confiance de ceux qu'ils appelaient les « bénéficiaires ».

Marc avait le sentiment que le pays se refusait à lui. Il était venu à la rencontre d'une Afrique qui lui échappait. Les forêts tendues le long des pistes dissimulaient des secrets qu'il imaginait terribles : il était interdit aux volontaires de quitter les routes à cause des mines. Les militaires accusaient les rebelles de les avoir disséminées partout. Les volontaires se demandaient entre eux si les vrais responsables n'étaient pas plutôt les militaires, dans le but de dissuader à la fois les rebelles de s'approcher, et les paysans de fuir les nouveaux villages pour regagner leurs terres. Le fait est que personne ne savait plus exactement où elles se trouvaient. Parfois, un paysan en faisait les frais. Ils devaient alors l'emmener à l'hôpital des médecins suédois, qui s'étaient spécialisés dans la chirurgie complexe des blessures de guerre. MCF n'était pas la seule ONG à agir au Sawana, et chacune avait sa spécialité : certaines s'occupaient d'éducation, d'autres de soins médicaux, d'autres de l'appareillage des handicapés, d'autres encore, comme MCF, de la lutte contre la faim. Tout ce petit monde gérait ses budgets comme bon lui semblait, sans trop se soucier de ce que faisaient les autres, tant qu'elles n'empiétaient pas sur leurs plates-bandes.

– Chacun chez soi et les bénéficiaires seront bien gardés, avait résumé Anne.

Les distractions étaient rares et les soirées longues. La nuit tombée, on tirait sur le groupe électrogène ou on allumait les lampes à pétrole, puisque l'électricité n'arrivait pas jusqu'au Soro. Bango, la capitale, était déjà bien imparfaitement alimentée, alors les campagnes... surtout lorsqu'il s'agissait de provinces comme le Soro, peuplées de minorités que le gouvernement n'essaierait jamais de séduire, préférant la violence et la coercition à toute ébauche de clientélisme. Des serpentins censés éloigner les insectes diffusaient une fumée âcre. Elle se mêlait aux relents de la lampe à pétrole pour les asphyxier petit à petit, jusqu'à ce que, vaincus, ils aillent se coucher. Les mouches avaient disparu mystérieusement au coucher du soleil, mais ceux qui prenaient la relève étaient bien pires : cancrelats, cafards et autres blattes, dont le Sawana semblait présenter la collection la plus complète au monde, et, surtout, animaux piqueurs les plus divers. Marc ne parvenait à les identifier que par la diversité des éruptions cutanées et des démangeaisons qu'ils occasionnaient. Comparés aux autres prédateurs de la nuit, les moustiques auraient presque paru sympathiques, s'ils n'avaient propagé un paludisme qu'on disait résistant aux médications les plus brutales. À la mission, tout le monde se grattait. Sur les conseils de son père, Marc avait emporté un stock de produits répulsifs, qu'il s'était prudemment abstenu de partager, mais, même ainsi, ses réserves commençaient à s'épuiser.

Le jeune ingénieur n'aurait jamais cru possible une telle activité nocturne. La pénombre grouillait. Lorsqu'il se lavait les dents dans le réduit gluant qui faisait office de salle de bains, il voyait vibrer, près de son visage, les antennes frémissantes de ceux des monstres qui n'étaient pas parvenus à se glisser tout entiers derrière le lavabo à son arrivée. Dans la douche, mieux valait se méfier. Elle était alimentée par un réservoir à l'eau tiédie par la chaleur de la journée et Marc se demandait toujours vaguement ce qu'il allait recevoir sur la tête. Il se faisait d'ailleurs régulièrement réprimander par le reste de l'équipe, Anne surtout, parce que la longueur de sa toilette avait pour conséquence de vider le récipient collectif.

Chacun cherchait à s'occuper comme il le pouvait. Quelques livres passaient de main en main. L'arrivée de Sarah et de Marc avait permis de renouveler le stock, au grand soulagement des autres. La musique servait de toile de fond à des conversations vite épuisées, une fois échangés les commentaires de la journée. Elles auraient fini par mourir tout à fait sans l'injection, par intermittence, des nouvelles du siège et de l'actualité internationale : grâce à Internet, lorsque par miracle ils parvenaient à établir la connexion, ils n'attendaient plus, comme avant, des semaines avant de savoir ce qui se passait dans le reste du monde. L'actualité, c'était la guerre en Afghanistan. La planète avait les yeux tournés vers l'Asie. Dans leur brousse d'Afrique centrale, où ne leur parvenaient que des bribes du désordre du monde, ils se sentaient terriblement isolés. Ils en voulaient surtout au siège parisien de MCF, qui ne leur transmettait les informations qu'au compte-gouttes.

Leur desk, Philippe Morteau, se contentait d'exiger son rapport d'activité à intervalles réguliers, ou d'adresser à Didier et Anne des injonctions pour un proposal, à adresser d'urgence à un bailleur de fonds susceptible de financer la mission. Le proposal, avait appris Marc, c'était un document où la mission devait indiquer le coût supposé d'un certain nombre de réalisations, en fonction des sommes que MCF escomptait recevoir. Anne et Didier se creusaient la tête pour faire rentrer leurs puits, leurs latrines, dans une enveloppe budgétaire qui pouvait varier au gré des exigences du sponsor. Ils surestimaient largement les coûts réels : le bailleur de fonds vérifiait rarement la réalité et les autres opérateurs auraient de toute façon demandé, eux, beaucoup plus, car ils rémunéraient leurs consultants, contrairement aux volontaires humanitaires, chichement indemnisés. Marc avait eu la surprise de constater que son travail était surfacturé aux commanditaires, de même que les salaires des employés locaux et les coûts de fonctionnement, largement gonflés. La différence allait à Paris. Si le siège parisien apprenait que le sponsor était susceptible d'augmenter sa mise, Didier et Anne devaient d'urgence refaire tous les calculs. Le Sawana était ce qu'on appelait une « mission rentable ».

– Rentable ? Vache à lait, tu veux dire ! s'était exclamé Antonio. Avec nous, Paris paie une bonne partie de ses frais de siège ! D'ailleurs, MCF-Espagne en veut à Boron : le pourcentage reversé à nos bureaux est dérisoire par rapport au fric encaissé par Paris grâce au Sawana.

Les messages de Morteau présentaient au moins l'intérêt de canaliser l'animosité latente de l'équipe sur une cible extérieure : le siège parisien. Anne et Didier détestaient la rédaction des rapports d'activité. Il fallait bien s'en acquitter pourtant : l'existence de MCF était suspendue à ces fameux bailleurs de fonds, sans lesquels l'association aurait pu mettre la clef sous la porte. Surtout le programme du Sawana, un pays qui avait depuis longtemps disparu de l'actualité, si toutefois il y avait jamais figuré. Il était inutile que l'organisation humanitaire dépense de l'argent pour adresser à ses donateurs des demandes de fonds le concernant : les mailings, comme on appelait de tels envois, n'auraient rien « rendu ». L'Afghanistan monopolisait la générosité parce qu'il faisait la une des médias. Le Sawana n'intéressait plus personne. Personne, sinon le gouvernement français et ses entreprises, qui continuaient scrupuleusement d'y financer des programmes humanitaires, gage de l'intérêt économique qu'ils portaient à ce petit pays pétrolier.

L'équipe devait donc envoyer chaque mois à Paris un rapport sur l'avancement des programmes, le nombre d'enfants renutris, de latrines construites, de tonnes de produits nutritionnels écoulés dans les centres et de kilogrammes de ciment utilisés. Marc avait été surpris de l'extrême précision des données portées dans ces rapports.

– Mais comment fais-tu pour donner des indications aussi minutieuses ? avait-il demandé à Didier. Tu sais bien que le personnel local se sert largement dans les stocks, que la moitié des latrines cesse de fonctionner à peine construites, parce que personne ne prend la peine de les nettoyer et de les vider si nous n'y veillons pas nous-mêmes...

Didier avait haussé les épaules en éclatant de rire.

– L'essentiel est d'être cohérent. Le mois dernier, l'avancement du programme pouvait être évalué à 40 % des engagements pris. Ce mois-ci, on s'arrange pour indiquer 50 %. Tu vérifies à quoi ça correspond, en tonnage de ciment, de bouffe, en sacs de semence, en outils... et tu fais ton rapport, en n'oubliant jamais de mentionner l'importance de la participation communautaire et l'implication des bénéficiaires. MCF-Paris est content. Les bailleurs de fonds sont contents. De toute façon, personne ne viendra jamais contrôler sur place.

– La vérification est purement comptable, renchérit Anne. Est-ce que tu as bien utilisé le matériel comme tu as dit que tu l'utiliserais dans ta demande de financement ? Si oui, tout est OK.

Antonio intervint, soucieux d'éclairer à son tour la lanterne des novices.

– Peu importe que tes latrines se bouchent à peine construites et que tes puits soient à destination quasi exclusive du chef du village : le boulot a été fait. Et tu pourras recevoir du fric pour le prochain programme.

En les entendant, Sarah s'arracha à regret d'un roman que lui avait prêté Khadia. Il avait été écrit par un écrivain sawanais qui dénonçait la corruption du régime. Depuis deux ans, l'homme pourrissait en prison. Didier avait fortement conseillé à Sarah de garder le livre bien caché dans ses affaires : de telles lectures pouvaient leur valoir des ennuis avec les militaires. L'infirmière s'immisça dans la conversation avec son habituelle ferveur mystique qui horripilait Marc.

– Ne jouez pas les cyniques : ils fonctionnent, nos centres nutritionnels, et ils sont bien utiles ! Sans eux, je n'ose pas imaginer ce que deviendraient tous ces mômes qu'on accueille...

– Pour ça, tu as raison, ponctua Anne, ce qui surprit Marc : pour une fois qu'elle était d'accord avec quelqu'un sur quelque chose de positif... Mais il comprit vite où Anne voulait en venir quand elle ajouta, fixant Sarah d'un air sardonique :

– Ils sont drôlement contents, les combattants, qu'on leur retape leurs petits porteurs. Un gosse, c'est quand même plus utile en bonne santé que crevard, quand il s'agit de porter le matos des troupes ! Heureusement qu'ils sont là, ces braves petits volontaires humanitaires, pour fournir des tonnes de bouffe et de matériel...

– Sans être trop regardants sur leur destination finale, ajouta Antonio.

Et tous éclatèrent de rire, sauf Sarah, indignée.

– Ne me dites pas que vous êtes indifférents au sort de ces bébés. Ils seraient morts sans MCF.

Marc était d'accord avec elle : les autres exagéraient. Devant l'indignation des nouveaux arrivés, Antonio et Anne temporisèrent.

– Tu as raison, les centres nutritionnels sont la partie la plus valorisante, la plus stimulante de notre travail, reprit Anne, conciliante.

– C'est pour ça, d'ailleurs, qu'on a envie de travailler dans l'humanitaire, renchérit Antonio. Cette capacité, grâce au CNT, à sauver des gosses condamnés, c'est extraordinaire !

– N'empêche que quand on rédige le rapport au bailleur, on est bien obligés de lui donner des chiffres, toujours des chiffres. Et de les habiller de belles phrases qui correspondent à ce qu'il a envie de lire, même si la réalité est nettement moins rose.

Didier ne voulait pas se renier. C'était un type assez corpulent, toujours un peu suant dans la chaleur du Soro, à cause de sa graisse en trop. Pas très courageux mais obstiné, consciencieux, avait noté Marc. Avec un net penchant pour la bouteille. Le soir, il allait souvent se coucher plus qu'imbibé par les bières qu'il sifflait les unes après les autres, pour se désaltérer disait-il, et surtout pour se donner du courage face au monceau de paperasserie et de tâches administratives qui était le lot de tout chef de mission. Anne le secondait efficacement, montrant souvent de l'agacement devant la mollesse de son supérieur, qui le conduisait à remettre au lendemain des rapports auxquels il aurait fallu s'attaquer sans délai, pour qu'ils cessent de leur gâcher la vie, avec leurs pourcentages et leurs échéances.

Ce soir-là, la conversation se poursuivit sur la difficulté à évaluer précisément le coulage du matériel, dont on ne savait jamais si le personnel local l'avait cassé, gâché par une utilisation inadéquate, ou tout simplement subtilisé en vue de le revendre. Anne admit qu'elle devait se contenter le plus souvent d'explications filandreuses. Pour ne pas se rendre la vie impossible et continuer malgré tout le programme, l'équipe avait choisi de fermer les yeux tant que les détournements ne compromettaient pas la survie même de leur mission. Tout le monde y trouvait son compte : le personnel local améliorait son ordinaire et en devenait plus conciliant sur ses conditions de travail et sur sa rémunération, le siège de l'association recevait en temps utile des rapports d'exécution rédigés comme il le souhaitait ; quant aux bailleurs de fonds, ils pouvaient mener tous les audits comptables qu'ils souhaitaient, l'argent avait bien été dépensé pour les achats et les réalisations annoncés.

– Le problème, conclut Anne, c'est que l'utilité finale du programme et, surtout, sa pérennité ne font, elles, l'objet d'aucune évaluation.

Ils en déduisirent que seule leur conscience morale et professionnelle leur tenait lieu de garde-fou. Personne ne venait leur dire, en fin de compte, si ce qu'ils avaient réalisé était nécessaire ou non, si leur action avait vraiment permis d'améliorer la vie des gens. Fidèle à sa vision du monde, Anne pensait que les humanitaires s'arrangeaient avec leur conscience à partir du moment où le bailleur de fonds délivrait un satisfecit, ce qui leur permettait de solliciter de nouveaux financements, donc de monter de nouveaux programmes. Antonio ne partageait pas son point de vue : chacun d'entre eux, affirmait-il, était garant, en son âme et conscience, de la bonne réalisation du programme, chacun d'entre eux prenait des responsabilités envers ceux qu'ils appelaient, dans leur jargon, leurs « bénéficiaires ». Les volontaires devaient tout mettre en œuvre pour que les bénéficiaires voient réellement leur sort s'améliorer, de façon concrète, tangible, mesurable. Sarah approuva.

– Quand même, des évaluations qualitatives, il doit bien y en avoir ? s'enquit Marc, rationnel.

– Bien sûr ! Il arrive que nous établissions nous-mêmes des bilans de nos réalisations. Encore faudrait-il que de tels bilans soient diffusés, rendus publics, pour être utiles à l'ensemble de l'association, lui répondit Anne.

– En général, ce n'est nullement le cas : seuls le responsable géographique et le directeur général en ont connaissance, ajouta Didier. Les rapports sont parfois beaucoup trop explosifs pour être divulgués...

– Ou même seulement donnés au conseil d'administration ! conclut Anne. Je me souviens d'un programme désastreux que nous avions monté en Ouganda. Nous aidions la population à se créer un revenu grâce à des métiers à tisser et à de l'apiculture. Dès que les homme ont gagné un peu d'argent, grâce à nous, ils ont acheté des kalachnikovs pour reprendre la guerre civile ! On était contents de notre action...

Marc et Sarah tombaient des nues. Ils croyaient que tout était évalué, mesuré, que chaque geste était soigneusement pesé afin d'améliorer la vie des « bénéficiaires ».

– Pensez-vous ! s'exclama Antonio. Au Honduras, j'ai travaillé dans des camps où il y avait tellement d'argent donné par la communauté internationale aux ONG qu'on en venait à payer des couronnes dentaires aux réfugiés salvadoriens ! Tandis que la population locale, elle, crevait de faim. Vous imaginez comme ils étaient bien perçus, ces réfugiés... Impossible de les faire rentrer chez eux d'ailleurs : ils étaient trop bien traités sur place. Il a fallu que les crédits s'arrêtent, et avec eux les programmes, pour qu'ils consentent à retourner dans leur pays.

Chacun y alla de son anecdote. C'était comme une catharsis. Même Didier, libéré par les bières, devenait intarissable. Il en avait tellement vu, des erreurs des agences d'aide, avec ses dizaines d'années de terrain au compteur.

– Les forfaits expat et les monitoring costs gonflés, c'est le b.a.-ba du travail humanitaire ! éructa-t-il soudain, devant les autres, sidérés.

Anne lui donna un coup de coude discret, mais il était lancé.

– Il faut engraisser la machine ! La base, c'est d'en dire le moins possible sur le fond, mais en alignant des chiffres. Des colonnes ! Des tableaux ! Des matrices ! Des graphiques ! Peu importe que le staff soit une mafia, que les vrais bénéficiaires n'aient jamais voix au chapitre ! Nous, on fait notre boulot. On est des pros ! Santé !

Il siffla une nouvelle bouteille, cul sec. Manifestement, cette fois, il était vraiment parti. Toute la journée, il avait bûché comme un dingue sur son ordinateur : Morteau voulait tailler dans le budget de la mission pour libérer des fonds. Didier avait essayé de refaire tous les calculs, il avait beau s'acharner, il ne parvenait pas à répondre aux exigences de Paris.

– Comment je peux, moi, construire mille cinq cents latrines avec deux pelles et trois trombones ? se mit à gémir le chef de mission en s'affalant sur la table.

Anne l'emmena se coucher. Il y avait longtemps que Sarah avait rejoint sa chambre, fuyant les discussions cyniques et les beuglements avinés, qu'elle détestait tout autant. Comme Marc, elle avait eu droit à la proximité du groupe électrogène. Sa chambre était encore plus petite que celle du jeune homme. Mais Sarah n'avait pas émis le moindre commentaire en installant ses affaires. Marc, lui, regrettait amèrement de n'avoir pas pensé aux boules Quiès. Du moins les premiers jours. Désormais, il n'y pensait même plus.

La jeune infirmière s'entendait très bien avec son homologue sawanaise, Khadia, la responsable des centres nutritionnels. Marc aimait les voir, penchées ensemble au chevet des enfants malades, la rousse et la noire, se parlant à voix basse en vérifiant les perfusions et les sondes nasales, prenant la main de l'enfant et le rassurant par des mots tendres, quand bien même, parfois, il ne passerait pas la nuit.

Sarah prenait à cœur chacune des petites vies qui lui étaient confiées. Chaque enfant qui arrivait au centre, dénutri jusqu'à ne plus peser que quelques kilogrammes, était pour elle un défi personnel. Chaque vie qu'elle parvenait à sauver la rendait heureuse. Chaque décès, au contraire, lui arrachait des larmes. Elle ne parvenait pas à s'habituer à la mort d'un enfant. Il arrivait qu'elle passe vingt fois auprès d'un bébé, harnaché des précieux tuyaux qui devaient permettre de le sauver, caressant son petit crâne chauve et décharné, où la fontanelle affleurait. Elle restait auprès de lui, réconfortait la mère, avec laquelle elle ne pouvait communiquer autrement que par des regards, prenait la main minuscule du bébé entre ses doigts pour la caresser doucement, ignorant le va-et-vient des assistants.

Khadia n'approuvait pas cette attitude, qui rendait l'infirmière blanche trop vulnérable, trop fragile, mais elle ne disait rien, se contentant parfois de manifester son désaccord en s'énervant de façon excessive contre un aide-soignant qui avait gâché des pansements en les laissant traîner dans la poussière. On ne pouvait pas empêcher Sarah d'être comme elle était.

Le seul motif d'énervement de l'infirmière, la seule raison qui l'opposait régulièrement à Khadia, venait des produits de renutrition : certains d'entre eux ne donnaient pas les résultats escomptés, mais Paris exigeait qu'ils soient testés, en raison de la collaboration de l'ONG avec des laboratoires pharmaceutiques et des entreprises spécialisées. Les centres nutritionnels offraient un cadre d'expérimentation idéal, sans la contrainte rigoureuse qui aurait présidé à de tels essais en Occident. Le personnel local était censé administrer différentes formules aux enfants malnutris et il revenait à Khadia et à Sarah de noter scrupuleusement les résultats enregistrés, en termes de récupération nutritionnelle, pour les adresser à

Paris, au département technique concerné. Ce partenariat permettait à l'ONG de valoriser son savoir-faire et de recevoir des financements supplémentaires pour des programmes de recherche.

Sarah refusait de donner aux enfants les produits les plus hasardeux. Les biscuits par exemple. Ces aliments solides devaient être confiés aux mères des petits affamés, pour leur éviter d'avoir à séjourner plusieurs semaines dans le centre nutritionnel en abandonnant le reste de leur famille. Khadia lui avait appris que certains enfants les supportaient mal. Il y avait même eu des décès. Avaient-elles commis des erreurs en les distribuant ? Sarah était convaincue que les enfants auraient pu être sauvés s'ils avaient été pris en charge au centre. Elle s'opposait donc à la distribution de biscuits. Khadia et elle se heurtaient violemment :

– Enfin, tu vois bien qu'on ne peut pas les accueillir tous ! s'exclamait l'infirmière noire. Ton attitude est irresponsable.

– Je ne sais pas ce qui est le plus irresponsable, rétorquait Sarah. Leur donner des saloperies en sachant qu'ils risquent d'y passer, ou essayer de les récupérer dans le centre en les serrant un peu ?

– Les serrant un peu ? Mais les gosses sont déjà tête-bêche dans les lits, comment peut-on faire plus ? protestait Khadia. Et quand on les décharge trop tôt, c'est encore pire : à peine sortis du centre, ils meurent.

Sarah haussa les épaules, mais elle savait que Khadia n'avait pas tort. « Décharger » les enfants, comme elle disait, c'est-à-dire les renvoyer du centre nutritionnel une fois leur traitement terminé, était parfois une entreprise à haut risque.

– Et puis, n'exagère pas les risques de mortalité : la plupart des gosses s'en tirent très bien, poursuivit Khadia. Et les mères me remercient d'avoir pu continuer à cultiver les champs et à s'occuper de leurs autres gosses. Le centre, c'est bien, mais c'est tellement contraignant qu'il y a des tas de gamins qu'on ne voit pas. Tu préfères qu'ils crèvent seuls dans leur case ?

– Tu préfères qu'ils crèvent parce que nous jouons les apprentis sorciers ?

Marc, qui assistait à l'affrontement rituel pour la quatrième fois au moins, intervint pour rétablir le calme. Les deux infirmières se remirent au travail en maugréant. Dix minutes plus tard, elles étaient de nouveau penchées ensemble sur un enfant gravement atteint, se consultant sur la conduite à tenir. Marc commençait à bien aimer la façon qu'avait Sarah de tenir son cap coûte que coûte.

Quelques jours plus tard, l'histoire de la petite fille trouvée le confirma dans sa conviction que l'infirmière était la seule de toute l'équipe à incarner vraiment l'idéal humanitaire.

Dans un village de regroupement, il était tombé sur cette gamine, au seuil de la mort. Personne, pourtant, n'avait signalé son existence aux humanitaires. Il l'avait dénichée au fond d'une case crasseuse, vêtue de haillons qui ne valaient guère mieux. Elle respirait difficilement. Même si Marc n'était pas médecin, il voyait bien que la petite allait mal. Elle ne devait pas avoir plus d'un an, encore qu'il était difficile de connaître l'âge exact de ces enfants mal nourris depuis leur naissance : leur retard de croissance les faisait toujours paraître plus jeunes qu'ils ne l'étaient réellement.

Sa mère était morte, du sida probablement – c'était de plus en plus fréquent – et la grand-mère avait recueilli la petite. Elle la gardait dans sa case et la nourrissait comme elle le pouvait. Les déplacements forcés avaient cassé la structure sociale des villages, fait éclater la famille. Une personne âgée comme elle n'aurait jamais dû se retrouver seule. Mais sans doute ses autres enfants avaient-ils été emmenés ailleurs, ou bien ils étaient morts. Maintenant, elle vivait seule avec le bébé, livrée à elle-même, incapable de lui procurer la nourriture dont il avait besoin.

Marc avait remarqué la vieille femme, toute courbée, alors qu'il s'affairait avec les employés locaux au terrassement des latrines de ce nouveau village. Elle était venue près de lui et l'avait tiré par la manche. L'un des employés s'était mis à l'insulter pour qu'elle s'en aille, mais Marc l'avait arrêté. Il voulait savoir ce que lui voulait la vieillarde. Les villageois essayaient si rarement d'entrer en contact avec lui que l'occasion méritait d'être exploitée. Laissant les autres continuer à terrasser, il avait suivi la femme jusqu'à sa case, où il avait trouvé la petite. La femme lui avait carrément mis l'enfant dans les bras, en lui faisant signe qu'il devait la garder.

Il revint vers le pick-up muni de son précieux paquet. Ali fronça les sourcils en voyant le bébé :

– Laisse-la, elle va mourir de toute façon. Tu le vois bien, non ? Il y a une caisse de biscuits à l'arrière. Donne-les à la vieille.

– Je ne peux pas l'abandonner. Emmène-moi au centre nutritionnel.

– Mais, il faut d'abord terminer le travail ici. Après, le ciment va sécher...

Marc avait brutalement coupé court aux objections du chauffeur.

– Ecoute Ali, jusqu'à présent, je ne t'ai jamais donné d'ordre. Là, c'est différent : j'exige que tu m'emmènes immédiatement au centre nutritionnel. Sinon, c'est moi qui prends la voiture.

Ali avait haussé les épaules et s'était installé au volant.

– Comme tu veux, chef. Mais elle est trop mal en point pour s'en tirer.

– On verra, coupa Marc. Vite maintenant.

Il se rendait compte que c'était le premier bébé de sa vie

qu'il tenait dans ses bras. Le petit corps contre lui semblait la chose la plus précieuse qu'il ait jamais portée. Il regardait le visage creusé par la faim, avec ses yeux immenses ourlés de cils noirs, d'une beauté qui le bouleversait. Le regard de la petite était fixé sur lui. Elle ne cillait pas, les yeux rivés aux siens, concentrée sur sa contemplation muette. Il s'aperçut que la toute petite main du bébé s'était refermée sur son pouce à lui. Elle le tenait solidement. La petite fille avait compris que le salut viendrait peut-être de ces bras-là, il en était sûr. Ses bras à lui. Il fallait absolument qu'elle vive. Rien n'était plus important que la vie de cette petite fille.

Ali lui jeta un bref coup d'œil en conduisant. Les larmes coulaient sur les joues du jeune homme sans qu'il paraisse s'en rendre compte. Il haussa les épaules et accéléra, maudissant intérieurement la stupide sensiblerie occidentale.

La petite fut prise en charge dès son arrivée au centre. Une auxiliaire voulut la prendre des bras de Marc dès qu'il descendit de voiture, mais il refusa de l'abandonner, se dirigeant lui-même vers le bâtiment thérapeutique. Si Sarah fut surprise de le voir entrer en portant l'enfant, elle ne fit aucun commentaire. Elle n'essaya pas de la lui enlever et lui demanda de la conduire dans la salle des « crevettes » – il se rendit compte à ce moment-là à quel point il détestait cette appellation.

Là enfin, il consentit à s'en délester. Il resta les bras ballants à regarder œuvrer l'infirmière. Elle examina l'enfant avec des gestes doux, la pesa, la mesura, la lava précautionneusement, l'enveloppa de linges propres, avant de poser la perfusion de liquide de réhydratation. Lorsqu'elle eut terminé, la petite s'endormit, épuisée, dans le lit qu'elle allait partager avec un autre bébé à cause du manque de place. Sarah se tourna alors vers Marc et lui posa gentiment la main sur l'épaule :

– Tu peux partir maintenant, nous allons veiller sur elle.

Marc réalisa alors qu'il avait toujours les yeux pleins de larmes.

– Tu crois qu'on pourra la sauver ? articula-t-il avec peine. Il ne voulait surtout pas s'effondrer devant elle.

– On va essayer. Nous allons faire des prélèvements pour savoir si, en plus d'être sévèrement malnutrie, elle n'est pas malade. Elle a visiblement un problème respiratoire. Si son organisme ne présente pas de pathologies graves, je crois que nous pourrons la tirer d'affaire.

Elle ajouta après un instant de réflexion :

– Mais je ne peux rien te promettre. Tu l'as vraiment trouvée in extremis. Un jour de plus, et elle était morte.

– Je ne sais même pas son nom. J'ai oublié de le demander à sa grand-mère. Elle n'a plus qu'elle dans la vie.

– Maintenant, elle nous a, nous, répondit gravement Sarah.

Il retourna avec Ali au village où il avait trouvé la fillette. Il y avait bien une heure de trajet, il ne s'en était même pas rendu compte à l'aller. Le chauffeur ne disait rien, toujours vexé de la façon dont il s'était fait traiter deux heures auparavant. Mais Marc n'avait pas envie de s'excuser. Il pensait toujours à la petite. S'il avait été croyant, il aurait supplié Dieu de sauver l'enfant.

Évidemment, quand ils arrivèrent au village, le travail de terrassement n'avait guère progressé. Une partie du ciment était gâchée. Ali prit l'air excédé de celui qui l'avait bien dit. L'un des employés expliqua à Marc qu'ils avaient dû s'arrêter parce qu'ils n'avaient pas les plans exacts du bâtiment. L'excuse ne tenait pas : toutes les latrines que MCF construisait dans le Soro obéissaient au même schéma. Il existait même un guide qui référençait la procédure à suivre. Les hommes le savaient bien, mais ils avaient profité du départ de l'expatrié pour s'offrir une pause. Marc entra dans une fureur noire. Ali le regardait de loin, surpris de découvrir en si peu de temps, dans la personnalité du volontaire, tant de facettes qu'il ignorait totalement jusque-là. Décidément, ces Blancs restaient imprévisibles.

Absorbé par la tâche, Marc n'eut pas le temps de retourner dans la case demander à la vieille le prénom de la petite. Quand Ali vint le chercher en lui indiquant que la nuit allait bientôt tomber – il fallait absolument reprendre la route de la mission s'ils ne voulaient pas se faire surprendre par le couvre-feu –, il eut la tentation de demander au chauffeur de faire un crochet par le centre nutritionnel. Mais il savait que l'autre allait refuser et il aurait raison : le détour était trop long, le crépuscule presque là, déjà. Tout à sa volonté de rattraper le retard pris, il ne l'avait pas vu arriver. Pour s'éviter une remarque acerbe du chauffeur, Marc ne pipa mot et s'installa dans la voiture.

Lorsqu'ils arrivèrent au bâtiment où toute l'équipe logeait, ils apprirent que Sarah manquait à l'appel. Anne faisait les cent pas, malade d'inquiétude. Non seulement on ne savait pas si Sarah n'avait pas été victime d'un accident sur la route du retour – c'est elle qui devait conduire le véhicule puisqu'Ali était rentré trop tard pour passer la récupérer –, mais l'ONG se mettait ainsi en tort vis-à-vis des autorités du pays, qui ne plaisantaient pas avec les consignes de sécurité liées à l'instauration du couvre-feu. C'était un coup à essuyer des tracasseries sans fin, déplorait Anne.

Marc essaya d'expliquer pourquoi tout le monde avait pris du retard. Exaspérés de nervosité, les autres lui tombèrent dessus : il n'avait pas à prendre l'initiative d'arrêter son travail pour s'occuper des enfants. Il y avait des équipes de détection spécialisées pour ça.

Ali n'intervenait pas, mais Marc pouvait voir un sourire de triomphe s'esquisser sur ses lèvres. Furibond, il explosa :

– Enfin, vous auriez préféré que l'enfant crève ?

– C'est un risque à courir, Marc, lui répondit Anne. Tu as mis toute l'équipe en danger avec ton idée.

– Toute l'équipe, mais surtout Sarah, renchérit Didier.

À minuit, l'infirmière n'était toujours pas rentrée. Ils attendaient tous autour de la grande table, éclairés par la lampe à pétrole sur laquelle venaient se consumer les papillons dans un grand fracas d'ailes froissées. Didier en était à sa dixième bière au moins et Anne n'avait plus d'ongles. Marc soudain n'y tint plus. Il se leva d'un bond et dit aux autres :

– J'y vais !

– Tu es fou ! Reste ici, ordonna Didier.

Mais Marc ne l'écoutait pas. Il avait déjà pris les clefs du pick-up au tableau et se dirigeait vers le véhicule garé dans la cour. Anne courut derrière lui :

– Je te l'interdis ! C'est beaucoup trop dangereux, cria-t-elle en le saisissant par le bras.

Le jeune homme se dégagea brutalement et s'installa au volant.

– Enfin, on ne peut pas rester ici à attendre sans rien faire ! C'est de ma faute en plus. Je dois aller voir.

– Dans ce cas, je t'accompagne, intervint Antonio, qui les avait rejoints. Je connais mieux la route que toi.

Ils partirent tous deux dans la nuit noire. Marc n'était pas mécontent qu'Antonio soit avec lui : il avait raison, il aurait été incapable de retrouver le chemin.

– Pourvu qu'on ne croise pas de militaires, dit l'Espagnol, le nez collé sur le pare-brise tant il scrutait la piste.

– Ni de rebelles, ajouta Marc.

– Oh, je ne sais pas lesquels seraient les pires, rit Antonio.

Il fallait toujours qu'il plaisante, même dans les situations les plus tendues. Sa décontraction apparente rassurait Marc. Lui devait bien s'avouer qu'il avait peur. Peur de cette nuit africaine, pleine de fureurs et de crissements, comme si la forêt tout entière s'était réveillée et les regardait passer, menaçante. Les phares saisissaient des fuites et des frôlements, allumaient dans la pénombre d'autres phares. Une foule entière les surveillait dans l'ombre.

– Ce ne sont que les yeux des animaux nocturnes qui réfléchissent la lumière de la voiture, lui dit Antonio.

Mais cette constatation ne rassurait qu'à moitié Marc. Il espérait que leur véhicule n'aurait pas à s'arrêter et redoutait de découvrir soudain, au détour d'un virage, celui de Sarah à demi englouti dans une fondrière.

Il leur fallut bien plus d'une heure pour rallier le centre nutritionnel. Les lumières qui restaient allumées toute la nuit à l'extérieur du bâtiment, grâce au groupe électrogène dont disposait le centre pour faire fonctionner le matériel médical, apaisèrent les craintes des deux hommes : le deuxième pick-up de la mission était là, paisiblement garé devant le CNT.

Ils entrèrent dans le bâtiment. Dans une semi-pénombre, les enfants dormaient les uns contre les autres, bercés par le chuintement des perfusions. Dans quelques heures, les assistants prendraient leur service pour remplir à nouveau les flacons des solutions de réhydratation et des liquides nutritifs qui étaient en train de sauver la vie des enfants. Mais, à cette heure de la nuit, ceux-ci semblaient tous dormir paisiblement. Certains pourtant, les plus fragiles, les plus mal en point, risquaient de ne jamais revoir l'aube. C'est toujours au petit matin, quand l'air de la nuit devenait presque froid, qu'ils partaient sans un bruit.

Les deux garçons traversèrent le dortoir sur la pointe des pieds. Tout au bout de la pièce, Sarah était assise à côté de la petite fille que Marc avait amenée le matin même et la veillait. Elle se tourna à leur arrivée et, sans paraître surprise, leur chuchota simplement :

– Je crois qu'elle est sauvée.

Elle caressait le front de la petite, qui dormait paisiblement. Ni Antonio ni, encore moins, Marc, n'osèrent lui faire de reproches. Il était près de deux heures du matin et elle avait passé une partie de la nuit à veiller une petite fille qui aurait dû mourir. À lui caresser le front et à lui murmurer des paroles apaisantes, qui avaient dû contribuer à la retenir du bon côté. La jeune femme se leva.

– Je suis désolée pour vous. Je viens de me rendre compte qu'il est tard et que vous avez pris des risques pour venir me trouver. Pardonnez-moi, dit-elle.

– Il faut rentrer maintenant, murmura simplement Antonio.

– Non, je me sens vraiment fatiguée et c'est trop dangereux. Khadia m'a proposé de dormir dans la salle de repos des auxiliaires. Il y a des lits disponibles. Vous feriez bien de rester ici, vous aussi.

Marc n'osa rien dire, mais cette solution le soulageait grandement. Il n'avait aucune envie de reprendre la route. Ce n'était pas parce que l'aller s'était passé sans encombre qu'ils auraient la même chance au retour. Antonio se tourna vers lui :

– Qu'en penses-tu ?

– Elle a raison, je crois que je vais dormir ici. Nous rentrerons demain matin très tôt.

– OK, répondit Antonio. Dans ce cas, je vais tout de suite prévenir les autres par radio que tout va bien.

Seul le nouveau pick-up en était équipé. L'autre, celui qui

restait au CNT, n'en disposait pas. Ainsi, il apparaissait comme beaucoup moins tentant à ceux qui auraient pu avoir envie de s'en emparer.

– A propos, Antonio, ajouta Sarah. Khadia m'a dit que la voiture a un problème de direction. Tu pourras vérifier ?

– Je vais demander à Ali de s'en occuper. Ce n'est pas la première fois qu'on me le signale. Elle est vraiment en sale état, cette bagnole.

Sarah conduisit Marc derrière le bâtiment, pendant qu'Antonio retournait à la voiture. Ils croisèrent Khadia, qui s'était relevée en entendant du bruit. Elle apparaissait plus belle que jamais, enserrée dans un grand pagne qui révélait plus qu'il ne cachait son corps parfait. Elle leur demanda s'ils n'avaient besoin de rien, puis se rendit à l'extérieur à la rencontre d'Antonio.

À peine arrivée dans la salle de repos, Sarah se jeta sur une des nattes.

– Je n'en peux plus, s'exclama-t-elle. Pardonne-moi, Marc, mais je crois que je vais sombrer tout de suite.

À la lueur de la veilleuse, son visage respirait la sérénité, le calme, le bien-être. Marc s'approcha d'elle.

– Je voulais te dire merci. Ce que tu as fait est merveilleux.

Il s'agenouilla à ses côtés et lui caressa les cheveux.

– Tu es une fille sensationnelle.

Sarah ne dit rien, mais elle embrassa la main qui se trouvait près de son visage. Il l'enlaça, vibrant de gratitude en pensant à la petite fille sauvée.

Ils dormirent blottis l'un contre l'autre cette nuit-là, dans l'immensité de la nuit africaine, qui venait de donner à Marc son premier grand bonheur.

Évidemment, la nouvelle de leur expédition nocturne parvint très vite aux oreilles des autorités. Un 4 × 4 roulant la nuit dans une province soumise au couvre-feu n'était pas passé inaperçu. Dès le lendemain matin, l'équipe reçut la visite du commandant Ben. Marc, Antonio et Sarah étaient rentrés aux premières lueurs de l'aube, pour se changer.

Les militaires se présentèrent dans la concession alors qu'ils prenaient un café tous ensemble, en commentant les événements de la nuit. Après les reproches d'usage et la promesse de Sarah qu'elle ne désobéirait plus jamais aux consignes, Anne s'était radoucie. Elle était heureuse que la petite fille ait pu être sauvée. En attendant de savoir par sa grand-mère quel était son vrai prénom, ils décidèrent de la baptiser Fatou.

Mais le sort de Fatou ne préoccupait nullement le commandant Ben. Il était furieux que les volontaires humanitaires aient osé désobéir aux consignes de son gouvernement. Didier l'invita à partager le café avec eux sans succès. Il ne voulait même pas s'asseoir, roulant de gros yeux en bombant le torse, dans son uniforme de gradé, tout en poursuivant ses réprimandes. S'excitant lui-même, il en était à les menacer de les conduire tout droit en prison pour insubordination quand, sans se démonter, Didier l'interrompit :

– Nous regrettons profondément les désagréments que nous vous avons causés. Mais nous sommes heureux aussi d'avoir rempli notre mission auprès de cette petite fille. Ne pensez-vous pas que fêter sa résurrection s'impose ?

Le colosse le regarda, interloqué.

– En France, vous le savez, une fête ne se passe jamais sans champagne, poursuivit Didier. Si vous acceptiez de trinquer avec nous, rien ne me ferait plus plaisir.

Les autres le regardèrent, stupéfaits. Du champagne à sept heures du matin ? Après une nuit pareille ? Mais Didier leur jeta un coup d'œil qui les dissuada de protester. Effectivement, si le commandant Ben arborait toujours sa mine furieuse, il semblait s'être déjà radouci.

Didier revint avec un magnum Laurent Perrier qui laissa cois les autres. Il posa des verres sur la table et servit tout le monde, sans que personne n'ose refuser.

– A la vôtre !

Didier et le commandant Ben trinquèrent et sifflèrent leur coupe avec un naturel déconcertant. Au troisième toast, le militaire s'était franchement déridé. Quand, enfin, il consentit à lever le camp – avec le reste du magnum, que Didier lui avait aimablement proposé d'emporter –, Sarah se leva et alla vomir longuement dans les latrines. Le champagne après une nuit à demi blanche ne passait pas. Puis elle demanda à Ali de bien vouloir la reconduire au centre nutritionnel. Marc déclara qu'il devait terminer ce qu'il avait commencé la veille et partit avec eux. Antonio lui emboîta le pas : il avait des choses à réparer au CNT.

Anne et Didier se retrouvèrent seuls avec, comme d'habitude, une montagne de paperasses à expédier. La fin du mois arrivait et il fallait établir les fiches de paie de la centaine d'employés locaux qui travaillaient pour MCF au Sawana. En vieux routiers de l'humanitaire, ils se serrèrent la main :

ils s'en étaient bien tirés, cette fois-ci encore, mais mieux valait ne pas tenter le diable trop souvent.

– Je ne sais pas ce que tu en penses, mais je trouve que les « premières missions » deviennent de plus en plus ingérables, bafouilla Didier, à moitié saoul.

– Remarque, elle est mignonne la petite infirmière, dit Anne, qui se sentait grisée elle aussi, même si elle s'était sagement arrêtée après son troisième verre.

Elle ajouta :

– C'est plutôt bien ce qu'elle a fait.

– Oui, enfin, ça m'a coûté le magnum de champ que je m'étais mis de côté pour une grande occasion, grogna Didier. Et pour ce gros porc de Ben en plus, qui n'arrête pas de nous soutirer du fric.

– C'était une grande occasion, sourit Anne. Estime-toi heureux qu'il se soit contenté de ton champagne, je l'ai déjà vu moins bien disposé.

En réalité, l'affaire alla plus loin qu'ils ne le croyaient. Les autorités sawanaises adressèrent une protestation officielle au gouvernement français, en se plaignant du comportement de ses volontaires humanitaires. Leur dossier ne tarda pas à être transmise dans son intégralité à Bernard Boron, qui le prit très mal. Didier reçut un fax incendiaire et un appel téléphonique au moins aussi violent : lorsqu'il s'agissait d'engueuler un de ses subordonnés, Boron n'avait aucun mal à trouver ses mots. Quant à Sarah, elle se vit gratifiée d'un avertissement par la responsable du personnel : une nouvelle incartade, et Véronique Braga la virait illico du Sawana. Et de MCF.

– Un blâme pour avoir sauvé un enfant ! Je rêve...

Marc n'en revenait pas. Sarah haussa les épaules, indifférente à la mesure. Elle se fichait complètement de la réaction de Paris. Fatou vivait et, chaque jour, elle reprenait un peu de poids, c'était l'essentiel. Par miracle, bien que gravement dénutrie, elle ne souffrait d'aucune maladie. Dans quelques jours, elle serait sur pied.

Ils ne savaient toujours pas son vrai prénom. Sans doute ne le connaîtraient-ils jamais : lorsque Marc était retourné au village, dès le lendemain, la grand-mère venait de mourir. Elle avait rempli sa mission : assurer l'avenir de la dernière survivante de sa famille.

Contrairement au directeur général, Bénédicte, la responsable de la communication, avait été très intéressée par l'histoire de Fatou. L'association pouvait en faire son miel. L'Asie centrale commençait à lasser les médias, gavés du terrorisme et des talibans, du froid et de la faim. Les dons reçus au siège pour l'Afghanistan se tarissaient. Il fallait relancer l'intérêt sur une autre cause. La famine en Afrique par exemple. Elle décida d'organiser un voyage de presse au Sawana.

Elle appela ses amis journalistes. La plupart d'entre eux se plaignaient de la pingrerie de leurs rédactions, qui les privaient des voyages à l'étranger dont ils rêvaient pour couvrir les sujets internationaux. Connaissaient-ils la famine oubliée du Sawana ? Elle leur proposait de s'y rendre, aux frais de MCF bien sûr, afin de découvrir par eux-mêmes la terrible situation des Soros. Beaucoup sautèrent sur l'occasion.

Bénédicte convainquit facilement Bernard Boron de débloquer un budget pour financer le voyage de presse des journalistes et des photographes qui les accompagneraient. Le Sawana dégageait suffisamment de cash. Elle conseilla au directeur général de les accompagner : un tel voyage ne prendrait que quatre jours, juste le temps nécessaire pour préparer la future campagne de communication de MCF. Si Bernard Boron et Philippe Morteau se rendaient eux-mêmes au

Sawana, ils pourraient au retour témoigner dans les médias du drame qui s'y déroulait : Bénédicte en était convaincue, le Sawana pouvait devenir LA cause humanitaire qui succéderait à l'Afghanistan dans l'opinion publique.

Bernard Boron accueillit cette offre avec gratitude : il avait besoin de retrouver un peu d'Afrique, cette Afrique où il avait passé tant d'années comme logisticien avant de gravir les échelons du siège. Et un petit voyage en compagnie de sa charmante directrice de la communication n'était pas pour lui déplaire.

Apprenant que Bénédicte s'apprêtait à se rendre au Sawana en compagnie de Boron, la responsable de la collecte de fonds fut à la fois contrariée et ravie. Isabelle était contrariée que celui qui avait été brièvement son amant parte avec une autre fille qu'elle sur le terrain : elle s'imaginait encore, contre toute évidence, que leur liaison n'était pas vraiment terminée. Mais elle était ravie, en revanche, sur un plan professionnel : MCF pourrait raconter l'histoire de la gamine dans une lettre adressée aux donateurs de l'association. Un bon prétexte pour solliciter des fonds. Les agences de communication qui les conseillaient, Bénédicte et elle, venaient de leur proposer de positionner l'association sur un thème porteur, qui la différencierait des autres ONG : les « famines oubliées ». Certes, le Sawana n'était pas oublié du gouvernement français, qui versait des tombereaux d'argent sur MCF pour financer ses programmes humanitaires dans le pays. Mais il était ignoré du grand public, puisque les ONG, MCF la première, s'étaient concentrées sur Kaboul, dans une véritable foire d'empoigne pour s'approprier la manne des budgets internationaux.

Seulement, pour intéresser le grand public, il fallait des histoires comme celle de Fatou. Et des images. Isabelle comptait utiliser le voyage de presse pour les mailings aux donateurs, mais aussi pour élaborer un petit film édifiant sur la capacité de « récupérer » un enfant affamé. Il pourrait être projeté en province, où les volontaires, de retour de mission, devaient donner des conférences pour convaincre de nouveaux donateurs. MCF possédait déjà un certain nombre d'images, mais Véronique Braga souhaitait renouveler le stock. Et de bonnes images ne pouvaient provenir que de professionnels. Comme Bénédicte, Isabelle avait appris au fil des années qu'il était inutile, dans ce domaine, de compter sur les volontaires de terrain : ils avaient honte chaque fois qu'on leur demandait de photographier les bénéficiaires, surtout quand ceux-ci en étaient encore au stade du squelette ambulant.

– Je viens de recevoir un e-mail du service de com, annonça Didier à l'équipe deux jours plus tard. Ils ont décidé de nous envoyer, tenez-vous bien, la presse, la télévision, le DG, Morteau et la nana de la com. Bref, le siège et les médias débarquent au Sawana.

– Rien que ça ! Mazette... siffla Antonio, goguenard.

– Attends, ne me dis pas que Big moustache nous fait l'honneur de sa venue ! Avec des journalistes en plus.

Anne s'animait.

– La dernière fois que je l'ai vu sur le terrain, c'était il y a au moins six ans, en Éthiopie, juste avant que je ne parte pour la Somalie, puis au Sawana.

– Entre-temps, il est allé dans d'autres missions, précisa Didier, dans un souci louable d'impartialité.

– Entre-temps, surtout, il a réussi à devenir DG, ce gros porc, gronda Antonio.

Personne ne releva l'insulte. Marc les regardait avec curiosité s'exciter tous les trois. La perspective de l'arrivée de leur directeur général les mettait en transe.

– Qu'est-ce qu'il a de si particulier ce Boron, mis à part qu'il ne sait pas s'exprimer ?

– Tu verras bien. Après tout, il peut avoir changé, lui répondit Antonio. Créditons-le de sa promotion professionnelle, qui l'a peut-être rendu fréquentable.

– Et sobre, renchérit Didier.

– Oh toi, tu peux parler ! s'exclama Anne. Tu devrais être content d'ailleurs : un vrai pote, mieux que Ben, avec qui te saouler...

– ... et aller voir les putes, ajouta Antonio, soudain grivois. Remarque, je suis du voyage ! Avec Boron, c'est un déplacement qui vaut toujours le coup. Dans tous les sens du terme.

Sarah les considérait l'un après l'autre, médusée.

– Moi, j'ai entendu parler de Morteau, quand j'étais au siège. On parlait d'un rapport sur l'Afghanistan qu'il avait fait...

– En plus du Sawana, Morteau est le desk Afghanistan, précisa Anne.

– Et du Salvador, ajouta Didier

– On les répartit comment, les pays, au siège, entre les responsables géographiques ? Par ordre alphabétique, par continent ? s'enquit Marc. J'aurais plutôt pensé que la proximité des pays constituait le premier critère...

– Penses-tu ! Ces messieurs s'ennuient si on ne leur fait pas un petit panachage. Ça leur permet de continuer à voir du pays lors de leurs visites de contrôle.

Anne était en verve. Son visage s'était couvert de taches rouges, sous le coup d'une excitation volubile que Marc ne lui avait encore jamais vue jusque-là.

Sarah et Marc, qui ne saisissaient pas la moitié de leurs allusions d'anciens combattants, décidèrent d'aller se coucher. La conversation, de toute façon, leur passait au-dessus de la tête et ils n'osaient pas interrompre systématiquement les autres pour leur demander des précisions que, tout à la grande nouvelle de la journée, ils n'avaient pas envie de donner. Les deux nouveaux ne faisaient pas encore partie du sérail. Marc se demandait d'ailleurs s'il souhaitait avoir un jour cet honneur.

Il se coucha non sans avoir tiré, comme tous les soirs, son matelas au centre de la pièce, élémentaire précaution qui lui évitait les chutes de blattes sur les draps. Encore un élément de la vie sawanaise auquel il avait du mal à s'habituer.

La visite qui s'annonçait promettait d'introduire dans le quotidien un piment bienvenu. Un mois venait de s'écouler et il se sentait déjà las. Il avait hâte de connaître ce Bernard Boron qui suscitait tant de passion, y compris de la part d'Anne. Et puis la télévision. Ses parents le verraient peut-être au vingt heures. De quoi faire plaisir à sa mère. Elle pourrait frimer auprès de tous les voisins.

Sarah se glissa près de lui quelques minutes plus tard, toute fraîche de la douche qu'elle venait de prendre. Il déploya son bras pour qu'elle se love contre lui. Leur liaison avait commencé la nuit où il l'avait retrouvée près de Fatou, mais ni l'un ni l'autre ne tenaient à en faire la publicité. Le reste de l'équipe l'apprendrait bien assez tôt à leur gré.

Marc aimait bien Sarah, mais elle se trouvait physiquement aux antipodes du style de filles avec lesquelles il aimait s'afficher. Sarah aimait bien Marc, mais elle était un peu gênée, envers Anne surtout, d'avoir une aventure avec un garçon dont elle avait clamé partout à quel point elle le trouvait fat et insupportable.

En réalité, elle découvrait un Marc bien plus attachant que ses préjugés ne lui avaient laissé supposer. Quant à Marc, il commençait à penser que si Sarah acceptait de perdre quelques kilos et de s'habiller un peu plus élégamment, elle pourrait rivaliser tout à fait honorablement avec les filles de Caltech. Qui auraient été bien incapables, elles, de sauver une petite fille affamée.

# 5.

La perspective de l'arrivée de leur directeur général avait jeté Didier et Anne dans un état second. Ils accumulaient les frustrations depuis trop longtemps pour ne pas voir dans cette visite l'occasion rêvée de régler leurs comptes.

Les tensions entre le siège parisien et la mission gâchaient la vie quotidienne des volontaires. Outre les rapports d'activité et financiers, les « proposals » aux bailleurs de fonds, les comptes rendus sur l'avancée des programmes, qui astreignaient le chef de mission et son administratrice à passer des journées entières sur leur ordinateur, les sujets de friction ne manquaient pas. La difficulté des conditions de travail rencontrées sur le terrain exacerbait l'irritation de l'équipe quand la logistique ne leur adressait pas la nourriture, les médicaments et le matériel nécessaires à l'accomplissement de leur programme. De ce côté-là, rien n'allait jamais non plus : Antonio se plaignait de ne pas recevoir les commandes à temps, ce qui les empêchait malgré eux de respecter les exigences du service financier. Parfois aussi, Fred leur expédiait des articles qui n'avaient rien à voir avec ce qu'ils avaient demandé. Alors que la réputation de l'ONG reposait sur eux, concrètement chargés de réaliser les programmes humanitaires, ils dépendaient absurdement, pour s'acquitter de leur mission, des disponibilités ou de l'humeur de ceux qui travaillaient à Paris, dans un confort et une sécurité que chaque jour passé sur le terrain rendait rétrospectivement plus idylliques encore. Cette incertitude, ajoutée à l'isolement et à la promiscuité, rendait fous les plus vulnérables.

– Les soutiers de l'humanitaire, voilà ce que nous sommes. Anonymes, dévoués et... cons. Anne rêvait de profiter de la présence des responsables de MCF pour « mettre le feu » comme elle disait, placer Boron et ses sbires face à leurs responsabilités : elle n'en pouvait plus de leurs conditions de travail au Sawana.

– J'en ai assez du rôle qu'ils nous font jouer. Passe encore s'ils nous lâchaient la grappe, mais ils nous traitent vraiment comme de la merde.

Didier faisait tout pour l'en dissuader : s'ils parlaient, ils n'auraient d'autre choix que d'arrêter leur programme, car MCF se débarrasserait de ces empêcheurs de tourner en rond. Dans les ONG, mieux valait suivre la « ligne » définie par Paris. Refuser les financements intéressés qu'ils recevaient des amis du régime sawanais, c'était prendre le risque de voir cesser leurs activités. Que deviendraient alors tous les enfants qu'ils pouvaient au moins secourir aujourd'hui ? De grandes discussions les animaient ainsi à intervalles réguliers. Pragmatique, Marc suggérait de laisser filtrer des informations sans en indiquer la source. Mais Didier balayait la suggestion d'un haussement d'épaules : comment pourraient-elles rester anonymes, alors que rares étaient les ONG à intervenir dans cet endroit précis du Soro ? Les Sawanais comprendraient tout de suite qui avait renseigné la presse. En bon chef de mission, Didier devait d'abord veiller à tenir les objectifs que l'association s'était fixés.

– Un seul mot d'ordre : ne surtout pas contrarier ni Paris,

ni les autorités locales, de peur de devoir interrompre prématurément notre carrière humanitaire, ironisait Anne.

Sarah aussi était partisane du silence, mais pour d'autres raisons : les enfants, ses mômes comme elle les appelait, elle les aimait. Elle s'était attachée à certains d'entre eux, ceux qui étaient arrivés dans l'état le plus pitoyable au centre, jusqu'à les considérer comme ses propres enfants. Elle préférait les soigner plutôt que risquer de devoir les abandonner en dénonçant les pratiques du régime. La petite Fatou était devenue sa mascotte. Elle avait déjà repris de bonnes joues et se révélait chaque jour davantage une enfant pleine de vie, toujours prête à éclater de rire quand Sarah, entre deux soins, prenait le temps de jouer avec elle.

– Si tu crois que ça va servir à quelque chose de jouer les justiciers, alors que le gouvernement sawanais a le soutien de la France, rétorquait-elle à Anne. En plus, si on part, il n'y aura plus personne pour servir de garde-fou auprès de ces pauvres gens.

Sa foi en sa mission émouvait Marc. Quitter chaque soir ses petits malades jusqu'au retour de l'aube lui déchirait le cœur. Comme les enfants les plus fragiles mouraient toujours pendant la nuit, la jeune femme retrouvait au petit matin les petits corps inertes et déjà rigides de ceux qui n'avaient pas résisté aux heures fraîches. Les assistants les avaient déjà enroulés dans la natte sur laquelle ils avaient passé leur dernière nuit. La détresse de ces agonies solitaires bouleversait l'infirmière.

– On ne peut pas s'habituer à l'horreur, tenait-elle à expliquer à Marc le soir, lorsqu'ils se retrouvaient dans la pénombre.

Malgré le semblant de clandestinité qu'ils tentaient de maintenir, et qui ne trompait plus personne, leur relation s'était très vite installée dans une conjugalité de fait, instaurée par la cohabitation forcée des volontaires dans la même maison. Alors que le souvenir de Laure l'avait taraudé les premiers jours, avivé par la solitude dans laquelle il se trouvait brutalement plongé, Marc réalisait qu'il commençait à oublier jusqu'aux traits du visage de son ex-petite amie, tant sa vie avait été modifiée en quelques semaines. Il avait l'impression d'avoir changé de planète.

Didier et Antonio avaient, eux, leurs « sisters ». S'imaginaient-elles que les Blancs allaient s'établir durablement avec elles ? Ou bien profitaient-elles simplement des quelques avantages matériels que leur procurait leur liaison ? Marc n'en savait rien. En plus de ses « sisters » occasionnelles, Antonio ne faisait nul mystère d'entretenir une relation plus ou moins régulière avec Khadia, mais ils ne vivaient pas ensemble, puisque l'infirmière logeait dans les bâtiments du centre nutritionnel. La jeune femme ne paraissait pas s'offusquer des infidélités chroniques de son Blanc qui, en outre, se rendait chaque samedi soir avec Didier dans un bordel connu de toute la communauté expatriée.

Avant de sortir avec Sarah, Marc les avait accompagnés les premiers week-ends, autant par curiosité que par désœuvrement. Et il avait été stupéfait de découvrir tant de 4 × 4 humanitaires, aisément reconnaissables avec leurs glorieux emblèmes, garés devant la porte du lupanar.

– Quelle image donnons-nous de nous ? s'était-il alarmé un soir, devant le reste de l'équipe.

– L'image classique des petits Blancs en Afrique, avait tranquillement répondu Sarah.

À l'intérieur de la boîte de nuit, de jeunes Africaines très dévêtues riaient aux éclats avec tout ce que le Sawana comptait d'Occidentaux en mal d'exotisme. Hommes d'affaires installés dans le pays pour les trafics les plus louches, diplomates trompant leur ennui en s'encanaillant, pendant que leurs épouses attendaient, solitaires, dans des maisons dont le luxe colonial justifiait toutes les concessions. Et puis les humanitaires, ceux de MCF bien sûr, et tous les autres, jusqu'aux docteurs suédois débordant de bière, qui tenaient tendrement les filles par la main et leur picoraient de petits baisers sur la nuque, jouant les grands sentimentaux. Et peut-être s'en persuadaient-ils eux-mêmes. Il y avait aussi les délégués de la Croix-Bleue, et puis encore les jeunes volontaires français qui faisaient leur service national à l'ambassade. L'alcool, le cannabis et d'autres substances plus dures circulaient, dans une grande débauche de dollars et de biris qui réjouissait les tenanciers et les filles de joie. Les per diem des volontaires, ces indemnités journalières qu'ils répugnaient tant à dépenser le reste de la semaine, s'envolaient en quelques heures, dans une atmosphère de liesse qui gommait les tracas de la semaine.

Tout ce petit monde avait bravé les barrages pour faire la fête, oublier ses soucis et sa solitude. De toute façon, le samedi soir, les militaires eux-mêmes allaient courir le guilledou et claquer leur maigre solde en bières, même s'ils ne fréquentaient pas les mêmes bordels que la communauté expatriée. On franchissait aisément les rares check-up subsistant sur les routes, dressés par ceux qui n'avaient vraiment plus un sou vaillant, en se munissant de packs de la bière locale et de quelques billets de mille biris. Il suffisait de connaître le tarif et de se montrer conciliant.

Marc avait compris que Didier faisait une consommation effrénée des petites prostituées qui passaient de bar en bar, allant jusqu'à frapper aux portes des chambres d'hôtel après avoir acheté la complicité des veilleurs de nuit. « L'amour qui passe » faisait fondre à vue d'œil le stock de préservatifs importés par l'équipe. Les locaux, eux, ne voulaient pas en entendre parler : l'amour en chemise n'était plus l'amour. De toute façon, les capotes coûtaient beaucoup trop cher pour les maigres bourses indigènes et les filles acceptaient de se passer de protection, de peur de perdre leurs clients. Beaucoup de gamines se retrouvaient ainsi contaminées dès leurs premiers rapports sexuels. Les hommes s'imaginaient que faire l'amour avec une vierge les protégerait contre le sida. En réalité, la fille était rarement vierge et, si elle l'était, son partenaire se chargeait de l'infecter.

Après une tentative qui l'avait d'autant moins séduit que la petite, comme la plupart des Sawanaises, avait été excisée par une matrone dès son plus jeune âge, avec un résultat affligeant, Marc avait fui les sorties du samedi soir, qu'il trouvait sordides. En lui peignant un tableau apocalyptique de la contamination en Afrique noire, son père avait réussi à lui flanquer une peur bleue du sida. Mais se limiter à des amours monogames et non tarifées au Sawana signifiait s'astreindre à l'abstinence totale. Il était donc resté chaste... jusqu'à ce qu'il se lie avec Sarah, dont il supposait, malgré son long séjour en Afrique, qu'elle n'hébergeait pas le mortel virus. Chez les bonnes sœurs quand même... De son côté, Sarah aussi lui accordait sa confiance, bien qu'il ne lui ait pas dissimulé son passé. Elle n'avait pas paru s'en inquiéter.

L'infirmière lui avait apporté la sécurité sexuelle, dans une relation paisible et non dénuée de tendresse. Jamais il n'avait connu une liaison aussi reposante, sans rivalité ni rapport de force. Il devait s'avouer qu'il portait un réel intérêt au travail de la jeune femme, développant une capacité d'écoute dont il ne s'imaginait pas capable avant d'atterrir au Sawana. L'infirmière se révélait pleine de sensibilité et de finesse. Beaucoup moins superficielle que Laure en réalité.

Chacun des membres de l'équipe avait à sa façon réglé le problème de la solitude en mission lorsque, coupé des siens, le volontaire humanitaire doit partager son quotidien avec des gens qu'il n'a pas choisis. Didier et Antonio papillonnaient, Sarah et lui s'étaient trouvés. Seule la réponse d'Anne restait un mystère aux yeux de Marc : comment l'administratrice, qui baroudait depuis si longtemps de mission en mission, avait-elle résolu la question de sa vie amoureuse et sexuelle ? Il le comprit une nuit alors que, taraudé par un cuisant mal de tête, il s'était levé pour aller fouiller dans la pharmacie collective en quête d'aspirine. Ali sortait de la chambre occupée par Anne, tout au bout de la grande case, très loin du groupe électrogène. Il lui adressa un sourire gêné mais aussi, nota Marc, un rien provocateur, avant de se fondre dans la nuit en direction de ses quartiers. Ali logeait dans la bourgade, non loin de la mission.

Marc garda pour lui sa petite découverte. Ni Anne ni Ali ne firent jamais la moindre allusion à cette rencontre nocturne. Mais Marc comprenait mieux certaines allusions d'Antonio aux goûts d'Anne en matière masculine. Cette relation devait être considérée comme taboue par l'équipe car personne n'en parlait jamais ouvertement. Il faut dire qu'Anne n'était pas le style de fille qu'on avait envie de charrier. Marc n'eut même pas envie de faire part de sa découverte à Sarah : il aurait eu l'impression de colporter un ragot. Après tout, chacun se débrouillait comme il le pouvait, dans la solitude mêlée de promiscuité où l'aventure humanitaire l'immergeait pour d'interminables mois.

# 6.

La femme avait eu la main tranchée. Net. Le temps qu'elle arrive à la mission, plusieurs jours sans doute à marcher dans la brousse, le moignon s'était infecté. Même Sarah recula, une fois enlevé le morceau de tissu souillé qui recouvrait la chair. L'odeur était épouvantable.

– On ne peut pas soigner ça nous-mêmes. Il faut l'amener aux Suédois, constata-t-elle.

C'est Marc qui la prit dans le pick-up pour la conduire de l'autre côté de la rivière. En chemin, il réprimait des haut-le-cœur. La puanteur envahissait la voiture malgré les vitres ouvertes. La femme ne disait rien. Son regard était comme vide. Marc ne pouvait même pas lui poser de questions : elle ne parlait pas français et il ne connaissait pas suffisamment le dialecte soro pour communiquer. Ali aurait pu l'aider, ne serait-ce qu'en conduisant la voiture, mais il était parti avec Anne et Antonio inspecter la construction d'un nouveau dispensaire.

Il arriva à la mission suédoise qu'un drapeau bleu et or permettait d'identifier aisément. Les bâtiments de l'ONG nordique contrastaient avec le centre nutritionnel de MCF : les Suédois s'étaient visiblement installés dans la durée, construisant en dur, défrichant les alentours. La peinture blanche devait être refaite régulièrement car elle paraissait impeccable, alors qu'Antonio avait expliqué à Marc comment les pluies de l'hivernage lessivaient tout dans cette région.

Une infirmière en cornette s'avança à leur rencontre. Il trouva sa présence bizarre : Didier ne lui avait jamais précisé qu'il s'agissait d'une mission religieuse. Et il aurait eu du mal à le deviner lui-même au regard des expéditions du samedi soir. La femme regarda le moignon, hocha la tête. Elle ne paraissait pas surprise. Elle prit la femme blessée par son bras valide et l'emmena jusqu'à une grande salle de soins. Marc suivit, ne sachant que faire.

Avec dextérité, la blessure de la femme fut nettoyée, soignée, pansée. L'infirmière lui administra des antibiotiques pour éviter la gangrène et un sérum antitétanique. Elle reposait désormais dans un grand lit blanc situé dans une salle de repos, au milieu d'un alignement de malades qui portaient tous des bandages autour des membres, du crâne, du torse. Autant d'hommes que de femmes, seuls pour la plupart. Des rebelles, des soldats, des paysans ? Marc n'aurait su le dire.

En sortant du bâtiment, il croisa un grand gaillard, logisticien comme lui, qui travaillait dans l'ONG suédoise. Il le connaissait de vue pour l'avoir côtoyé en d'autres lieux beaucoup plus débridés. Le jeune homme lui apprit que le nombre des amputés se multipliait. Ils arrivaient de plus en plus nombreux des campagnes environnantes, tendant sans un mot leur membre sectionné au personnel soignant. Des enfants rarement, des femmes surtout. On leur avait coupé un bras, deux bras, le pied aussi, parfois une oreille. Du coup, même les paysans qui n'avaient pas encore fait l'objet d'une opération de regroupement forcé commençaient à quitter leurs champs pour se réfugier dans des zones plus sûres, dans ces nouveaux villages créés par le gouvernement où, au moins, ils pouvaient espérer la surveillance de l'armée.

Quand il retourna au centre nutritionnel, Antonio et Anne venaient de rentrer. Sarah les avait déjà informés. Il s'aperçut avec surprise que les autres n'ignoraient rien des amputations. Un mois et demi déjà qu'il était arrivé au Sawana, et personne ne lui en avait soufflé mot. Malgré sa perplexité, il ne put approfondir la question : les tâches du centre absorbaient chacun d'entre eux, sans qu'ils aient le temps de parler d'autre chose que de la bonne exécution des multiples chantiers qu'il fallait mener de front. Si, au moins, ils avaient pu travailler en échangeant tranquillement leurs impressions. Mais non, il fallait qu'à la chaleur, à la poussière, aux insectes, aux difficultés rencontrées dans la construction des ouvrages se greffent les remarques de multiples spectateurs : ils évoluaient dans l'agitation désordonnée des équipes locales, qui, dans leur langue, s'adressaient mutuellement des recommandations incessantes, sans qu'on puisse garantir le résultat final. Le chaos ambiant était accentué par la présence abondante et attentive, autour d'eux, des villageois désœuvrés, qui se faisaient fort de surveiller ces employés locaux dont ils rêvaient de prendre la place, en leur prodiguant à leur tour des conseils éclairés. Dans cette atmosphère, Antonio et Marc finissaient leurs journées de travail épuisés. Et ils n'avaient guère l'occasion de se livrer à des apartés.

Tout en travaillant, Marc réfléchissait à la discussion qu'il venait d'avoir avec le Suédois, qui lui avait fait prendre conscience de son ignorance. Les provinces du Nord restaient totalement fermées. Personne ne savait ce qui s'y passait exactement. Des témoignages de villageois chassés de leurs terres par les combats parvenaient, de plus en plus nombreux, à l'équipe du Soro. Ils semblaient indiquer que la situation se dégradait dans les montagnes qui marquaient la frontière avec le Kongue, le pays voisin. Les incursions des rebelles installés de l'autre côté se multipliaient, dégénérant en affrontements avec l'armée sawanaise. Ils engendraient leur lot de blessés, de déplacés, de détresses de toutes sortes. Certaines familles arrivaient à parcourir à pied la centaine de kilomètres qui les séparaient des missions humanitaires installées au sud, dans l'espoir de recevoir de la nourriture et des soins. Elles parvenaient dans un état terrifiant au centre de MCF.

Le gouvernement sawanais avait toujours interdit aux ONG de s'installer dans les provinces du Nord, prétextant les dangers encourus par le personnel humanitaire dans des zones qu'il qualifiait d'« insécurisées ». L'absence de témoins gênants lui permettait surtout de pacifier la région par le nettoyage ethnique et la terre brûlée. Dans cette région que la richesse de son sous-sol apparentait à un véritable coffre-fort pour le pays, toute présence humaine non complètement inféodée constituait une insoutenable entrave à l'appétit de richesse du régime.

Marc entreprit Anne sur les amputations dès le trajet de retour. Ali conduisait, comme d'habitude. L'administratrice était assise à l'avant, Antonio, Marc et Sarah à l'arrière, d'autant plus compressés dans l'habitacle que les cahots de la route les projetaient les uns sur les autres sans ménagement.

– Pourquoi ne pas nous en avoir parlé ? conclut Marc après avoir relaté l'arrivée de la femme à la main tranchée au centre nutritionnel et la discussion qui s'était ensuivie avec le Suédois.

Anne ne répondit pas tout de suite. De l'arrière, Marc ne distinguait que son profil. Elle ne quittait pas la route des yeux. Précaution supplémentaire pour doubler la vigilance d'Ali quant aux embûches du trajet ou gêne persistante qui la conduisait à fuir l'explication ? Marc n'aurait su le dire. Elle finit par répondre :

– On n'a pas voulu vous en parler, mais vous avez dû vous rendre compte qu'il régnait un sale climat ici.

– Nous parler de quoi ? Sarah et moi, on n'a pas le droit de savoir ? rétorqua Marc avec agressivité, furieux de constater que le silence des autres n'avait pas été fortuit.

– Si, bien sûr. Mais il y a eu un problème avant votre arrivée.

– Un problème ?

Marc regarda Antonio à côté de lui. La tête plongée vers le plancher, il s'absorbait dans l'examen de ses sandales boueuses, laissant courageusement Anne porter seule la responsabilité de ses révélations.

Mais Anne n'était pas femme à reculer. Elle se tourna pour les dévisager, Sarah et lui, tout en continuant de tenir solidement la poignée située au-dessus de la vitre du passager, pour éviter d'être brinquebalée au gré des secousses du véhicule.

– Yves, le logisticien d'avant, le type qui t'a précédé...

– Oui, quoi ? Celui qui a eu un accident ?

– Je lui en ai déjà parlé. Un peu, marmonna Antonio.

– Et visiblement tu lui as dit des conneries ! s'agaça Anne.

– Ce n'était pas un accident ? Enfin, parle !

Marc commençait à s'énerver.

– En fait, il est mort dans des circonstances suspectes, reprit Anne. On a retrouvé sa voiture fracassée contre un arbre, pas loin de la mission. Comme il était seul, qu'il faisait nuit, on suppose qu'il a perdu le contrôle... mais on n'en est pas sûr à cent pour cent.

– Comment cela ?

Marc sentait Sarah se tendre à côté de lui.

– On se demande si c'est vraiment un accident. Ou si... il s'est...

Anne cherchait des mots sobres. Antonio ne lui en laissa pas le temps, achevant à sa place :

– S'il n'a pas voulu en finir. Bref s'il n'a pas disjoncté.

– Mais pourquoi aurait-il fait cela ?

Marc ne comprenait pas. Anne continua.

– Il n'allait pas bien depuis des semaines. Toute l'équipe n'allait pas bien à ce moment-là. L'infirmière qui était là avant Sarah, elle s'appelait Christine, commençait à délirer, à dire qu'elle avait été envoûtée.

– Elle disait qu'elle avait le diable dans la tête, commenta Antonio. Lui se pétait régulièrement la gueule à l'opium. Ils étaient tous les deux à moitié jetés.

Anne lui jeta un regard noir. En matière de substances illicites, Antonio n'avait de leçon à donner à personne. Il trafiquait dur avec les autochtones pour se procurer sa ration hebdomadaire de shit. Tout le monde le savait à la mission, mais comme il ne fumait pas dans la maison... Antonio comprit l'allusion et se tut. Anne poursuivit :

– Et puis, il y a eu une histoire, atroce, qui a achevé de les déboussoler.

Marc et Sarah attendaient la suite, sans oser l'interrompre. Marc remarqua que les mains d'Ali s'étaient crispées sur le volant. La conduite au crépuscule, difficile, ne suffisait pas à expliquer l'état de tension qui s'était installé dans le véhicule. Antonio aussi était livide. Anne continua d'une voix blanche :

– Un jour, Yves est parti en repérage avec Christine pour intervenir sur un programme de puits au nord, près de la frontière. Ils se sont fait prendre dans une embuscade. Les mecs, des gamins complètement allumés, drogués jusqu'à la moelle, ont commencé à les menacer. Ils leur ont tout piqué. Ils ont tabassé Ali.

Elle laissa un silence. Puis elle avoua, comme à regret :

– Et surtout, ils ont violé Christine. Tous.

Marc et Sarah ne disaient mot, atterrés. Mais Anne n'avait pas terminé.

– Le responsable d'un village, un type qu'ils avaient emmené dans la voiture pour qu'il puisse les guider, a voulu protester. Il s'est fait descendre. On a appris plus tard que les rebelles s'en étaient pris aussi à sa famille.

– La mère, les gamines ensuite, précisa Antonio.

– On a su qu'ils avaient fini par le bébé, massacré devant la mère par un coup de machette à travers le crâne. Les femmes ont été obligées de suivre les fighters : compagnes du bush, on appelle ça. Au service des soldats, même la petite dernière, qui n'avait pas dix ans.

Sarah avait les larmes aux yeux. Marc, oppressé, était incapable de dire un mot. La voix d'Anne lui parvint comme si ses paroles, soudain, s'étaient détachées pour couper le tumulte avec la précision chirurgicale d'une lame.

– Yves, Ali et Christine ont erré deux jours dans le bush avant qu'on les retrouve. Presque à poil – les mecs leur avaient tout pris. À partir de là, Yves a pété les plombs. Il se bourrait le soir, devenait violent. On voulait qu'il arrête la mission, qu'il rentre en France. Didier n'arrêtait pas d'envoyer des fax et des e-mails au siège. Paris a tardé à donner son feu vert. Et puis, un soir, il est rentré dans un arbre avec sa bagnole. Christine a été rapatriée d'urgence avec lui par un avion sanitaire. Il ne s'en est pas tiré. Quant à elle, elle est toujours à l'hôpital. Bousillée dans sa tête et dans son corps. J'ai appris qu'elle était séropositive. On ne sait pas si c'est la conséquence du viol ou si elle avait été contaminée avant par Yves.

Marc sentit une colère froide le gagner. Pourquoi ne lui avait-on rien dit à Paris ? Cette conne de responsable du personnel, avec ses entretiens destinés à dépister les gens fragiles... soi-disant. Il se sentait le dindon de la farce. Pourquoi se permettait-on d'envoyer au casse-pipe des gens comme lui, comme Sarah, sans même les prévenir qu'ils mettaient les pieds dans un trou à rats ? Plein d'embûches et de chausse-trapes dont personne ne jugeait bon de les avertir. On leur donnait des consignes de sécurité et on ne leur disait même pas à quel point il était essentiel, vital même, qu'ils les respectent.

– Pourquoi ne nous avez-vous rien dit ?

Anne parut embarrassée. Ils avaient dû en parler entre eux, tous les trois, Didier, elle et Antonio. Comploter derrière leur dos de petits nouveaux.

– Je ne sais pas. On a tous été traumatisés. Ne pas en parler, c'était une manière d'oublier, de faire comme si rien ne s'était passé. Et puis, on s'est dit – lâchement, je le reconnais – que tu avais dû être plus ou moins mis au courant par Paris et que tu n'avais pas envie d'aborder le sujet.

– Mais Antonio, tu sais bien que c'est faux, toi ! s'insurgea Marc en se tournant vers le logisticien. C'est toi le premier qui m'as appris que ce type s'était planté. Tu m'as même dit que c'était en revenant de voir les filles ! Pourquoi as-tu délibérément menti ?

– Je n'ai pas menti : il revenait vraiment du bordel, tenta de se justifier Antonio, sous le regard accusateur de son ami. Et puis, tu sais, ici, moins on se pose de questions, mieux on se porte. Il vaut mieux se concentrer sur ce qu'on a à faire. Au jour le jour. Les gamins qu'il faut tirer d'affaire, le boulot, la sécurité. Sinon, on gamberge trop.

– Je crois que tu devrais aussi leur raconter l'histoire de Khadia, suggéra Anne.

Elle avait dû apprendre qu'Antonio sortait avec la jeune infirmière et devait estimer que c'était à lui, maintenant, qu'incombait la charge de les informer.

– Quoi, Khadia ?

Sarah avait posé la question avec un petit visage livide, redoutant ce qu'elle allait encore apprendre.

– Khadia n'en parle jamais, mais elle aussi a vécu des heures sombres. Elle a perdu ses parents alors qu'elle était encore toute jeune. C'est une tante qui l'a élevée. Elle en parle peu. On dirait qu'elle a coupé les ponts avec sa communauté d'origine. Ils la rejettent aussi plus ou moins, en disant qu'elle a le mauvais œil.

– Le mauvais œil ?

– Oui, ils pensent qu'elle porte malheur : ses parents et ses frères et sœurs sont morts quand leur village a été bombardé par l'armée – le régime appelle ces raids aériens des opérations de sécurisation. Elle s'en est tirée parce qu'elle était absente à ce moment-là, partie chercher de l'eau à la rivière. Le mec avec qui elle s'est mariée après ses études d'infirmière a rejoint la rébellion. Lui aussi s'est fait tuer. Du coup, Khadia s'est retrouvée seule. Ici, ils craignent les gens comme elle, entourés de malheur. Ils ont l'impression qu'ils sont responsables, qu'ils portent la poisse.

– C'est aussi pour cette raison que nous l'avons embauchée, elle plutôt que d'autres, même si sa compétence professionnelle ne fait aucun doute, ajouta Anne. Bien sûr, elle parle la langue des déplacés mais surtout, elle n'avait nulle part où aller. Et c'est une fille bien. Elle n'a pas eu de bol, c'est tout.

– Inutile de préciser qu'elle déteste les militaires et le régime au pouvoir. Une haine viscérale. Et c'est bien son malheur : son peuple la rejette et elle rejette ceux qui oppriment son peuple. Son seul univers, c'est son travail au centre nutritionnel.

Antonio avait parlé avec fougue. Marc remarqua qu'Ali ne disait mot, se gardant bien d'intervenir dans la conversation.

Avait-il une opinion différente ? Le lui demander aurait été déplacé vis-à-vis des autres.

Ce soir-là, Marc ne fit pas l'amour avec Sarah. Tous deux étaient beaucoup trop secoués par ce pan de l'histoire de leur petite communauté qui venait de leur être dévoilé. Sarah passa une partie de la nuit à ressasser ce qu'elle avait appris. Marc, qui ne dormait pas beaucoup non plus, l'entendait remuer et soupirer, sans savoir ce qu'il convenait de dire en de telles circonstances. Tous deux, chacun de son côté, avaient le sentiment d'avoir été dupés. Marc le vivait moins bien encore que Sarah. Il ressentait une oppression sourde d'être ainsi en terre étrangère, loin de tout et de tous, coupé de son univers familier et de ses repères, avec l'impression de ne rien maîtriser. L'hostilité lui paraissait sourdre des murs. Il comprenait mieux, maintenant, la réticence et l'inquiétude de ses parents lorsqu'il leur avait fait part de son désir de partir. Qui sait ce qui l'attendait ici ? À quoi jouait-il donc ? Au brave petit soldat de l'humanitaire ? Autour de lui, on affamait, on mutilait, on violait, on terrorisait. À quoi servait leur action ? Un cautère sur une jambe de bois ? Il ne pouvait même pas se rassurer en pensant que l'équipe protégeait ceux qu'elle était venue secourir. Ils les laissaient chaque soir seuls. Seuls face aux menaces et aux violences, alors qu'eux-mêmes venaient se réfugier lâchement dans leur petit havre de confort et de paix. Non, décidément, il se dégoûtait.

Sarah se retourna une fois de plus à côté de lui.

– A quoi penses-tu ? lui demanda-t-il tout bas en lui caressant les cheveux, dans un geste de tendresse qui lui venait de plus en plus souvent.

La jeune femme prit la position qu'elle affectionnait, nichée contre son épaule, puis, après quelques instants de silence, elle murmura :

– Je ne reconnais pas mon Afrique. Au Burkina, les gens étaient gais, amicaux, pleins de vivacité et de projets. Pauvres mais accueillants. Je me sentais bien avec eux. Ici, j'ai l'impression qu'une menace permanente rôde autour de nous. Les gens ont peur. Ils ne nous disent rien. On a l'impression qu'ils sont obligés de nous supporter, c'est tout, mais ils ne nous acceptent pas. Je ne parle même pas des militaires. Eux sont dans leur rôle. Non, je suis marquée par le peu de contacts que nous arrivons à nouer avec les villageois. Mis à part notre personnel, on a l'impression que les gens nous fuient, nous craignent. Qu'ils ne nous aiment pas.

– Peut-être nous ressentent-ils confusément comme des complices de leurs bourreaux ? renchérit Marc.

Il comprenait vraiment ce que ressentait son amie.

– Après tout, ceux qui financent notre action sont précisément ceux qui conseillent leur armée, ceux qui aident le régime à les oppresser, poursuivit-il.

– Oui, je me demande vraiment si nous agissons comme nous le devrions. Est-ce que nous n'avons pas un devoir de dénoncer ce qui se passe ici ?

Ils continuèrent ainsi pendant quelques minutes à se renforcer mutuellement dans la conviction qu'une mission les attendait, une mission plus impérieuse que le simple geste humanitaire dans lequel, depuis des semaines, ils se complaisaient. Le bon Samaritain dévoué mais pas très malin, c'était fini maintenant. Ils n'allaient pas se laisser manipuler.

La certitude du combat à mener les aida à trouver le sommeil.

Ils prirent les autres à partie dès le lendemain matin, au petit-déjeuner. Marc et Sarah menaçaient Didier d'alerter les médias et de démissionner avec fracas si Bernard Boron n'était pas immédiatement informé de leur volonté de dénoncer tout ce qui se passait au Sawana.

– Nous voulons que l'association se prononce sur les regroupements forcés, la complicité de la France, les rebelles qui se vengent sur la population, les femmes et les enfants mutilés dans l'indifférence générale… énuméraient-ils ensemble, aussi remontés l'un que l'autre.

– En travaillant dans ces conditions, sans dénoncer la récupération de l'aide humanitaire, nous assurons le service après-vente de criminels sanguinaires, déclara la jeune femme, d'un ton un rien emphatique.

Marc se dit qu'elle avait dû roder sa sortie pendant toute la nuit. Mais il approuvait : tous deux avaient été dupés. Dupés parce que personne ne leur avait révélé dans quelles conditions ils allaient travailler au Sawana. Personne n'avait évoqué le sort tragique des volontaires qu'ils remplaçaient.

– En réalité, nous servons d'auxiliaires à des bourreaux, avait résumé Sarah. Notre rôle, c'est aussi de prendre position, pas seulement de passer après la bataille pour mettre des cuillères pleines dans des bouches vides, surtout quand elles n'ont plus ni bras ni jambes.

Didier et Anne les écoutaient sans chercher à les interrompre. Puisque les nouveaux devaient vider leur sac, mieux valait qu'ils le fassent maintenant, à huis clos. Même Antonio était absent : il était resté dormir chez Khadia, comme il le faisait désormais de plus en plus souvent, à la grande contrariété de Didier, qui aimait bien que l'équipe soit rassemblée pendant la nuit en un seul lieu.

La sortie de Marc et de Sarah irritait le chef de mission. Ces deux blancs-becs qui venaient d'arriver n'allaient quand même pas lui dicter sa conduite. Il en avait vu d'autres. Il le leur fit comprendre avec une assurance pleine de morgue qui, venant de celui qu'ils avaient toujours pris pour un brave type un peu benêt, les déconcerta.

– Nous n'avons pas à prendre position officiellement : nous sommes neutres. C'est même un des fondements de la charte de l'association que vous avez dû signer en devenant volontaire. Et je vous rappelle qu'en plus de la charte, vous avez aussi accepté de respecter un code de déontologie qui vous interdit de vous immiscer dans les us et coutumes du pays qui vous accueille.

– Tu l'as signé toi aussi, ce code ? l'interrompit Sarah.

– Bien sûr, comme tout le monde, répondit Didier avec suffisance, faisant mine de négliger l'interruption.

Mais la jeune femme s'obstinait.

– Je croyais qu'il n'existait pas encore quand tu étais entré dans l'humanitaire, remarqua-t-elle, dubitative.

– Non, c'est vrai. Mais quand il a été mis en place, j'ai dû le signer comme tout le monde, précisa Didier. Pourquoi me poses-tu cette question ?

– Je te le demande juste pour savoir. Tu le respectes toi, ce code ?

– Évidemment. D'ailleurs tu remarqueras que je fais très attention à ne jamais porter de jugement sur le régime sawanais. C'est une règle de base si on veut continuer à pouvoir travailler ici.

– Et aller voir les putes et se soûler régulièrement la gueule dans un pays aussi prude que le Sawana, ça fait sans doute aussi partie du code de déontologie du volontaire ? enchaîna Sarah d'une voix glaciale.

Didier encaissa le coup, devint cramoisi jusqu'aux oreilles. Il déglutit, décontenancé.

– Ma conduite privée ne regarde que moi.

– Parce que tu crois qu'elle est privée, ta conduite ?

Sarah était déchaînée. Marc et Anne la fixaient, interloqués. Maintenant que l'infirmière était lancée, personne ne paraissait pouvoir l'arrêter :

– Quand le 4 × 4 aux couleurs de MCF est garé le samedi devant le bar à putes, c'est une conduite privée ? Quand tout le personnel de la mission te voit le matin traîner ta gueule de bois, parce que tu t'es encore pris une cuite la veille, c'est une conduite privée aussi ? Tu trouves qu'on donne une bonne image de MCF ?

Marc réalisa que depuis son arrivée, elle avait tout vu, tout enregistré, sans rien dire.

Même Anne était ébranlée par leur colère. Certes, elle ne se privait pas de dire tout le mal qu'elle pensait de la mission dont elle était l'administratrice. Mais en privé. Jamais elle ne se serait permis d'attaquer ainsi, bille en tête, les fondements mêmes de leur présence au Sawana. Elle tenta de leur expliquer pourquoi :

– Si nous parlons, c'est tout le travail de MCF au Sawana qui s'interrompra. Vous connaissez mes convictions, mes critiques. Et pourtant, moi, j'ai choisi de me taire. Pour pouvoir rester coûte que coûte. Parler, c'est courir le risque que le gouvernement nous supprime immédiatement notre accréditation. Donc devoir quitter le pays, interrompre notre travail humanitaire. Personnellement, je fais le choix de pouvoir continuer à bosser ici. Même si j'avale parfois des couleuvres.

Cette alternative terrible, tous les vieux humanitaires la connaissaient par cœur. Partout se posait le dilemme entre rester et, donc, cautionner par son silence des pratiques choquantes, ou bien dénoncer, et devoir alors abandonner les victimes. Pour Anne, prendre le risque de parler, c'était renier sa mission humanitaire. Déserter. Elle poursuivit :

– Je crois que vous n'avez pas bien compris la situation. Finalement, si on exclut les catastrophes provoquées par des causes naturelles, comme un tremblement de terre ou un typhon, partout ailleurs, quand MCF intervient, c'est précisément parce que des gouvernements bafouent les droits de l'homme et créent des situations humanitaires graves. Si MCF décide de dénoncer ces pratiques, elle ne pourra plus jamais agir nulle part. Voilà pourquoi notre charte proclame notre neutralité : affirmer que nous sommes neutres, c'est nous donner les moyens de pouvoir aller partout.

– Le secouriste ne fait pas de politique et c'est ce qui lui permet de secourir les victimes, renchérit Didier. Personnellement, je préfère me la boucler, en sachant qu'au moins je ne laisse pas de pauvres gens livrés à eux-mêmes, sans témoins, sans garde-fou face à l'arbitraire. Comment croyez-vous que cela se passerait pour ceux qui meurent de faim si nous n'étions pas là ? Si nous n'avions pas mis en place nos centres de nutrition ?

– Comme ça se passe la nuit puisque, précisément, nous n'y sommes pas, rétorqua Marc. Des rafles, des intimidations, des menaces. Et au matin, quand nous arrivons, rien à signaler. Le calme après la tempête. Sauf que des gens ont disparu et qu'on ne sait jamais ce qui leur est arrivé.

– Tu es sûre, Anne, ajouta Sarah, que la complaisance de MCF vis-à-vis du régime n'est pas due aussi au fait que, pour le Sawana, on a du fric à ne plus savoir qu'en faire ? C'est une des missions les mieux financées de l'association, non ?

– Tu as raison, lui répondit-elle, mais ce n'est pas parce que c'est une mission bien financée qu'elle ne mérite pas d'être menée. Les besoins de la population sont là et nous y répondons. Tu ne peux pas le nier. Qu'il y ait de l'argent ne change rien à la donne.

– Si, cela change la donne, rétorqua aussitôt Marc. Du coup, nous n'agissons pas totalement en notre âme et conscience. Il y a tout ce fric qui vient pourrir notre vertueux engagement humanitaire. Est-ce que si on n'acceptait pas les fonds français et qu'on lançait une grande campagne de protestation sur les méthodes du gouvernement sawanais, le soutien qu'il reçoit...

– Qu'on appelait par exemple à un boycott des compagnies qui exploitent le pétrole du Sawana, embraya Sarah.

– Elle a raison, dit Marc. Est-ce qu'on ne recueillerait pas autant d'argent pour les victimes, mais de la part, cette fois, du grand public, si on dénonçait les souffrances des Soros en appelant à une campagne internationale de protestation contre la coopération franco-sawanaise ? Est-ce que, finalement, on ne serait pas plus utile aux populations qu'en soignant les affamés ? Créer des centres nutritionnels, des puits, des latrines, sans rien dire, ça revient aussi à cautionner implicitement les regroupements forcés... tout en les rendant moins meurtriers, non ?

– C'est l'éternelle question, concéda Anne. Vous connaissez ma position là-dessus, vous savez à quel point je suis choquée par le jeu qu'on accepte de jouer. Mais si on n'était pas là, il y aurait de toute façon d'autres ONG qui feraient le boulot. Et nous, on aurait juste perdu une légitimité, celle de pouvoir dire qu'on est sur le terrain, aux côtés des bénéficiaires.

– On aurait aussi perdu un énorme contrat, non ? objecta Marc.

Didier revint à la charge, heureux de constater que son administratrice et lui partageaient les mêmes valeurs fondamentales, malgré leurs divergences quotidiennes :

– Nous n'avons pas à prendre position. Notre rôle, c'est de soigner. Un point, c'est tout. Si nous sortons de notre rôle de secouriste, c'est la porte ouverte à tous les dérapages : comment sais-tu qui a raison et qui a tort dans ce conflit ? Tu as vu les horreurs que commettent les rebelles sur les civils, tu as su ce qui est arrivé à Yves. Où est le bien et où est le mal ? En plus, si tu commences à dénoncer ouvertement la situation, tu mets en danger la sécurité de toute l'équipe. Mon rôle de chef de mission, c'est de veiller à ce que la mission tourne. Veiller à votre sécurité. Veiller à ce que les programmes soient bien menés, conformément aux engagements que nous avons pris auprès des bailleurs de fonds.

– La voilà, la vraie raison, ricana Sarah. Les sacro-saints bailleurs de fonds. Si on est expulsé du Sawana, on risque de perdre un sacré fric !

– Et alors ? Pourquoi le prends-tu sur ce ton ? l'agressa soudain Anne. Ce n'est pas respectable de pouvoir agir comme nous le faisons ici parce que des bailleurs nous font confiance ? Ce sont les mêmes qui, parce qu'ils voient à quel point nous sommes professionnels, nous financent en Asie centrale ou en Amérique du Sud, où les besoins sont tout aussi criants qu'ici.

– Tu veux dire : où il y a aussi du pétrole et de gros enjeux commerciaux et stratégiques, donc du fric à glaner pour les petits humanitaires pas trop regardants, la coupa Marc.

Il ne parvenait pas à accepter cette froide rationalité, qui lui était opposée avec une assurance qu'il trouvait cynique. Il avait le sentiment de s'être fait gruger. Anne le dévisageait, blanche de colère. Qui était-il pour se permettre de les traiter ainsi ?

– Bernard Boron arrive la semaine prochaine, tu pourras en parler avec lui, asséna-t-elle sèchement. Maintenant, la question est close. On doit aller bosser.

Elle était certaine que le directeur général saurait calmer ces deux inconscients.

– Tu as raison, la question mérite d'être officiellement posée, répondit Marc. Si MCF décide, en tant qu'institution, de couvrir ce type de pratiques, très bien. Mais que Boron me le dise lui-même. Et je verrai alors quelle position adopter. Je n'ai pas envie qu'on m'accuse un jour d'avoir été complice par mon silence.

Il se tourna vers Didier. Poussé à bout par la discussion, le gros homme suait tellement, malgré la fraîcheur du matin, qu'il commençait à empester.

– Didier, Sarah et moi te demandons, en tant que volontaires, de prévenir officiellement Bernard Boron que nous voulons avoir une réponse sur la position de MCF.

Didier ne put que s'incliner. Le jour même, il adressa un message à Paris, pour informer le siège du vent de révolte qui soufflait chez les nouveaux arrivés et demander de l'aide aux responsables de l'association. Une telle controverse sortait de son domaine de compétence. Il avait toujours été un bon technicien, scrupuleux, qui respectait les échéances et exécutait fidèlement les programmes. Il avait gravi un à un les échelons, de logisticien à administrateur, puis d'administrateur à chef de mission. L'ascension lui avait pris dix ans et il n'entendait pas, aujourd'hui, se trouver en difficulté pour des problèmes de conscience. Très peu pour lui. Il savait ce qu'il devait faire et comment le faire pour que MCF respecte les engagements qu'elle prenait dans ses contrats. Il faisait correctement son boulot de chef de mission. Que Paris se débrouille avec les volontaires qu'elle lui adressait. Après tout, s'il y avait eu une erreur de recrutement, ce n'était pas de sa faute.

Il fut surpris de la promptitude de la réponse : Bernard Boron lui confirma, dans un message au ton sec, qu'il réglerait cette question dès son arrivée, prévue la semaine suivante.

Didier n'imaginait pas à quel point sa lettre avait contrarié les responsables du siège. Elle arrivait au plus mauvais moment. Conformément à ses plans, Bénédicte avait réussi à convaincre certains journaux et une chaîne de télévision que la situation humanitaire grave du Sawana ne devait pas être oubliée. La guerre civile, interminable et obscure, avait au fil des années découragé tous les médias grand public de s'intéresser à ce qui apparaissait, vu de loin, comme un conflit complexe et négligeable. Une guerre sans visage, dans le ventre mou d'un continent dont les malheurs n'alarmaient plus personne. Bénédicte le savait d'expérience : l'Afrique ne faisait plus recette, à moins de milliers de tués d'un coup. Une hécatombe brutale valait qu'on s'intéresse au continent, pas l'implosion qui, à petit feu, le minait depuis des décennies, conséquence des endémies, de la misère, de la corruption, terreau propice aux catastrophes en tous genres. Tous ces malheurs accumulés décourageaient même les mieux disposés. Réussir à mobiliser à nouveau sur le Sawana représentait une véritable performance de communicante.

Bénédicte en fut officiellement remerciée par le directeur général lors de la réunion hebdomadaire du personnel. À sa grande confusion, tous les salariés l'applaudirent, sous les yeux ébahis des bénévoles. Le voyage de presse était programmé : MCF piloterait les journalistes dans ce pays dont ils ne connaissaient rien, les emmèneraient aux « bons endroits », là où il y avait des choses graves à voir, les choses graves se produisant, bien sûr, précisément là où l'ONG intervenait. Ainsi MCF pourrait atténuer l'horreur grâce à une note d'espoir : l'efficacité de ses programmes humanitaires. En procédant de la sorte, l'association gardait la maîtrise de l'événement et de la couverture médiatique auquel il donnerait lieu. Sa réputation et son efficacité en sortiraient encore grandies.

Tout le monde trouvait son intérêt à de tels accords : les rédactions n'avaient pas à financer un voyage qu'elles n'auraient jamais pu s'offrir à cause des restrictions financières ; en remerciement du service rendu, les journalistes citeraient MCF dans leurs articles, ce qui se révélait infiniment plus rentable pour inciter le grand public à lui donner de l'argent que l'achat d'espaces publicitaires, toujours suspect. Bien sûr, l'ONG prenait à sa charge les frais du voyage de presse. Des esprits chagrins auraient pu lui reprocher de mal employer l'argent des donateurs, de l'argent qu'elle prétendait d'ailleurs utiliser pour ses programmes humanitaires. Mais en fin de compte, puisque les articles citant son action au Sawana lui permettraient de collecter plus de fonds encore, les victimes n'en sortaient-elles pas gagnantes ? Et l'argent n'était-il pas mieux employé que dans une campagne de communication, qui se révélait toujours hors de prix ? Bénédicte en était persuadée. Et elle avait réussi à convaincre Bernard Boron, ravi d'avoir une occasion de visiter le Sawana, qu'il ne connaissait pas encore, en compagnie de sa jolie directrice de la communication.

Et voilà que deux volontaires, des « premières missions » en plus, menaçaient de tout gâcher. Il fallait à tout prix les neutraliser avant l'arrivée des journalistes. Bénédicte proposa à Boron de partir avant la presse, accompagné de Morteau, afin de préparer le terrain : il s'agissait de verrouiller le discours de l'équipe sur place. Les tensions dont ils venaient d'être informés leur donnaient des sueurs froides : si un reportage sur les activités de l'association pouvait apporter à MCF une formidable publicité, synonyme de dons financiers importants, encore fallait-il qu'il aille dans le sens souhaité par le service de la communication, en soulignant la détresse des Sawanais sans trop s'appesantir sur les causes profondes de leur triste sort.

Bernard Boron tomba d'accord avec sa responsable de la communication. Lui aussi jugeait essentiel d'éviter un impair médiatique, dont les conséquences auraient été gravissimes pour l'association, qui intervenait depuis des années du côté gouvernemental en parfaite harmonie avec le régime sawanais. Il allait mettre de l'ordre au sein de la mission et juguler la grogne naissante qui opposait les responsables de l'équipe à leurs troupes.

En attendant, Véronique Braga prit un savon : n'était-elle pas capable de déceler les têtes de pioche avant de les expédier sur le terrain ? Une fille « plus-plus-plus » l'infirmière, comme elle l'avait annoncé à Morteau ? Boron l'accabla de sarcasmes et d'injures. Elle courba la tête, terriblement blessée. Mais elle élevait seule ses deux enfants et ne pouvait se payer le luxe de répliquer.

Boron sortit du bureau de son employée tout ragaillardi. C'était le genre de petite séance où il excellait. Humilier ses collaborateurs, ne jamais les féliciter, toujours exiger plus de leur part, tels étaient les trois piliers de sa méthode de gestion des hommes, depuis qu'il avait accédé à la direction générale. Ceux qui n'étaient pas contents n'avaient qu'à partir. Personne ne les retenait. Il alluma une cigarette pour chasser l'odeur tenace de banane et retourna dans son bureau, afin d'appeler sur sa lancée le chef de mission du Sawana. Il savait déjà que ce Didier était, selon son expression, une « couille molle ». Il lui faudrait prévoir son remplacement. Pourquoi pas Morteau ? Il subodorait le responsable géographique de convoiter sa place. L'éloigner aurait été judicieux. En même temps, il aimait entretenir la concurrence qui l'opposait à Fabrice Dlume, l'autre responsable géographique. Au moins, tant que ces deux-là se mangeaient le nez, ils se neutralisaient mutuellement. Et Dlume était au moins aussi dangereux que Morteau.

Il se promit de réfléchir sereinement au remplacement du chef de mission Sawana. En attendant, remettre de l'ordre dans cette base s'imposait. Il appela la standardiste pour qu'elle le mette en communication avec le Soro. La fille semblait une fois de plus débordée. Quelle nulle, cette Nadia. Il fallait qu'il en parle avec Braga. Au moment d'appeler sa responsable du personnel, il se souvint qu'il venait de lui passer un savon. Il valait mieux attendre un peu, elle risquait de croire qu'il lui téléphonait pour faire amende honorable, et serait encore plus mortifiée quand il lui reprocherait d'avoir recruté cette fille à l'accueil.

Son assistante n'était pas dans son bureau, il l'avait envoyée lui chercher un café. Il dut se résoudre à appeler lui-même le Sawana. La ligne ne passait pas. Bénédicte non plus ne répondit pas au téléphone. Il allait raccrocher, agacé, quand il décida de rappeler la standardiste pour qu'elle lui trouve la responsable de la communication. L'appel micro résonna aussitôt dans les couloirs. Bien, la fille avait compris qu'elle avait intérêt à filer doux. Il alluma une clope avec délectation.

Cinq minutes après, Bénédicte arrivait dans son bureau. Elle avait dû abandonner une réunion importante avec l'agence de communication. Boron n'en avait cure. Il prit prétexte de la nécessité de se mettre d'accord avec elle sur les modalités de leur voyage. En réalité, il avait surtout envie de vérifier si ce qu'il avait cru percevoir, cette disposition d'esprit favorable de la jeune femme à son égard, s'avérait fondé, et si cette impression pouvait donner lieu à des développements intéressants lorsqu'ils seraient ensemble au Sawana.

# 7.

– Comment ça, on peut dénoncer les amputations faites par les rebelles, mais on ne parle pas de la politique de regroupement du gouvernement ?

Marc, furieux, s'opposait à Boron et à Morteau.

– Non, il ne faut pas compliquer les choses : si tu expliques aux gens que, dans cette histoire, les torts sont dans les deux camps, ils se désintéresseront du Sawana en se disant que ce sont encore des Noirs qui se massacrent entre eux et qu'il n'y a vraiment rien à faire.

Trois fois que Bernard et Morteau réexpliquaient leur position à l'équipe. La moutarde montait au nez du directeur général. Il avait décidé, dans un premier temps, d'employer son pouvoir de persuasion, afin de convaincre les volontaires sans mettre en péril le travail qui restait à exécuter, mais il se réservait des méthodes plus brutales si les deux nouveaux s'obstinaient à ne rien comprendre.

– Enfin, vous ne vous adressez pas à des débiles ! C'est pourtant simple de montrer que les deux parties qui s'affrontent, le régime et les rebelles, ont une stratégie qui, dans les deux cas, cause du tort à des innocents, objecta Sarah de sa voix posée.

Fidèle à son habitude, elle tentait d'abord de faire passer

ses idées sans s'énerver, contrairement à Marc qui avait du mal à cacher son exaspération.

Didier assistait à l'échange, mais il s'abstenait prudemment de faire part de ses commentaires, conscient qu'il jouait sa tête de chef de mission.

– Les téléspectateurs ont besoin de se faire une idée claire de la situation, reprit doctement Morteau. Si tu expliques les tenants et aboutissants du conflit, ils zapperont et on aura tout perdu. Fais comme moi : garde tes analyses géopolitiques pour une publication dans une revue spécialisée. Ce qu'on doit montrer aux journalistes, c'est les mômes affamés, les femmes amputées. Bref, les conséquences atroces de la guerre civile.

– Sans parler des regroupements ? lança Anne, avec un soupçon d'ironie dans la voix.

– Si, on peut les évoquer, admit Boron, se voulant conciliant, mais comme une conséquence de l'état de terreur qui règne dans cette province.

– Je rêve ! Tu adoptes le discours du gouvernement sawanais : on regroupe les paysans pour leur sécurité. On ne peut pas tomber aussi bas quand même ! explosa Antonio, jusque-là remarquablement passif.

– Alors, on ne parle pas des regroupements, conclut Morteau. De toute façon, ce qui est important, c'est de montrer le travail fait par l'équipe. Comment on arrive à renutrir les mômes, tout ça. On n'est pas là pour faire de la politique.

– Je vous préviens, les gars : si l'un de vous dérape face aux journalistes, il fait ses valises immédiatement, trancha Bernard Boron d'un ton sans appel.

Les ratiocinations de l'infirmière et du logisticien commençaient sérieusement à indisposer le directeur général. Il traînait en plus, ce matin-là, une pénible gueule de bois, ayant picolé la veille au soir avec Didier jusqu'à ce que ni l'un ni l'autre ne tiennent plus debout. Ce que Boron concevait initialement comme une opération de rapprochement viril, destinée à faire comprendre en douceur au chef de mission qu'il devait rectifier le tir, s'était achevé en beuverie éhontée. Boron avait du mal à oublier les habitudes acquises lors de ses années de terrain. Même à Paris, il traînait souvent le soir au troquet du coin, avec un volontaire de passage ou un ancien expatrié comme lui, sifflant bière sur bière en souvenir du bon vieux temps.

Le lendemain, il était encore plus de mauvaise humeur. L'âge aidant, il supportait de moins en moins ces premières missions qui prétendaient jouer les justiciers. De vrais irresponsables, alors que c'était sur lui que pesait la charge de la bonne marche de MCF. Les administrateurs risquaient de le débarquer s'il ne produisait pas un budget en excédent pour l'année. Le problème, c'est qu'à part l'Afghanistan, il n'y avait pas eu d'urgence. Et seules les urgences produisaient du cash flow : les caisses de l'association vivaient sur des missions bien financées comme celle de l'Afghanistan, ou celle-ci, au Sawana. Avec des missions aussi rentables, Boron dégageait des marges sur l'activité du terrain afin de financer les frais du siège. Surfacturer aux bailleurs de fonds le coût des volontaires humanitaires – après tout, les financiers n'étaient pas censés savoir qu'on les payait au lance-pierre –, gonfler le prix du matériel en exigeant des factures de complaisance aux fournisseurs..., le directeur général de MCF connaissait par cœur toutes les ficelles qui permettaient de faire du chiffre d'affaires. C'était d'ailleurs pour cette raison qu'il avait pu si aisément, malgré ses problèmes d'élocution et son comportement caractériel, monter en grade jusqu'à atteindre la direction générale : il savait faire tourner la machine. Les administrateurs étaient rassurés par sa capacité à transformer, année après année, MCF en une organisation de plus en plus puissante, de plus en plus efficace dans le drainage des budgets humanitaires. Mais sans les missions très bien financées, comme le Sawana ou l'Afghanistan, le directeur général savait qu'il ne pourrait faire face aux frais du siège : MCF était devenue une machine de plus en plus lourde et coûteuse, avec des frais de communication, de logistique et de personnel dignes d'une grande entreprise. Aux yeux de Boron, l'angélisme humanitaire constituait un archaïsme qu'il fallait à tout prix éliminer.

– On a un budget de cinq millions d'euros pour ce programme, reprit-il, essayant de réfréner sa nature en parlant calmement. Si l'association est expulsée du Sawana, tout le monde y perdra. Et d'abord, les mômes de vos CNT : pour le coup, plus personne ne leur viendra en aide.

Marc et Sarah se turent. La menace de devoir fermer, Anne leur avait déjà fait le coup. C'était l'épée de Damoclès qui l'obligeait depuis des années à accepter l'inacceptable.

Antonio ne put s'empêcher d'objecter :

– Attends, Bernard. Les Suédois restent, eux. Et depuis des années. Si nous partons, ils reprendront notre travail. Et au moins, nous aurons montré que nous avons le courage de nos opinions.

– D'accord, les Suédois resteront, admit à contrecœur Boron. Mais je te rappelle que leur gouvernement finance largement ses ONG. Ils savent qu'ils sont libres d'agir comme ils l'entendent : l'enveloppe financière qu'ils reçoivent est reconduite chaque année, quelles que soient leurs zones d'intervention.

– Les Suédois ne font pas de CNT, que je sache, renchérit Morteau. Crois-tu qu'ils auront les moyens de reprendre les nôtres ?

– Pourquoi pas ? risqua Anne. Notre personnel local connaît le travail. Qu'il soit payé par MCF ou par eux, qu'est-ce que ça change pour lui ? Je crois même que leur niveau de rémunération est plus attractif que le nôtre, vu le mal qu'on a à fidéliser les nouveaux employés.

Sentant qu'il s'était engagé sur un terrain glissant, Bernard Boron s'énerva soudain.

– Enfin, vous n'allez quand même pas accepter de gaieté de cœur d'abandonner trois ans de présence dans un pays où nous avons acquis une vraie expérience et une vraie légitimité ? Nous sommes plus utiles à l'intérieur du Sawana qu'à l'extérieur tout de même !

Il abattait sa dernière carte avant l'autoritarisme pur et simple, qu'il ne voulait employer qu'en dernier recours. Mettre ses contradicteurs à la porte, il l'aurait fait depuis longtemps au siège parisien, mais au Sawana, Braga n'était pas à sa disposition pour lui fournir immédiatement d'autres volontaires. Cette dépendance contrainte l'exaspérait.

– Voici ce que je vous propose : Morteau fera passer des informations de façon confidentielle à la Ligue des Droits Humains.

Marc esquissa un sourire triomphant en direction des autres : il avait eu raison. Boron remarqua, mais ne releva pas. Il poursuivit :

– Ils ont l'habitude de ce type de situation où il faut respecter à tout prix le secret de ses sources, sous peine de les mettre en danger. Quand la Ligue lancera sa campagne de dénonciation, nous serons les mieux placés, étant sur place, pour ramasser la monnaie.

– Qu'entends-tu par là ? demanda Sarah, soupçonneuse.

– Il veut dire que nous serons les seuls à pouvoir témoigner en parlant de nos programmes, tergiversa Morteau.

Fidèle légionnaire toujours aux ordres de son chef, Morteau se tenait en permanence dans le sillage de Boron. Marc pensa à un rémora : comme le rémora, Morteau était arrimé sur son requin et se nourrissait des déchets alimentaires que le squale ne jugeait pas assez bons pour lui.

Sarah et lui comprirent qu'ils avaient obtenu le maximum de ce qu'ils pouvaient espérer. Il ne leur restait plus qu'à se taire. Ni l'un ni l'autre n'avaient envie de quitter le Sawana. Antonio devait partager leur analyse : l'air renfrogné, il sortit de la pièce en prétextant que le groupe électrogène lui donnait des soucis.

Les journalistes arrivèrent le lendemain, exténués. Bénédicte avait mis tout le monde en classe économique, pour limiter les frais et les conforter dans leur conception de l'humanitaire, généreux mais humble et modeste. Boron et Morteau, la veille, avaient pourtant voyagé en classe affaires, le directeur général prétendant que son haut niveau de responsabilités exigeait qu'il se sente en pleine possession de ses moyens lors de ses déplacements professionnels. Mais les journalistes n'étaient pas avec lui pour s'en étonner.

Le directeur général et son responsable des opérations accueillirent en personne les journalistes à l'aéroport. Dès la descente de l'avion, ils furent pris en charge et accompagnés jusqu'aux voitures. Le gouvernement sawanais avait tenu à leur fournir une escorte armée, pour garantir leur sécurité face aux rebelles. Du coup, ils ne rencontrèrent aucun barrage en chemin. Ali conduisait la première voiture, où avaient pris place Bernard Boron, Bénédicte et les journalistes jugés les plus importants pour MCF : celui de la première chaîne de télévision, l'envoyée d'un grand journal féminin et le reporter d'un quotidien national, dont le lectorat était majoritairement formé par des personnes susceptibles d'envoyer de l'argent à l'association. Morteau suivait au volant de la seconde, où s'étaient entassés les photographes et les techniciens, qui pestaient contre la chaleur et l'inconfort.

L'équipe sawanaise avait été priée de vaquer à ses occupations habituelles : Bénédicte était convenue avec Boron que Morteau et lui ne quitteraient pas d'une semelle les journalistes tout au long de leur séjour, afin d'éviter les confidences intempestives et les débordements imprévus, toujours très délicats à récupérer.

Le soir, Ali raconta à Anne que Bernard et Bénédicte avaient péroré tout au long du trajet sur les conditions très difficiles dans lesquelles intervenait la mission, l'engagement courageux des volontaires aux côtés des victimes de la guerre civile, la logistique extraordinaire qu'il avait fallu déployer pour monter les centres nutritionnels dans un contexte aussi troublé.

– Je t'assure, même moi j'étais impressionné. Il en rajoutait tellement qu'à un moment, je me suis dit qu'il ne devait pas parler de nous !

Après un silence, Ali ajouta, perplexe :

– Enfin, j'aurais dû dire de vous, plutôt que de nous. Parce que moi, j'étais visiblement le brave chauffeur black à qui personne ne demande son avis. Qui n'a pas d'avis d'ailleurs. Le boy quoi. Deux des journalistes n'ont même pas jugé nécessaire de me dire bonjour lorsqu'ils sont entrés dans la voiture.

Dès qu'ils furent arrivés dans le Soro, les hommes se jetèrent sur la bière fraîche, fumant leurs cigarettes de concert avec Bernard Boron, visiblement épuisé par cet effort de relations publiques inhabituel. Lorsque Marc et Sarah rentrèrent de leur journée de travail, tous les visiteurs étaient allés dîner avec les trois responsables du siège dans un restaurant très « couleur locale ». Le commandant Ben et le gouverneur de la province avaient été conviés à cette soirée, qui permit à tous de nouer des liens d'amitié en dégustant les plats traditionnels du pays. En quittant le lieu, Didier régla discrètement la facture, dont le montant le sidéra. Créé par un proche du chef de l'État, le restaurant avait su s'adapter au pouvoir d'achat de la clientèle d'affaires et des entreprises pétrolières qui le fréquentaient habituellement. Aucun des volontaires n'y avait jamais dîné.

Marc et Sarah allèrent se coucher sans avoir vu les journalistes.

Le lendemain matin, ils partirent très tôt comme à leur habitude. L'équipe des reporters et le directeur général les rejoindraient plus tard, avait prévenu Bénédicte. Elle les avait aussi dûment briefés sur leur rôle d'infirmières dévouées et de logisticiens ultracompétents, ayant tout abandonné pour se consacrer aux miséreux.

Bien évidemment, tous durent revêtir l'emblématique tee-shirt aux couleurs de l'association, comme s'il s'agissait de leur vêtement de travail habituel. Bénédicte avait apporté les tenues de Paris. Le logo de l'association se détachait superbement sur le blanc éclatant. Il serait parfaitement identifiable à la télévision. Bénédicte leur avait recommandé de n'enfiler les tee-shirts que lorsque la voiture de presse serait annoncée : pas question qu'ils soient déjà crasseux quand les journalistes les filmeraient, ce qui ne manquerait pas d'arriver très vite avec la poussière, la sueur et le travail souvent salissant qu'ils devaient accomplir quotidiennement. Personne ne portait jamais de blanc à la mission : c'était s'exposer au ridicule d'arborer toute la journée un vêtement maculé par le nettoyage des latrines et les soins aux enfants diarrhéiques.

Lorsqu'ils se virent tous déguisés ainsi, juste avant que les journalistes arrivent, les membres de l'équipe ne purent s'empêcher d'éclater de rire. La représentation pouvait commencer.

Les visiteurs s'approchaient, escortés par Bénédicte, qui

leur expliquait, très pro, les résultats extraordinaires qu'obtenait l'association dans le sauvetage des enfants. Les humanitaires vaquaient sous l'œil des caméras à des tâches dont la responsable de la communication avait soigneusement défini le déroulement. Sarah donna des cuillerées de bouillie aux enfants malnutris qui, d'habitude, les recevaient de leur mère. Boron tint à faire de même, puis le journaliste de la télévision. Les petits squelettes montés sur leurs jambes grêles se virent soudain criblés de flashes, cernés de ronds noirs derrière lesquels se cachaient des Blancs dont ils ne voyaient que le crâne, l'œil collé au viseur. Antonio fit jaillir de l'eau pure d'une vieille borne-fontaine, comme s'il venait de l'installer. Marc n'osa pas parler de ses latrines, alors il conduisit les visiteurs dans les entrepôts où s'entassaient les stocks de nourriture. Lui aussi se prêta au jeu des caméras, traversant la cour en portant d'un air affairé une caisse de biscuits nutritionnels – les seuls produits dont les bâtiments étaient encore bondés, puisque Sarah refusait de les distribuer. Bénédicte lui demanda discrètement de tourner la caisse : on ne voyait pas suffisamment le logo de MCF.

Le personnel local, qui était seul, normalement, à charrier le matériel, contemplait, incrédule, toute cette agitation. À intervalles réguliers, Bénédicte chuchotait à tous d'avoir l'air naturel, ce qui était difficile : hypnotisés par ce débarquement, tous les bénéficiaires qui n'étaient pas à l'article de la mort s'étaient quasiment mis au garde-à-vous.

Les journalistes n'avaient pas de temps à perdre. Ils voulaient boucler leur sujet en vingt-quatre heures, pour rentrer au plus vite en France. Avec un peu de chance, ils parviendraient à diffuser un reportage exceptionnel dans les journaux télévisés du week-end, moment idéal, parce que souvent creux, pour traiter de sujets dont l'actualité n'avait rien de brûlant. Bernard devait rentrer par le même avion qu'eux –

il n'était pas question qu'il rate le cours de golf qu'il prenait tous les dimanches après-midi – et Bénédicte déployait toute sa force de persuasion auprès du journaliste de la télévision pour que son directeur général soit invité à passer en direct au vingt heures. Ainsi, argumentait-elle, il pourrait, après la diffusion du reportage, témoigner des horreurs de la guerre civile au Sawana. Et lancer un appel aux dons, pensaient-ils tous les deux très fort.

Les cameramen visitèrent donc les centres au pas de charge, à la recherche des images les plus poignantes. Fatou était désormais beaucoup trop en forme pour les intéresser et ils s'en détournèrent, malgré l'insistance de Sarah qui essayait de leur raconter son histoire. Abdou, en revanche, leur convint. Le petit garçon venait d'être amené au centre par les superviseurs. Dénutri au dernier degré, souffrant d'une affection pulmonaire grave, il oscillait entre la vie et la mort. Ils s'attardèrent longuement sur son visage émacié, demandant à Sarah de mimer plusieurs fois le geste de vérifier sa sonde nasale afin de s'assurer que la prise de vue serait réussie. Puis ils interviewèrent Bernard Boron à côté du lit du petit garçon, comme s'il avait été surpris au beau milieu de son activité caritative. Sarah nota que la solide bedaine de buveur de bière du directeur général tendait le tee-shirt au point de déformer le logo de l'association, mais les cameramen cadrèrent charitablement son visage.

Comme Marc, Sarah se prêta de bonne grâce au rituel. Voulait-elle ainsi garantir que ses petits protégés du Sawana émouvraient les familles occidentales à l'heure du dîner ? Marc comprit que comme lui, même s'ils s'en défendaient, elle était fière de tenir pour la première fois de sa vie le rôle principal dans une émission de télévision. Ne se surprenait-il pas lui-même à espérer que ses parents verraient le reportage ? Il fallait absolument qu'il réussisse à les prévenir. Ils seraient tellement flattés de le découvrir sur leur écran, de pouvoir s'enorgueillir du dévouement de leur grand fils dans tout le quartier ! Marc espérait aussi que ses anciens voisins, qui passaient leur vie devant la télévision, ne rateraient pas ce moment glorieux. Au moins, ils auraient de nouvelles informations, intéressantes cette fois, à raconter aux parents de Laure.

Les superviseuses avaient réuni les mamans dans le centre de nutrition. Sous l'œil des cameramen, enchantés de cette note folklorique qui permettrait d'adoucir la tonalité dramatique du reportage, elles improvisèrent séance tenante une chanson qui donnait l'air de faire partie des habitudes de la maison. Toutes les femmes tapaient des mains et esquissaient des pas de danse, menées à la baguette par les superviseuses. Celles-ci ne plaisantaient pas avec la bonne humeur : les récalcitrantes étaient fermement invitées, en dialecte soro, à mettre un peu plus d'entrain. Khadia murmura à Antonio qu'elles avaient menacé les bénéficiaires de les priver de leurs rations si elles ne s'exécutaient pas.

Rien à dire, elles avaient su être convaincantes : l'action de grâce collective rendue à la générosité de MCF, avec danses, chants et djembés, collait parfaitement à l'image des manifestations de joie africaine, telles qu'on les présentait habituellement aux Occidentaux. Passer d'Abdou mourant à des mamas dont le popotin se trémoussait en cadence, dans leurs boubous chatoyants, permettrait sans nul doute au téléspectateur de surmonter sa mauvaise conscience.

Les journalistes avaient aussi filmé la femme amputée. Marc avait été prié de la ramener séance tenante du centre des Suédois. La femme avait toujours l'air aussi triste, mais elle s'était laissé filmer passivement, comme si plus rien ne la concernait. Ali apprit aux journalistes que ses enfants étaient morts lors de l'incursion des rebelles, ce qui lui permit de passer lui aussi à la télé. Il se débrouillait très bien d'ailleurs, sans une once de trac. Anne, qui observait la scène avec les autres, leur apprit qu'avant de devenir chauffeur pour MCF, Ali avait étudié les sciences politiques à la Sorbonne. Thésard au chômage depuis que les plans de rigueur avaient conduit l'État sawanais à stopper le recrutement dans la fonction publique, débouché obligé des jeunes diplômés jusqu'à l'intervention du FMI, Ali avait été enchanté de décrocher ce travail de chauffeur pour l'organisation humanitaire. C'était pour lui un travail infiniment mieux rémunéré que ce qu'il pouvait espérer trouver dans une société « déflatée », comme disaient les Sawanais, l'État devant acquitter une dette extérieure colossale. À cause de cette dette, le Sawana n'avait plus un sou pour l'éducation, la santé, les routes, puisque l'argent du pétrole disparaissait directement dans les poches du dictateur au pouvoir et de ses amis. Grâce à MCF, Ali disposait donc d'un revenu régulier, ce qui l'obligeait à entretenir toute une ribambelle de cousins moins chanceux que lui. Il fit son petit numéro avec beaucoup de brio.

En une journée, le reportage était dans la boîte. Ce n'est que lorsque la voiture s'éloigna du centre, disparaissant dans un nuage de poussière, qu'Abdou mourut, épuisé par tant d'agitation.

En rentrant à la mission, certains des journalistes masculins demandèrent à Didier s'il pouvait les emmener dans une boîte de nuit pas trop éloignée, histoire de joindre l'utile à l'agréable, comme ils dirent. Le restaurant de la veille leur avait donné un avant-goût alléchant des folles nuits sawanaises. Didier fut ravi de pouvoir ainsi, en toute bonne conscience, partager son divertissement préféré. Et sans écorner son per diem. Il avait bien trouvé des arrangements avec le propriétaire de la boîte de nuit pour passer certaines de ses dépenses hebdomadaires nocturnes en frais de mission, mais il lui fallait à chaque fois s'assurer de l'indulgence complice d'Anne et elle se révélait, malheureusement, plutôt chatouilleuse sur la question. Accompagné de son directeur général et de la presse, au moins, il aurait quartier libre.

Antonio et Philippe Morteau les accompagnèrent. Les petites prostituées furent ravies en voyant débarquer une troupe de Blancs tout frais. Frais en début de soirée tout au moins, car lorsqu'ils revinrent à la mission, alors que l'aube pointait, Ali, qui regagnait discrètement ses pénates, les vit de loin, hâves, titubants, pleins de ricanements et de hoquets. Des noceurs en goguette qui faisaient peur à voir. En bon musulman qui se gardait de l'alcool et comptait épouser, dès qu'il aurait les moyens de payer la dot, une femme au comportement vertueux – pas une Occidentale comme Anne, aux mœurs beaucoup trop dissolues –, Ali réprouvait le comportement indigne de ces Blancs, qui prétendaient être venus en Afrique pour secourir les Noirs en détresse et corrompaient leurs femmes. Mais, après tout, ce n'était pas son problème : il avait toujours vu les humanitaires ainsi, toujours prêts, une fois terminée leur grande œuvre caritative de la journée, à traîner et à se saouler dans les bars de la ville. Le Sawana était farci de pubs ouverts spécialement pour eux, pour leur piquer leur fric de Blancs. La population locale n'y entrait jamais, car ils étaient inaccessibles à son niveau de vie : en une soirée, le Blanc y claquait ce qui aurait permis à une famille entière de se nourrir pendant un mois. Grâce à leur pognon, les Blancs s'achetaient le droit de coucher avec de petites amies locales, sans même se rendre compte à quel point la population les méprisait, avec leurs manières de porcs et leurs vêtements fripés, que même les « bénéficiaires » n'auraient jamais voulu porter, tant ils étaient sales et négligés.

Ils se croient la bonne conscience de l'Occident, mais ils

n'en sont que les rebuts, commenta Ali pour lui-même. Les noceurs, qui regagnaient leur couche en s'interpellant mutuellement d'une voix grasse, devenus dans l'ivresse les meilleurs amis du monde, ne virent pas sa haute silhouette se fondre dans le jour naissant.

Le lendemain, seuls Marc et les femmes allèrent travailler. Ali les conduisit au centre nutritionnel à l'heure habituelle. Les autres dormaient encore lorsqu'ils prirent place dans la voiture. Ils ne reverraient pas les journalistes avant leur départ, pas plus que Boron, Morteau et Bénédicte : leur avion décollait en fin d'après-midi, mais il leur fallait quitter le Soro suffisamment tôt pour tenir compte des aléas de la route, des tracasseries de la douane et des horaires fantaisistes des vols sawanais, toujours exposés aux avatars les plus divers.

Lorsqu'ils se retrouvèrent seuls le soir, Marc dut se rendre à l'évidence : il n'avait pas eu avec les journalistes une seule conversation sérieuse, même avec le reporter du quotidien, qui paraissait pourtant plus informé que les autres. Les circonstances expliquaient en partie ce constat désolant, mais pas seulement : Marc savait qu'il était tombé dans le piège de la représentation, qu'il avait endossé de lui-même l'habit du parfait petit Samaritain, sans même sortir du rôle qui lui avait été imparti. Certes, Bénédicte était une femme habile, qui avait pris soin de veiller à ce que tout se déroule comme elle l'avait orchestré. Certes, les journalistes qui étaient venus au Sawana n'étaient pas ceux qui couvraient habituellement les conflits du continent, mais des novices en matière d'Afrique, venus surtout par amitié pour Bénédicte, pour effectuer des reportages sur les bienfaits de l'humanitaire à destination du grand public qui constituait leur clientèle. Anne avait expliqué à Marc que les journalistes spécialistes de l'Afrique disposaient des moyens de mener eux-mêmes leurs investigations et, le plus souvent, refusaient catégoriquement de se prêter aux mascarades organisées par les humanitaires pour leur promotion personnelle.

Mais Marc avait honte d'avoir été si peu exigeant avec les autres et avec lui-même. Aucun de ceux qui étaient venus au Sawana ne s'était intéressé à lui en tant que personne. Dans le reportage qui avait été tourné, l'équipe de volontaires sur place incarnait juste les anges blancs de l'humanitaire, en train de se dévouer à leur juste cause, tout comme la femme amputée et le petit garçon affamé avaient, eux, incarné les victimes. Chacun était parfaitement resté à sa place, figurine anonyme mais emblématique du grand jeu humanitaire où il s'agissait, au bout du compte, d'apitoyer le bon donateur occidental, qui signerait son chèque avec la conviction émue d'être solidaire des malheurs du monde.

Les rôles étaient parfaitement distribués : l'Engagement, c'était eux, les volontaires humanitaires, avec leur tee-shirt siglé pour qu'on les identifie bien au cours de la représenta-.ion. La Souffrance, c'était le corps supplicié de victimes sans nom et sans histoire, une femme et un enfant forcément, parce qu'ils incarnaient l'innocence, tandis que le sujet adulte de sexe masculin avait été éliminé du champ, puisqu'il ne pouvait qu'être coupable ou, à tout le moins, suspect. La Générosité était déployée par un Occident magnanime qui se lavait ainsi de ses péchés. Elle masquait l'arrière-plan, à peine visible, les coulisses, où s'activaient des silhouettes indistinctes, celles des marchands et des militaires des pays riches. En échange d'un pétrole sous-payé – d'autant plus sous-payé qu'il serait bientôt épuisé, et alors le pays n'intéresserait plus personne –, les marchands fourguaient les armes, les routes et les palais. Quant aux militaires, ils apprenaient le maniement des armes à leurs homologues locaux et pacifiaient avec eux les territoires, en éliminant tout ce qui entravait la bonne marche des affaires. Scories du système, les victimes voyaient se précipiter à leur secours les bons Samaritains de l'aide humanitaire. Des Missionnaires sans soutane, voilà ce qu'ils étaient. Le troisième M de la trilogie maudite de l'Afrique, délégué par les deux premiers pour servir de caution morale face aux turpitudes de l'Occident.

## 8.

Le stratagème de Bénédicte se révéla diaboliquement efficace. Le reportage sur le Sawana fut diffusé en ouverture du journal télévisé, le dimanche soir. Gros plan sur le moignon de la femme amputée et sur son visage ravagé, long travelling sur le corps émacié du petit Abdou, sur lequel se penchait, dans le décor poignant du centre nutritionnel, une Sarah dont le dévouement crevait l'écran. On voyait aussi très bien le logo de MCF sur le tee-shirt de l'infirmière, constata Bénédicte en se frottant les mains. Les téléspectateurs ne risquaient pas d'envoyer leur argent aux concurrents de Médecins Urgence Solidarité.

Elle avait même réussi à obtenir que Bernard intervienne en direct, interviewé par le présentateur lui-même. Toute l'équipe de la communication avait eu des sueurs froides : leur directeur général saurait-il passer l'épreuve avec brio ? Mais Bernard fournit, dans les deux minutes qui lui étaient imparties, quelques explications extrêmement claires et dépouillées sur l'horreur de la situation sawanaise. Personne n'aurait pu deviner que Bénédicte avait passé la journée à le faire répéter, de peur qu'il ne s'emmêle une fois de plus les pinceaux, en direct devant dix millions de téléspectateurs. Bernard savait à quel point l'enjeu était de taille pour l'association, il n'avait presque pas bafouillé. Ses rares hésitations passaient au contraire pour de l'émotion mal maîtrisée face au drame méconnu qui se tramait au Sawana. Bien sûr, il se garda bien d'évoquer la complexité de la guerre civile, de peur d'embrouiller tout le monde.

Cette diffusion dans le vingt heures constituait pour l'association un véritable traitement de faveur. Bernard Boron n'osait même pas calculer ce que lui aurait coûté le passage d'une publicité à cette heure de grande écoute. Sans compter qu'un spot payant n'avait jamais le même impact que les informations diffusées dans le journal télévisé, qui influençaient beaucoup plus les téléspectateurs parce qu'elles se paraient des couleurs de l'objectivité. Quand Boron avait recruté Bénédicte, en la débauchant d'une agence de publicité, il avait accepté sans sourciller la rémunération qu'elle avait exigée. Malheureusement, une indiscrétion – il soupçonnait la standardiste, parce qu'elle ouvrait le courrier – avait alerté les volontaires. Le montant du salaire les avait profondément choqués : leurs compétences professionnelles et les risques qu'ils prenaient sur le terrain n'avaient jamais empêché l'association de les rémunérer au lance-pierre pour, disait-elle, « ne pas gaspiller l'argent des donateurs ». Bernard Boron avait haussé les épaules devant leurs récriminations, justifiant le choix de sa directrice de la communication par la qualité de son carnet d'adresses dans le monde des médias. Une preuve éclatante venait d'être fournie de la justesse de son calcul. Bénédicte prenait sa revanche sur tous ces volontaires qui la méprisaient ouvertement, sous prétexte que, contrairement à eux, elle n'avait pas « fait de terrain ». Et qu'elle aimait s'habiller à l'avant-garde de la mode.

À MCF se côtoyaient ainsi deux générations de personnel humanitaire : ceux qui venaient du terrain et ceux qui avaient été recrutés tout récemment dans les meilleures écoles, les plus grandes entreprises, pour répondre à la merchandisation de l'humanitaire, dans un monde où la communication et la visibilité, le faire-savoir donc, comptaient tout autant, sinon plus, que le savoir-faire.

– Les bacs moins trois comme moi n'auraient plus aucune chance, aujourd'hui, d'entrer dans l'humanitaire ! plaisantait Boron, avec d'autant plus de décontraction que personne, à MCF, n'aurait osé contester sa compétence à la direction générale.

Des années de terrain l'avaient amené à ce niveau au moment où les premières générations de volontaires pouvaient encore phagocyter les postes de responsabilité des ONG, au nom de la légitimité que leur donnait leur expérience des missions. Avec Didier, Morteau et tous les autres, les anciens, ils avaient traîné leurs guêtres dans la boue, chopé le paludisme, la dysenterie, des amibiases et des maladies vénériennes, épreuve du feu dont ils auraient des séquelles toute leur vie. Ils avaient bu des bières avec leurs potes dans les plus improbables bouis-bouis du monde entier, s'étaient tapés les mêmes putes. Puis l'âge venant, certains d'entre eux avaient fini par épouser une infirmière rencontrée en mission et faire des gosses. Lorsque les enfants avaient commencé à grandir et qu'il n'avait plus été possible de les laisser dans les endroits les plus paumés, plus ou moins livrés à eux-mêmes, pendant que papa et maman sauvaient la planète, il avait fallu rentrer au siège, pour au moins les inscrire à l'école. Et recaser leurs parents.

Ceux-là ne pouvaient plus rien faire d'autre que de l'humanitaire. À part les agences d'aide internationales, personne n'en voulait. Ils étaient trop abîmés. Ils avaient perdu l'habitude de s'habiller correctement, d'arriver à l'heure, de ne pas vivre à leur guise. Et comme les possibilités offertes par les Nations unies n'étaient pas illimitées, car les agences d'aide internationales exigeaient désormais de leurs fonctionnaires qu'ils disposent au moins d'un doctorat, ils s'en étaient tirés en monopolisant les meilleures fonctions des ONG. Au fil des années, celles-ci étaient devenues de plus en plus puissantes, grâce au pouvoir de séduction qu'elles exerçaient sur l'opinion publique. Le reste de leur vie allait être consacré à se « refaire » sur tous les plans. Au tour des volontaires de terrain de connaître ce qu'ils avaient enduré, tandis qu'eux vivaient désormais confortablement : rien ne leur paraissait trop beau après les épreuves traversées. Les petits donateurs qui adressaient leur chèque à MCF, parfois en se privant, convaincus qu'ainsi, ils contribuaient à une cause juste, un idéal, le dernier îlot de pureté d'un monde pourri par le mercantilisme, étaient loin de se douter que l'argent de leur don servirait à entretenir de lourdes machines, dont les pilotes se drapaient dans leur vertu d'humanitaire engagé pour disqualifier à l'avance toute question sur leurs méthodes, évincer la concurrence et passer le reste de leur vie à cuver leurs dures années de jeunesse.

Pour être efficaces, il leur fallait cependant s'entourer de professionnels aguerris. La communication surtout devenait cruciale : capter l'attention des médias signifiait pouvoir collecter des fonds, ce qui permettait aux ONG d'envoyer des représentants dans tous les pays où la situation justifiait une intervention humanitaire, mais aussi d'acheter de l'espace publicitaire dans les rues et dans les magazines. Le travail des volontaires de terrain n'était pas toujours très efficace, ni très utile ; parfois il se limitait même à une mission exploratoire de quelques jours, qui n'était suivie d'aucune ouverture de programme : trop d'ONG s'étripaient déjà sur place pour s'accaparer le marché. Ou bien le gouvernement du pays refusait l'accès du territoire aux humanitaires occidentaux, estimant qu'il se débrouillerait beaucoup mieux sans l'agitation désordonnée de tous ces parasites de la souffrance.

Mais la mission exploratoire signifiait une présence, même symbolique, de l'ONG sur le terrain. Elle l'autorisait à défendre la cause des victimes, à parler en leur nom – même si les émissaires humanitaires, souvent, n'avaient guère pris le temps de faire connaissance avec ceux qu'ils étaient censés sauver. L'ONG plantait le drapeau sur place pour avoir la légitimité de solliciter les dons, proclamant qu'ils serviraient à lancer les programmes destinés à alléger les souffrances des victimes. La charge de bienfaiteur de l'humanité conférait le droit d'occuper encore plus de place dans les journaux télévisés, dans la presse écrite, comme dans le débat politique. Et les donateurs, devant tant de sérieux et de responsabilité, n'en étaient que plus incités à adresser leurs dons à ces ONG si visibles et si efficaces.

Grâce aux professionnels de la communication, comme Bénédicte ou sa rivale, Isabelle, qui s'occupait des lettres aux donateurs – ce fameux « marketing direct » grâce auquel des personnes comme la mère de Marc adressaient régulièrement un chèque aux ONG –, l'argent des dons affluait. Une partie était immédiatement recyclée dans l'envoi de milliers de nouvelles lettres de sollicitation à ceux qui, venant de voir l'ONG à la télé, n'en étaient que plus motivés pour expédier leur chèque. De nouveaux dons survenaient, encore plus nombreux. Une autre partie allait aux programmes humanitaires qui avaient motivé l'envoi des mailings, même si l'expérience montrait que les causes les plus médiatisées étaient aussi les mieux financées par les pouvoirs publics. Le reste servait à faire tourner la machine, à payer la communication et la publicité, qui provoquaient de nouveaux dons… La boucle était bouclée. Peu importait, au fond, que l'ONG fût gérée par des personnes qui, parce qu'elles n'avaient d'autre expérience que celle du terrain, étaient obligées de dépenser des sommes folles en agences de communication et en consultants divers. Le résultat était là : MCF faisait rêver. Une jeunesse avide de donner un sens à sa vie brûlait d'accéder à l'immense faveur d'entrer dans le bataillon anonyme des gladiateurs de la solidarité.

Après l'interview, Bénédicte et Bernard, dont la justesse de l'intuition avait été confirmée par les quelques jours au Sawana, allèrent ensemble fêter l'événement, en se congratulant mutuellement.

Certes, et Bénédicte en était parfaitement consciente, MCF n'aurait jamais pu bénéficier de ce traitement de faveur d'une ouverture du journal télévisé si, cette semaine-là, l'actualité n'avait pas accusé un tel creux. Pas de catastrophes, pas de victoires sportives marquantes, pas de faits divers particulièrement croustillants. La chaîne de télévision avait jugé le moment idéal pour s'acheter une conscience, ce qui l'amnistiait pour toutes les fois où elle avait choisi de développer à l'extrême un crime bien racoleur. Cette solidarité subite était ainsi régulièrement renouvelée au bénéfice des causes humanitaires les plus diverses. Des enfants affamés aux personnes âgées solitaires, en passant par les animaux abandonnés, tout le monde avait sa chance, au gré des enthousiasmes des reporters, habilement téléguidés par des attachées de presse exercées. Rituellement, le présentateur terminait le reportage en donnant l'adresse où le téléspectateur pouvait adresser son chèque, puis passait au sujet suivant avec la satisfaction de celui qui s'est acquitté de sa bonne action de la semaine.

Dès le lendemain matin, des centaines de dons commencèrent à affluer au siège de MCF. Nadia, la standardiste, suppliait qu'on lui adjoigne de l'aide pour quelques jours :

le téléphone n'arrêtait pas de sonner. Sans se douter qu'ils n'avaient au bout du fil qu'une lampiste, la plupart des personnes qui appelaient, des gens souvent âgés et à qui il fallait répéter plusieurs fois les informations qu'ils demandaient, la harcelaient de questions, de commentaires, la félicitaient personnellement pour son dévouement, elle qui serait partie à toutes jambes si on lui avait proposé séance tenante un job mieux payé dans une boîte moins stressante. Beaucoup de téléspectateurs téléphonaient aussi pour s'enquérir de l'adresse exacte de MCF, qu'ils n'avaient pas eu le temps de noter.

La standardiste répondait du mieux possible, mais la moutarde lui montait au nez. Elle ne put s'empêcher d'interpeller brutalement Bernard Boron au moment où il passait devant elle, pour aller s'offrir un petit gueuleton bien mérité avec Morteau :

– Ah non, vous ne partez pas tous les deux ! J'en ai assez de devoir tenir seule la permanence téléphonique sur le Sawana alors que je suis incapable de renseigner les gens qui appellent !

Le directeur général la toisa. Il était sidéré du ton sur lequel elle s'était permis de lui parler.

– Pardon, mais c'est ton job, rétorqua-t-il d'un ton sec. Tu n'as qu'à leur passer les gens du marketing : c'est leur boulot de répondre aux donateurs.

– Figurez-vous qu'Isabelle est en congé. Quant à Bénédicte, elle n'est pas venue ce matin : elle a dû choper une saleté au Sawana. Elle a appelé pour dire qu'elle a été malade toute la nuit.

Bernard Boron parut surpris : elle avait pourtant l'air d'aller bien, quoiqu'un peu épuisée, lorsqu'il l'avait quittée au petit matin. Bénédicte avait dû estimer qu'après le voyage et son exploit médiatique, elle pouvait légitimement s'octroyer un peu de récupération.

Il réalisa que Nadia avait continué sur sa lancée, de plus en plus véhémente :

– En un mot, je ne m'en sors pas. Et je peux vous dire qu'il y a des appels qui se perdent !

Elle donna le temps à Boron de digérer l'information, laissant le téléphone sonner dans le vide, avant de marmonner, la mine faussement contrite :

– Des appels et, à mon avis, pas mal de dons.

Elle décrocha enfin et prononça dans le combiné son habituel message d'accueil, qui plaisait tant à ses interlocuteurs :

– MCF bonjour, que puis-je pour vous, madame ?

Bernard était furieux. Furieux qu'elle se soit ainsi rebellée publiquement : le hall était plein de spectateurs qui, l'air de rien, ne perdaient pas une miette de l'échange. Furieux qu'elle ait laissé sonner le téléphone sans répondre immédiatement : tout cet argent qui s'envolait le mettait hors de lui. Furieux aussi qu'elle ait, par son attitude, gâché la perspective de ce déjeuner avec Morteau, dans un petit resto de fruits de mer que, sur note de frais, il adorait. Depuis qu'il avait recruté un jeune directeur financier, tout juste diplômé d'une grande école de commerce, en lui octroyant un salaire dont l'autre n'aurait jamais osé rêver pour son premier job, dans l'humanitaire qui plus est, Boron n'avait jamais si bien vécu. Taxis, restaurants, hôtels de luxe, où il ne lésinait pas sur le service en chambre et l'utilisation des minibars..., le directeur général vivait enfin comme ces grands cadres d'entreprise auxquels il avait toujours rêvé de ressembler. Et tous les deux mois, il recevait la bénédiction de son conseil d'administration, qui n'avait jamais vu autant d'argent rentrer dans les caisses. Il ne fallait pas que cette Nadia lui pourrisse la vie.

Dès qu'elle eut raccroché, il exprima sa rage :

– Attends ma petite, tu ne sembles pas avoir compris les règles du jeu : moi ici, je suis le boss. Je ne vais quand même pas commencer à m'occuper du standard. Demande aux bénévoles !

– Oui, monsieur le Boss, rétorqua Nadia aussi sec. Mais quand on vit sur un grand pied comme vous grâce à l'argent des petits donateurs, on peut peut-être se sentir responsable du suivi de son émission de télévision. Au lieu de compter sur une pauvre standardiste scandaleusement exploitée.

Boron sentit qu'il s'empourprait. La réplique n'était pas passée inaperçue. Il apercevait du coin de l'œil l'air choqué des futurs volontaires qui attendaient d'être reçus par le recrutement. Ils en oubliaient même de faire semblant de ne pas écouter. Cette fille avait dépassé les bornes. En rentrant de déjeuner, il demanderait à Véronique de la virer. Heureusement, avec sa sortie publique, elle s'était elle-même mise en faute. Le licenciement serait plus facile, on n'aurait pas besoin de lui verser des indemnités.

Il marmonna une réponse menaçante que personne ne comprit exactement et sortit du bâtiment, laissant Nadia interdite face à cette fuite, qui l'obligeait à se débrouiller seule avec les appels incessants des donateurs. La standardiste était contrariée parce qu'elle avait la conscience professionnelle chevillée au corps. C'est d'ailleurs pour cette raison qu'elle endurait le régime du standard depuis des mois sans se rebeller : ceux qui appelaient n'étaient pas responsables de la pitoyable gestion des ressources humaines de l'association, elle n'avait pas à leur faire payer ses conditions de travail.

Nadia se leva pour se rendre dans la petite salle attenante au standard, où une armada de bénévoles étaient en train d'ouvrir les chèques arrivés au courrier :

– L'un de vous pourrait-il venir m'aider à répondre au téléphone ?

Renée accepta, non sans avoir préalablement accordé une heure de pause aux personnes qui l'entouraient. Veuve depuis dix ans, Renée avait trouvé dans MCF une nouvelle raison de vivre. Elle venait donner un coup de main trois jours par semaine, pour ouvrir le courrier et vider les sacs de chèques, qu'il fallait traiter au plus vite : ne pas les encaisser rapidement était du plus mauvais effet vis-à-vis des donateurs, qui en concluaient alors que l'ONG n'avait pas besoin d'argent, contrairement à ce qu'elle clamait partout.

Renée était quelqu'un de très organisé : le mercredi était réservé à ses petits-enfants, le lundi à remettre en ordre sa maison après la déferlante représentée, chaque dimanche, par la visite de sa famille. Tout le monde avait tendance à abuser de sa générosité esseulée. Bernard Boron avait vite compris que sa disponibilité permettait d'économiser un salaire de permanent, pour une tâche qui requérait de plus une honnêteté sans faille. Ils n'avaient pas toujours eu cette chance avec les bénévoles, certains ayant eu tendance, par le passé, à oublier les grands principes une fois qu'ils avaient pris conscience des sommes que claquaient en frais divers, pas tous destinés aux victimes, les responsables de l'association. Leur bénévolat en devenait saugrenu, surtout lorsque les dirigeants de MCF justifiaient leur train de vie par leur haut degré de compétence professionnelle, ce qui signifiait implicitement que tous ceux qui acceptaient de travailler gratuitement à la grande cause humanitaire ne devaient pas, eux, valoir grand-chose. Les volontaires de terrain aussi avaient du mal à saisir la finesse du raisonnement, surtout quand on exigeait d'eux des diplômes et des qualifications dont pas un des hauts responsables issus du terrain n'aurait pu se prévaloir.

Il fallait pourtant une sacrée dose de désintéressement et de dévouement – surtout quand on avait soi-même, comme de nombreux bénévoles âgés ou au chômage, du mal à joindre les deux bouts – pour accepter d'entasser gracieusement devant soi, toute la journée, les billets de banque que des personnes âgées prélevaient sur leur maigre retraite, des enfants sur leur argent de poche, pour aider les affamés qu'ils avaient vus à la télévision. Le montant de ces dons en espèces et les coordonnées de leur expéditeur devaient être notés scrupuleusement, afin que l'association puisse leur adresser une lettre de remerciement – toujours conçue par un professionnel –, qui saurait les rassurer sur le bon usage de leur argent. MCF y joignait le reçu fiscal légal, qui permettrait aux moins pauvres de déduire de leurs impôts une partie de l'argent versé. Lorsque le bénévole avait été recruté un peu à la hâte et ne décolérait pas, en son for intérieur, des pratiques dispendieuses qu'il découvrait quotidiennement au sein de l'association, il arrivait que la lettre parte discrètement à la poubelle, et l'argent tout aussi discrètement dans la poche de celui qui avait ouvert l'enveloppe.

De tels dérapages ne se produisaient jamais avec Renée. Elle veillait à son piquet de bénévoles tel l'aigle sur son nid, jetant un coup d'œil discret à chaque ouverture de pli, pour être sûre que chacun s'acquittait bien comme il le fallait de son devoir.

Ce jour-là, Renée dut passer son après-midi à aider Nadia au standard. Les appels téléphoniques se succédaient à un rythme effrayant. Bien évidemment, les missions ne pouvaient pas savoir qu'elles tombaient au beau milieu d'un coup de feu. Leurs volontaires, exaspérés, ne comprenaient pas pourquoi, une fois de plus, il était impossible de joindre le siège. À seize heures, le standard finit par sauter.

C'est à ce moment-là que Bernard revint de déjeuner. Il hurla derechef contre Nadia, coupable de s'être adjoint Renée sans avoir demandé l'autorisation de Véronique Braga, et contre Fred, le responsable de la logistique, accusé d'avoir sous-dimensionné le matériel téléphonique. Puis le directeur général se rendit directement dans le bureau de la responsable du personnel.

Ulcérés, Fred et Nadia, qui n'avait toujours pas déjeuné, eux, décidèrent d'aller prendre un café à l'extérieur pour vider mutuellement leurs griefs contre l'horrible Boron. Nadia avait atteint le point de saturation où elle préférait être renvoyée plutôt que de passer une semaine de plus dans l'atmosphère oppressante du siège de MCF.

De son côté, Bernard expliquait à Véronique Braga qu'il fallait séance tenante licencier la standardiste.

– Elle a été d'une grossièreté inimaginable. Et en public en plus.

– Je n'en doute pas, soupira la femme au parfum de banane. Mais si tu crois que c'est facile de recruter une standardiste pas trop empotée… Elles prennent toutes leurs jambes à leur cou après deux semaines de standard.

– Tu ne peux pas proposer le job à un volontaire de terrain inemployé en ce moment, le temps qu'on trouve ? suggéra Bernard.

– Ils n'accepteront jamais. Tu as vu les conditions de travail ?

– Cette fille a un comportement inadmissible, insista Bernard, qui commençait à se sentir légèrement éméché après deux bouteilles de bon bordeaux.

– Peut-être, mais elle prend son job à cœur. Et avec ce qu'on la paie, c'est plutôt méritoire. Si tu avais accepté de l'augmenter comme je te l'avais suggéré, elle serait peut-être plus conciliante.

Bernard Boron se mit en colère : il ne supportait pas qu'on le contredise. Allumant nerveusement une cigarette, il se lança dans l'antienne que sa responsable du personnel connaissait désormais par cœur.

– Arrête de me parler de ça. Je te préviens : c'est la dernière fois que je le tolère.

Il tira sur sa Gitane, saturant de fumée le bureau de Véronique Braga, malgré le panneau bien visible indiquant que la cigarette était indésirable. Puis il reprit, plus exaspéré que jamais :

– Tu sais très bien que le standard, c'est comme le secrétariat : du travail posté. Les gens sont interchangeables. Si on accepte de les payer trop, on n'arrive plus à les virer : leurs exigences sont tellement élevées qu'ils ne peuvent plus jamais trouver du travail ailleurs. On est obligés de les garder à vie. Pour qu'une ONG marche, il faut injecter sans arrêt du sang neuf. Sinon les gens ne deviennent plus bons à rien.

La responsable du personnel le toisa de la tête aux pieds, avec ses cheveux gras et trop longs, sa moustache de camionneur, reliquat des années de terrain auquel il tenait plus que tout, ses vêtements avachis et douteux, qu'il n'avait pas changés depuis qu'il était descendu de l'avion, même pour passer à la télévision. C'est exactement le genre de réflexions qu'elle se faisait en le voyant : on avait accepté de trop le payer et maintenant, plus personne ne pouvait s'en débarrasser. Il était tout entier un reliquat du terrain. Connaissant son caractère buté, elle tergiversa, pressée qu'il vide les lieux au plus vite, avec sa clope puante et son haleine avinée.

– OK, OK, je vais voir ce que je peux faire.

Bernard Boron tourna les talons avec la majesté de celui dont les ordres ne souffrent pas d'être discutés. Dès qu'il eut quitté la pièce, Véronique Braga se jeta sur son sac à main et vaporisa avec délectation de la banane dans toute la pièce. Puis elle ouvrit la fenêtre, avant d'appeler le candidat au départ suivant, qui poireautait dans le hall depuis le début de l'après-midi. Il fallait quand même qu'elle colle un avertissement à cette standardiste, histoire de lui rappeler les bonnes manières. Mais il était plus judicieux d'attendre que l'agitation due au reportage télévisé soit retombée.

Le flux des appels ne tarissait pas. Certains téléphonaient pour proposer leurs services, donner un coup de main, persuadés qu'ils pourraient se rendre utiles si MCF les envoyait au Sawana. Quand les employés du service du recrutement essayaient d'expliquer, le plus diplomatiquement possible, que l'association ne recrutait que des personnes pouvant justifier d'une compétence très pointue, ils suscitaient incompréhension et colère : tant d'ingratitude ! Il fallait leur expliquer qu'envoyer des volontaires sans aptitudes particulières aurait abouti à priver des salariés locaux d'un revenu indispensable à des familles entières, mais les bonnes volontés avaient du mal à accepter de rester sur la touche.

Le même problème se posait avec les dons en nature : beaucoup de personnes, souvent modestes, se présentèrent directement au siège pour offrir à MCF des vêtements, de la nourriture, des médicaments. Renée leur demandait de les déposer à l'entrée et les remerciait chaleureusement, avant de les raccompagner à la porte. Ils repartaient rassurés, tout ragaillardis par le sentiment d'avoir fait une bonne action. La plupart des donateurs préféraient ce type de dons. Ils avaient l'impression d'être plus utiles : leur obole ne pouvait pas servir à autre chose qu'à nourrir les affamés, contrairement à l'argent, dont chacun redoutait qu'il soit mal employé.

Des paquets de nouilles, des boîtes de chocolat en poudre, des conserves hétéroclites commençaient à s'amonceler dans le hall, et puis des vêtements, de toutes sortes, souvent usés jusqu'à la trame, parfois sales, de véritables chiffons. Nadia et Fred, qui revenaient à leur poste après s'être mutuellement remonté le moral, soupirèrent : il allait encore falloir trier, ôter tout ce qui était périmé, inutilisable – car bien entendu, certains en profitaient pour vider leurs placards, partant du principe qu'un affamé africain n'a pas à faire la fine bouche –, reconditionner la nourriture pour éviter de transporter des monceaux d'emballages, affréter un avion cargo pour l'Afrique... Une perte de temps et d'argent considérable, alors que d'expérience, Fred savait qu'à l'arrivée la plupart des produits seraient inutilisables parce qu'ils auraient mal supporté le voyage. Les populations locales ne sauraient pas employer correctement le reste, qui n'avait rien à voir avec leurs habitudes alimentaires. Fred préférait mille fois acheter directement la nourriture au Sawana : d'abord, elle était disponible sur place, ce qui coûtait infiniment moins cher en frais logistiques et permettait de donner un peu d'argent aux paysans – même si les intermédiaires s'accaparaient la plus grosse part –, ensuite, les gens mangeaient la nourriture à laquelle ils étaient habitués.

Sans même chercher à savoir ce que contenaient exactement les caisses, Fred appela les Bataillons de la Générosité pour qu'ils viennent en prendre possession. Eux au moins pourraient vendre les vieux vêtements au poids et recycler la nourriture dans leurs centres d'accueil parisiens.

Nadia passa le reste de l'après-midi à refuser le plus aimablement possible les dons en nature. Sa courtoisie n'empêchait nullement certains généreux donateurs de l'insulter pour cette rebuffade inacceptable : le directeur de l'association n'avait-il pas affirmé la veille à la télévision que les petits Africains mouraient de faim ? Les plus obstinés se plantaient dans le hall et exigeaient d'être reçus séance tenante par Bernard Boron. Bien évidemment, comme toujours dans de telles situations, il s'était calfeutré dans son bureau et refusait d'en sortir. Nadia devait affronter seule les frustrations. Suggérer aux mécontents qu'il valait mieux déposer un chèque lui valait une nouvelle bordée d'imprécations : mettre la main au portefeuille ? Alors qu'ils avaient entrevu la possibilité de se débarrasser de leurs vieilleries en réalisant une bonne action ? Impensable. D'autres promettaient de revenir avec leur carnet de chèques et ils disparaissaient à jamais.

Véronique Braga avait jeté un coup d'œil dans le hall et, assistant au manège des visiteurs et à l'infinie patience que Nadia déployait pour ne pas les contrarier, hésitait à lui infliger l'avertissement qui aurait fait tellement plaisir à son directeur général. Elle la convoqua néanmoins pour la morigéner, pendant que Renée la remplaçait une nouvelle fois au standard. Nadia vécut ces reproches comme une insulte à sa bonne volonté et à son dévouement. Véronique Braga oubliait-elle qu'elle portait sur ses épaules la charge du premier contact que les gens nouaient avec l'association ? Négligeait-elle la somme de travail que la standardiste consentait, pour un salaire dérisoire et une reconnaissance interne plus que limitée ?

Elle retourna à son poste, excédée. Personne ne s'aperçut des mesures de rétorsion qu'elle adopta, mais il est probable qu'elles coûtèrent de nombreux donateurs à l'organisation humanitaire : Nadia laissait sonner les autres lignes dans le vide lorsqu'elle renseignait un candidat au départ ou un donateur, incitant ceux qui ne trouvaient pas d'interlocuteur au bout du fil à s'adresser ailleurs ; elle ne se battait plus pour dénicher dans les locaux ceux qui s'étaient absentés de leur bureau. Plus d'un généreux mécène renonça à soutenir les programmes de MCF.

Les responsables de l'association ne surent rien de toutes ces occasions manquées. L'urgence du Sawana allait assurer le fonds de roulement pour les semaines à venir. « Une bonne médiatisation télévisée, il n'y a que ça de vrai ! » se gargarisait Isabelle chaque matin, en soupesant le sac des chèques arrivés au courrier. Les téléspectateurs avaient vu mourir de faim un enfant noir, ils avaient vu le dévouement de l'infirmière blanche à son chevet, ils avaient compris que MCF faisait son boulot caritatif comme il le fallait, là où il fallait. La preuve était là : on pouvait faire confiance à cette organisation humanitaire.

À présent, des équipes de journalistes appelaient le service de la communication pour se rendre au Sawana et mener l'enquête. Bien évidemment, Bénédicte leur proposait que l'association les prenne en charge sur place, pour leur éviter tous les désagréments liés au manque de contacts dans un pays plutôt difficile d'accès. Elle était sûre, ainsi, de les aiguiller dans les meilleurs endroits pour la visibilité de MCF. Il fut décidé de dépêcher au Sawana ce qu'elle appelait un press officer, une personne dont l'unique tâche serait d'accueillir et d'escorter les journalistes, de façon à garantir qu'ils soient bien traités, bien renseignés et qu'ils n'aient surtout pas la tentation de chercher à rencontrer d'autres associations caritatives. Bénédicte en profita pour caser son petit frère, Olivier, qui avait du mal à trouver un job à la sortie de son école d'attaché de presse.

# 9.

Très vite, l'équipe du Sawana ne sut plus où donner de la tête. Le Soro, soudain, devenait le point de convergence des agences d'aide. Nombreuses étaient celles qui cherchaient à mettre en œuvre un programme humanitaire au Sawana pour profiter de l'intérêt médiatique que suscitait soudain le pays, alors que les fonds disponibles pour l'Afghanistan étaient en train de se tarir. Des volontaires qui avaient travaillé auparavant pour l'association et qui s'étaient engagés, depuis, dans d'autres ONG venaient chercher des renseignements, parfois le gîte et le couvert, pour lancer leur propre programme, créer leur propre centre. Didier leur demandait de prospecter dans les zones où MCF n'intervenait pas encore, mais tous ne l'acceptaient pas : il fallait rester proche de la route principale pour recevoir la visite des médias. L'Europe commençait à débloquer des lignes budgétaires sur le Sawana et les ONG tentaient toutes d'obtenir leur part de marché. Le gouvernement français ne voulait pas être en reste, n'ayant aucune envie que d'autres pays viennent empiéter sur ses plates-bandes. Il proposait donc aux ONG de les financer lui-même, comme MCF, à condition qu'elles interviennent là où ses intérêts le portaient, c'est-à-dire le plus près possible des puits de pétrole. Les agences d'aide jouaient de la rivalité des bailleurs de fonds, qui jouaient de la rivalité des agences d'aide. Le Sawana était en train de devenir le nouvel épicentre de la solidarité caritative.

Didier et Anne retrouvaient beaucoup d'anciens amis, qu'ils avaient côtoyés dans d'autres régions balayées en leur temps par la vague humanitaire. Ils égrenaient les vieux souvenirs en sifflant des bières fraîches, que les nouveaux arrivants, éprouvés par les cahots de la route et les barrages des militaires, savouraient comme une bénédiction.

Inquiet de voir ces concurrents potentiels débarquer dans les locaux de la mission, Olivier, le nouveau press officer, alerta discrètement Bénédicte du comportement plus qu'accueillant des responsables de la mission. La réaction ne tarda pas : dans un fax impérieux – qui avait dû être rédigé par son assistante, Bernard Boron étant bien incapable d'écrire quoi que ce soit –, le directeur général enjoignait officiellement à Didier de cesser de recevoir au centre les membres des organisations rivales.

Marc n'en revenait pas : le but n'était-il pas d'abord de venir en aide aux plus de Sawanais possible ?

– Tant mieux si les ONG sont nombreuses à venir s'installer ici : la population n'en sera que mieux aidée ! s'exclama-t-il.

– Certes, mais nous aurons moins de fonds, répondit calmement Didier. J'ai déjà vécu de telles situations au Cambodge et dans les Balkans : plus il y a d'ONG, plus c'est compliqué. Tu vas vite t'en rendre compte par toi-même : les prix qui flambent, les gens qui ne veulent plus bosser pour toi parce qu'ils sont mieux payés ailleurs, la corruption qui monte en flèche, tout le monde veut sa part du butin.

Sarah et Marc écoutaient, stupéfaits, les anciens leur expliquer qu'il ne fallait plus donner d'informations aux autres agences d'aide. Antonio reçut l'ordre d'acheter au plus vite les stocks de nourriture disponibles et de réserver des camions pour les transporter, de peur que la pénurie ne s'installe.

– Ici, le marché humanitaire est limité, expliqua Anne. Si nous ne prenons pas nos précautions logistiques dès maintenant, nous ne pourrons tout simplement pas continuer nos programmes.

– Sauf que la pénurie, c'est nous qui sommes en train de la créer, remarqua Antonio.

Les journalistes défilaient par petits groupes. Beaucoup étaient issus d'une presse qui n'aurait jamais parlé du Sawana sans l'occasion du voyage organisé par l'ONG. À chaque fois, Olivier leur déployait le grand jeu. Il les emmenait au centre nutritionnel et dans les villages, leur montrait les réalisations de MCF, leur parlait du drame enduré par cette mère de famille qui avait perdu tous ses enfants, ou même leur dénichait un adolescent capable d'expliquer à quel point il voulait pouvoir un jour retourner à l'école. Heureux de s'entretenir avec un indigène, les journalistes réservaient une place de choix à cet émouvant témoignage.

Omar, l'indigène, était un petit cousin d'Ali, sélectionné par Olivier en raison de sa maîtrise remarquable de la langue française. Il était allé jusqu'en classe de troisième, à Bango. Marc avait surpris Olivier en train de lui verser discrètement un peu d'argent après une prestation particulièrement réussie.

Toute l'équipe était horripilée par les méthodes du press officer. Il leur donnait l'impression de caricaturer leur travail, de ne donner de la situation sur place qu'une vision tronquée.

– Tout se passe comme si les gens du Soro n'étaient rien d'autre que des victimes. Il faut secourir les victimes, point. Parler de la situation politique, jamais : on dirait que c'est tabou, râlait Marc.

Pendant ce temps passé à montrer les réalisations de MCF, les programmes, justement, n'avançaient pas. Ils prenaient du retard sur le calendrier arrêté avec les bailleurs de fonds.

– Le seul intérêt de ce cirque, remarqua Antonio, c'est que le gouvernement se sent obligé de mettre la pédale douce sur les regroupements.

Tous les articles qui paraissaient dans les journaux français étaient faxés au press officier. Olivier sautait de joie lorsqu'il voyait cités en termes élogieux les programmes de MCF. Marc en venait à se demander si lui aussi ne touchait pas son pourcentage à chaque reportage publié. La plupart d'entre eux reproduisaient mot pour mot la propagande officielle du régime, justifiant les villages de regroupement par les exactions des rebelles : l'image des amputés suscitait une répulsion unanime.

– Cette campagne de presse est une aubaine pour le gouvernement, constata Anne

Le président sawanais avait demandé aux militaires d'adoucir les contrôles routiers. Même le commandant Ben, qui n'avait jamais vu autant d'argent déferler sur le pays, avait abaissé ses tarifs. Les militaires prenaient plus de gants pour encaisser leur bakchich : l'aide humanitaire renflouait les caisses de façon autrement plus efficace.

Tout le pays semblait être pris de frénésie. Pas un Sawanais qui n'essayât de profiter de la situation. Pourboires des porteurs à l'aéroport, courses des chauffeurs de taxi, repas dans les gargotes, tous les prix avaient explosé. Bango était sillonnée à toute heure du jour par les 4 × 4 des agences d'aide. Celles-ci avaient loué à prix d'or les rares maisons correctes, toutes situées dans le même quartier de la ville, à proximité des ambassades et des résidences de la classe dirigeante. Placardés sur les portails, que surveillaient désormais les gardiens recrutés par les ONG, d'immenses logos se succédaient. Il suffisait de parcourir deux cents mètres pour faire le tour de la galaxie caritative.

– Bienvenue à Humanitaire-land, ricana Antonio.

Marc découvrit à quel point Anne avait dit juste : se procurer le matériel était devenu plus difficile et plus coûteux qu'avant. Toutes les agences d'aide voulaient s'équiper en même temps pour monter leur programme. Par peur de manquer, elles avaient effectué des achats de précaution, asséchant l'offre locale : les fournisseurs habituels de MCF avaient été pris d'assaut, leurs magasins étaient vides ou, quand il leur restait du stock, les prix étaient soudain multipliés par dix.

– Mais enfin, protestait Antonio, je vous ai pris des sacs de ciment identiques il y a un mois ! Vous n'allez pas me faire croire que je ne peux plus vous en acheter qu'un seul, avec ce que me coûtait il y a un mois toute la palette !

– Je suis désolé, monsieur, protestait le vendeur, l'air faussement contrit, mais vos concurrents ont tout pris. Je suis obligé de me fournir au Kenya à présent, et avec le transport... Mais comme vous êtes un bon client, je vais quand même vous faire un prix.

Les plus furieux étaient les Sawanais qui n'étaient pas directement ou indirectement rémunérés par les agences d'aide – l'immense majorité de la population –, car le coût de la vie était devenu prohibitif. Ali avait raconté à Anne que son voisin avait dû interrompre la construction de sa maison, faute de pouvoir payer les matériaux nécessaires, accaparés par les humanitaires.

Une double économie s'était mise en place. D'un côté, les produits fabriqués ou importés pour les étrangers, qui les payaient parfois directement en devises. Cette économie-là transformait peu à peu le Sawana en un des pays les plus chers d'Afrique. De l'autre, les échanges locaux, qui continuaient en marge des circuits officiels, mais vivotaient de plus en plus péniblement, malgré le troc et la contrebande. Ni le pétrole ni l'aide humanitaire ne profitaient au Sawanais de base, mais tous deux renchérissaient également le coût de la vie, en injectant des fortunes dans une société dont la plupart des membres vivaient dans le dénuement. Didier râlait lui aussi car, évidemment, les prostituées avaient été les premières à réajuster leurs tarifs.

Marc comprit que les Sawanais courtisaient les humanitaires pour s'attirer leurs bonnes grâces, pouvoir travailler à leur service et prendre ainsi leur part de la manne, mais qu'ils les détestaient en même temps : pourquoi ces Blancs venaient-ils dans leur pays pour s'occuper de ces pouilleux du Soro, ces étrangers qui n'avaient jamais voulu s'intégrer dans le territoire national ? Sur le marché de Bango, une matrone lui avait expliqué sa position, approuvée par toutes les autres :

– C'est quand même un comble que l'humanitaire des Blancs laisse de côté les pauvres Sawanais ! Pour se consacrer en plus à ces cafards du Soro, qui tuent nos enfants !

Les femmes sawanaises supportaient mal que leurs grands fils soient obligés de partir pour l'armée : la conscription obligatoire absorbait tous les jeunes, réglant au passage la question du chômage. Mais les soldats ne recevaient qu'épisodiquement leur solde et surtout, mal équipés, peu formés, ils étaient exposés à des risques croissants. Les rebelles, en effet, multipliaient leurs attaques contre les cibles gouvernementales.

Les Sawanais subissaient ainsi une insécurité accrue, tout en voyant les Occidentaux voler au secours d'une population qu'ils assimilaient dans sa totalité au mouvement rebelle. La presse gouvernementale cultivait l'amalgame : dans les colonnes des journaux et à la radio, les rebelles du Soro et la population civile ne formaient qu'un seul et unique ennemi, présenté comme d'origine étrangère. L'animosité de la population sawanaise s'en trouvait décuplée.

Sarah et Khadia voyaient arriver au centre nutritionnel des familles que l'épuisement, la faim, les pillards rencontrés en cours de route avaient décimées. Les enfants en bas âge étaient morts de faim. Les femmes ne disaient mot, mais l'équipe devinait qu'outre le drame d'avoir vu disparaître leurs petits, la plupart d'entre elles avaient été violées en chemin. Non seulement elles, mais leurs petites filles, parfois âgées de sept ou huit ans à peine. Toutes ces souffrances rouvraient la blessure que Khadia portait à jamais en elle, sans qu'elle puisse rien extérioriser : elle devait accueillir les déplacés et les secourir, recueillir leur témoignage lorsqu'ils acceptaient de le livrer, sans prendre parti. Sa mission humanitaire exigeait un devoir de réserve qui parfois, le soir, lui donnait envie de hurler de douleur dans le secret de sa chambre.

Ceux qui n'étaient pas morts dans l'exode avaient été irrémédiablement saccagés. La souffrance silencieuse de tout un peuple semblait ne jamais devoir cesser. Les fils du Soro porteraient pour toujours en eux la mémoire de l'outrage subi par leur mère et par leurs sœurs, souillées par l'ennemi. Ils vivraient ivres de vengeance. Souvent les hommes adultes et les adolescents manquaient à l'appel dans les centres nutritionnels : ils avaient été emmenés par les rebelles ou par l'armée, selon qu'ils avaient eu le malheur identique de croiser en premier les uns ou les autres.

Les paysans et leurs enfants formaient ainsi une chair à canon parfaite, qu'on envoyait en première ligne dans les champs truffés de mines, où ils testaient à leur détriment les itinéraires et les campements des rebelles. Ils étaient aussi réquisitionnés comme porteurs et comme serfs, sans pouvoir s'enfuir, car des no man's land de terre brûlée et pillée isolaient les territoires contrôlés par la guérilla. Devant tant de souffrances, Marc, Sarah, Antonio, Anne et Khadia se sentaient scandaleusement impuissants. Les volontaires humanitaires ne pouvaient agir qu'aux marges de cette tragédie, leurs gestes dérisoires ne serviraient à rien tant que ne cesserait pas le massacre.

Isabelle, la responsable du marketing direct, contacta Olivier : Bernard Boron, pour lequel elle nourrissait une véritable vénération, lui avait demandé d'adresser d'urgence un mailing concernant le Sawana. La stratégie de communication de Bénédicte était en effet, pour collecter plus d'argent encore, d'effectuer un tir groupé accompagnant la diffusion du reportage télévisé. Le directeur général venait de débloquer un budget considérable pour prospecter de nouveaux donateurs, qui viendraient remplacer ceux qui avaient disparu au cours de l'année écoulée. Les personnes très âgées représentaient plus de la moitié des donateurs de MCF. Chaque année, l'association perdait ainsi un tiers de son fichier : un certain nombre de personnes mouraient de vieillesse, d'autres s'évaporaient dans la nature, attirés par une autre ONG ou lasses des perpétuelles sollicitations humanitaires. Pour compenser cette érosion et conquérir de nouveaux donateurs, l'association devait dépenser beaucoup d'argent en frais de communication. Bénédicte et Isabelle participaient ainsi, à leur grand ennui, à tous les congrès notariaux : il fallait convaincre les notaires de parler de l'association à leurs clients au moment où ils rédigeraient leur testament. Bénédicte avait conçu avec une agence un document « spécial legs », que les notaires étaient censés placer dans leur salle d'attente. Tant d'associations se côtoyaient dans les congrès, rivalisant de séduction auprès des notaires, que certains d'entre eux devaient installer dans leur étude des présentoirs spéciaux pour les plaquettes promotionnelles des ONG. Il n'était pas rare que les héritiers aient ainsi la désagréable surprise de découvrir, après le décès de leur vieille grand-mère, qu'elle léguait une partie de sa fortune à une bonne œuvre, après lui avoir versé chaque année des sommes d'autant plus astronomiques qu'elle avait confondu pendant vingt ans les anciens et les nouveaux francs.

Prospecter de nouveaux donateurs coûtait des fortunes à MCF : l'association envoyait des milliers de lettres à des gens qu'elle ne connaissait pas, qui ne faisaient pas partie de ses donateurs habituels, parce que leur nom figurait sur les fichiers qu'elle louait fort cher pour l'occasion. Il ne fallait pas risquer que les lettres de sollicitation, si coûteuses à fabriquer, ne terminent directement à la poubelle. Isabelle essayait donc de choisir les fichiers de personnes qui présentaient à priori une sensibilité humanitaire :

– J'ai établi avec l'agence de communication le profil type de ceux qui envoient de l'argent à MCF, expliqua Isabelle à Bernard Boron. Notre meilleur donateur est une donatrice : une femme, croyante, plutôt provinciale et plutôt âgée. Nous devons donc viser les lecteurs des magazines confessionnels. Et puis, il faudrait recruter dans des catégories plus jeunes pour compenser l'attrition du fichier.

Boron la regarda d'un air interrogatif. Il n'avait jamais entendu ce mot et soupçonnait sa responsable du marketing de vouloir lui en mettre plein la vue.

– L'attrition, c'est l'usure de notre fichier de donateurs : tous ceux qu'on perd parce qu'ils meurent ou qu'ils cessent de nous donner de l'argent, expliqua patiemment Isabelle. Il faudrait être beaucoup plus offensif dans la presse destinée à la jeunesse, je l'ai déjà dit à Bénédicte : les enfants sont d'excellents prescripteurs et leurs parents sont suffisamment jeunes pour rester longtemps de bons donateurs potentiels.

Le directeur général comprit qu'Isabelle reprochait implicitement à Bénédicte de ne pas encore avoir envoyé au Sawana les « bons » journalistes. Tout comme Philippe Morteau et Fabrice Dlume, les deux filles entretenaient une sournoise rivalité. Boron la trouvait excellente pour les résultats de l'entreprise, mais elle pourrissait le climat des deux services, concurrents alors qu'ils auraient dû travailler de concert.

Isabelle continua d'expliquer à Boron les difficultés qu'elle rencontrait pour augmenter le nombre de donateurs. Comme toutes les ONG s'arrachaient les meilleurs fichiers et s'échangeaient les leurs pour éviter de recourir à la location, les mêmes personnes recevaient des centaines de sollicitations dans l'année. Elles finissaient par se lasser. Les mailings rapportaient de moins en moins. En plus de l'effort à consentir en direction de la jeunesse, Isabelle avait décidé de viser de nouvelles cibles, susceptibles elles aussi de contenir les futurs donateurs de MCF. Elle avait pensé aux buveurs de café et à ceux qui achetaient des sous-vêtements chauds par correspondance.

– Tu peux me faire confiance : j'ai du flair. Ces fichiers-là sont un peu chers mais ils rendront bien. Avec eux, on va fidéliser des milliers de nouveaux donateurs ! Mais j'ai besoin d'un texte qui incite ces gens-là à donner de l'argent à MCF.

Isabelle voulait obtenir de Boron l'autorisation de recourir aux services d'Olivier, ce que Bénédicte lui refusait, arguant qu'il avait déjà trop de travail avec les journalistes. Convaincu, le directeur général ordonna à Olivier de collaborer avec la responsable du marketing. Tant pis si Bénédicte le prenait mal : l'intérêt de MCF passait avant les susceptibilités personnelles.

Le press officer fut donc chargé de réunir, au Sawana, les éléments qui permettraient à l'agence de marketing spécialisée de rédiger LA lettre émouvante, celle qui saurait faire s'ouvrir le portefeuille de son destinataire. Isabelle lui expliqua qu'il lui fallait une histoire édifiante, montrant que donner à MCF permettait vraiment de faire reculer la misère du monde.

Mais Olivier avait beau visiter des centres nutritionnels toute la journée, il ne voyait pas comment raconter cette histoire tant attendue, sans tomber dans des énumérations fastidieuses sur le nombre de cuillerées de bouillie enfournées dans les bouches affamées ou la quantité de puits forés. Les statistiques ne suffiraient jamais à séduire les donateurs. Il avait beau se creuser la tête, il devait se rendre à l'évidence : les victimes, il ne les connaissait pas. Il défilait devant des corps anonymes, accompagné des journalistes, en leur faisant admirer l'efficacité logistique de MCF. Tout finissait par se résumer à des histoires de distribution. Conscient de la responsabilité que Boron lui avait confiée, le press officer tenta d'amadouer l'infirmière :

– Enfin Sarah, tu as bien une histoire sympa à nous raconter ? C'est dommage qu'on n'ait pas de photos de Fatou lorsqu'elle était affamée : on aurait pu en faire un mailing génial !

Mais Sarah restait raide comme la justice. L'infirmière ne voulait pas entrer dans son jeu, lui livrer des informations qui n'intéresseraient Olivier que parce qu'elles étaient susceptibles d'apitoyer le donateur.

Olivier se creusait la tête. Abdou n'ayant pas survécu, il aurait été indécent de le prendre comme effigie, mais le press officer était tenté : grâce aux journalistes, on avait des clichés de lui affamé. Il en parla à Isabelle, qui hésita. Certes, les photos étaient éloquentes, mais connaissant l'agence, elle se doutait de la façon dont l'histoire d'Abdou serait recyclée. Agresser les destinataires des mailings par des formules telles que : « Si vous ne l'aidez pas, il mourra », alors que le môme était déjà mort, lui paraissait quand même amoral. La directrice du marketing ne s'ouvrit pas de ses scrupules à Bernard Boron, de peur qu'il ne lui ordonne de les surmonter au nom du critère suprême de l'efficacité. Elle exigea d'Olivier qu'il lui déniche une histoire qui se termine bien.

Puisque Sarah ne voulait pas collaborer, le press officer s'adressa à Antonio. Ils s'entendaient plutôt bien tous les deux, depuis qu'Antonio avait découvert qu'Olivier était comme lui un fumeur de shit invétéré. Khadia fut mise à contribution. C'est elle qui évoqua le cas de la petite Samira, dont Olivier recueillit avidement l'histoire.

Fait exceptionnel, l'enfant avait été amenée par son père au centre nutritionnel. Souvent, les hommes se désintéressaient de leurs enfants, surtout s'ils étaient malades. Pour une fois, une enfant était arrivée dans des bras masculins. Elle devait avoir quatre ans environ, peut-être plus si on tenait compte du retard de croissance. Cette enfant-là avait non seulement souffert de malnutrition chronique, mais elle avait dû aussi connaître une faim intense dans les semaines qui avaient précédé son arrivée, car elle n'avait plus que la peau sur les os. Ce qui avait surpris l'équipe, c'est que toute squelettique qu'elle était, elle portait néanmoins des rubans dans sa chevelure clairsemée et rougie par la malnutrition. Comme si la famille, pour ne pas avoir honte d'amener leur enfant à l'hôpital des Blancs, l'avait parée de ses plus beaux atours.

– Cette gamine nous arrivait au seuil de la mort attifée comme pour une fête. Dans les bras de son père en plus.

Khadia était tout émue en se remémorant la scène. Olivier la coupa brutalement :

– Bon, elle a survécu donc ? Vous avez pris des photos d'elle ? Avant ? Après ?

Khadia hésita.

– Après, oui. Avant, non. Elle était si mal en point. On n'allait pas la photographier.

– Mais si, souviens-toi ! s'exclama Antonio. Le photographe américain, qui travaillait pour National Geographic. Je me souviens qu'il a fait des clichés. Je ne sais plus si Samira a été photographiée, mais comme il a mitraillé les mômes, il est probable qu'elle ne lui a pas échappé.

Olivier soupira. Il allait falloir partir à la recherche de ce type et lui demander d'accepter de céder ses droits pour pouvoir utiliser ses photos.

– Je m'occupe de « l'avant ». Pourriez-vous me confier vos photos de « l'après » ?

– Attends, on n'est pas en train de construire une pub pour un régime grossissant ! C'est quoi, ces méthodes ? rétorqua brutalement Antonio.

Il voulait bien jouer le jeu, mais jusqu'à un certain point seulement. Olivier le regarda, exaspéré, et essaya de lui expliquer sa position, de la voix la plus doucereuse dont il était capable, dans l'espoir que ce louable effort pédagogique puisse porter ses fruits.

– Comment démontrer l'efficacité de l'action humanitaire mieux qu'en présentant les résultats spectaculaires obtenus sur une gamine affamée ?

– Je vois ça d'ici : grâce à MCF, un squelette vivant redevient en un mois une charmante petite fille, ironisa Antonio. De quoi être fiers de nous… Mais enfin, crois-tu que le donateur attende des recettes de cuisine ? Avec notre régime miracle, gagnez cinq kilos en quatre semaines. Et que du muscle encore ! Qui dit mieux ?

Olivier les trouvait stupides. Il avait hâte d'avoir Bénédicte au téléphone pour s'épancher. Vraiment, les volontaires de terrain avaient encore des efforts à faire s'ils voulaient comprendre quelque chose à la logique du financement d'une

ONG. Le press officer saisissait mieux pourquoi les gens du siège l'avaient dépêché illico sur le terrain après la diffusion du reportage télévisé.

– Vous faites la fine bouche, mais vous oubliez que c'est grâce à des lettres comme celle-ci que vous recevez le fric qui vous permet de continuer à jouer les sauveurs, leur asséna-t-il d'un air suffisant.

– Ah s'il te plaît, ne nous fais pas ce coup-là, intervint Anne qui, jusque-là, était restée silencieuse. Nous savons tous ici que ce programme est financé à cent pour cent par la coopération française.

– Et même à cent cinquante pour cent, renchérit Didier, vu les marges qu'on dégage.

– Comment ça ? demanda Olivier.

– Tout simplement en surfacturant nos frais réels, répondit l'administratrice. La différence permet de payer les frais de siège.

– Tout pour Boron... et d'après ce que j'ai appris, pour ta grande sœur aussi, ironisa Antonio.

Olivier poursuivit, ignorant la perfide remarque, mais il se jurait intérieurement de prendre ses distances avec le logisticien. De toute façon, il connaissait ses sources d'approvisionnement maintenant.

– N'empêche que si le mailing marche, vous savez bien que l'argent qu'on aura collecté nous donnera quand même plus de liberté dans nos actions...

Le press officer continuait avec opiniâtreté à tracer son sillon, répétant mot pour mot ce que lui avait seriné Bénédicte.

– Y compris d'aller intervenir là où personne ne veut nous financer ? questionna Antonio, soudain intéressé.

– Que veux-tu dire ? demanda Olivier. Aller dans d'autres pays sur fonds propres ? Tu sais bien que nous le faisons déjà.

– Non, c'est d'ici que je parle.

Antonio soudain paraissait très déterminé.

– Je trouve que nous devrions être présents du côté des rebelles, poursuivit-il. On ne sait pas trop ce qui se passe pour la population sous leur contrôle. Si tu me dis que grâce à ce fric, on trouve la liberté d'agir des deux côtés, je marche à fond dans ta combine.

– Minute ! s'insurgea Didier. Ce n'est pas à nous de décider. En plus, ce qui est arrivé à Yves et à Christine dans le nord devrait au minimum nous inciter à la prudence.

– Tu as raison, concéda Anne, mais Antonio aussi : si nous faisons un mailing sur le drame du Sawana, ce n'est pas pour collecter encore plus de fric pour un programme qui est déjà largement financé. Il faut que Bernard accepte que nous intervenions au nord. Sinon, nous ne pouvons pas dire que nous sommes des volontaires indépendants, mais juste de minables petits exécutants à bon compte des États. Sans la moindre déontologie, contrairement à ce que nous affirmons haut et fort pour nous donner bonne conscience.

Olivier était de très mauvaise humeur à présent.

– Moi, je veux bien appeler Bénédicte pour qu'elle en parle à Bernard, mais je sais ce qu'elle va me répondre : que je n'ai pas à me mêler de ça, maugréa-t-il.

Anne le toisa avec tout le mépris dont elle était capable.

– Calme-toi jeune homme ! Si tu permets, ce genre de question je m'en charge moi-même. Ce n'est pas à quelqu'un de la com de discuter de ces questions avec la direction.

– Entendu, je te laisse faire.

Le press officer était vexé mais soulagé. Au moins n'aurait-il pas à affronter le redoutable Boron, dont il connaissait d'avance la réaction. Il s'enferma dans un bureau pour essayer de joindre Paris.

Le lendemain, il revint vers l'équipe, l'air tout ennuyé.

– Voilà : l'histoire de Samira leur plaît bien, mais ils ne veulent pas que la lettre soit signée par Khadia. Ils préféreraient que ce soit Sarah : vis-à-vis des donateurs, c'est mieux.

– Qu'est-ce que c'est que cette histoire ? gronda Antonio.

– Sarah est une volontaire expatriée, ça parle plus aux gens que de leur montrer une employée locale, avoua Olivier, l'air d'avoir avalé sa cravate.

– C'est une honte ! explosa Marc.

– On n'a pas le droit de leur montrer une infirmière noire, c'est ça ? demanda Antonio.

– Si bien sûr. Mais les téléspectateurs n'ont vu que Sarah à l'antenne, ce sera plus efficace s'ils la retrouvent, elle, dans le mailing, tenta de justifier Olivier.

Constatant que toute l'équipe du Sawana, choquée, refusait de se prêter au jeu, Olivier en référa à Isabelle, qui alla rendre compte de ses difficultés au directeur général. Furieux, Boron lui ordonna d'appeler le Sawana, tandis qu'il restait auprès d'elle dans son bureau, sans qu'elle sache si c'était pour l'encourager ou pour la surveiller. Isabelle demanda à parler à Sarah. Elle avait mis le haut-parleur pour que Boron puisse suivre la conversation.

– Sarah, je compte sur toi pour signer personnellement le mailing. Ce sera plus convaincant, s'exclama-t-elle d'un ton jovial dès qu'elle eut l'infirmière au bout du fil.

– Pas question ! protesta immédiatement Sarah. Je n'entre pas dans tes combines ! En plus, j'ai horreur du ton larmoyant que vous employez dans vos lettres.

– Tu préfères rédiger le message toi-même ? proposa Isabelle. La suggestion atteignit le but recherché : décontenancer Sarah.

– Tu sais bien que je n'en suis pas capable. Non, je réprouve vos méthodes et je ne veux pas y participer. Point.

Après un silence, Sarah commit l'erreur d'ajouter :

– Sans compter que je ne veux pas me mettre en avant.

Un sourire éclaira aussitôt le visage de la responsable du marketing, qui adressa un clin d'œil à son directeur général. Elle avait trouvé la faille.

– Tu ne te mets nullement en avant : tu rends service à l'organisation, pour lui permettre d'avoir les moyens d'intervenir dans le pays. Tu nous donnes les moyens de notre liberté. Tu ne crois pas que cela mérite que tu revoies un peu tes principes ?

– Si Bernard Boron accepte que nous intervenions au nord, répondit fermement Sarah, je suis d'accord pour signer. Sinon, débrouillez-vous sans moi. Il n'a qu'à la signer lui-même, sa lettre.

Isabelle vit la moustache se rétracter en entendant l'ultimatum de l'infirmière. Il fallait absolument éviter que Boron n'implose en direct. Elle tergiversa :

– OK, je lui en parle et je te rappelle.

Elle n'avait pas encore raccroché qu'on entendit rugir :

– Il n'en est pas question !

La communication s'interrompit. Sarah comprit que Boron avait entendu la conversation. Elle avait déclenché l'ouragan. Il n'y avait maintenant rien d'autre à faire qu'à attendre. Elle retourna à ses occupations, tout en réfléchissant à la colère de Boron. Tant pis. Elle était loin. Le temps que la communication soit rétablie avec le Sawana, il se serait calmé. Elle se sentait plutôt satisfaite d'avoir parlé franchement.

En réalité, malgré une certaine gêne vis-à-vis de Khadia, Sarah commençait à fléchir. En soumettant son accord à une ouverture près de la frontière, elle avait posé la condition essentielle. Si le directeur général acceptait, le problème de la signature devenait secondaire. Et même... que des milliers de personnes en France puissent prochainement recevoir une lettre signée de sa main la troublait. Certains de ceux qu'elle avait connus autrefois, avant de partir pour l'Afrique, seraient surpris d'avoir ainsi de ses nouvelles. En même temps, ce sentiment très égoïste lui faisait honte. Voilà qu'à présent, elle tombait dans les travers qu'elle avait toujours honnis : la vanité, l'étalage de soi, l'absence de désintéressement.

Lorsqu'elle raconta le soir à Marc ce qui s'était passé, il réagit très vivement.

– Ne me raconte pas de salades ! Ton chantage concernant une ouverture au nord ne marchera jamais. Le fric qu'ils rentreront va servir une fois de plus à graisser la machine parisienne !

Marc avait remâché sa fureur toute la journée. Comme il criait sans même s'en rendre compte, Didier les entendit discuter de sa chambre. Il pensa qu'il faudrait avertir Paris pour que le contrat de ces deux-là ne soit pas renouvelé.

L'infirmière, elle, s'était tue et ne réagissait pas aux vitupérations de Marc. Après tout, pensait-elle, allongée dans la pénombre, les gens du marketing savaient bien ce qui rapporterait de l'argent à l'association. Et de l'argent, il en fallait, si on voulait aller voir de l'autre côté. Elle rendrait service à tout le monde en acceptant de signer le mailing.

## 10.

Ils attendirent une semaine sans recevoir de réponse. Hormis Didier qui n'avait aucune envie de se créer des tracas supplémentaires, l'équipe rongeait son frein.

Le seul message de Paris vint de Véronique Braga : elle leur envoyait deux infirmières et un logisticien supplémentaires pour renforcer la mission. Comme le nombre de déplacés augmentait et que MCF avait recueilli des fonds grâce à sa campagne de communication, la réaction du siège parisien parut tout à fait normale à l'équipe, et même bienvenue.

Marc et Sarah ne se doutaient pas que leur remplacement était programmé : dès que les nouveaux seraient opérationnels, Véronique Braga leur signifierait la fin de leur contrat. Bernard Boron n'avait pas supporté leur attitude, leur façon de se mêler de ce qui, estimait-il, ne les regardait pas, au lieu d'exécuter leur travail. Il avait donc ordonné à sa responsable du personnel d'anticiper leur succession. Braga avait récupéré un logisticien anglais, Lucas, qui attendait depuis des semaines en Iran d'hypothétiques réfugiés afghans, négociant son affectation au Sawana avec le siège de MCF à Londres. De la même façon, elle avait fait revenir une infirmière, Céline, du Tadjikistan : bien que les humanitaires soient enfin entrés en Afghanistan par la route du nord, il apparaissait clairement que la mission de Mazar-e-Charif avait été surdimensionnée. Les Afghans ne mouraient nullement de faim et de froid, contrairement à ce qu'avaient proclamé depuis des mois les ONG, avec d'autant plus de certitude qu'elles avaient toutes évacué le pays à l'annonce des frappes américaines.

Quant à la deuxième infirmière, Sarah la reconnut immédiatement : c'était Gisèle, la fille du département de la nutrition qui l'avait reçue à son arrivée chez MCF. Gisèle, qui n'en pouvait plus de se sentir exilée au dernier étage du siège, avait demandé à retourner sur le terrain.

Marc et Sarah ne pouvaient imaginer que les trois nouveaux venus prendraient leur place. Ces derniers n'en savaient rien non plus, on s'était bien gardé de le leur dire. Ils furent donc accueillis avec soulagement, car le travail devenait de plus en plus intense. Ils se coulèrent très vite dans le moule, Véronique Braga ayant cette fois pris la précaution de choisir des volontaires déjà expérimentés.

Gisèle et Céline, comme Lucas, avaient l'habitude des missions de MCF : même si les pays variaient, les tâches étaient partout les mêmes, à tel point que des procédures avaient été codifiées dans des guides techniques qu'il suffisait de suivre à la lettre. En quelques mois, les volontaires se muaient ainsi en de supertechniciens de l'humanitaire, et ils ne devaient surtout pas sortir de leur fonction. Marc et Sarah, au contraire, étaient trop neufs encore, ils n'avaient pas eu le temps d'épuiser leur sens critique et leur capacité d'indignation. Ils piaffaient d'impatience en attendant de se rendre dans les provinces du Nord. Pour une fois, l'infaillible Véronique Braga, pressée par l'urgence, n'avait pas vu que ces deux-là ne se contenteraient pas d'exécuter sagement le programme. Si Sarah avait été seule, peut-être n'aurait-elle rien tenté, mais poussée par Marc, elle révélait une nature plus rebelle que les apparences ne l'auraient laissé supposer.

Parce qu'Anne avait l'habitude des pratiques de MCF, elle subodorait que quelque chose se tramait à Paris. Elle s'en ouvrit à Didier quelques jours après l'arrivée des nouveaux membres de l'équipe :

– Tu ne trouves pas que cette arrivée ressemble très fort à un tuilage qui ne dit pas son nom ?

C'était l'expression consacrée pour désigner la période de chevauchement entre deux volontaires, lorsque celui qui avait terminé son contrat restait encore quelques jours sur place, le temps de former son successeur. Ainsi, le nouveau venu n'avait-il pas, théoriquement, à tout réapprendre pour poursuivre le programme... En réalité, il mettrait des mois à saisir toutes les subtilités du contexte local – s'il les comprenait jamais – et à devenir vraiment efficace. C'était toute la limite de l'action humanitaire telle que la pratiquaient des ONG comme MCF, cet éternel recommencement des actions par une jeunesse qui venait faire ses armes sur des terrains d'expérimentation grandeur nature, comme si les populations autochtones s'étaient résumées à des corps souffrants, sans passé, sans histoire, sans savoir, sans culture. Heureusement, le personnel local assurait la continuité : des salariés comme Khadia ou Ali en avaient vu défiler des volontaires, tout frais émoulus de leur école, qui ne connaissaient rien mais croyaient tout savoir. Le succès de l'humanitaire devenait tel que des formations spécifiques étaient nées, comme si, partout, dans le monde entier, les peuples frappés par les drames les plus divers pouvaient être secourus de la même façon, comme si une technique universelle de l'assistance humanitaire pouvait être élaborée. Une sorte de sésame pratique et interchangeable, destiné à métamorphoser ceux qui le recevaient en Sauveurs Attitrés de l'Humanité ou en Agents Professionnels du Bien. Le diplôme n'existait pas encore mais certains y réfléchissaient : comme les agences d'aide dépensaient de plus en plus d'argent pour se créer des bataillons de volontaires humanitaires prêts à être envoyés dans tous les pays du monde, il y avait un créneau à prendre.

Didier se garda bien d'informer Anne qu'il avait lui-même conseillé à Braga de remplacer Sarah et Marc. Mais Antonio, qui avait eu le même pressentiment qu'Anne, en déduisit qu'il n'y avait pas un instant à perdre. Il convainquit Marc et Sarah d'organiser avec lui une mission exploratoire vers le nord sans en parler à Paris. Maintenant que les nouveaux étaient là, les centres pouvaient tourner, même s'ils s'absentaient une semaine.

Informé du projet, Didier le désapprouva formellement. Les autres n'en eurent cure, d'autant qu'ils sentaient chez Anne une complicité tacite. Pour arranger tout le monde, il fut décidé que l'expédition se ferait un vendredi : les coupables pourraient toujours dire qu'ils avaient pris sur leur temps de repos, ce qui dédouanerait MCF de sa responsabilité.

Khadia décida de se joindre à eux. Une fois de plus, Didier refusa catégoriquement, mais la jeune femme exposa calmement sa détermination :

– Écoute-moi Didier. Tu sembles oublier qu'il s'agit de mon peuple, de ma vie. Si tu me refuses ce voyage, c'est simple : je démissionne immédiatement de mes fonctions. Seras-tu plus arrangé pour autant ?

– N'as-tu pas déjà payé assez cher ? l'interrogea le chef de mission, sans avoir le courage de préciser sa pensée.

Khadia avait parfaitement compris l'allusion. Elle pâlit.

– N'oublie pas que c'est l'armée gouvernementale qui a tué ma famille. Si mes frères m'ont rejetée ensuite, je ne peux pas leur en vouloir : je connais assez les mentalités chez nous pour savoir qu'une personne dont tous les proches meurent devient suspecte dans nos villages.

Elle se tut quelques instants, puis ajouta en souriant :

– Les bons pères n'ont pas fini leur boulot au temps de la colonisation : ils n'ont pas extirpé de nos esprits les croyances anciennes, la conviction que certains objets ont une âme, que les êtres humains, parfois, portent en eux le mauvais œil. Je veux retourner auprès des miens, leur montrer qu'ils peuvent me faire confiance. Depuis des années, je travaille dans ce dispensaire où mon peuple échoue, affamé, détruit. Je n'en peux plus de les voir si maltraités. Que tu le veuilles ou non, je pars.

Didier ne pouvait que s'incliner.

Anne trouvait qu'envoyer quatre personnes dans le Nord signifiait prendre des risques considérables. Elle s'en ouvrit à Ali, la nuit suivante.

– Si tu veux, je suis d'accord pour les accompagner, proposa l'homme. Au moins, ils n'auront pas à se préoccuper des embûches de la route.

– C'est vrai ? Tu ferais cela ?

Anne n'en revenait pas.

– Tu sais que tu risques de perdre ta place si Didier en parle à Paris ?

– C'est un risque que j'accepte de prendre. Je suis depuis trop longtemps impliqué dans cette mission pour laisser des choses aussi importantes se dérouler sans moi.

Anne lui sauta au cou, ce qui ne ressemblait pas à sa réserve habituelle.

Le lendemain, elle convainquit Didier de fermer les yeux sur l'expédition.

– Tu n'as qu'à faire une virée au lac Vert avec les nouveaux, lui suggéra-t-elle. Disons que pendant que tu es absent, ils t'ont tous désobéi.

Didier soupira. De toute façon, si même son administratrice soutenait le projet, il n'avait guère le choix.

– D'accord, mais tu m'accompagnes samedi et dimanche au lac Vert. Les nouveaux, moi je ne les connais pas. Et si ça se trouve, ils vont être ennuyeux comme la mort.

– Ne t'inquiète pas, on ira picoler ensemble ! le rassura Anne. Et puis, tu as remarqué comme elle est mignonne, la petite Céline ? Avec un peu de chance...

– Arrête ! elle a au moins vingt ans de moins que moi. Je ne vais pas rêver...

Mais Didier n'était pas mécontent, somme toute, de partir avec trois filles en week-end. Lucas, l'autre logisticien, ne pouvait quand même pas toutes les accaparer.

Ils partirent donc à cinq pour la frontière du nord : Antonio et Khadia, Marc et Sarah, plus Ali qui conduisait. Les quatre volontaires, tendus et excités par leur audace, se confortaient mutuellement dans leur détermination, en évoquant tous les événements auxquels ils avaient été confrontés au cours des dernières semaines.

Même s'ils avaient eu la tentation de renoncer, le décor qui les environnait aurait suffi à les convaincre qu'ils ne pouvaient plus éternellement attendre que le drame parvienne à la porte de leurs centres nutritionnels. La voiture cheminait dans des paysages qui semblaient avoir été balayés par une vague de napalm : villages détruits et calcinés, maisons éventrées, carcasses de camions, champs aux récoltes brûlées sur pied, forêts dévastées qui ne pourraient plus dissimuler quiconque. Cette terre si fertile avait été réduite en cendres. Un cordon de ruines coupait en deux le pays : au sud, les régions gouvernementales quadrillées par l'armée ; au nord les zones hors contrôle, soumises à des bombardements sporadiques et à des raids militaires, mais largement tenues par une guérilla qui menait des incursions éclairs à partir du pays voisin, puis qui se repliait dans les collines, en emmenant avec elles des populations otages, apeurées et impuissantes.

Il fallait absolument imposer une présence humanitaire au nord pour éviter le calvaire du peuple soro, c'était la conviction de tous. Cette expédition couronnait leur opiniâtreté. Pourtant, ils avaient dû partir clandestinement, autant vis-à-vis de MCF que du gouvernement sawanais ; bien évidemment, Didier n'aurait jamais pu obtenir d'autorisation officielle pour effectuer cette mission exploratoire. Et pourtant, il avait accepté que les deux logisticiens et les deux infirmières passent outre. Marc y voyait la conséquence d'un reste d'éthique humanitaire dont, avant de partir, il avait félicité le chef de mission devant les autres membres de l'équipe. Pour le plus grand embarras de Didier, qui aurait préféré plus de discrétion. Il faut dire que Marc n'avait pas fait dans la dentelle, déclarant avec emphase :

– Je constate que grâce à toi, MCF garde un reste de morale humanitaire. Ton comportement justifie la confiance des milliers de donateurs qui nous mandatent pour agir en leur nom contre la violence du monde.

Antonio en avait sifflé d'admiration, Anne applaudit ironiquement. Elle était plus circonspecte. Le soir même, elle eut une longue conversation téléphonique avec Bernard Boron. Le vendredi, elle le savait, était le jour où elle pouvait espérer le joindre facilement : les trois quarts du personnel parisien avait déserté les bureaux la veille, depuis que l'association avait adopté les nouvelles réglementations limitant le temps de travail. Les convulsions du siège s'étant enfin calmées, Bernard restait seul devant ses montagnes de dossiers, avant de dresser le bilan de la semaine avec ses responsables de département. Le nouveau directeur financier, Véronique Braga, Isabelle, Bénédicte, Philippe Morteau et Fabrice Dlume savaient qu'ils devaient attendre dans leurs bureaux respectifs la convocation de leur chef. Véronique Braga ne supportait pas ces heures perdues, qui la privaient un peu plus de ses enfants, mais elle n'avait pas le choix. Comme les autres, elle était soumise au bon vouloir du directeur général.

Anne essaya d'évoquer avec Bernard la perspective d'une mission exploratoire vers le nord, sans lui avouer que ladite mission était déjà en route. Elle voulait connaître la position exacte du directeur général à ce sujet, anticipant la colère terrible dans laquelle il ne manquerait pas d'entrer, lorsqu'il comprendrait que toute l'équipe du Sawana lui avait désobéi.

Les propos de Bernard la prirent au dépourvu. Avec un parfait cynisme, il lui fit part de son analyse :

– Je me suis renseigné depuis que cette infirmière a fait son petit chantage à Isa. Elle a eu tort d'ailleurs, car je peux te dire que dès que sa remplaçante est prête, elle gicle vite fait. Et son copain logisticien aussi. Tu sais, la tête d'œuf ? Ils ne vont plus m'embêter longtemps, ces deux-là. Mais avant de dégager, elle va être contente : je suis d'accord pour monter une mission exploratoire dans le Nord.

Sans laisser le temps à Anne de lui annoncer que ça tombait bien puisque..., il lui tint un long discours confus, entrecoupé de bégaiements, de bouffées de cigarette et de toux rauque. Anne avait beau essayer, elle ne parvenait plus à l'interrompre. Il était comme ça, Boron : une fois lancé, il n'avait cure des réactions de ses interlocuteurs. La locomotive avançait sur ses rails en brinquebalant, mais elle avançait. Anne crut comprendre que la multiplication des agences humanitaires dans la région avait rendu de plus en plus vive la concurrence entre les ONG. Le nombre de bénéficiaires allait s'amenuiser d'autant. Boron envisageait donc, en toute logique, d'intervenir au nord pour ouvrir à MCF de nouveaux marchés. Communiquer sur des souffrances jusque-là inconnues du grand public lui donnerait une longueur d'avance sur ses concurrentes.

Anne était estomaquée par la tranquille franchise avec laquelle il lui dévoilait ses calculs. Mais l'autre ne remarquait pas le lourd silence qui s'était installé au bout du fil. Il poursuivait interminablement sa péroraison, comme s'il s'était mis à réfléchir à voix haute, sans penser à son interlocutrice. L'association avait collecté tellement d'argent depuis le reportage télévisé, et les nombreux voyages de presse qu'il avait suscités, que programmer sur fonds propres une investigation dans le nord du Sawana n'était plus un problème. L'entrée en scène de nouveaux bailleurs de fonds institutionnels, comme l'Europe, et les milliers de chèques adressés par les donateurs rendaient l'association moins dépendante du gouvernement français. MCF n'avait plus à limiter ses programmes aux zones contrôlées par le régime sawanais pour obtenir des financements. Les rebelles, eux, avait appris Boron, avaient su faire miroiter aux Américains la perspective de futurs contrats pétroliers en échange d'une aide financière et d'armes de guerre.

– Je me suis renseigné auprès de la coopération américaine. Il y a aussi du fric à se faire de ce côté-là. Comme ils soutiennent le Front de Libération du Soro, ils doivent être prêts à lâcher des budgets. Il faut juste que je double MCF-USA sur ce coup-là, sinon c'est eux qui vont toucher le jackpot.

Bernard ne l'avouait pas à Anne, mais il avait déjà réuni ses responsables de département le matin même, dans un de ces « comités de direction » qu'il affectionnait. La politique de l'association s'y décidait dans le plus grand secret. Personne d'autre que les responsables choisis par Boron n'était autorisé à participer au cénacle, pas même le président et les administrateurs de MCF, pourtant légalement responsables de l'association. À ceux-là, on servirait le discours préparé en « com-dir », agrémentés de quelques récits édifiants sur les grandes actions morales de MCF. Les bilans comptables, assénés avec une technicité aussi hermétique qu'irréprochable par le directeur financier durant les deux heures qui suivraient, achèveraient d'anesthésier les administrateurs. Leur rôle se résumerait ensuite à jouer les chambres d'enregistrement des décisions prises durant les comités de direction, sous la férule de l'implacable directeur général.

Faire partie du comité de direction était un privilège réservé aux seuls initiés, ceux qui avaient su faire allégeance. Le nombre des directeurs croissait à mesure que Bernard Boron s'entourait d'une cour toute dévouée, qui exécutait à sa place toutes les tâches, tandis que lui-même n'avait plus qu'à se concentrer sur son unique objectif, conserver coûte que coûte le pouvoir. Bernard créait des rivalités pour mieux régner : Isabelle avait vu arriver Bénédicte, Morteau s'était vu adjoindre Dlume. Pendant que les directeurs de département s'étripaient tout en cherchant à s'attirer les bonnes grâces de leur chef, celui-ci comptait les points, savourant secrètement sa position d'arbitre tout-puissant.

MCF n'y gagnait pas en efficacité : la plupart des décisions restaient des semaines en suspens car le maître n'avait pas tranché. Cela lui prenait toujours beaucoup de temps parce qu'il avait pour habitude de multiplier les consultations, pour tester les positions des uns et des autres. À la fin, il tranchait sans appel, en fonction de critères qui restaient souvent obscurs pour les membres de l'association. Comment ces derniers auraient-ils pu s'imaginer que la principale motivation de leur chef consistait en réalité à choisir ce qui serait bon non pour les victimes de la faim, les bénéficiaires supposés des programmes, mais pour lui, Bernard Boron, pour son train de vie et son vertige de puissance ?

De fait, MCF fonctionnait grâce aux responsables géographiques, qui géraient les missions de terrain – baptisées pompeusement « opérations », dans un emprunt au langage militaire qui semblait ne froisser personne. Philippe Morteau et Fabrice Dlume rêvaient de renverser un jour Boron, qu'ils prenaient à tort pour un incapable à cause de son élocution désastreuse. Mais leur rivalité les empêchait de faire alliance. Boron savait parfaitement que le jour où ces deux-là trouveraient un terrain d'entente, c'en serait fini de son pouvoir. Il cultivait donc judicieusement leur détestation mutuelle. Sa méthode était de révéler discrètement à l'un les turpitudes imaginaires que l'autre avait commises. Ces fautes, inventées de toutes pièces mais plausibles, suscitaient chez le rival des réactions indignées, des condamnations sévères. Boron rapportait ensuite à l'autre, comme à regret, l'air désolé, tout le mal que son collègue pensait de lui. Morteau et Dlume se haïssaient et Boron se frottait les mains.

Il procédait de même envers les deux responsables de la communication : Isabelle, qui faisait tourner la machine avec l'argent des mailings, et Bénédicte, que Boron aimait particulièrement pourtant, parce qu'elle avait le pouvoir de le faire passer à la télévision. Il aurait été plus cohérent qu'Isabelle soit placée sous la responsabilité de la directrice de la communication, mais Boron jugeait plus habile de mettre les deux femmes en concurrence. Elles aussi se détestaient, d'autant qu'Isabelle avait appris par Braga la liaison de Bénédicte avec le directeur général. Enfin, Boron se reposait sur Paul-Henri, le directeur financier, dont le rôle essentiel était de rassurer les administrateurs, et tous ceux qui finançaient de près ou de loin la machine humanitaire, tout en couvrant les notes de frais de son directeur. Enfin Véronique Braga, la responsable du personnel, envoyait au casse-pipe des soutiers anonymes, dont le dévouement gratuit masquait la prodigalité des autres.

Tout l'art de Boron et de ses fidèles disciples consistait à déployer en permanence le grand théâtre de la générosité devant les yeux émus des donateurs, des administrateurs, des journalistes et même des futurs volontaires, qui rêvaient de devenir à leur tour des héros de l'humanitaire. Cette mise en scène reposait sur l'exposition d'urgences successives, comme l'Afghanistan, ou le Sawana, au secours desquelles MCF devait voler séance tenante. Ces urgences justifiaient les appels de fonds permanents, comme si c'était l'association elle-même qui menaçait de basculer dans la famine à chaque seconde – et c'était peut-être le cas, avec tout l'argent qu'elle engloutissait dans sa dispendieuse machinerie.

Le système mis en place au fil des années occultait une réalité que personne n'aurait jamais osé admettre : l'argent destiné aux victimes s'évaporait dans des circuits de plus en plus complexes, avec une déperdition telle qu'il fallait sans cesse mentir sur le nombre des « bénéficiaires » réels des actions humanitaires, proclamer des bilans mirifiques que personne ne prenait jamais la peine de vérifier. Trois millions de personnes sauvées de la faim, proclamait MCF dans les innombrables publications en quadrichromie que Bénédicte et Isabelle commandaient aux agences de publicité. Chacun se gargarisait de ce sublime résultat à l'intérieur de l'association. Mais les volontaires de terrain, eux, ne comprenaient pas : qui étaient ces personnes ? Comment avaient-elles été sauvées ? Pour combien de temps ? Où et comment vivaient-elles désormais ? Ils avaient beau faire le compte, les volontaires, additionner tous les gens qui, de près ou de loin, avaient un jour reçu des rations, ils n'arrivaient jamais à ce munificent total, qui anéantissait par avance toute critique. Personne n'aurait osé soupçonner une association qui remplissait une aussi noble tâche. Même si son ampleur perdait quelque peu de sa superbe lorsqu'on se rendait compte que plus de huit cents millions de personnes souffraient chaque année de la faim dans le monde : l'aura des trois millions affichés par MCF se ternissait brutalement à l'ombre de la foule immense des affamés. Bénédicte envisageait d'ailleurs sérieusement de passer à cinq millions : c'était un chiffre plus parlant. Et comme personne ne pourrait vérifier...

Avec la même habileté que les filles de la communication, Paul-Henri, le directeur financier, avait imaginé un ingénieux stratagème qui justifiait largement la dispendieuse rémunération que lui servait son patron sur l'argent de la collecte de fonds : dans ses savants bilans comptables destinés à rassurer donateurs et administrateurs, il englobait les énormes frais de la machinerie humanitaire dans ce que l'association baptisait ses « missions sociales ». Grâce à Paul-Henri, MCF pouvait donc proclamer que quatre-vingts pour cent de l'argent qu'elle collectait était utilisé à ses « missions sociales », terme fourre-tout que le donateur comprenait comme « l'argent qui va sur le terrain ». Tout le monde déduisait immédiatement que quatre-vingts pour cent de l'argent collecté par MCF servait à mener des opérations de secours aux affamés. Que cet argent était converti en tonnes de nourriture, en innombrables couvertures, en milliers de boîtes de médicaments – non périmés – pour les peuples livrés à l'exode et au désespoir. Un tel pourcentage suscitait l'admiration générale, au point que certains murmuraient qu'un prix Nobel serait peut-être bientôt décerné à l'association.

En réalité, les quatre-vingts pour cent incluaient le fonctionnement de l'énorme département des opérations, les salaires de tous ceux qui travaillaient avec Morteau et Dlume au siège, les bières de Didier et ses entrées dans les boîtes de nuit, les voyages des directeurs et tous leurs frais d'hôtel et de minibar, les séminaires à l'étranger, que les responsables de l'association organisaient chaque fois qu'ils avaient envie de voir du pays et de desserrer l'étau de leur vie conjugale, et puis toute la mission de « sensibilisation » dont l'association s'estimait investie et qui consistait à produire de magnifiques publications en quadrichromie, où les trois – et bientôt cinq – millions d'affamés se voyaient résumés à quelques icônes d'enfants à la souffrance terriblement photogénique.

Paul-Henri mentait-il d'ailleurs, lorsqu'il annonçait ces chiffres fabuleux ? L'association tout entière n'existait-elle pas parce qu'il y avait ces icônes d'enfants, qui justifiaient tout, qui excusaient tout ? N'avait-on pas créé cette énorme machine humanitaire pour secourir des « bénéficiaires » anonymes, résumés par quelques visages enfantins qui rassuraient le donateur et lui donnaient le sentiment de faire le bien en versant son obole à l'ONG ? Si on y réfléchissait un peu, ce n'était pas quatre-vingts pour cent de « missions sociales », mais cent pour cent qu'il aurait fallu écrire. Après tout, recaser des gens totalement inadaptés à une vie normale, comme Bernard Boron, Didier ou Véronique Braga, relevait aussi de la mission sociale. Il était presque surprenant qu'avec un scrupuleux souci de ne pas pousser le bouchon trop loin, Paul-Henri se soit senti obligé d'extraire vingt pour cent de frais de fonctionnement.

Anne, un jour, avait cherché à comprendre. Puisqu'elle était administratrice de terrain, elle voyait bien, sur place, comment on pouvait truquer les bilans, établir de fausses factures, justifier a posteriori des dépenses suspectes grâce à des arrangements avec des fournisseurs locaux toujours accommodants et, surtout, habiles à fabriquer de la vraie fausse comptabilité. Elle avait demandé à Paul-Henri comment il arrivait à sortir ces vingt pour cent de ce qui n'était de toute façon qu'une énorme escroquerie intellectuelle, établie avec l'assentiment de toutes les institutions qui finançaient l'action humanitaire et demandaient à être rassurées : ni les fonctionnaires de l'État, ni les experts des agences d'aide n'avaient envie que l'opinion publique leur reproche de gaspiller les deniers du contribuable, pas plus que les généreuses entreprises mécènes, qui devaient justifier du choix de leurs bonnes œuvres devant leurs actionnaires.

Tout le monde s'accordait donc sur la fiction des quatre-vingts pour cent. Leurs destinataires théoriques n'avaient de toute façon guère voix au chapitre : c'était le « bénéficiaire » mythique, réfugié dans l'exode, famille à moitié morte de faim, malade en phase terminale à cause d'affections tropicales que personne ne prenait la peine de soigner... C'était bien le cadet de leurs soucis, à ces gens-là, de savoir que le médicament ou le sac de riz que leur délivraient – avec une parcimonie justifiée par le prétexte de ne pas gaspiller l'aide humanitaire ni d'encourager l'assistanat – les hordes d'humanitaires, vautrés sur leur malheur comme des nuées de sauterelles, que cette mirifique obole valait son pesant d'or, tant elle avait nécessité de personnel, de frais de siège, de coûteux 4 × 4, de comptables se vérifiant en chaîne, depuis la mission jusqu'au bureau du bailleur de fonds, en passant par la capitale du pays d'intervention, la coordination régionale et le siège occidental de l'association bienfaitrice.

Comment les « bénéficiaires » auraient-ils pu connaître le décalage entre les sommes gigantesques englouties dans l'entonnoir humanitaire et le dérisoire bilan des rations de survie effectivement distribuées à l'arrivée, après avoir fait le bonheur de myriades d'intermédiaires ? Eux voyaient qu'au bout du compte, on leur avait fait l'aumône d'un peu de mieux-être, alors qu'ils étaient dépouillés de tout, humiliés jusqu'au tréfonds d'eux-mêmes. Le moindre geste de sollicitude prenait des proportions grandioses. Et peu importe qu'il y ait autour de ce geste dix photographes bardés d'appareils coûteux et vingt humanitaires dûment revêtus pour la circonstance de vestes siglées. Tout ce cirque, cette mise en scène de l'aide, n'occultaient pas pour autant l'aide. Les rancœurs et le sentiment de s'être fait gruger viendraient plus tard, quand ils seraient sortis de l'ornière. S'ils en sortaient.

Paul-Henri n'avait pas esquivé l'interrogation d'Anne. Il lui avait expliqué qu'une part des dépenses ne pouvait absolument pas être expliquée de près ou de loin par les besoins du « bénéficiaire ». En tout cas, si l'on voulait être scrupuleux comme lui et éviter les contrôles, toujours ennuyeux. Il avait évoqué le marketing, la communication, restant volontairement flou. En réalité, seuls les directeurs et les comptables connaissaient le montant réel des honoraires servis aux « agences-conseils » avec lesquelles travaillait l'association. Un secret d'État qui, dévoilé, aurait risqué de mettre le feu à la maison. Les agences de communication n'avaient aucun scrupule à facturer leurs services à des prix d'autant plus exorbitants qu'elles savaient combien les humanitaires dépendaient d'elles pour exister, combien ils étaient suspendus à leur capacité à construire des « mailings » vendeurs et des campagnes de communication irrésistiblement émouvantes. Toutes prospectaient les ONG, dans lesquelles elles flairaient des marchés immenses, en se proclamant, la main sur le cœur, émues par la cause humanitaire, prêtes à consentir les plus grands sacrifices financiers pour rester fidèles à une éthique que le monde des affaires, à les entendre, piétinait chaque jour. Mais les ristournes des débuts, destinées à ferrer la bête, laissaient très vite place à des factures implacables, justifiées, prétendaient-elles, par la qualité des services rendus, en réalité par l'abîme d'incompétence, de cynisme et de négligence qu'elles découvraient dans ce monde humanitaire. Finalement, les ONG payaient plus cher que les entreprises marchandes les prestations qui leur étaient servies, mais comme c'était l'argent gratuit des donateurs qui partait dans le gouffre sans fond des consultants, et que le directeur financier prenait soin de l'englober dans les vingt pour cent qui « n'allaient pas sur le terrain », non seulement personne ne pipait mot, mais on louait au contraire l'honnêteté des ONG, qui n'en revenaient pas, en privé, de tant de mansuétude.

Bernard Boron avait donc péniblement exposé devant ses chefs de département, apparemment confits en dévotion, pourquoi l'association devait absolument s'ouvrir de nouveaux débouchés au nord du Sawana, dans le langage hésitant dont il avait le secret pour masquer une volonté de fer.

Les six directeurs avaient bien entendu acquiescé aux thèses de Boron, non sans quelques molles objections, proférées pour la forme. S'opposer aurait été suicidaire puisqu'ils avaient été promus précisément pour leur aptitude à la soumission. Critiquer le directeur général entraînait à brève échéance la disgrâce, puis le dénigrement, suivi du renvoi ou, plutôt, de la démission volontaire. Le coupable, discrédité aux yeux du reste du personnel, n'avait pas d'autre issue que de se sauver piteusement, en sachant que sa réputation continuerait d'être méticuleusement salie derrière son dos. Les directeurs l'avaient compris. La route qui menait au privilège du comité de direction était jalonnée des cadavres virtuels de tous ceux qui avaient cru pouvoir s'opposer et qui avaient dû partir dans l'opprobre général. Après avoir passé des années et des années à gravir péniblement les échelons du pouvoir, malgré des moyens intellectuels limités qu'il employait principalement pour éliminer toute personne susceptible de lui faire de l'ombre, Bernard Boron gérait l'association comme sa petite PME personnelle.

Sa stratégie était simple : faire grossir les rentrées financières afin de s'assurer, et d'assurer à ses directeurs, une rémunération à faire pâlir d'envie un ministre, doublée, sur notes de frais, d'un train de vie plus que confortable. Dans le même temps, les chefs s'employaient à seriner aux volontaires de terrain et au petit personnel que les temps étant durs, il fallait que tout le monde se serre la ceinture. Le discours humanitaire, qui permettrait de vendre aux administrateurs l'ouverture et la fermeture des missions, décidées selon des critères avant tout financiers, était soigneusement concocté en comité de direction, afin de donner lieu, en conseil d'administration, à une récitation unanime. Seuls les besoins des bénéficiaires étaient évoqués, alors que les vrais critères résidaient dans la capacité des programmes choisis à dégager des marges bénéficiaires.

La crédibilité de l'association auprès des milliers de petits donateurs qui la soutenaient régulièrement était garantie par la présence au conseil de quelques personnalités de renom – intellectuels, chefs d'entreprise, journalistes connus. Certains avaient accepté d'en faire partie pour des raisons de prestige. D'autres parce qu'ils avaient l'impression, ainsi, de contribuer personnellement à lutter contre les malheurs du monde. Ils savaient gré au directeur général de leur alléger au maximum cette charge évidemment bénévole – ce qu'ils n'omettaient jamais de rappeler – en décidant de tout. Les limites du dévouement et de l'engagement humanitaire de ces administrateurs vedettes s'arrêtaient exactement aux douze soirées annuelles qu'ils acceptaient de prendre sur leur temps précieux pour venir écouter les bafouillements de Boron, en se demandant comment une association de cette taille pouvait être gérée par un être aussi fruste. Qu'il ait été logisticien de terrain ne les surprenait guère, mais ils passaient leur soirée à détailler le moustachu, en se demandant comment un tel homme avait pu accéder à la direction générale. Ils ignoraient le champ de ruines dont cette progression était jalonnée. Bien évidemment, tous ceux qui avaient démissionné, écœurés, après avoir compris comment fonctionnait véritablement la pseudo-association, n'étaient plus là pour dénoncer le cynisme et les manipulations. Et si, d'aventure, certains départs étonnaient, le directeur général suggérait une prétendue incompétence, voire des malversations sur lesquelles il préférait ne pas s'étendre, puisqu'on était entre gens de qualité.

Aux administrateurs, Boron se présentait comme le garant de l'équilibre financier de MCF, attribuant les résultats exceptionnels de l'association non à la séduction que l'humanitaire exerçait auprès du grand public, mais à une compétence exceptionnelle acquise après de longues années de terrain. Ceux qui l'avaient côtoyé à l'époque se souvenaient plutôt de beuveries mémorables, mais rares étaient ceux qui en faisaient état : soit ils partageaient les meilleurs postes avec le directeur général et jugeaient plus judicieux de se taire, soit ils avaient rompu avec ce monde, qui leur avait laissé de cruelles désillusions.

Après tout, se disaient les administrateurs, parfois un peu surpris par la valse du personnel, que Bernard Boron s'employait à leur présenter comme inévitable dans l'aide humanitaire, les affaires tournaient. Une fois le conseil d'administration terminé, ils repartaient bardés de documents et d'anecdotes qui rentabilisaient largement leur présence et leur permettaient d'arborer leur engagement humanitaire dans toutes les tribunes dont ils disposaient pour informer l'opinion publique. Tout le monde gagnait à l'échange : les intellectuels médiatiques octroyaient un peu de leur prestige et de leur renommée à l'association, qui les en payait en retour en leur permettant de s'exprimer en tant qu'administrateur de MCF, au nom de toutes les victimes du monde, de donner leur avis éclairé sur les grandes tragédies humanitaires. Pourtant, leur rôle effectif se résumait à servir de chambre d'enregistrement, entérinant légalement des décisions prises dans un but mercantile par un quarteron de salariés cyniquement tournés vers la perpétuation de leur petit business.

Ainsi les apparences légales étaient préservées, l'association faisait bien figure d'association, et puisque de telles personnalités siégeaient à son conseil d'administration, personne ne se risquait à creuser d'un peu plus près les ressorts profonds de l'activité humanitaire. La vertu de l'association éclatait sur les murs des villes, en affiches de quatre mètres sur trois, grâce à des photographies sublimes d'enfants décharnés. Les administrateurs eux-mêmes n'omettaient jamais de se faire accompagner par les meilleurs photographes lors de leurs « missions ». Les articles qu'ils publiaient au retour s'en trouvaient magnifiés par les clichés les représentant « sur le terrain », en train d'enfourner une cuillerée de bouillie dans la bouche d'un enfant mourant. Ou d'enserrer d'un air compatissant les épaules décharnées de quelque victime anonyme. Le visage émacié et terne des bénéficiaires contrastait avec la faconde autosatisfaite des visiteurs, rutilants du coup de soleil qu'ils attrapaient immanquablement sous les tropiques. Combien de fois Anne les avait vus, ces administrateurs vedettes, cuirassés de lotion antimoustique, refuser de s'enduire de crème solaire, jusqu'à ce que la peau rougie de leur nez menace de partir en lambeaux, ce qui aurait été contre-productif sur le plan médiatique ?

Les administrateurs en visite tiraient de leurs trois jours de terrain des pages et des pages de reportages et de commentaires sur la souffrance des peuples qu'ils avaient eu le courage de visiter. Rares pourtant étaient ceux qui consentaient à donner à l'association, en plus de leurs douze soirées annuelles, un peu de cet argent qu'ils gagnaient de tous côtés, par leurs droits d'auteur, leurs articles et leurs conférences... L'argent, c'était au donateur modeste de le verser, après avoir été dûment sollicité par les stars du conseil d'administration, dont la générosité s'étalait télégéniquement dans tous les grands supports de la presse écrite et audiovisuelle.

Boron annonça donc à Anne qu'un conseil d'administration exceptionnel était prévu dès le lendemain matin, samedi. Le but du directeur général était de convaincre les administrateurs que MCF devait à présent intervenir au nord du Sawana, où une famine dramatique sévissait. Il comptait leur projeter les images d'Abdou et de Samira, autant pour tester leurs réactions, avant d'utiliser ces clichés pour illustrer le prochain mailing adressé aux donateurs, que pour les sensibiliser sur la tragédie du Soro. Soucieux d'arrêter la stratégie à suivre lors du conseil, le directeur général réunissait une nouvelle fois son comité de direction dans quelques minutes.

Anne n'osa pas lui avouer que l'équipe était déjà partie. Elle se tut lâchement, en espérant que le feu vert pour la mission du Nord serait donné dès le lendemain par Boron. Personne ne saurait, après coup, que l'équipe était partie sans l'attendre.

# 11.

La voiture cheminait lentement sur la piste défoncée, traversant de loin en loin des villages désertés dont les cases avaient été détruites, souvent brûlées. Alors qu'ils venaient tout juste de pénétrer dans la zone rebelle, ils croisèrent un camion rempli de soldats. Les militaires les dévisagèrent d'un air hostile, mais personne ne tenta de les arrêter. Tout semblait désert. On leur avait pourtant dit que des patrouilles quadrillaient la région. Même les barrages routiers avaient disparu. « Ils ne vont quand même pas se rançonner eux-mêmes ! » avait plaisanté Antonio, quand Marc s'était étonné de la relative aisance avec laquelle ils circulaient.

Où étaient passés les villageois ? Khadia assurait qu'ils se cachaient dans la brousse, pour échapper aux soldats autant qu'aux rebelles. Mais comment survivaient-ils ? Beaucoup de champs de sorgho avaient été brûlés avant même de livrer leur récolte. La faim devait régner dans cette province ; une faim silencieuse, masquée. Le paysage qui se déroulait sous leurs yeux semblait singulièrement calme et tranquille, même si les villages dévastés rappelaient de loin en loin que la province était en guerre. Ils savaient qu'ils ne devaient s'éloigner de la piste sous aucun prétexte, sous peine de sauter sur une mine. Les combattants des deux bords en avaient truffé les champs pour mieux terroriser les civils et contrôler le territoire.

Marc se demandait comment Khadia ressentait cette expédition vers le nord après ce qui était arrivé à sa famille. La jeune femme ne disait rien, scrutant la route d'un air concentré, sans laisser paraître ses sentiments. Comme elle, Ali n'avait guère ouvert la bouche depuis le début du voyage, si ce n'est pour régler quelques détails matériels. Marc se demandait ce qui avait poussé le chauffeur à prendre le risque de les accompagner, alors que l'expérience montrait que le personnel africain était plus menacé que les expatriés occidentaux en cas d'incident de sécurité. Il aurait pu rester tranquillement avec Anne sans que personne lui fasse le moindre reproche.

Cette dernière, sans mentionner le lien qui l'unissait au chauffeur, alors que toute la mission connaissait ce secret de polichinelle, lui avait expliqué combien le personnel local pouvait être dévoué. En voyant comment Ali prenait à cœur de les conduire au nord, malgré les dangers de l'expédition, Marc comprenait mieux le rôle essentiel des employés autochtones. Pourtant, ils n'apparaissaient jamais dans les films de propagande en faveur des associations humanitaires, ou alors réduits à l'état d'exécutants silencieux, figurants placés à l'arrière-plan d'une scène occupée par de jeunes Blancs, certes pleins de bonne volonté mais totalement inexpérimentés.

Que leur réservait ce voyage vers le nord ? C'était pour Marc la première mission exploratoire de sa vie. Il réalisait que depuis qu'il était « entré en humanitaire », comme on entrait naguère en religion, ses attitudes quotidiennes, ses attentes avaient été profondément bouleversées. Sa vie antérieure paraissait presque anachronique maintenant.

Il se souvint d'un poème qu'il aimait beaucoup, adolescent :

« Ne brise point les vieux songes
laisse-les sécher au vent...
ils jauniront lentement
comme dans les champs le seigle
et tu verras te narguant
leurs brouillons d'or au soleil. »

Ces vers dont il avait oublié l'auteur ne cessaient de lui trotter en tête, tandis qu'il regardait défiler les champs abandonnés, dans ce monde dont il ignorait l'existence deux mois auparavant. Son rêve humanitaire s'était-il racorni sous la violence et la dureté qui l'entouraient ? Non, il avait pris quelques coups, des désillusions, mais l'essentiel restait, cette impression d'être désormais plongé au cœur de l'essentiel, tandis que les brouillons d'or de sa vie d'ingénieur flottaient dans le soleil africain.

Il n'eût tenu qu'à un fil, pourtant, qu'il renouât avec sa carrière. Deux semaines avant qu'il ne parte dans le Nord, le patron de la filiale sawanaise d'une société avec laquelle Caltech travaillait en France avait jugé bon de rappeler cette vie antérieure à son bon souvenir. L'homme avait eu vent de la présence d'un salarié du siège au Sawana – tout se savait toujours dans le microcosme des expatriés en Afrique. Il avait abordé Marc dans les rues de la capitale, alors que ce dernier accompagnait Antonio dans une de ces rituelles expéditions pièces détachées, qui le mettaient de plus en plus en colère depuis que les prix avaient flambé.

Le propos de l'homme était de savoir si l'association ne voulait pas passer avec son entreprise un contrat de services pour ses centres nutritionnels, leur approvisionnement, leur maintenance... Marc savait qu'Antonio avait écarté depuis longtemps cette éventualité, car les Français profitaient de leur position de force au Sawana pour surfacturer leurs prestations. Antonio préférait mille fois s'adresser à des fournisseurs locaux : les Libanais pratiquaient de meilleurs prix et ils étaient plus souples dans les négociations.

Marc avait eu beaucoup de peine à décliner l'offre car l'homme d'affaires ne comprenait absolument pas qu'un salarié de Caltech ne fasse pas jouer la solidarité professionnelle. Mais la solidarité de Marc penchait désormais plus en faveur de sa mission humanitaire au Sawana que du chiffre d'affaires de son employeur parisien. Devant la réticence du volontaire, le masque de fausse jovialité était vite tombé, révélant une âpreté brute et sans fard. Exaspéré par les scrupules mis en avant par le jeune ingénieur, l'homme avait fini par lui asséner, d'un ton méprisant :

– Quand on va dans un pays pourri comme celui-ci, c'est pour faire du fric, et le plus vite possible. Sinon, on est mort.

Puis il avait accusé Marc de faire preuve d'une sensiblerie déplacée, lui prédisant de cruelles désillusions. Dans la foulée, Marc reçut un e-mail aigre-doux de Deloye, qui lui reprochait de compromettre le réseau relationnel de Caltech par son attitude incompréhensible. Il réagit en lui envoyant sa démission. Puisque son patron semblait estimer que la formule du congé sabbatique lui donnait le droit de continuer à faire pression sur son employé, il préférait s'affranchir d'une sujétion qui rendait suspect son engagement humanitaire. Il serait toujours temps de chercher du travail quand il rentrerait en France.

Depuis, il se sentait comme libéré. D'un poids. D'un fil à la patte. Il s'était bien gardé d'informer ses parents de cette décision, qui les aurait à coup sûr désespérés. Antonio ne devait pas avoir ce style de problèmes, lui. À la dérobée, Marc lui jeta un coup d'œil. Avec sa peau mate que le soleil avait tannée, il s'africanisait à vue d'œil. Ses vêtements achetés sur les marchés locaux, une vaste chemise bariolée et un pantalon de toile tout tire-bouchonné, tant il flottait sur le corps maigre du logisticien, renforçaient l'illusion. Comme les Africains, Antonio ne se déplaçait plus qu'en claquettes. Et il portait au cou une kyrielle d'improbables gris-gris qui accentuaient son aspect un peu... marginal.

Marc ne se sentait pas à l'aise avec Antonio. Il avait l'impression que ses commentaires incessants à propos de tout et de rien lui permettaient de se protéger de sujets de conversation plus personnels. En réalité, l'Espagnol semblait de plus en plus décalé au sein de l'équipe. Il passait son temps libre dans les familles africaines où Khadia l'emmenait avec elle. Au début, la jeune femme lui servait d'interprète, mais Antonio avait pris à cœur d'apprendre le dialecte soro.

Si les Blancs regardaient ce hippie un peu déjanté avec commisération, il était à peu près le seul d'entre eux à établir un contact avec les villageois et les réfugiés. Sa simplicité bon enfant faisait merveille dans les centres nutritionnels, où le personnel local au contraire, fort de son statut, campait dans une attitude très condescendante à l'égard des bénéficiaires. Antonio, lui, parvenait à se faire accepter partout. Surtout lorsque ses interlocuteurs réalisaient qu'il avait fait l'effort d'apprendre leur langue, ce dont les Blancs se gardaient bien, sauf pour baragouiner quelques ordres à leur personnel ou, comme les missionnaires qui squattaient l'hôpital des Suédois, troquer leur camelote spirituelle contre de l'assistance humanitaire.

Antonio s'était battu pour cette mission dans le Nord. Mais il s'inquiétait pour Khadia, connaissant les dangers encourus par une femme appartenant à l'ethnie victime de la guerre civile. Avant de partir, l'équipe avait envisagé de se doter d'une escorte armée, de financer un ou deux gardes de sécurité qui auraient veillé sur elle. Elle y avait finalement renoncé, redoutant que cette protection n'apparaisse comme une provocation aux yeux des rebelles. Après tout, n'étaient-ils pas humanitaires, donc neutres ? Ils avaient pris le vieux pick-up pour ne pas créer de tentation excessive – si celui-là leur était volé, ce ne serait pas une catastrophe, Anne l'avait amorti depuis longtemps – et décidé d'arborer l'emblème de MCF, bien visible sur les portières, ainsi qu'un drapeau blanc qui achèverait, pensaient-ils, de convaincre de leurs intentions pacifiques. Didier avait insisté pour qu'ils emportent le téléphone satellitaire, de façon à pouvoir maintenir le contact radio avec la base : ils devaient signaler leur position à intervalles réguliers.

Sarah commençait à se sentir mal à l'aise : jusqu'à présent, ils n'avaient pas croisé âme qui vive, si l'on exceptait, au début de leur voyage, le camion de soldats hérissé de mitraillettes. Ils roulaient depuis l'aube, la nuit allait bientôt tomber. Ne s'aventuraient-ils pas trop loin ? Elle interrogea Ali. Il répondit qu'ils devaient pouvoir passer la nuit quelques kilomètres plus loin : le chauffeur se souvenait d'une étape où les routiers qui ralliaient le Kongue au Sawana avaient coutume de faire halte. Il leur assura qu'ils y trouveraient le gîte et le couvert, certes sommaires, mais qui leur permettraient de reprendre des forces avant de continuer leur route. La poussière et les ornières de la piste les avaient tous épuisés.

Le crépuscule envahissait tout, noyait les arbres et les reliefs environnants dans une ombre menaçante. Il fallait absolument arriver au plus vite à l'étape. Tandis qu'ils roulaient dans une nuit de plus en plus noire, Marc voyait Ali se crisper. Les occupants de la voiture se demandaient intérieurement comment, dans ce no man's land, ils trouveraient ce qu'ils cherchaient.

– Je ne le sens pas, le troquet, moi.

Antonio avait essayé de parler d'un ton jovial, mais sa plaisanterie tomba à plat. Un sale pressentiment étreignait Sarah.

Au détour d'un virage, ils aperçurent enfin la masse sombre du relais. Pourtant, lorsque leur voiture s'approcha du bâtiment, ils durent se rendre à l'évidence : aucune lumière, aucun bruit, l'hôtel était déserté. Ouvert à tous vents, pillé jusqu'au squelette, il n'avait plus à offrir au visiteur de passage que ses quatre murs criblés d'impacts de balles.

Il fallait chercher ailleurs. Une nuit d'encre les cernait à présent. Ils firent encore quelques kilomètres pour s'éloigner de ce lieu qui effrayait Khadia. « Je sens le mauvais œil rôder autour de nous », murmura-t-elle à Antonio, ce qui eut le don d'exaspérer Ali. Il lui lança quelques mots sur un ton brutal, dans une langue que Marc ne reconnut pas. La jeune femme se rencogna dans son siège.

Ils décidèrent finalement de s'arrêter au bord de la piste pour passer la nuit dans la voiture. Le contact radio avec la mission ne passait pas. Marc et Sarah choisirent de dormir en plein air car ils ne supportaient pas l'idée de rester dans le pick-up, tout recroquevillés sur la banquette jusqu'au matin. Ali annonça qu'en ce qui le concernait, il ne quitterait pas le véhicule.

Marc et Sarah prirent quelques couvertures pour se confectionner une couche de fortune à proximité, n'osant s'aventurer dans la pénombre de peur de tomber sur un serpent. Ou une mine. Antonio et Khadia s'allongèrent à l'arrière, sur le plateau du pick-up ; comme Ali, Khadia redoutait de dormir sans la protection de la voiture.

Dès qu'il se fut allongé dans l'obscurité, Marc comprit leurs réticences. La nuit, lourde d'une humidité étouffante, bruissait d'une incroyable agitation. Les arbres crépitaient d'appels. Autour d'eux, ça fouinait, couinait, furetait, se battait. Cherchait pitance aussi. Il comprit mieux pourquoi Ali s'était soigneusement calfeutré dans la voiture : des milliers de moustiques, en bataillons serrés, l'encerclaient de leurs vrombissements, le harcelaient, assaillant sans relâche la moustiquaire, qu'il avait tant bien que mal dressée autour de Sarah et lui, pour trouver la faille et se repaître de leur sang.

Sarah lui murmura quelques paroles apaisantes, mais il la sentait tendue. Non par l'obscurité, qui ne la troublait pas outre mesure, mais par l'atmosphère oppressante qui les entourait.

Marc était en train de chercher le sommeil avec une détermination farouche quand des démangeaisons horribles lui assaillirent le dos. Il n'osa bouger de peur de déranger Sarah, mais les fourmillements devenaient intolérables. Soudain, n'y tenant plus, il se leva d'un bond :

– J'en ai assez, je retourne dans la voiture !

Sarah le regarda, surprise. Tout entortillé dans la moustiquaire, dont il essayait de se dégager avec force gesticulations, il rejoignit Antonio et Khadia à l'arrière du pick-up. Malgré la situation, tous éclatèrent de rire en le voyant ainsi empêtré, comme dans une énorme toile d'araignée. Le halo de lumière projeté par la lampe de poche illuminait des centaines de petits vampires ailés, qui tournoyaient avec une convoitise frénétique autour de leur future proie. La joie d'Antonio se mua en de vigoureuses protestations lorsque les manœuvres d'installation de Marc sous leur moustiquaire, que Khadia avait passé du temps à calfeutrer, permirent aux insectes de s'engouffrer sous l'abri de toile.

Marc n'en avait cure, il se tortillait comme un dément en se grattant le dos.

– Mais qu'est-ce que c'est que cette saloperie ? hurlait-il.

– Un des bonheurs de l'Afrique, mon grand. Tu viens de faire connaissance avec les punaises. Ou avec les chiques, lui répondit Antonio, mi-amusé, mi-furieux par son intrusion soudaine. Ces petites bêtes adorent les gens qui leur font le plaisir de dormir à même le sol. Tu ne t'es pas demandé pourquoi Ali préférait l'inconfort de la voiture à la belle étoile ? Et Khadia le métal du pick-up à la douceur de l'herbe ?

– Vous auriez pu me prévenir, gémit Marc.

– Je croyais que tu étais au courant, répondit doucement Khadia. Et que tu préférais t'isoler avec Sarah.

– C'est vrai, mais pas au point de me faire dévorer !

Sarah les rejoignit sans plus de manières. Elle n'avait pas envie de dormir seule, loin des autres. De toute façon, Marc avait emporté la moustiquaire. Ils s'arrangèrent tous deux un nouvel abri et tentèrent de trouver le sommeil. Très vite, Marc entendit le souffle régulier de Khadia, ponctué des ronflements d'Antonio. Ces deux-là se rassuraient mutuellement, blottis l'un contre l'autre. Marc, lui, n'arrivait pas à s'endormir. Les moustiques le harcelaient et il sentait toujours son dos, ses fesses, le picoter insupportablement. Pourquoi l'Afrique était-elle si inhospitalière pour les Occidentaux ?

Sarah ne dormait pas, elle non plus. Il la sentait réfléchir dans la pénombre. Soudain, elle prit la parole en chuchotant :

– Tu ne trouves pas bizarre ce que nous sommes en train de vivre ? J'ai l'impression que nous avons changé de monde.

– Tu veux dire : en venant dans le Soro ?

– Oui, mais pas seulement. Toutes nos certitudes s'écroulent les unes après les autres. On se retrouve à sortir ensemble, ce qu'on n'aurait jamais fait ni l'un ni l'autre si on ne s'était pas rencontrés au Sawana...

– Qu'est-ce que tu en sais ? se crut obligé d'objecter Marc.

– Ne dis pas de bêtises, tu le sais aussi bien que moi.

– Bon d'accord. Et alors ?

– Tout est tellement différent de ce à quoi nous nous attendions. À commencer par l'humanitaire. Le bien, le mal, toutes ces notions qu'il nous faut remettre à plat. Et puis, ce pays, où les gens paraissent pris de folie, où la peur règne...

La jeune femme se tut. Marc resta les yeux grands ouverts dans l'obscurité. Les pensées se bousculaient dans sa tête, il n'arrivait pas à trouver le sommeil. Son dos le démangeait horriblement.

Il finit par sombrer en espérant que les moustiques ne lui avaient pas transmis le paludisme. Secoué de mauvais rêves, de démangeaisons inextinguibles, d'appréhensions diffuses, il dormit angoissé jusqu'au petit matin.

Les premiers rayons du soleil naissant, qui lui vrillaient les paupières, l'obligèrent à ouvrir l'œil. Les oiseaux chantaient à tue-tête dans la palme tropicale. Des froissements et des cliquetis le tirèrent de sa torpeur. Les autres étaient-ils déjà réveillés, en train de s'activer pour préparer leur départ ? Marc entendait pourtant Antonio ronfler vigoureusement à côté de lui. Ce devait être Ali. Il jeta un coup d'œil à sa montre. À peine plus de cinq heures. Quand même, le chauffeur exagérait de ne pas les laisser prendre un repos réparateur, après la route éprouvante de la veille. Marc sentit la mauvaise humeur l'envahir un peu plus, après cette nuit atroce à la belle étoile – jamais l'expression ne lui avait paru aussi peu appropriée. Un nouveau bruit acheva de l'exaspérer. Il se redressa brusquement pour dire son fait à l'Africain.

Des hommes en treillis, bardés de kalachnikovs, entouraient la voiture.

– Réveillez-vous, il y a un problème, dit Marc.

Le timbre de sa voix devait être suffisamment sourd et angoissé car Sarah ouvrit instantanément les yeux. Antonio, qui dormait comme un bienheureux, jaillit pourtant comme un diable de ses couvertures, plantant le nez dans la moustiquaire. Tandis qu'instinctivement, il se débattait pour se dégager, une interjection brutale claqua.

– Ne bougez pas !

L'un des hommes s'était approché du pick-up, pointant son arme dans leur direction. Il portait une combinaison blanche et, déjà, malgré la faible lueur de l'aube, des lunettes de soleil. Marc regarda mieux qui l'accompagnait. Il s'agissait pour l'essentiel de gamins, la poitrine recouverte de gris-gris, de pendentifs divers, de cartouchières. Certains étaient à peine plus grands que leurs fusils-mitrailleurs. Il nota que tous portaient d'insolites bottes en caoutchouc. En guenilles, mais armés jusqu'aux dents, tous arboraient le même air farouche. À leurs yeux injectés de sang, Marc comprit que la plupart d'entre eux étaient drogués. Mieux valait ne pas les énerver.

Antonio s'était immobilisé dans son filet de toile, tel un poisson pris au piège. À ses côtés, Khadia ne bougeait pas, terrée sous ses couvertures comme si elle espérait ainsi passer inaperçue. Sarah était restée allongée elle aussi. Marc bougea lentement la tête en direction de l'avant du véhicule. Ali avait les deux mains posées bien en évidence sur le volant, immobile comme une statue. Ils étaient mal barrés et il avait une furieuse envie de pisser.

– Sortez de la voiture ! intima l'homme en blanc, accompagnant ses paroles d'un geste brusque de sa kalachnikov, toujours pointée vers sa poitrine.

Une angoisse sourde étreignit Marc. Si le coup partait, il était mort.

Un à un, ils descendirent du pick-up. Ali quitta le siège les mains toujours en avant. Le visage gris, il tremblait comme une feuille. Khadia se redressa à son tour pour suivre Antonio. Puis Sarah. Quand les soldats découvrirent qu'il y avait deux femmes, un ricanement de satisfaction courut de l'un à l'autre, accompagné de commentaires que Marc ne comprit pas. Khadia si, à en juger par l'expression de terreur qui se peignit sur ses traits. Elle agrippa le bras d'Antonio.

Le chef toisa la jeune Noire de haut en bas sans faire de commentaires, un sourire éloquent sur les lèvres. Il ordonna aux quatre volontaires de se regrouper à l'écart du véhicule, sur une petite aire dégagée qui jouxtait la piste. Instantanément, les autres combattants se ruèrent vers le véhicule pour en dresser l'inventaire, fouillant le moindre recoin. La radio leur arracha des cris de joie. Ils commençaient déjà à se battre pour les cigarettes, quand leur chef leur ordonna de cesser immédiatement le pillage et de revenir à ses côtés. Ils obtempérèrent à contrecœur, sans cesser de tirer de frénétiques bouffées, comme s'ils comblaient un manque.

– Où allez-vous ? Vous ne savez pas que c'est une zone de guerre ici ? aboya l'homme en blanc.

Antonio commença à expliquer qu'ils étaient en mission humanitaire, désignant le drapeau et les insignes qu'arborait le véhicule.

– Nous souhaitons apporter notre aide au peuple soro, conclut-il.

Le cosmonaute, visiblement, n'en croyait pas un mot. Il reprit d'un air mauvais :

– Comment avez-vous pu parvenir jusqu'ici sans facilités ? Où est votre laissez-passer ?

– Nous n'en avons pas. Nous n'avons aucune autorisation. C'est de notre propre initiative que nous avons décidé de venir secourir la population victime de la famine... reprit Antonio. L'homme l'interrompit brutalement.

– Pas de balivernes avec moi. Vous êtes des espions à la solde du gouvernement.

Il se tourna vers Ali.

– Je te reconnais, toi. Tu travailles pour le régime.

Le chauffeur se récria avec véhémence. Il était à présent tellement pâle que Marc pensa qu'il allait s'évanouir de terreur.

– Il s'agit de notre chauffeur depuis des années. Il est notre employé, protesta-t-il.

Le coup de crosse partit sans que le jeune homme ne l'ait vu venir. Il chancela sous le choc, tandis qu'une douleur lancinante lui dévastait l'épaule.

– Tu la boucles toi, petit con de Blanc ! vociféra l'homme. Je sais ce que je dis !

Il brandissait sa kalachnikov comme un dément. Marc eut un instant de panique. Le coup allait partir. Il eut la sensation terrible d'une mort imminente. L'adrénaline inonda son corps. Il ferma les yeux dans l'attente de la déflagration. Qu'était-il venu faire dans ce pays ?

Rien ne se produisit.

Marc ouvrit les yeux. Il considéra, interdit, l'homme en armes qui continuait à hurler et à gesticuler. Les jeunes les entouraient d'un air mauvais, mais ils ne bougeaient pas. Après avoir fourni la démonstration de sa puissance, le chef des rebelles jouissait de son autorité. Plus personne ne lui tenait tête à présent. Il se tourna vers Antonio :

– Que transportez-vous ? Des vivres ? Des médicaments ?

– Nous n'avons rien : nous sommes en mission exploratoire pour le compte de notre organisation, tenta d'expliquer le logisticien.

L'homme le coupa rudement :

– Comment ça, vous ne transportez rien ? Vous dites vouloir venir en aide à la population en état de famine et vous arrivez les mains vides ? Comment voulez-vous que je croie à votre baratin humanitaire ?

– C'est la vérité, reprit calmement Antonio. Quand nous lançons une mission exploratoire, nous n'emportons pas d'assistance. Elle arrive après, lorsque nous avons déterminé où intervenir.

Après le traitement de faveur dont il venait de bénéficier,

Marc jugea plus prudent de se taire. La peur refluait petit à petit de son corps, mais son épaule l'élançait. L'homme continuait de les dévisager les uns après les autres avec mépris. On sentait qu'il ne croyait pas un mot de leur histoire.

– Et vous prétendez secourir la population en détresse ? En vous pointant les mains vides alors que nous mourons tous de faim, ici ? C'est bien la prétention des Blancs, cette arrogance !

Il haussa les épaules et se dirigea vers la voiture, éventrant avec un dégoût profond les quelques caisses de nourriture et de premier secours qu'ils avaient emportées. Soudain son visage s'éclaira : il venait de découvrir le téléphone satellite. Il se tourna brusquement vers Antonio et Marc.

– Vous prétendez faire de l'humanitaire, vous arrivez sans rien, mais vous disposez pourtant d'outils de renseignement et de communication perfectionnés. Pouvez-vous m'expliquer ce paradoxe ?

– Nous devons rester en contact permanent avec notre base, au sud du Soro. Pour des raisons de sécurité, exposa Antonio, qui essayait de rester le plus calme et le plus apaisant possible.

À côté de lui, Khadia ne bougeait pas, tentant de passer inaperçue. C'est tout juste si Antonio l'entendait respirer.

L'homme s'approcha du matériel, poussant sans ménagement Ali loin du véhicule, et se mit à tripoter les boutons. Des grésillements se firent entendre, puis on entendit la voix de Lucas, le nouveau logisticien, jaillir de l'appareil. Il demandait des nouvelles. L'homme coupa instantanément le contact et ricana.

– Je crois que nous avons des choses à faire ensemble.

Il se tourna vers sa troupe, désignant deux adolescents qui semblaient un peu plus âgés que les autres.

– Vous deux, vous restez avec moi. John, assieds-toi à l'avant.

Puis, se tournant vers Ali :

– Toi, remets-toi au volant. Je te préviens : si tu tentes quoi que ce soit, je t'explose la cervelle.

Ali n'avait pas besoin de cette mise en garde. À voir son visage décomposé, il était clair que la résistance n'entrait pas dans ses plans immédiats. Il s'installa au volant, qu'il agrippa pour faire cesser le tremblement incoercible de ses mains.

Puis l'homme en blanc se tourna vers Khadia. Il l'empoigna brutalement.

– Viens avec moi, toi.

La jeune femme hurla de terreur et agrippa Antonio.

– Laissez-la ! Vous n'avez pas le droit !

Le logisticien tenta de retenir la jeune femme dans ses bras. Quatre gardes se jetèrent aussitôt sur lui. Antonio résista. Il ne pensait plus qu'à sauver sa compagne de l'épouvante où elle se retrouvait plongée. Dans un sursaut, il balança un coup de pied dans la cheville d'un des gardes, qui hurla de surprise et de rage.

La riposte fut immédiate. L'homme le repoussa brutalement à terre, tandis qu'un autre lui assénait un coup de pied dans le dos. Antonio tomba en avant, sa tête heurta le sol. Le canon d'une kalachnikov pointé sur sa nuque le dissuada de se défendre. Il avait compris que les rebelles étaient suffisamment déterminés pour l'abattre s'il esquissait le moindre mouvement.

Khadia continuait de se débattre, tentant de faire lâcher prise à l'homme. Exaspéré, celui-ci la gifla de toutes ses forces.

– Sale pute de Blanc ! Tu te calmes maintenant, ou je te descends !

Il la jeta dans la voiture avec une telle violence que la tête de la jeune femme vint heurter les montants de métal. Le sang jaillit instantanément de son arcade sourcilière éclatée. Avec un gémissement de bête blessée, Khadia se recroquevilla au fond de la voiture, le plus loin possible du soldat. Avant de claquer la portière, l'homme en blanc jeta à ses troupes.

– Rejoignez-nous au camp ! Et ne les abattez pas, sauf s'ils cherchent à s'enfuir.

La voiture démarra dans un tourbillon de poussière. Derrière elle, Antonio gisait à terre. Les autres étaient tenus en joue, entourés de soldats trop jeunes, que leur vertige de puissance sur ces Blancs déchus enivrait jusqu'à la folie.

# 12.

L'homme en blanc s'appelait lord Johnson. Ou plutôt ses troupes l'appelaient ainsi. Son vrai nom était depuis longtemps passé aux oubliettes. Lord Johnson cultivait son personnage : toujours habillé de blanc, dans des combinaisons surprenantes qui évoquaient un pilote de formule 1 ou l'employé d'un laboratoire pharmaceutique, il portait en permanence des lunettes de soleil. De marque. Même lorsqu'il faisait nuit noire.

Lord Johnson commandait une troupe de gamins dépenaillés qu'il avait arrachés à leurs parents, dans les villages razziés sur lesquels la rébellion avait établi son pouvoir. Il alternait avec eux la menace et la récompense. La terreur et les cadeaux.

La terreur, les enfants ne s'en étaient jamais vraiment libérés. Leurs parents avaient été massacrés sous leurs yeux. Certains avaient même dû s'en charger eux-mêmes, sous la menace des soldats. Leurs petites sœurs avaient été violées et emmenées par les soldats, dont elles étaient devenues les « compagnes du bush ». Certaines, à douze ans, étaient déjà mères. Mais la plupart des bébés mouraient. Parce qu'elles étaient trop jeunes pour s'en occuper correctement, parce que la faim régnait sur le territoire contrôlé par les rebelles.

Ils avaient baptisé leur mouvement « Front de Libération du Soro ». Le Front affirmait sa souveraineté sur le Soro, mais il devait se coltiner la famine.

La famine, c'était à la fois l'arme suprême du Front et son principal souci : pour que les villageois comprennent qui étaient leurs nouveaux maîtres, résistent à la tentation de disparaître dans la brousse, il fallait détruire les villages, brûler les récoltes. Terrorisés et privés de ressources, les paysans n'avaient pas d'autre solution que de suivre les combattants, de se mettre à leur service, en échange d'une protection et d'un peu de nourriture. Les rebelles s'étaient ainsi dotés d'un vivier de combattants, de porteurs et de serfs, qui travaillaient sans relâche. Mais, avec tous les champs qui avaient été brûlés, plus personne n'avait grand-chose à se mettre sous la dent. Que la population soumise meure de faim, lord Johnson s'en accommodait très bien. Mais ses soldats, c'était plus embêtant.

L'armée sawanaise avait bien compris le piège dans lequel la guérilla était enfermée. Du coup, elle interdisait l'accès de la région aux humanitaires en prétextant des problèmes de sécurité. En réalité, pour affamer les rebelles, meilleur moyen d'en venir à bout. Certaines familles parvenaient au péril de leur vie à se rendre dans les zones gouvernementales, où elles étaient assurées de bénéficier d'une assistance humanitaire. Les autres villageois, ceux qui restaient otages de la rébellion, disparaissaient à petit feu. Ils n'avaient même plus la force de cultiver les champs pour nourrir la guérilla. Et la guérilla mourait de faim, elle aussi.

Certes, grâce au trafic de diamants, les rebelles parvenaient à acheter des armes et de la drogue. Les jeunes combattants étaient imbibés d'opium jusqu'à ne plus savoir d'où ils venaient et qui ils étaient. C'était plus pratique pour les envoyer massacrer les villageois, parce qu'ils ne reconnaissaient même plus les membres de leur famille, leurs cousins, leurs proches. Armés de leurs kalachnikovs, ils se sentaient tout-puissants. Ils pillaient, massacraient, violaient. Il n'empêche que si la nourriture n'arrivait pas, la rébellion finirait par tomber, comme la population qu'elle avait soumise. La faim ne ferait plus de différence entre ceux qui détenaient une arme et les autres.

Voilà ce à quoi pensait lord Johnson, tandis qu'il revenait vers le camp. Les rebelles l'avaient dressé depuis quelques jours près de l'auberge, après l'avoir détruite et vidée de toutes ses réserves. Ils pourraient ainsi tenir jusqu'au moment où, les provisions épuisées, il leur faudrait trouver un autre campement provisoire. Ce que lord Johnson trouvait de plus fatigant dans cette guerre, c'était de devoir sans cesse changer d'endroit pour échapper aux bombardements de l'armée. Le gouvernement avait recruté des mercenaires étrangers, qu'il rémunérait à coup de concessions pétrolières ; des troupes aguerries, dont les méthodes n'avaient rien à voir avec l'amateurisme de l'armée régulière, d'autant moins motivée qu'elle était mal payée. Les mercenaires tendaient des embuscades à la guérilla qui perdait chaque fois de nombreux combattants. Il fallait sans cesse prélever de nouveaux soldats dans la population pour compenser les pertes humaines. Autant de bras qui ne cultivaient plus la terre. Les rebelles auraient pu, eux aussi, s'offrir des mercenaires, mais les sociétés étrangères savaient bien que leurs concessions à eux ne valaient rien, tant qu'ils ne s'étaient pas rendus définitivement maîtres du territoire. Alors ils faisaient travailler des prospecteurs de diamants, qui leur fournissaient au moins de quoi s'acheter des armes.

L'avantage des diamants, c'est qu'ils pouvaient facilement franchir les frontières, dissimulés dans n'importe quoi. Avec une poignée de diamants, même bruts, on pouvait déjà s'acheter pas mal de choses. Le problème, c'est que le diamant ne se mangeait pas. Du moins, pas directement. Et pour survivre, il fallait pouvoir manger, du manioc ou autre chose. Mais le diamant circulait plus facilement que le manioc : personne n'aurait pris le risque de venir vendre de la nourriture dans des régions aussi peu sûres. En anéantissant les récoltes, en massacrant les paysans, en brûlant les terres, les rebelles s'étaient eux-mêmes privés des moyens de vivre sur les territoires dont ils avaient pris le contrôle.

Voilà pourquoi lord Johnson était ravi d'être tombé sur les humanitaires : si les ONG commençaient à envoyer des troupes dans la région, les soldats du Front de Libération du Soro allaient enfin pouvoir manger à leur faim. Recevoir de la nourriture et des médicaments remettrait les paysans au travail et requinquerait les combattants. Lord Johnson en salivait d'envie. Mais avant de commencer les pourparlers, il fallait d'abord s'assurer que ceux-là n'étaient pas de pseudo-secouristes, des espions dépêchés par le régime sous couvert d'une mission d'assistance.

Le chef des rebelles était contrarié par la facilité avec laquelle les prétendus humanitaires étaient parvenus à se faufiler jusqu'à ses quartiers. Il fallait qu'ils aient bénéficié de complicités. Lord Johnson soupçonnait le chauffeur d'être à la solde du régime. Il lui semblait que l'homme avait servi autrefois sous les ordres de l'armée régulière. Élucider la question était une priorité. Quant à la femme africaine, elle lui plaisait bien. Mais là aussi, avant de s'y attaquer, il fallait être sûr qu'elle ne puisse pas lui être plus utile autrement. Elle semblait être la compagne du type qui avait essayé de la protéger. Si le Front voulait recevoir l'aide des humanitaires, mieux valait ne pas commettre d'impair. Déjà, les deux Blancs avaient été plutôt maltraités dans l'embuscade. La femme blanche, elle, devait être préservée. Pour l'instant. Elle pourrait constituer une monnaie d'échange.

Lord Johnson sentit une vague d'inquiétude l'envahir : pourvu que ses hommes ne règlent pas leur compte à leurs otages. Il ne pouvait jamais totalement compter sur eux. Les types carburaient à l'opium, ils étaient allumés en permanence. Si la femme les tentait, si les prisonniers possédaient quelque bien qui vaille, ils se serviraient, avant de disparaître avec leur butin. Lord Johnson regretta de leur avoir laissé les trois Blancs. Après tout, ils avaient beaucoup plus de valeur que les deux Africains qu'il avait emmenés avec lui. Il avait commis une grave erreur tactique. À cause d'une femme, encore une fois. Elles avaient toujours constitué son point faible.

Didier avait emmené Anne et les deux nouvelles infirmières en week-end. Lucas avait préféré rester à la mission, déclinant avec dédain la proposition de les accompagner. Didier se dit qu'il ferait moins la fine bouche après quelques semaines à trimer sous le soleil sawanais. Il allait voir la différence avec l'Iran. Tant pis pour lui. Le chef de mission se délectait d'avoir les trois filles pour lui tout seul.

Les Suédois avaient proposé une virée en bateau. Si les organisations humanitaires se faisaient concurrence pour capter les budgets et séduire les journalistes, leurs volontaires, eux, passaient d'une ONG à l'autre au gré de l'offre. Les soirées communes en boîte de nuit et les week-ends de détente achevaient de rapprocher tous ces transplantés, qui n'avaient qu'une obsession : reconstituer à l'étranger des bulles rassurantes, où ils pouvaient se retrouver « entre eux », entre humanitaires blancs, loin des autochtones.

Didier lorgnait sur Céline, l'infirmière arrivée du Tadjikistan. Il la trouvait vraiment gironde, avec sa peau laiteuse. Le chef de mission se sentait en manque de peau blanche, après toutes ses amours tarifées avec des Africaines. Peut-être aurait-il sa chance : elle semblait impressionnée par son passé de baroudeur. L'histoire de la balle dans le coude en Somalie avait produit son petit effet. En tout cas, elle permettait de faire passer le côté bancal de Didier.

Anne avait hésité avant d'accepter la proposition du chef de mission : il fallait rester en liaison avec ceux qui étaient partis vers le nord. On leur avait promis de maintenir un contact radio. Mais Didier tenait à son week-end. Il argumenta que les autres venaient juste de partir, il fallait leur laisser le temps de parvenir jusqu'à la frontière du Kongue.

En son for intérieur, Didier savait qu'Anne avait raison, mais il en avait assez. Il se sentait au bout du rouleau. Quand Marc et Antonio reviendraient, il faudrait sans doute commencer une nouvelle mission, se battre comme des chiens pour obtenir les autorisations, les financements, le matériel, recruter le personnel. Cette perspective lui donnait des nausées. Non, il lui fallait à tout prix ce week-end pour souffler. Les Suédois organisaient une journée de farniente, il aurait été stupide de s'en priver.

Finalement, que Lucas ne vienne pas l'avait bien arrangé. Sans compter que le gardien aussi acceptait de rester à l'écoute de la radio. L'homme avait assuré qu'il les ferait prévenir en cas de problème.

Vaguement inquiète, Anne avait donc pris place dans le véhicule, que Didier allait conduire lui-même puisqu'Ali était parti. La jeune femme n'était pas mécontente d'un peu de distraction, mais elle aurait préféré en profiter avec son chauffeur préféré. La décision qu'avait prise Ali d'accompagner l'équipe avait renforcé l'estime qu'Anne lui portait. L'estime, et peut-être un peu plus, mais elle chassait cette pensée de son esprit.

Le lac Vert n'était distant que d'une cinquantaine de kilomètres. On y passait de bons moments. Il était réputé dans toute la communauté expatriée, qui adorait s'y rendre pour de mémorables fêtes. La route qui y menait avait été parfaitement sécurisée : trop de dignitaires du régime l'empruntaient. Des gardes militaires étaient postés tout au long du chemin. Ils surveillaient les véhicules, n'hésitant pas à arrêter et à contrôler tous ceux qui ne disposaient pas d'une grosse berline ou d'un tout-terrain.

Anne allait peu souvent au lac Vert. Elle jugeait choquant de prendre des vacances au milieu de tous ces morts de faim. Mais Didier l'avait persuadée qu'elle serait bien plus efficace si elle acceptait de se reposer deux jours : le surmenage ne donnait jamais rien de bon. Ce n'était pas parce qu'elle travaillait dans l'humanitaire qu'elle devait vivre comme une bonne sœur, avait-il ajouté, ce qu'elle avait trouvé de mauvais goût. Ignorait-il Ali ou jouait-il les imbéciles ? Elle avait fini par céder. Somme toute, la perspective d'une journée de détente la ravissait. Des semaines qu'elle ne s'était pas octroyé un peu de bon temps.

Anne jeta un coup d'œil à sa montre : à Paris, le conseil d'administration allait commencer. Pourvu que Boron lui confirme bien, lundi, qu'ils pouvaient lancer une mission exploratoire au nord du Soro.

Marc et Antonio, que Sarah tentait de soutenir comme elle le pouvait, se traînaient péniblement dans les hautes herbes, escortés par quatre escogriffes qui ne cessaient de les rudoyer pour qu'ils avancent plus vite. Les deux garçons se sentaient à l'agonie. L'épaule de Marc l'élançait à chaque pas, lui arrachant des grimaces de douleur. Antonio avait l'impression que son crâne pesait des tonnes, sous le soleil de plomb qui commençait à envahir le ciel. Il se maudissait de n'avoir chaussé que de piètres sandales pour cette expédition. Marcher ainsi dans la savane était une torture, avec les épineux qui lui cisaillaient les orteils, sans compter tous les insectes louches que soulevaient ses pas. Ses pieds allaient être farcis d'échardes. Les souches et les troncs calcinés, vestiges d'incendies récents, formaient autant d'obstacles à leur progression. Certaines branches se révélaient tellement acérées qu'elles zébraient ses pieds d'entailles sanglantes. Fixer son attention sur le sol pour les éviter lui donnait encore plus mal à la tête.

Et surtout, Antonio n'arrêtait pas de penser à Khadia, à sa terreur, à ce que ce type en blanc, avec son air sadique, allait lui faire subir. Il en serrait les poings de rage et d'impuissance, furieux contre lui-même d'avoir accepté qu'elle participe à une telle expédition. Qu'est-ce qui lui avait pris ? Il connaissait bien les risques encourus pourtant. Sans compter que le type avait probablement le sida. Antonio réalisait à quel point il était attaché à Khadia.

Marc réfléchissait tout en marchant. Comme Didier leur avait demandé de rester en contact permanent avec la base, le chef de mission allait vite se rendre compte que quelque chose clochait. Il réalisa soudain qu'on était samedi. Pourvu que Didier ne soit pas allé se cuiter la veille au soir. Avec lui, tout était possible. Le week-end, il lui arrivait parfois de n'émerger de ses beuveries que lorsque la nuit tombait, pour partir au bordel et continuer de picoler jusqu'à l'aube du dimanche matin. Il passait alors la journée dans une semi-inconscience avant de recommencer le travail le lundi, sonné par sa gueule de bois. Heureusement Anne se poserait des questions, elle. Elle ne tarderait pas à se demander pourquoi la mission exploratoire vers le nord ne donnait plus signe de vie. Restait à espérer que d'ici là, les rebelles ne perdent pas patience.

Il jeta un coup d'œil à ses guides. Les yeux rouges, les gestes brusques, ils avaient l'air fous. En plus, ils n'arrêtaient pas de se disputer dans une langue que Marc ne reconnaissait pas, une sorte de pidgin d'où surnageait un peu d'anglais. Il essaya de se rassurer en pensant que leur chef, le type en blanc, leur avait donné des consignes claires. Ils n'oseraient pas lui désobéir. Il l'espérait en tout cas, au moins pour Sarah. À côté de lui, la jeune femme marchait sans rien dire, comme si elle avait voulu se fondre dans le décor, se faire oublier.

N'empêche, ils s'étaient fourrés dans de beaux draps. Sans même parler de Khadia et d'Ali, dont le sort paraissait à Marc encore plus compromis que le leur. Il ne faisait pas bon être un compatriote de ces gens-là : entre eux, ils se faisaient rarement de cadeaux. Heureusement que leur peau blanche tenait lieu de sauf-conduit aux trois volontaires humanitaires. Pour l'instant.

Le jeune ingénieur hurla de douleur : son pied venait de heurter une racine en saillie, le faisant trébucher. Son épaule l'élançait atrocement. Il se demanda s'il pourrait rejouer un jour au tennis. En tout cas, pour assurer les services, il allait avoir du mal pendant un bon bout de temps. Il avait voulu de l'aventure, il était servi.

Les administrateurs avaient pris place autour de la table, dans la grande salle de réunion de MCF. Ils maugréaient intérieurement d'avoir été convoqués un samedi matin, mais Boron avait insisté au téléphone : cas de force majeure.

Le directeur général ordonna d'un ton sec à Nadia d'aller chercher des cafés pour tout le monde. Elle se rendit avec un plateau à la machine à café, en pensant qu'il aurait pu, au moins, y mettre les formes. Déjà qu'il la faisait venir un samedi matin...

Selon un cérémonial d'autant mieux rôdé qu'il avait été répété la veille en comité de direction, Bénédicte commença par projeter le film diffusé à la télévision quelques jours plus tôt. La plupart des administrateurs ne l'avaient pas encore vu. Ils s'émurent devant le petit Abdou, surtout lorsque Boron précisa que le petit garçon n'avait pas survécu.

Le directeur général poursuivit en leur expliquant pourquoi il fallait à présent intervenir au nord du pays, quitte à déplaire au gouvernement sawanais et à son sponsor, la France. Les enfants du Sawana souffraient trop. Il fit circuler quelques photographies suggestives. Contemplant à nouveau le défunt Abdou, les administrateurs hochaient la tête, compatissants. Bernard Boron leur proposa que leur prochain voyage ait lieu dans le Soro, lorsque ses volontaires auraient ouvert le nord du pays. Ils acquiescèrent, ravis de l'opportunité.

Boron adressa le signal convenu à Bénédicte. Elle suggéra alors qu'une campagne de dénonciation des agissements du régime pouvait valoir à l'association une notoriété et un crédit supplémentaires auprès de l'opinion publique : ayant collecté beaucoup d'argent avec le Sawana, l'ONG pouvait à présent prendre le risque de froisser le gouvernement français, bien que ce dernier ait jusque-là financé le programme humanitaire.

La responsable de la communication venait de franchir les bornes. Elle déclencha un tollé. Les administrateurs la toisaient avec indignation, outrés de son cynisme. Beaucoup d'entre eux avaient d'excellents amis au gouvernement. Il n'était pas question que MCF se mette à faire de la politique, ce n'était pas son rôle.

Boron désavoua immédiatement sa chargée de communication. Bénédicte n'insista pas. Boron et elle s'étaient préalablement entendus pour qu'elle serve de fusible à sa place. Tout le monde tomba d'accord pour temporiser.

Le directeur général mit fin au conseil d'administration. La mission vers le nord était ajournée jusqu'à nouvel ordre.

Au détour d'un virage, les nouvelles infirmières découvrirent le lac Vert. Tel un œil, son eau émeraude scintillait au milieu de collines verdoyantes. Gisèle et Céline n'en revenaient pas : ne venaient-elles pas, par quelque tour de magie, d'être transplantées en Suisse ? Émerveillées, elles rivalisèrent d'exclamations de ravissement que, tout rengorgé d'orgueil, Didier accueillit comme un compliment personnel : n'était-ce pas lui qui avait organisé cette sortie ?

Le panorama respirait la sérénité. Et le fric, aurait ajouté Anne, qui, pour une fois, ne faisait pas de commentaires, car elle avait profité du trajet pour terminer paisiblement sa nuit, affalée sur son sac de plage. La voiture s'engagea sur la route en lacets qui menait en pente douce au plan d'eau, tandis que se déployaient autour d'eux des charmes que n'aurait pas reniés une station balnéaire occidentale : parachute ascensionnel, ski nautique, plongée, restaurants rivalisant d'illustrations pittoresques destinées à attirer le chaland, à l'ombre d'immenses arbres tropicaux pour une fois soigneusement préservés... Qui aurait pu croire qu'on mourait de faim à cinquante kilomètres de là ?

Didier gara la voiture devant une auberge coquette, fleurie de géraniums. D'insolites chimpanzés avaient été attachés par des chaînes à sa devanture. Ils faisaient la joie d'enfants blondinets qui leur tendaient des bananes. L'arrêt du moteur venait de réveiller Anne. En découvrant le spectacle, elle pensa que l'insouciance de ceux qui laissaient les petits évoluer au milieu des singes était bien la seule note africaine du tableau. Partout ailleurs, de solides grillages et des pancartes affichant les mises en garde les plus alarmistes auraient tenu les curieux à distance.

Ils déchargèrent la voiture, allèrent à la réception prendre possession des chambres que Didier avait réservées. Anne fit un large détour pour éviter les quadrupèdes enchaînés : elle gardait de cruels souvenirs des rares fois où un singe avait croisé sa route, en Afrique ou ailleurs. Chapardages, morsures, comportement agressif..., pour Anne, si on devait se méfier d'un seul animal, c'était bien du singe. Céline lui fit remarquer que les requins étaient bien pires : l'une de ses amies s'était fait dévorer vivante au large de Mogadiscio. Anne lui conseilla d'interroger Didier sur son expérience en Somalie : la balle dans le coude n'était pas son seul souvenir marquant. Tout en faisant l'article pour le chef de mission, elle s'en voulut intérieurement de jouer ainsi les entremetteuses.

Elle installa ses affaires dans une chambrette donnant sur le lac, qu'elle allait partager avec Céline. La patronne, une Blanche d'une cinquantaine d'années, avait créé l'établissement avec son mari. Elle avait continué à le tenir seule après son décès brutal lors d'une partie de chasse. Un grand vase garni de daturas et d'hibiscus ornait la chambre. Une telle attention ravit Anne. Voilà qui la changeait du quotidien de la mission, où les fleurs auraient été bien incongrues : personne n'avait ni le temps ni le cœur d'en planter, dans leur région de famine.

Elle sortit de son sac une espèce de serpillière chiffonnée.

La seule robe dont elle disposait, qu'elle croyait jusque-là à peu près correcte, était bien peu appropriée à l'élégance du lieu. Elle se promit d'en acheter une autre avant le dîner : elle trouverait bien sur la plage une petite vendeuse de boubous. Anne pouvait prendre cette liberté : elle dépensait si peu son indemnité journalière dans le Soro... Comme d'habitude, Didier ferait passer les frais d'hôtel et de séjour sur les dépenses de la mission. Anne avait renoncé à essayer de s'opposer à cette pratique douteuse, la plupart des missions procédaient ainsi, s'arrangeant ensuite pour intégrer la dépense dans les frais généraux du programme. Les vérificateurs, que les bailleurs de fonds dépêchaient parfois pour contrôler le bon usage de leur argent, n'y voyaient que du feu. Didier et Antonio arrivaient toujours à bricoler des factures pour justifier ces dépenses. Anne laissait faire. Après tout, ils faisaient leur boulot pour pas un rond, ou presque.

On frappa à la porte. C'était Céline qui venait se changer, après avoir fait le tour des lieux. Elle confia à Anne que Didier ne l'avait pas lâchée d'une semelle, un peu trop entreprenant à son gré. Anne, qui connaissait les intentions du chef de mission, ne fit pas de commentaire. Si Didier parvenait à ses fins, elle aurait peut-être la chance de disposer de la chambre pour elle toute seule le soir même.

Elles se mirent rapidement en maillot de bain et enroulées dans des paréos, se dirigèrent vers la berge enchanteresse du lac, où les attendaient chaises longues et parasols. Quel dommage que les autres ne puissent profiter avec elles de ce moment délicieux ! Anne se dit qu'elle essaierait de revenir avec Ali lorsqu'il rentrerait.

Lord Johnson s'en voulait de n'avoir pas emmené les trois Blancs avec lui. Par où étaient passés ses hommes pour rallier le camp ? Il n'en savait rien. Tant d'itinéraires étaient possibles. Il hésita sur la conduite à tenir. Envoyer des éclaireurs pour les retrouver était hasardeux. Et il avouait ainsi clairement sa défiance à l'égard de ses troupes, ce qui n'était jamais bon pour un chef.

Il n'avait pas le choix : il devait attendre que les autres arrivent. En espérant qu'ils auraient appliqué les consignes et respecté leurs prisonniers.

Pour tromper son impatience et en savoir un peu plus sur cette prétendue mission humanitaire, il décida d'aller interroger les deux Africains, ce chauffeur qui ne lui inspirait pas confiance et cette belle femme à laquelle il hésitait maintenant à s'attaquer, parce qu'il ne voulait pas s'aliéner les Blancs.

En quittant sa case, il entendit des cris à l'endroit où les prisonniers étaient parqués. Un attroupement lui masquait la situation. Il accéléra le pas et, fendant la petite foule des curieux, découvrit qu'un groupe d'adolescents presque nus entouraient les deux captifs. Le chauffeur gisait à terre. Ses habits plein de poussière avaient été à moitié arrachés. Les mains sur la nuque pour se protéger, il s'était recroquevillé sur le sol. Les autres le bourraient de coups de pied. Insultes et crachats pleuvaient sur l'homme malgré ses supplications. L'attitude soumise d'Ali, la face dans la poussière, ne faisait qu'exacerber la rage de ses bourreaux et redoubler leurs coups. À côté de lui, restée debout, la femme ne bougeait pas, bravant ses agresseurs avec mépris. Personne ne la frappait, elle, mais lord Johnson constata qu'elle avait la poitrine découverte. Un des adolescents braquait sur elle son fusil mitrailleur en proférant des insultes. Un autre, entièrement nu, avait empoigné son sexe, qu'il tendait vers elle d'un geste obscène.

Tout en notant à quel point ses seins étaient beaux, ce qui ne fit qu'aviver ses regrets, lord Johnson arracha brutalement la kalachnikov et tira en l'air. Puis il asséna un coup de poing à celui qui s'exhibait et lui ordonna d'aller immédiatement se rhabiller.

La déflagration avait dégrisé les hommes, stoppant net leur infernal sabbat. Ils battirent piteusement en retraite, obtempérant d'un air craintif. Ils redoutaient les représailles qui, ils le savaient, allaient s'abattre sur eux. Une fois de plus, lord Johnson constata que la rébellion faisait fausse route en recrutant ses hommes par la violence et la terreur. Ces adolescents, réfugiés dans l'alcool et la drogue pour oublier l'horreur de leur vie, comme les crimes qu'ils avaient dû commettre pour sauver leur peau, avaient perdu tout repère. Ils ne connaissaient plus que la loi du plus fort.

Tandis que le petit groupe se dispersait, lord Johnson ordonna sèchement au chauffeur de se redresser. Celui-ci obéit. Il grelottait de terreur. Envahi de mépris face à cette peur animale que l'homme suintait de tout son être et qui lui faisait dégager une odeur répugnante, lord Johnson résista à l'envie qui le tenaillait de le frapper à son tour. Il comprenait à quel point cette soumission résignée avait pu exacerber la violence de ses troupes. La femme, elle, avait plus de tenue. Lord Johnson fixa ses seins nus. Elle le toisait avec défi. Il empoigna alors brutalement un des mamelons offerts à sa concupiscence, comme pour mesurer si leur texture était conforme à l'image parfaite qu'ils offraient. Khadia se rejeta en arrière en le repoussant brutalement de ses deux bras. Furieux, il la gifla à toute volée pour la seconde fois, l'envoyant valdinguer au sol. Puis il empoigna le bras nu de la femme et la remit debout sans ménagement.

– Viens avec moi, toi ! J'ai à te parler.

À ce moment-là, une explosion déchira l'air, faisant sursauter tout le campement. Après un bref silence, ils entendirent au loin des hurlements de bête blessée.

– Une mine ! glapit l'un des lieutenants de lord Johnson. Une mine vient d'exploser !

Lord Johnson pensa immédiatement au petit groupe qui avait emmené les trois Blancs. Il sentit un flot glacé lui inonder le corps.

# 13.

L'homme râlait de douleur sous les yeux médusés du reste de la troupe. Il gisait à terre dans une éclaboussure de sang et de chair explosée, qui maculait son short et son tee-shirt. Ses pieds et ses jambes avaient disparu. Atomisés. Il avait marché sur une mine en ouvrant le chemin. Il le connaissait pourtant, ce danger. Jamais, en deux ans de bush, il ne s'était laissé piéger. Pourtant, il en avait connu, des accidents, mais les victimes étaient toujours des imprudents. De jeunes recrues qui s'éloignaient, pour satisfaire un besoin naturel le plus souvent, en oubliant que le bush était farci de ces mines antipersonnel, répandues par les deux camps pour terroriser les paysans et empêcher la rébellion de progresser.

Exaspéré par ces prisonniers qui se déplaçaient trop lentement à son gré, il avait oublié les consignes de prudence les plus élémentaires. Surveiller attentivement le sol devant lui, ne pas marcher trop vite. Tout à la hâte de rejoindre le campement, il s'était au contraire précipité, en ne cessant de se retourner pour houspiller les trois Blancs qui se traînaient en gémissant. Un raid aérien de l'armée gouvernementale pouvait survenir d'un instant à l'autre ; il fallait vite se mettre à couvert, rejoindre le bâtiment où la guérilla avait établi son campement provisoire.

Le blessé avait cessé de crier. Il gémissait à présent, sous le regard impuissant des autres. Son sang s'écoulait à grands flots de ses jambes arrachées. Il savait que la vie était en train de le fuir. Il n'y avait rien à faire. Ce n'était pas comme quand la mine vous arrachait un pied ou une main et qu'on pouvait s'en tirer. Celle-ci ne l'avait pas loupé. Même ses bottes en caoutchouc s'étaient volatilisées sous la violence de la déflagration.

Il allait mourir comme un animal, loin de ses proches, loin de son village, entouré d'inconnus indifférents, sans même avoir revu sa terre natale. Il pensa à ses parents, son père massacré sous ses yeux par les soldats, sa mère, qu'il n'avait jamais revue après que ses plus jeunes enfants, ses petits frères et ses sœurs, étaient morts de faim. Et lui, le fils aîné, le préféré, l'avait abandonnée, rejoignant les combattants. Il n'avait pas eu le choix. Mais il espérait toujours qu'il reviendrait un jour et prendrait sa mère en charge, adoucissant ses vieux jours après tant d'horreurs. Peut-être était-elle déjà morte. Dans ce cas, il allait la rejoindre. Cette pensée l'apaisa un instant : ceux qui l'attendaient de l'autre côté étaient plus nombreux que ceux qu'il laissait derrière lui, sur cette terre désolée où il n'aurait jamais trouvé sa place.

Il se mit à geindre doucement. Ses yeux se révulsaient, devenaient blancs. Sa mère se pencha sur lui et lui prit la main, lui parlant doucement comme quand il était petit et qu'il avait peur des bêtes sauvages, lorsqu'ils partaient tous les deux à la rivière. Il se sentit soudain inondé d'un immense bonheur : sa mère avait eu connaissance de sa souffrance et elle l'avait rejoint. Comme avant, elle était là, qui veillait sur lui. Elle lui indiquerait le chemin à suivre pour rester à ses côtés et cheminer en sécurité. Il serra la main de sa mère et, rassuré, s'abandonna. Il n'était plus seul.

– C'est fini. Il s'est vidé de son sang en quelques minutes, constata tristement Sarah en se redressant.

Elle dégagea ses doigts de l'étreinte du soldat. La main de l'homme restait fermée sur elle-même comme si elle détenait, dans la mort, un mystérieux secret. Tout autour de lui, le sang avait formé une immense flaque qui s'infiltrait peu à peu dans la terre. Des centaines de mouches et de papillons noirs la nappaient déjà d'un frémissant linceul.

– Qu'est-ce qu'on fait ?

Antonio s'était naturellement tourné vers les trois autres guérilleros, comme s'ils étaient devenus soudain plus proches, comme s'il n'y avait plus ni prisonniers ni geôliers, mais seulement des hommes, tous aussi désemparés et affaiblis face à la mort qui venait de frapper. N'importe lequel aurait pu être ce corps mutilé qui reposait maintenant au milieu des herbes. N'importe lequel aurait pu voir sa vie soudain brisée.

Les autres ne répondirent pas. Ils avaient perdu toute agressivité. Ils n'étaient plus que de grands enfants défaits à qui on avait confié trop tôt une arme, qu'ils brandissaient sans cesse pour oublier leur gigantesque peur. Et la peur était revenue brutalement, les armes pendaient au bout des bras, inertes et inutiles. Il n'y avait rien à dire. Les soldats ne savaient plus que faire. Ils hésitaient à abandonner leur camarade aux insectes et aux charognards. Ils redoutaient de tomber sur une autre mine. Ils restaient là, les bras ballants, indécis.

Marc recula de quelques pas, se pencha et se mit à vomir. Une sorte de bile jaune qui jaillissait par vagues successives et rebondissait sur le sol, en lui éclaboussant les pieds et le bas du pantalon. Quelques mouches se détachèrent aussitôt du cadavre pour gagner ce nouveau festin. Les papillons noirs les rejoignaient un à un, plus indécis.

Marc continuait à se vider avec de grands haut-le-cœur et les insectes, qui l'environnaient maintenant en bataillons serrés, bourdonnaient autour de son visage, comme pour recueillir leur pitance à la source. Sarah se tenait à côté de lui, tellement bouleversée par la mort du soldat qu'elle ne trouvait pas les mots pour l'apaiser. Bientôt, la jeune femme eut l'impression que son ami vomissait des essaims de papillons noirs, que les insectes jaillissaient de sa bouche, comme dans les contes de fées qu'on lui racontait, enfant.

Une odeur pestilentielle avait envahi l'air, une odeur de sang, de pourriture, de mort. Sarah se dit qu'elle allait vomir à son tour. Elle enfouit son visage dans la manche de son vêtement, tentant d'échapper à la nausée qui la gagnait. Malgré la poussière, l'odeur familière du tissu sur la chair de son bras lui fit du bien. Elle s'était recréé son petit univers personnel. Elle s'éloigna de quelques pas pour essayer de retrouver une contenance face au reste des hommes. Ce qu'elle découvrit alors lui arracha un cri d'horreur : une des jambes arrachées de l'homme gisait non loin d'elle, au milieu des herbes maculées de sang. Elle tressaillait encore, comme si elle avait été dotée d'une vie propre.

Dans un vertige, elle crut voir la jambe de son frère, lorsqu'il se jetait par terre en hurlant de douleur. Elle vacilla, tomba à genoux. Un hoquet la saisit, mais elle colla son poing sur sa bouche, de peur de voir se précipiter vers elle la horde d'insectes.

Des cris, des froissements de branches s'approchaient. Instantanément, les trois hommes brandirent leurs fusils, prêts à se défendre. Ils avaient retrouvé leurs réflexes de combattants. Les fourrés s'écartèrent et deux hommes armés surgirent. Eux aussi portaient des bottes en caoutchouc et les volontaires comprirent qu'il s'agissait de rebelles plus âgés que leurs gardes. Leur escorte avait déjà baissé les armes. Tous en même temps, dans cette langue que Marc ne connaissait pas, ils se lancèrent dans force explications, ponctuées de gestes véhéments. C'était comme si on avait soudain remis le son. Tous désignaient le cadavre étendu sur le sol, prenant à partie les nouveaux venus de l'infortune du mort.

Ceux-ci leur intimèrent un ordre sec qui les coupa net dans leur élan. Sans dissimuler leur répugnance, deux hommes empoignèrent le cadavre, l'un par les épaules, l'autre par ce qu'il lui restait de tronc, et peinant sous la charge, le traînèrent sous le couvert des fourrés. Leurs compagnons aboyèrent de nouvelles instructions, qui eurent pour effet d'amener l'ensemble du groupe à s'éparpiller à la recherche de branchages et de palmes. Ils entreprirent d'en recouvrir tant bien que mal le corps. Avant que celui-ci ne disparaisse complètement sous cette sépulture de fortune, Marc entr'aperçut l'un des hommes fouiller prestement les poches du mort pour lui arracher ses dernières richesses, qui devaient être bien misérables à en juger par ses guenilles.

Les autres arrivaient déjà en portant des pierres. Ils les disposèrent au-dessus du corps, formant une sorte de cairn dont le but devait être de dissuader les bêtes sauvages de se repaître du cadavre. Marc douta de l'efficacité du procédé : il avait déjà vu comment les phacochères et les hyènes parvenaient à leur but lorsqu'un remugle excitait leur appétit. Les quelques pierres approximativement disposées seraient d'une faible protection. La tâche semblait surtout d'ordre symbolique. Grâce à ce semblant de sépulture, les rebelles se convainquaient qu'ils n'abandonnaient pas le corps d'un des leurs aux charognards.

Après un instant de flottement, les papillons, privés de leur garde-manger, s'étaient reconvertis dans l'exploitation méthodique de la flaque de vomi. Marc se dit qu'il ne pourrait plus jamais regarder de la même façon les papillons : ils lui apparaissaient désormais comme d'écœurants cafards ailés.

Anne se prélassait dans l'eau verte, savourant le calme du lac. Fidèle à ses habitudes, Didier sifflait des bières au bar de l'hôtel, en lorgnant les baigneuses du coin de l'œil. Du coin de l'œil seulement, car il venait de faire la connaissance d'une charmante petite native, qui s'était assise en sa compagnie dans l'un des profonds fauteuils club. Elle paraissait tellement passionnée par son travail humanitaire au Sawana qu'il lui narra toutes ses aventures, émerveillé par son attention soutenue. Une « sister » potentielle ?

La nature était tellement riante, dans ce coin de paradis où tout un chacun s'employait à offrir le meilleur à la petite communauté en villégiature, qu'on avait l'impression que rien de grave ne pouvait se passer ailleurs. La guerre, les déplacements de population, la famine, toutes ces horreurs en perdaient leur consistance, se dissolvant comme de mauvais rêves dans les effluves de crème solaire et de poisson grillé aux épices. L'heure du déjeuner approchait et les nombreuses petites auberges disséminées le long des rives rivalisaient de fumets séducteurs, pour attirer cette clientèle à devises fortes.

Quelques rares miséreux qui espéraient glaner les restes apparurent. Les restaurateurs les chassèrent sans ménagement : qu'ils aillent traîner loin des convives leurs ventres gonflés par la malnutrition ! Les volontaires regardèrent la scène sans bouger de leurs chaises longues, savourant un farniente bien mérité.

Seul le business souriant des petites prostituées semblait n'indisposer personne : il faisait partie du décor. Les clients auraient jugé leur séjour décevant sans cette aimable sollicitation. De très jeunes filles s'empressaient autour des Blancs. Quelques dizaines de biris, une somme bien inférieure au prix du repas servi dans les auberges, suffisaient à leur bonheur. Un simple paréo parfois. Elles étaient trop proches de l'enfance encore pour afficher sur leur corps les stigmates des maladies vénériennes et du sida, dont la plupart allaient pourtant mourir quelques années plus tard. Les gamines faisaient vivre des familles entières, en attendant que leurs petites sœurs soient suffisamment grandes pour prendre la relève. Elles iraient alors crever dans les masures insalubres qui s'étageaient sur les pentes des collines, dissimulées au second plan derrière les rives souriantes du lac.

Des exclamations joyeuses tirèrent Anne de sa douce torpeur. Les Suédois les hélaient, elle et les deux autres filles, les invitant à prendre place dans une grande vedette blanche amarrée, moteur ronflant, au rivage. En identifiant le sigle peint sur la coque, Anne n'en crut pas ses yeux. Tous les humanitaires s'entassaient sur le bateau de la Croix-Bleue, réservé aux évacuations sanitaires. Elle soupira. Il y avait longtemps qu'elle avait appris à ne plus s'étonner de rien au Sawana.

Toute la compagnie humanitaire du nord de l'Europe paraissait s'être agglutinée à bord, dans un invraisemblable amoncellement de peaux déjà rosies par le soleil. Les Vikings en goguette ne voulant pas manquer le moindre rayon, les dégâts seraient douloureux en fin de journée. Certains donnaient l'impression d'avoir déjà pris feu.

– On y va ? lui demanda Gisèle, en décochant un sourire ravi à l'un des blonds.

– Vas-y si tu veux, répondit Anne. Moi je préfère rester tranquillement dans l'eau.

Elle n'avait aucune envie de les entendre exploser de rire toute la journée sans comprendre un traître mot de leurs plaisanteries, pas plus que d'assister à leur enivrement progressif mais méthodique, jusqu'au moment où ils se pencheraient au-dessus du bastingage pour vomir tout leur soûl.

Gisèle et Céline se précipitèrent vers le bateau en soulevant de grandes gerbes d'eau, sous les applaudissements enthousiastes. Un grand gaillard les empoigna l'une après l'autre pour les hisser sur le pont. Anne eut une pensée pour Didier, qui serait probablement fort dépité. Elle jeta un coup d'œil en direction du bar. Personne.

Les guérilleros étaient revenus au campement, accompagnés de leurs otages. Antonio se précipita vers Khadia dès qu'il l'aperçut. Elle était assise à l'ombre d'un manguier en compagnie d'Ali. Antonio nota immédiatement qu'elle était affublée d'un tee-shirt douteux, à l'emblème d'une organisation des Nations unies spécialisée dans la protection de l'enfance. La jeune femme le rassura : le chef des rebelles ne l'avait pas touchée, il lui avait même fourni de quoi se vêtir.. Khadia n'expliqua pas pourquoi elle avait dû se changer. Elle ne dit mot non plus de la gifle qu'elle avait reçue. C'était finalement bien peu de chose par rapport à ce qu'elle avait risqué.

Antonio et elle s'étreignirent avec un bonheur qui aurait presque ému lord Johnson, si la nouvelle de la mort d'un de ses compagnons d'armes ne l'avait tant affligé. Il ressentait pourtant un lâche soulagement qui lui faisait honte en constatant que les Blancs avaient été épargnés, autant par l'explosion de la mine que par ses acolytes.

Les mines gâchaient leur guerre. Le pire, c'est qu'ils ne savaient même plus qui les avait posées, eux ou l'armée. Et encore moins où elles se trouvaient exactement. Il y avait longtemps que la mémoire des emplacements s'était perdue, si tant est qu'elle ait existé un jour. Les rebelles devaient progresser lentement pour déjouer les pièges : avec une attention de tous les instants, on arrivait souvent à les déceler, à demi enfouies dans le sol. Quand c'était trop difficile ou trop risqué, les guérilleros poussaient devant eux un paysan tétanisé d'angoisse, qui avançait en tremblant de tous ses membres dans l'attente de l'explosion fatale. Ces précautions ralentissaient les mouvements de troupe et empêchaient les raids éclairs. Les mines rendaient les hommes nerveux et incertains. Celui qui venait de mourir, presque un enfant encore, était l'un des plus courageux. Lord Johnson avait envisagé d'en faire un de ses lieutenants. Il regrettait la disparition du jeune homme.

Il demanda aux humanitaires de le suivre dans la grande case commune, abandonnée par les villageois en fuite, où il avait établi ses quartiers. Ali se leva pour les suivre, il fut stoppé net dans son élan par l'homme en blanc.

– Pas toi, tu restes ici. Surveillez-le, vous autres, ajouta-t-il, en se tournant vers ceux qui avaient escorté les prisonniers.

Ali se rassit sans protester. Il semblait vaincu, accablé. Marc et Antonio ne pipèrent mot. Ils voyaient bien que le rebelle avait été ébranlé par la mort de l'homme. Eux-mêmes avaient du mal à réaliser ce qu'ils étaient en train de vivre. Sans compter la douleur, qui les élançait tous les deux. Ils commençaient à perdre leurs repères. Quant à Sarah, elle paraissait dans un état second, blanche comme un linge, incapable de répondre normalement aux questions que les autres lui posaient. Khadia l'avait enlacée. Elle tentait de la réconforter. Elle paraissait savoir pourquoi Sarah se trouvait dans un tel état et lui murmurait des paroles apaisantes.

Les humanitaires reprirent leurs explications quand l'homme les eut fait asseoir. Il avait proposé de partager une bière avec lui, indice rassurant. Ils exposèrent calmement le but de leur voyage. L'homme, qui ne s'était toujours pas dépouillé de ses lunettes de soleil alors qu'on n'y voyait goutte dans la case, leur expliqua qu'il leur fallait rencontrer son chef. Ils devaient reprendre la voiture pour se rendre au campement général des rebelles. Marc eut un mouvement de surprise, mais Antonio le poussa du coude pour qu'il ne fasse pas de commentaires.

Tandis qu'ils se dirigeaient vers la voiture, Marc, constatant que lord Johnson était occupé avec ses hommes, interrogea Antonio à voix basse :

– Je n'y comprends rien, ce n'est pas lui, le chef ?

– Apparemment, c'est le chef de ce secteur. Tu sais, la guérilla est fractionnée en de multiples mouvements. Chacun contrôle son bout de territoire et ses fighters.

– On est bien parti ! soupira Marc.

– Attends, on s'en tire bien. Ces mecs-là sont incontrôlables. S'il nous emmène voir son chef, c'est plutôt bon signe.

– Comment tu expliques qu'il se méfie autant d'Ali ?

– Tu sais, entre eux, ils sont atroces. Le simple fait qu'un mec bosse pour les humanitaires, ou pour des expats en général, suffit à provoquer la jalousie et la suspicion des autres.

– Mais ça fait cinq ans, tu m'as dit, qu'Ali travaille pour MCF ?

– Bien sûr, répliqua Antonio, mais, d'abord, l'autre, docteur Justice là, avec sa combinaison à la con, il n'en sait rien, et puis peut-être qu'effectivement, avant, Ali a travaillé pour le gouvernement. Qu'est-ce que j'en sais, moi ? De telles références professionnelles ont pu donner envie au précédent administrateur de l'embaucher. Le staff local, on ne reste jamais suffisamment longtemps pour le connaître vraiment.

Marc se souvint qu'Antonio n'était arrivé au Sawana que depuis un an, après une longue mission en Amérique centrale où la branche espagnole de MCF était intervenue à la suite du cyclone Mitch. Il s'était tellement africanisé dans l'intervalle qu'on aurait juré qu'il était né dans le pays.

En arrivant au pick-up, ils constatèrent avec consternation qu'il avait été consciencieusement vidé de la totalité de son contenu. Le téléphone satellite, la radiocassette, les caisses de nourriture, tout avait disparu.

– Ah les cons ! grinça Antonio entre ses dents, tandis que lord Johnson s'approchait.

Il se plaignit auprès de l'homme en blanc, qui lui rétorqua avec morgue :

– Vous ne croyez tout de même pas que je vais vous laisser votre téléphone satellite ? Pour que tout le monde puisse identifier notre position ? Dans une heure, l'armée nous bombarde et nettoie la zone avec ses missiles à fragmentation. C'est ce que vous voulez ? Ne croyez pas qu'ils vont vous épargner. Des humanitaires tués dans le raid ? Dommage collatéral !

Satisfait de sa plaisanterie, l'homme éclata d'un rire tonitruant. Antonio n'entendait pas se laisser décourager pour autant :

– Et la radio, les cassettes ? Question de sécurité aussi, sans doute ?

– Mes hommes aiment la musique autant que vous. Mais ils n'ont pas les moyens de s'en payer, eux.

– Et les couvertures, la nourriture ?

– Vous venez faire de l'humanitaire ou non ? Mes hommes meurent de faim.

– Si vous voulez que nous ouvrions un programme d'assistance dans votre région, il faudrait que vous changiez vos méthodes dès maintenant, grinça Antonio, sans cacher sa colère.

Marc se raidit, pensant que, là, il allait vraiment trop loin.

Contre toute attente, le commandant des rebelles prit la chose avec une certaine philosophie.

– C'est bon, je vais voir ce que je peux faire. De toute façon, avant de parler d'intervention, il faut que vous rencontriez Elvis Dieudonné. C'est lui qui prendra la décision de vous y autoriser ou non.

– Je croyais que c'était vous, le chef, l'interrompit Antonio.

– Certes, sur ce secteur. Mais nous travaillons tous sous l'autorité de sir Dieudonné, répondit lord Johnson, soudain plein de déférence. C'est notre chef charismatique.

Marc le regarda, surpris de la formule, mais il ne lut aucune ironie dans le visage grave du rebelle.

– Je vais vous conduire à ses quartiers.

– C'est loin ? demanda Antonio.

– À environ deux heures de piste.

– Dans ce cas, demandez à vos hommes de nous remettre la musique dans la voiture, constata tranquillement Antonio.

Il se tourna vers Khadia et lui dit d'une voix ferme :

– Tu viens avec moi, je ne te laisse pas ici.

Sans le contredire, lord Johnson précisa immédiatement :

– En revanche, il n'est pas question que vous emmeniez votre chauffeur. Je ne tiens pas à ce qu'il connaisse l'endroit où se trouve notre leader.

– C'est bon, nous le laissons ici. Mais je veux votre parole : jurez-moi que personne ne portera atteinte à son intégrité.

L'homme acquiesça à regret. Il aboya quelques consignes à ses lieutenants. Lesquels revinrent quelques minutes plus tard les bras chargés du téléphone, de la radio et des cassettes.

– Merci, dit simplement Antonio.

Après quelques instants de réflexion, il ajouta :

– Je suis d'accord pour vous laisser les médicaments, mais mon ami et moi, nous aurions besoin de soigner nos plaies avant de reprendre la route. Pouvons-nous y avoir accès ?

Antonio entendait bien juguler son mal de crâne. Et il se disait qu'obliger Sarah à sortir de sa léthargie pour s'occuper de l'épaule de Marc serait une bonne chose

– Elle est complètement azimutée, la pauvre, jeta-t-il à Khadia, qui lui répondit par un regard indigné.

Ils rencontrèrent le chef des rebelles en fin de journée. Dans la voiture qui les emmenait vers lui, Khadia leur avait un peu parlé de cet Elvis Dieudonné, dont les médias occidentaux ne savaient rien. Le conflit du Sawana semblait n'intéresser personne au-delà des frontières africaines. On disait qu'il avait fait des études à Harvard, mené une carrière de businessman international. Puis, confronté aux exactions du gouvernement sawanais contre son peuple depuis qu'on avait découvert du pétrole au Soro, il avait décidé de prendre le maquis, créant le Front de Libération du Soro.

Elvis Dieudonné était vêtu d'un treillis militaire et de bottes en caoutchouc vertes, comme ses soldats. Apparemment, le FLS avait adopté cette tenue en guise d'uniforme. Seul un béret rouge distinguait le chef de ses troupes, ainsi que quelques années de plus. Autant les sous-chefs du mouvement, comme Johnson, arboraient les tenues les plus hétéroclites pour marquer leur prééminence, autant Dieudonné était sobre.

Ils avaient dû laisser la voiture sur la piste pour s'enfoncer dans la brousse. Marc aurait été bien incapable de dire quel chemin ils avaient emprunté à la suite des rebelles. Le relief montagneux, la quantité d'arbres interdisaient tout repérage. Une cache idéale pour un mouvement en lutte.

L'homme parlait un français parfait. Il les accueillit fort civilement, les invita à s'asseoir et leur proposa une tasse de thé. Il s'exprimait avec une élégance un peu désuète, comme s'il portait toujours en lui l'empreinte d'une vie précédente. Son attitude tranchait singulièrement avec celle de lord Johnson.

– Bon, avec un peu de chance, on ne repartira pas à poil dans le bush, chuchota d'une voix étouffée Antonio à l'intention de Marc.

Ils étaient soulagés : l'homme n'avait pas jeté un seul coup d'œil aux deux femmes, si ce n'est pour leur serrer la main en s'inclinant légèrement devant elles, avec un respect affecté.

Les humanitaires expliquèrent à nouveau leur démarche, mais ils firent sciemment une entorse à la réalité en présentant leur souhait d'ouvrir une mission de secours auprès de la population du Soro victime de la guerre civile comme une volonté de MCF. Ils ne savaient pas ce qui s'était passé à Paris.

Lord Johnson se faisait tout petit à côté de son chef. Marc comprit qu'il n'avait guère envie de s'étendre sur les circonstances de leur rencontre. La restitution in extremis de leurs affaires personnelles était probablement due à sa peur de devoir rendre des comptes sur ses méthodes de guérilla, plus proches du grand banditisme que de la lutte de libération. Marc avait le sentiment que Dieudonné était déjà au courant de tout, dans ses moindres détails, mais il n'en laissa rien paraître, se contentant de répondre, avec toujours la même exquise politesse :

– Je suis ravi que vous envisagiez une action humanitaire. Mon peuple souffre beaucoup des affrontements. Nous avons grand besoin de secours.

Antonio s'étonna de n'avoir croisé que des villages désertés. L'homme lui expliqua que pour fuir les bombardements de l'armée, le ratissage systématique des civils et les massacres opérés par les troupes gouvernementales, les villageois se regroupaient sous la protection du Front de Libération du Soro. Il allait d'ailleurs les emmener visiter un de ces camps de déplacés, où il serait souhaitable qu'ils puissent intervenir, s'ils le souhaitaient, sous la protection des combattants.

Les soldats les guidèrent de nouveau dans la brousse. Ils n'eurent pas à marcher beaucoup au milieu des arbres et des rochers. Au détour d'un chaos de pierres, ils les découvrirent.

– Mais c'est un cauchemar ! murmura Sarah à l'adresse de Khadia.

La jeune femme lui prit le bras, émue par le spectacle tragique qui s'offrait à eux.

Des milliers de personnes s'étaient regroupées sous des abris de fortune, faits de branchages et de palmes. Pratiquement pas d'hommes : des femmes, des enfants et des vieillards. Dans un état pitoyable. Côtes saillantes, membres interminables, réduits à de la peau sur les os, enfants qui tenaient à peine debout.

Médusés par cette humanité qui, soudain, surgissait de nulle part – ils n'avaient vu aucun champ cultivé en arrivant, aucun animal familier, aucun de ces signes d'occupation humaine qui entourent toujours les villages africains –, ils parcoururent le campement, escortés des soldats. Les villageois n'esquissaient pas le moindre geste, se contentant de les suivre des yeux.

– Vous voyez, nos besoins sont immenses, dit le chef des rebelles, en désignant la misérable foule.

Un petit garçon – cinq, six ans tout au plus – vint saisir la main de Khadia. Il la contemplait d'un air suppliant. Instinctivement, Marc fouilla dans ses poches, mais il n'avait rien sur lui qui puisse soulager la faim visible, criante, de l'enfant. Il eut honte d'être venu les mains vides. Sarah s'agenouilla pour le serrer dans ses bras.

– Nous avons des camps comme celui-ci un peu partout

dans le Soro, reprit Elvis Dieudonné. Quand notre peuple échappe à la violence des bombardements et aux représailles de l'armée, il subit la violence de la famine. Les milices et les mercenaires brûlent les récoltes, détruisent les villages, terrorisent la population afin de priver notre mouvement de tout soutien intérieur.

Il s'exprimait animé d'une rage froide, tandis qu'ils progressaient au milieu de la désolation.

– Mais... et les amputations ?

Marc sentit ses cheveux se hérisser sur la tête. Antonio venait de poser la question qui le hantait depuis leur rencontre avec les rebelles. Le discours de fraternité et de solidarité des dirigeants du FLS avec le peuple soro collait mal avec cette terrible réalité.

Pourtant, l'homme ne parut nullement surpris. Il haussa simplement le ton, comme si ses propos ne toléraient nulle remise en cause.

– Jamais, vous m'entendez, JAMAIS, nous n'avons amputé qui que ce soit depuis que nous sommes entrés en résistance contre le régime corrompu de Bango. Ce sont des allégations mensongères, de fausses rumeurs visant à nous discréditer.

– Pourtant, nous les avons vus de nos propres yeux, ces femmes et ces enfants amputés. Il en arrive toutes les semaines dans nos centres, insista Antonio, tandis que Marc se recroquevillait.

– Je sais, hélas, que certains de nos frères et sœurs subissent d'effroyables traitements, déplora Dieudonné, l'air affligé. Mais je soupçonne l'armée gouvernementale de se livrer à cette sanglante mascarade pour brouiller les pistes et nous diaboliser.

Cette fois, Antonio eut le bon goût de ne pas insister. Marc ne savait que penser de la réponse qu'il venait d'entendre

L'armée responsable de ces horribles amputations ? Comment pouvait-on imaginer une chose pareille ? Cet homme maîtrisait-il seulement ses troupes ? Il se rappelait de ce qui était arrivé à Yves et à Christine, lorsqu'ils étaient partis en mission exploratoire vers la frontière. Il jeta un coup d'œil à Khadia. Son visage était resté impassible, comme si elle n'avait pas suivi la conversation. Seules les familles en détresse qui les entouraient semblaient l'intéresser.

Partout, autour des abris de fortune, se dressaient de petits monticules de terre.

– Nos enfants sont là, murmura Dieudonné en désignant les tombes. Les plus jeunes sont presque tous morts déjà. Les familles n'ont pas la force de les enterrer profondément. Ni d'aller bien loin pour leur trouver une sépulture. Vous voyez, dans notre peuple, les vivants ne sont jamais très loin des morts.

Anne s'était bien retrouvée seule dans sa chambre, comme elle l'escomptait, mais Céline n'avait pas passé la nuit avec Didier. Le blond Suédois avait su être convaincant.

Quant à Didier, elle le croisa le lendemain matin au petit-déjeuner, heureux comme un coq en pâte avec sa nouvelle sister. Anne devait admettre que la jeune femme, gaie et jolie, se comportait comme si elle avait trouvé infiniment de charme à son vieux baroudeur.

Gisèle vint s'installer à la table de l'administratrice. À sa mine chiffonnée, Anne comprit qu'elle était de mauvaise humeur. Elle n'avait pas dû trouver chaussure à son pied sur la vedette. L'infirmière lui offrit une cigarette avant d'en allumer une.

– Tu l'as vu, cet idiot ? dit-elle en désignant Didier. Je rêve : il y croit encore !

– C'est son droit, répondit doucement Anne. Après tout, chacun trouve son bonheur comme il peut. Regarde comme elle est mignonne, cette petite ! En plus, elle aussi a l'air heureux.

– Tu parles ! maugréa Gisèle, il lui a fait le cri du billet d'avion.

Anne ne répondit pas. Gisèle aurait été beaucoup plus

tolérante si sa virée sur le lac s'était conclue plus favorablement. Elle but tranquillement son café en terminant sa cigarette. Pas de nouvelles en provenance de la mission, tout devait être OK. Lucas les aurait prévenus s'il y avait eu un pépin.

Gisèle se tourna soudain vers elle, le regard noir.

– Ah oui, puisqu'on est toutes les deux, il y a un truc qui me chiffonne. Je voulais t'en parler. J'ai vu au CNT qu'il restait pas mal de caisses des nouveaux biscuits nutritionnels. C'est vrai que Sarah refuse de les utiliser ? Ce serait gonflé quand même, pour nos recherches en partenariat...

Anne soupira. Allons bon, les emmerdes commençaient. La journée risquait être gâchée.

Gisèle la regardait d'un air interrogatif. Anne se leva d'un bond, empoignant la corbeille de pain.

– Viens, je meurs d'envie de donner à bouffer aux singes. Tu as vu comme ils sont mignons ?

Gisèle se leva pour la suivre. Anne était déjà sortie de la pièce.

– Tu n'as pas répondu à ma question ? cria l'infirmière.

Elle entendit la voix lointaine de l'administratrice.

– On en reparlera demain, au boulot !

# 14.

Les quatre humanitaires rejoignirent les cases d'accueil que leur avaient proposées les rebelles. Secoués par ce qu'ils venaient de vivre, tous avaient du mal à trouver le sommeil. Lorsqu'il passa sa main sous son cou pour l'attirer sur son épaule, Marc réalisa soudain que Sarah sanglotait à côté de lui. Les larmes coulaient silencieusement sur ses joues. Il la questionna, mais elle ne voulut pas répondre. Il lui caressa longuement les cheveux jusqu'à sombrer d'épuisement, vidé de toute énergie.

Sarah entendait la respiration régulière de Marc à côté d'elle, mais elle ne pouvait pas fermer l'œil. Elle n'arrêtait pas de penser à la jambe du guerrier, frémissant seule dans les hautes herbes, sans pouvoir surmonter le choc. La vision avait ravivé une douleur enfouie, mais toujours aussi aiguë. Elle avait passé les heures qui avaient suivi dans un état second, incapable de s'intéresser à cette rencontre avec le chef des rebelles, incapable même de s'apitoyer sur les personnes qui mouraient de faim par milliers. Sauf le petit garçon, tellement poignant, avec son regard aussi triste que celui de Christian. Dans la nuit sawanaise, pleine de frôlements indistincts, Sarah venait de replonger dans son passé.

Elle a quinze ans. Il fait chaud, c'est le mois de juin. Un beau mois pour être heureux.

L'employé des pompes funèbres sort de la chambre de Christian en pleurant : il a un fils du même âge. La porte de la chambre est fermée. Plusieurs fois par jour, Sarah longe cette porte close sans essayer de l'ouvrir. Elle ne sait même pas si ses parents l'ont fermée à clef ou non.

Un jour, parce que Christian va être enterré, Sarah se décide à entrer. Elle pousse la porte avec appréhension et regarde le lit. Dans la pénombre des volets mi-clos, son regard est attiré moins par la pâleur de la mort sur le visage de son frère que par l'énorme bandage blanc qui entoure son crâne. Les médecins ont essayé de l'opérer une dernière fois. Pourtant Adeline, sa mère, ne voulait pas : qu'on le laisse tranquille. Depuis quatre ans, elle sait qu'il n'y a plus d'espoir, alors à quoi bon ? Mais les médecins, qui s'acharnent toujours, ont encore ouvert, charcuté. Et Christian emporte dans la tombe ce pansement dérisoire.

Adeline est assise à côté du lit. Elle y passe de longs moments, silencieuse et sans larmes, tout son chagrin rentré. Sarah contemple enfin le visage de Christian et découvre pour la première fois ce qu'est la mort. Ce masque d'ivoire posé sur les traits.

Ceux qui écrivent qu'un mort a l'air de dormir se trompent. Sarah a peur. Peur de ce qu'est devenu son frère, peur que ses yeux ne s'ouvrent dans ce visage de marbre, peur de l'évidence qui vient brutalement de l'anéantir et qui la marquera tout le reste de sa vie : Christian n'existera plus jamais.

– Tu peux le toucher, tu sais, dit Adeline.

Sarah hésite, elle n'en a vraiment pas envie, mais elle ne veut pas blesser sa mère. Finalement, elle effleure du bout des doigts la main posée sur le drap et sourit pour masquer son trouble :

– C'est étrange comme elle est froide et dure, tu ne trouves pas ?

Adeline se penche vers Christian et l'embrasse sur le front.

L'enterrement de Christian. Les fleurs blanches envahissent l'horrible église en forme de coquille d'huître, recouvrent le parvis, débordent sur la place. On ne sait plus où les mettre. La foule s'agglutine dans les travées faute de trouver une place assise.

Pendant la cérémonie, Sarah pleure, pleure. Elle est seule, ses parents se tiennent au premier rang, près du cercueil enseveli sous les fleurs. Pourquoi se retrouve-t-elle isolée dans la foule ?

La mort de son frère projette sur ses dernières années un éclairage nouveau. Ces quatre Noëls comblés de cadeaux. Toutes ces photos. Adeline mitraille sans relâche ce fils adoré qu'elle est seule, avec son mari, à savoir condamné. Sarah a toujours une photo de son frère au fond de son sac. Christian n'a cessé de voyager avec elle. Il connaît l'Afrique.

La première opération de Christian. Sarah éloignée dans une détestable colonie de vacances, pour retrouver son petit frère un mois plus tard, chauve, une longue cicatrice lui barrant la nuque, incapable de marcher, de parler. Devoir tout réapprendre à huit ans.

Seuls ses parents savent que la tumeur est fatale. Quatre ans à conserver leur lourd secret, sans jamais en parler à personne. Ainsi pas d'apitoiement, de maladresses, de chuchotements qu'on croit discrets. Leur fils n'a pas à être traité en victime. Il doit mener une vie normale, avec juste quelques aménagements, quelques privilèges, que ses parents sont seuls à pouvoir mesurer.

Pendant ces quatre ans, Sarah rit, joue avec son petit frère sans savoir qu'il va mourir. Ils se chamaillent comme chien et chat, se battent même parfois. Plus leste, Sarah fuit, jetant sans savoir : mon pauvre, il te manque une petite case !

La mort de Christian survient presque inopinément. La tumeur qui grignote son cerveau s'est réveillée. Il rentre un jour de l'école en se plaignant de violents maux de tête. Les examens médicaux recommencent – ont-ils jamais cessé ?

Très vite, la maladie prend un tour brutal, terrible. La jambe de Christian commence à tressauter toute seule, le jetant à terre, le visage tordu de souffrance. Cette jambe dotée d'une vie propre, tressaillant sur le sol, tandis que ses parents entourent Christian et tentent de lui prodiguer des paroles apaisantes, Sarah se rend compte qu'elle n'a jamais pu l'oublier. La jambe déchiquetée du jeune guerrier, la jambe malade de son petit frère se confondent en elle.

Et puis, Christian se met à perdre l'équilibre. De plus en plus souvent. Plus jamais ses parents ne le laissent partir seul à l'école. Sarah l'accompagne, son bras si fermement passé sous celui de son frère qu'il le lui reproche d'une voix douce : « Arrête, tu me fais mal. »

Il pressent qu'il va mourir. Adeline le rassure, l'apaise en lui caressant le front, niant l'évidence : « Bien sûr que non, voyons, qu'est-ce que tu racontes ? »

Et puis, un jour, un vertige, il tombe d'un cerisier où il jouait avec ses copains : ses parents ont voulu qu'ils mènent une vie normale. Coma.

Le téléphone déchire le silence de la nuit. Son père l'a précédée. Elle comprend à son visage ravagé que tout est fini. Il raccroche, la prend dans ses bras et ils pleurent tous les deux, enlacés, les pieds nus sur le carrelage froid.

Elle a l'impression que tout le reste de sa vie se déroule en accéléré. La remise des prix à l'école, le lendemain de la mort de Christian. Ses parents sont en train de veiller le corps à l'hôpital. Le directeur appelle les enfants un à un pour qu'ils viennent chercher leurs livres. Le nom de son petit frère est suivi d'un long silence. Dans la foule, une femme éclate en sanglots.

Sa mère lui annonce quelques semaines plus tard qu'elle va faire un autre bébé. « Tu comprends, je ne peux pas rester avec toi seule. Tu es beaucoup trop indifférente. J'ai besoin d'un autre enfant. » La naissance de sa petite sœur. La vie de la maison, désormais centrée autour du bébé. Le déménagement, à l'autre bout du pays : ses parents veulent changer de vie, ne pas rester dans la maison imprégnée de Christian. Et elle, Sarah, qui ne trouve plus sa place, qui ne sait plus à quoi elle sert. Qui se demande si la vie vaut la peine d'être vécue

Sa mère la trouve rebelle, mauvaise tête. Les nouveaux voisins, qui ne connaissent rien de leur histoire, pensent qu'elle se drogue. En tout cas, qu'elle a mauvais genre, avec sa tignasse hirsute, ses jupons violets, ses sabots. Sarah déteste ces petits-bourgeois étriqués et conformistes.

Sa petite sœur grandit, captant sur son visage d'ange tout l'amour dévasté de ses parents. Les gens murmurent, supputent : n'est-elle pas en réalité la fille de l'aînée ? Seize ans de différence, la même rousseur, tout porte à le croire. Une bien mauvaise mère d'ailleurs, absente, indifférente au bébé. Ils n'en admirent que plus l'abnégation d'Adeline, qui élève avec adoration l'enfant de sa fille.

À dix-huit ans, Sarah quitte la maison, désormais majeure. Elle n'a plus rien à perdre.

Sarah soupirait, se tournait et se retournait près de Marc. La jambe du jeune guerrier n'arrêtait pas de la hanter.

Le jour suivant, les soldats les ramenèrent à leur voiture en leur laissant un contact à Kongue-City, la capitale du Kongue, où était établi le quartier général de leur mouvement. Il leur faudrait passer par les représentants officiels du Front pour obtenir toutes les autorisations et laissez-passer nécessaires à l'ouverture d'un programme d'assistance dans le nord du Soro.

Avant de repartir, ils virent d'autres camps, d'autres situations tout aussi dramatiques. Khadia retrouva même des membres de sa famille, deux personnes qui parurent très âgées au reste du groupe, et qu'elle présenta comme son oncle et sa tante. Ils lui tombèrent dans les bras, dans tous les sens du terme : ils étaient tellement faibles que leurs jambes ne les portaient plus.

Un peuple entier mourait de faim dans les montagnes du Nord sans faire de bruit. Dissimulés dans la brousse, repliés sur leur souffrance silencieuse, les Soros agonisaient. Les quelques personnes qui parvenaient à rallier les missions humanitaires du sud du pays représentaient la face émergée de l'iceberg de la famine.

Elvis Dieudonné les exhorta à revenir au plus vite avec de l'aide, mais aussi des journalistes : il fallait désormais que le monde entier connaisse la situation du Soro.

Lorsqu'ils eurent parcouru quelques kilomètres vers le sud, laissant lord Johnson et ses acolytes sur place – pour leur plus grand soulagement, Dieudonné avait demandé au chef rebelle de rester avec lui –, Antonio s'arrêta pour rebrancher la radio. Après quelques crachotements, elle fonctionnait de nouveau. Il se connecta avec la base. Le gardien leur répondit, nullement impressionné par un silence qui avait duré plus de deux jours, que Didier n'allait pas tarder à rentrer : il était parti avec les autres se reposer au lac Vert. Ils n'en crurent pas leurs oreilles : ils avaient failli perdre la vie, sauter sur une mine, et le reste de l'équipe se l'était coulée douce, sans se douter de rien, pendant tout ce temps-là.

– Heureusement qu'on n'a pas eu besoin d'eux ! grommela Antonio.

– C'est toujours ça avec les humanitaires.

Khadia venait de donner son avis d'une petite voix sentencieuse, où affleurait un mépris non dissimulé. Elle portait toujours le tee-shirt que lui avait remis lord Johnson, un oripeau incongru, étrange rappel de ce qu'ils venaient de vivre.

– Il faut aller récupérer Ali, rappela Marc.

Ils le trouvèrent sans même le chercher, assis au bord de la piste. Ali avait préféré fausser compagnie aux rebelles en leur expliquant qu'il devait à tout prix rejoindre ses employeurs. Les autres l'avaient laissé partir, mais au moment où il quittait le camp, l'un d'eux lui avait craché à la figure.

– Pourquoi crois-tu qu'ils pensent que tu travailles pour le régime ? lui demanda Marc.

– Je n'en sais rien, répondit Ali en reprenant sa place au volant. Mais ces gens-là sont des fous dangereux. Le gouvernement a raison de vouloir mater la rébellion.

– Attends d'avoir quitté le Soro avant de dire des choses pareilles, l'arrêta Marc en souriant. Tu ne crois pas que nous avons eu notre compte ?

Ils avaient tous faim et soif et la limite sud de la province était encore à des dizaines de kilomètres de piste. La nuit tombait. Ils allaient devoir rouler dans l'obscurité.

– Espérons que nous n'allons pas tomber sur les militaires, murmura Khadia.

Ali se concentrait sur la piste, les mains crispées sur le volant. La pénombre était totale à présent et il leur restait encore des heures et des heures avant de rallier la mission. Il se sentait épuisé par les trois journées qu'il venait de vivre. Il savait bien qu'il avait failli y passer, les rebelles auraient pu l'exécuter. Tout entier fermé sur la peur qu'il avait ressentie et qu'il ne parvenait plus à chasser de lui-même, Ali n'avait rien à dire à ses compagnons de route. Seule peut-être Anne comprendrait. Il avait hâte de la revoir.

Au petit matin, ils retrouvèrent avec soulagement les barrages routiers de l'armée. Ils étaient enfin sortis du Soro en guerre.

La sentinelle leur fit signe de stopper. Ils virent un des hommes parler dans un talkie-walkie. Les militaires ne semblaient pas faire mine d'enlever les chevaux de frise. Ils n'osèrent pas protester, mais ils rêvaient de repartir.

– Qu'est-ce qui se passe ? demanda Antonio, agacé.

– Apparemment, il faut attendre, répondit juste Ali.

Le commandant Ben arriva enfin dans sa jeep militaire. Pour une fois, Marc se sentait presque heureux de retrouver son imposante silhouette, désormais familière. Tous les galons qu'il arborait paraissaient presque rassurants.

Le militaire leur demanda sévèrement d'où ils venaient. Ils expliquèrent qu'ils avaient essayé de se rendre dans le Nord, mais qu'ils s'étaient perdus.

– Avez-vous croisé des rebelles ? interrogea Ben en les scrutant.

– Personne ! s'exclamèrent en chœur Antonio et Marc.

– J'aurais dû m'en douter en vous voyant, rétorqua l'homme.

– Pourquoi ? demanda Antonio.

– Sinon vous ne seriez pas entiers ! Ils adorent couper les mains et les pieds, ces chiens galeux...

Et il éclata d'un grand rire cruel tout en faisant un signe aux soldats pour qu'ils dégagent la piste.

Ils reprirent leur route, perplexes.

## 15.

– Tu parles ! Ils affament eux-mêmes les villageois pour faire venir l'aide.

Anne restait fidèle à elle-même : toujours la peur d'être dupe.

– Comment peux-tu dire une chose pareille ? L'armée détruit tout, dévaste les villages et les récoltes. Comment les gens peuvent-ils survivre dans ces conditions ?

Antonio s'enflammait. Il était revenu révolté de sa mission dans le Nord. Il fallait ouvrir un programme dans les régions rebelles, et vite. À l'entendre, ils perdaient leur temps à continuer à travailler dans les zones gouvernementales.

Marc se sentait plus circonspect : il n'avait pas totalement adhéré à la version du chef de la guérilla. D'abord, tous les soldats en armes ne semblaient pas souffrir de la faim, contrairement à ce qu'avait affirmé Dieudonné. Et puis l'absence des hommes adultes et des jeunes gens dans les populations affamées qui leur avaient été donné à voir l'intriguait. Qui sait s'ils n'avaient pas été enrôlés de force, comme l'armée en accusait le Front ?

Didier s'en voulait : il avait failli à son rôle de chef de mission en partant en week-end, alors que ses subordonnés couraient des risques. Il ne le regrettait cependant qu'à moitié, parce qu'il avait passé un bon moment. Tout s'était bien terminé finalement pour ceux qui étaient partis dans le Nord, mais il avait eu de la chance. Il en voulait surtout terriblement à Lucas : le logisticien avait tout simplement déserté la concession, passant le week-end chez les concurrents de Médecins Urgence Solidarité qui venaient d'ouvrir une représentation à Bango. Apparemment, la fête avait battu son plein. Lucas avait retrouvé beaucoup de vieilles connaissances, rapatriées comme lui d'Asie centrale. Il était rentré dans un état qui en disait long sur sa consommation d'alcool et de substances diverses pendant deux jours.

C'était à Paris de décider de l'ouverture d'une mission au nord. Didier fit donc passer un fax au siège. Il contenait un bref compte rendu de la mission exploratoire, préconisant d'installer au plus vite des centres nutritionnels, assortis de distributions générales de nourriture.

Pourtant, même si le chef de mission ne pouvait que s'incliner devant les conclusions de ses collègues, les difficultés de la mise en œuvre le préoccupaient.

– Nous n'aurons jamais l'autorisation du gouvernement sawanais de lancer un programme en zone rebelle. Et il faudra trouver des financements : ça m'étonnerait que la France ou l'Europe encouragent une assistance humanitaire qui s'apparente à un soutien à peine déguisé à des rebelles. Surtout quand ceux-ci ne cachent pas leurs sympathies américaines.

– Attends ! l'interrompit Antonio, véhément. Les femmes et les enfants que nous avons vus crever de faim ne soutiennent rien du tout. Ils sont en train de crever de faim, point. Crois-tu qu'une victime soit politiquement engagée d'un côté ou de l'autre, surtout quand il s'agit d'un gamin qui n'a pas cinq ans ? Ou d'une femme enceinte, qui ne connaîtra jamais son bébé parce qu'elle aura trop souffert de malnutrition ?

Antonio était revenu du nord du Soro complètement révolté. Il guettait tous les appareils susceptibles de transmettre la réponse de Paris, téléphone, fax, messagerie électronique, ne doutant pas que le feu vert n'était plus qu'une question de minutes.

Ils patientèrent toute la journée. Paris ne répondait pas et Antonio bouillait d'impatience. Il ne cessait de penser aux enfants qu'ils avaient vus dans les montagnes ; le petit garçon famélique qui avait pris la main de Khadia n'allait plus pouvoir attendre très longtemps. Ses yeux implorants bouleversaient encore Antonio.

Il fallait intervenir d'urgence s'ils voulaient arrêter l'hécatombe.

En guise de réponse à leur fax, ils reçurent d'Isabelle le texte du mailing que Sarah devait signer, avant qu'il soit envoyé aux donateurs de l'association. C'était le service du marketing qui le leur adressait directement, sans savoir que, dans le même temps, Boron, Morteau et Dlume s'étaient réunis pour décider de la suite à donner au fax de Didier. Comme Anne l'avait pressenti, Boron était dans une rage folle que l'équipe du Sawana ait osé se lancer, de son propre chef, dans une mission exploratoire. Surtout après la réaction du conseil d'administration.

Au fur et à mesure qu'elle prenait connaissance du message, le visage de Sarah changeait de couleur.

– Ce n'est pas possible, je ne peux pas signer ces conneries !

Didier s'en empara, lut rapidement, puis haussa les épaules.

– C'est toujours comme ça, un mailing. Je ne vois pas ce qui te choque.

– D'abord, ils ont changé le prénom de la petite. Elle s'appelait Samira et c'était une petite musulmane. Pourquoi l'appellent-ils Josépha ? Enfin ils sont musulmans, les Sawanais. Josépha, c'est ridicule !

– Tu ne le savais pas ? Les donateurs n'aiment pas les Arabes, ni les musulmans. Les bougnouls quoi, ricana Anne. Ce sont de bons cathos un peu réacs sur les bords. C'est pour ça que le marketing change systématiquement les prénoms. Samira, personne ne va l'aider. Josépha, on va tous se précipiter.

Sarah haussa les épaules, levant les yeux au ciel.

– Je rêve ! Et on est obligé de les caresser dans le sens du poil ?

– Si on veut du fric, oui. Et comme c'est quand même le but...

L'infirmière brandit la feuille avec dégoût :

– Et puis, ce ton qu'ils me font adopter, ça me dégoûte...

Elle se mit à déclamer d'un ton théâtral :

– *Chère Donatrice fidèle, si je vous écris, c'est pour vous faire part du drame qui se déroule sous mes yeux dans ce petit pays d'Afrique noire dont vous avez dû entendre parler récemment dans les journaux : la petite Josépha a cinq ans, elle ne pèse que quatre kilogrammes. Oui, vous avez bien lu : quatre kilogrammes à cinq ans. Son sort repose entre vos mains. Du fond du cœur, je vous en supplie : aidez cette petite vie fragile comme un souffle à retrouver la santé. Vous seule avez le pouvoir de l'épargner.*

Elle s'interrompit, jetant avec rage la feuille sur la table.

– C'est écœurant ! Je me retrouve en train d'implorer des milliers de gens que je ne connais même pas pour qu'ils acceptent de nous verser leur obole.

– Pour un programme financé à cent pour cent par la France, je connais la chanson, merci, coupa Didier, agacé.

Sarah lui jeta un coup d'œil furieux.

– Écoute Sarah, il n'y a rien de choquant à cette lettre, tenta de temporiser le chef de mission. Mis à part le prénom qui te choque, n'est-ce pas la réalité ? Et si cet argent ne sert pas directement à la nourriture des gamins des centres d'ici, pense aux programmes du Nord que nous voulons mettre en œuvre. Tu ne crois pas que pour ceux-là, il nous faudra des fonds propres, sans même attendre l'accord d'un éventuel bailleur ?

Sarah n'était qu'à moitié convaincue. Elle décida d'appeler Isabelle pour lui faire part de son désaccord sur le ton général de la lettre, qu'elle jugeait décidément trop suppliant.

– Dis-lui aussi que quatre kilos à cinq ans, c'est un peu poussé, lui conseilla Céline, pragmatique.

Marc et Antonio assistèrent de loin à la conversation téléphonique de l'infirmière, parce qu'ils étaient en train de réparer la radio dans la pièce d'à côté. Son séjour dans le Nord et les nombreuses manipulations qu'elle avait subies l'avaient quelque peu malmenée. De l'autre pièce, seules les réponses de Sarah leur parvenaient.

– Mais enfin, pourquoi l'avoir appelée Josépha ? Tu ne te souviens pas que son véritable prénom est Samira ?

– ..

– Ne me dis pas que les donateurs refuseront d'envoyer de l'argent si le prénom de la petite fille est de consonance islamique. Ils ne sont tout de même pas aussi stupides !

– .

– Je n'en crois pas mes oreilles ! Et ce sont des connards pareils qui nous financent ? Et il faudrait que je les supplie en plus ? Tu n'as qu'à faire signer ton putain de mailing par Bernard Boron !

Sarah était vraiment énervée. Marc sentait qu'elle avait changé depuis leur expédition vers le nord. Moins calme, moins posée. Elle donnait l'impression d'être ailleurs, de ne plus faire vraiment partie de leur équipe, comme si elle était devenue spectatrice de ce qu'ils étaient en train de vivre.

Au bout du fil, Isabelle devait reprendre inlassablement les mêmes arguments, mais sa ténacité semblait porter ses fruits : le ton de Sarah s'adoucissait au fil des échanges. Elle avait obtenu de supprimer quelques formules qui la blessaient. Finalement, elles tombèrent d'accord pour adopter un prénom neutre, Amina, qui ne présumait pas de la religion de la petite fille. Satisfaite des quelques modifications de détail qui avaient été concédées, elle finit par accepter d'apposer sa signature au bas de la lettre.

Marc vit Didier sortir de la pièce avec un léger sourire aux lèvres. Le chef de mission le rengaina dès qu'il sentit peser sur lui le regard du volontaire. Quelques secondes après, Sarah le rejoignait.

– Quand je pense que des centaines de milliers de personnes vont recevoir une lettre signée par moi !

Elle faisait mine de s'en affoler, mais Marc voyait bien qu'une telle perspective la ravissait.

– Au moins, ceux qui t'ont perdue de vue sauront où te localiser, rit Didier. Tu vas voir : tu vas recevoir des tas de lettres de gens que tu avais oubliés !

– Des anciennes copines d'école, des ex, tu n'imagines pas ! renchérit Antonio, ironique.

Rose d'émotion après la tension que lui avait procurée la conversation téléphonique, Sarah se tourna vers lui :

– J'en ai autant à ton service : Isabelle a décidé de faire partir le mailing du Sawana, pour qu'il soit plus convaincant. Elle dit que les gens qui recevront une enveloppe avec un timbre africain seront intrigués et l'ouvriront. D'habitude, il paraît que la plupart des lettres de sollicitation partent directement à la poubelle. Ça coûte des fortunes à l'association.

– Surtout quand, en plus, on a payé à prix d'or des boîtes de communication pour les réaliser, persifla Anne.

– Tu plaisantes j'espère, lui demanda Sarah, je croyais que c'était MCF qui les écrivait ?

– Certainement pas ! Il faut des « professionnels » comme ils disent, lui rétorqua l'administratrice. Et les professionnels, ça coûte cher : presque un an de tes indemnités de volontaire par mailing !

– Ce n'est pas possible ! Tu racontes n'importe quoi ?

Marc, comme Sarah, était interloqué.

– Pas du tout ! Je vous rappelle que j'ai travaillé quelques mois au siège avant de souhaiter repartir sur le terrain. Et je les ai vues passer, les factures de nos « agences conseil ». Pas piquées des vers...

La révélation d'Anne les laissait sans voix. Ils étaient vraiment les dindons de la farce, eux, les volontaires, qui acceptaient de travailler bénévolement malgré leurs diplômes et leur expérience professionnelle. Et qui tenaient à bout de bras la légitimité de l'association puisque, sans leur travail auprès des victimes, elle n'aurait pas eu de raison d'être.

Ils s'aperçurent que, pendant leur échange, Didier et Antonio s'étaient lancés dans un grand conciliabule. Ils paraissaient aussi contrariés l'un que l'autre. Marc les interrogea : la nouvelle de l'expédition du mailing depuis le Sawana les consternait

– C'est très compliqué à mettre en œuvre, expliqua Didier. Ils ne s'imaginent pas, à Paris, ce que c'est pour une poste comme celle du Sawana de devoir expédier en même temps des milliers de lettres. Un tel envoi doit représenter l'équivalent de leur travail de plusieurs années..

– Je ne sais même pas s'ils auront suffisamment de timbres à nous vendre, renchérit Antonio.

Ce fut au tour du chef de mission de rappeler Isabelle pour lui annoncer qu'il refusait catégoriquement son projet. Marc constata qu'il souriait beaucoup moins que lorsque Sarah s'était fait embobiner. Isabelle fut impuissante devant la détermination de Didier. Elle essaya donc, en désespoir de cause, de passer la communication à Bernard Boron. Nadia répondit qu'on ne pouvait pas le déranger : il était en comité de direction. Didier ne se démonta pas et exigea qu'on transfère l'appel.

Dès qu'il eut le directeur général en ligne, le chef de mission se mit en colère. Oubliés les bières bues ensemble et les grands moments de fraternité virile dans les bordels, Didier se rebellait.

– Tu ne te rends pas compte du boulot que cet envoi implique ! Vous ne pouvez pas nous demander à la fois de réaliser les programmes dans des délais toujours réduits au maximum, de traiter avec les bailleurs de fonds d'un côté, les autorités de l'autre, sans parler des journalistes que vous nous envoyez et qui nous pourrissent la vie. S'il faut en plus que j'aille à Bango pour rencontrer le chef de la poste pour ce fichu mailing... Je sais déjà ce qu'il va me dire. Et combien il va me faire raquer pour faire travailler ses gars dix fois, que dis-je, cent fois plus que d'ordinaire ! Il n'est même pas certain qu'il soit matériellement possible de réaliser une telle opération.

Là encore, Marc n'entendait pas les réponses de Bernard. Mais, à voir comment Didier se ratatinait au fur et à mesure, le ton devait être comminatoire : le directeur général avait horreur qu'on le prenne de front, surtout en public. Ou plutôt il adorait de tels moments, qui lui procuraient une occasion rêvée d'apporter une nouvelle démonstration de son autoritarisme maladif devant ses collaborateurs. Didier finit par obtempérer beaucoup plus vite que Marc ne s'y attendait. C'est tout juste s'il ne faisait pas des courbettes en parlant au téléphone.

– C'est toujours Paris qui a le dernier mot de toute façon, murmura Anne. Il devrait le savoir maintenant.

Le chef de mission allait raccrocher, l'air accablé, quand Anne lui rappela qu'ils attendaient la réponse pour la mission du Nord. Didier avait essayé d'appeler Bernard plusieurs fois ce jour-là sans jamais parvenir à le joindre : en réunion, en conversation téléphonique, occupé avec des gens importants, son assistante avait eu mille raisons à fournir pour ne pas lui passer la communication, à tel point que Nadia, excédée de voir le Sawana poireauter pour rien au téléphone depuis le début de la matinée, avait fini – une fois de plus – par s'engueuler violemment avec le directeur général. La standardiste allait encore avoir un avertissement, s'était dit Anne, désolée, car elle aimait bien le tempérament entier et franc de la fille qui tenait le standard. Cette façon de se défausser de la part de Boron lui avait paru de mauvais augure. Elle l'avait suffisamment fréquenté pour connaître ses méthodes. Maintenant qu'ils le tenaient enfin en ligne, il s'agissait qu'il annonce enfin la couleur.

Elle ne s'était pas trompée : Bernard ne voulait plus entendre parler d'une ouverture de mission dans le Nord. Elle fit un signe à Didier pour qu'il active le haut-parleur. La ligne était mauvaise, on entendait la voix caverneuse du directeur général comme si elle avait émané d'un puits.

– Le conseil d'administration s'y oppose formellement. De toute façon, la boîte n'a pas la trésorerie nécessaire pour lancer cette nouvelle mission.

Boron essayait laborieusement de justifier sa décision. Toute l'équipe du Sawana s'était rassemblée autour du poste téléphonique pour entendre le verdict, qui les plongeait dans la consternation.

Sentant peser sur ses épaules la réprobation unanime des autres, Didier se tassait. Anne lui arracha pratiquement l'appareil des mains.

– Pour nous emmerder avec vos mailings, vous êtes prêts à exiger de nous l'impossible ! Mais quand on vous explique que des mômes sont en train de mourir, qu'il faut réagir le plus vite possible, vous êtes juste bons à nous parler de la caisse. On est là pour lutter contre la faim, oui ou merde ?

On entendit en arrière-plan la voix sentencieuse de Morteau.

– La lutte contre la faim, on s'en fout. C'est un outil de notre positionnement stratégique. La vérité, c'est qu'en l'état actuel des choses, nous n'avons pas les moyens d'ouvrir une nouvelle mission au Sawana.

– Avec tout le fric qu'on vient de rentrer ? Tu te moques de moi ! rugit Anne.

Boron se crut obligé de faire preuve de pédagogie.

– Tu ne comprends pas Anne, dit-il d'un ton conciliant qui ne lui ressemblait pas. Si on ouvre dans le Nord, on risque de perdre les budgets qu'on a actuellement pour le Sud. Avec la concurrence des autres ONG, en ce moment, les bailleurs n'ont que l'embarras du choix. Il ne s'agit pas d'avoir le petit doigt sur la braguette...

– Le petit doigt sur la couture du pantalon, tu veux dire ? le coupa sèchement Anne, réprimant un sourire : Boron n'avait jamais su employer les bonnes formules.

– Il faut être raisonnable, reprit Bernard Boron, conscient qu'il jouait sa crédibilité à la fois devant les membres de son comité de direction, même restreint, et devant l'équipe du Sawana. J'ai sur le dos tous les administrateurs qui me demandent des comptes. Notre réserve de trésorerie est au plus bas, avec le Salvador que nous devons fermer et l'Afghanistan qui a pompé notre réserve d'urgence. Pour rien finalement d'ailleurs, parce qu'il y a tellement d'ONG sur place qu'on n'a pas réussi à se positionner sur les budgets, comme on l'escomptait. On a investi là-bas en pure perte. Intervenir dans le nord du Sawana serait une connerie monstrueuse en termes budgétaires.

– Mais enfin, Bernard, tu sais ce que c'est, quand on se retrouve confrontés à une foule de crevettes. Tu les as bien vues, en Éthiopie, au Tchad ? Comment peux-tu décider de ne rien faire alors qu'un peuple meurt de faim ?

Anne suppliait, les larmes aux yeux.

– Je regrette, fit Boron, d'un ton manifestement ennuyé, je gère une boîte maintenant. Il y a des contraintes dont je ne peux pas faire abstraction. On n'a pas le fric pour cette mission.

On entendit la voix de Véronique Braga en arrière-plan marmonner quelque chose d'indistinct.

– Véro me signale qu'on n'a pas les moyens humains non plus, reprit Boron. Tu te souviens comme on a eu du mal à envoyer des gens au Sawana ? On s'est retrouvé avec deux premières missions en même temps, ce qui est complètement à proscrire.

Marc et Sarah comprirent qu'il s'agissait d'eux. Apparemment, Boron avait l'air de penser qu'ils avaient causé plus de troubles qu'autre chose avec leur enthousiasme de néophyte.

Anne ne se laissait pas démonter :

– Mais enfin, depuis que la télévision est venue, nous n'avons pas arrêté d'être sollicités par des gens qui voulaient bûcher pour nous. Ils ont bien dû envoyer des candidatures à Paris, non ?

– Le problème, c'est que beaucoup d'autres agences d'aide interviennent maintenant au Sawana, lui rétorqua Boron. Du coup, les volontaires n'ont que l'embarras du choix. Et tu sais bien que les agences internationales paient bien mieux que nous : on arrive à attirer les gens, pas à les garder.

Toute l'équipe au Sawana pensa en même temps qu'avec l'équipe de cyniques dont s'était entouré l'insupportable Boron à Paris, il n'était pas surprenant que les gens prennent leurs jambes à leur cou dès qu'ils comprenaient à quel point l'éthique humanitaire était pour MCF la dernière roue du carrosse.

– Tu es en train de me dire qu'il n'y a rien à faire ? conclut Anne, soudain lassée.

– Rien. Et crois-moi : je le regrette autant que toi.

On sentait que Boron était soulagé d'avoir pu opposer clairement une fin de non-recevoir. Sans avoir à avouer que son conseil d'administration ne voulait surtout pas contrarier le gouvernement français et son allié fidèle, la sympathique dictature sawanaise.

Anne raccrocha violemment l'appareil. Elle regarda autour d'elle : Antonio avait quitté la pièce, furieux, Khadia sur les talons. Marc était assis dans un coin, la tête dans les mains, prostré. Sarah se tenait à côté de lui, les yeux dans le vide. Elle s'approcha d'eux pour commenter ce qui venait de se passer, pouvoir partager sa colère. Quand elle posa la main sur l'épaule de Marc, il tourna vers elle un visage défait. Il pleurait de rage et de honte.

Antonio fit un scandale. Il déclara à Didier que si l'association n'aidait pas la population du Nord malgré la famine qu'elle était en train de subir, qui la condamnait à une mort imminente, il démissionnerait. Il tenta de rappeler le siège mais, bien sûr, aucun des responsables n'était disponible pour le prendre au téléphone. La standardiste avait dû recevoir des consignes. On sentait à sa voix désolée qu'elle ne les approuvait pas.

Le soir, il annonça qu'il sortait voir des amis. Anne et Khadia l'accompagnèrent. Marc et Sarah avaient envie de les suivre, mais il leur fit comprendre que leur présence n'était pas souhaitée. On aurait dit que l'incident avait brutalement brisé le masque de convivialité factice que tous se sentaient obligés de porter pour rendre supportable la vie en commun. Il n'y avait plus de faux semblants, rien que de l'exaspération et de la lassitude.

Didier hésitait sur la conduite à tenir. Pour la première fois en deux décennies, il avait la tentation de jeter l'éponge, de vivre une autre vie. Mais qui voudrait de lui après tant d'années passées sur le terrain ? Il pensa un instant se reconvertir en ouvrant un petit restaurant ici, au Sawana, avec les économies qu'il avait réalisées sur ses indemnités de volontaire. Après vingt ans d'expatriation, la somme, sans atteindre un montant faramineux, était néanmoins coquette. En France, il n'en tirerait pas grand-chose, mais ici, elle pouvait permettre de lancer une activité, peut-être du côté du lac Vert. La petite Africaine qu'il avait rencontrée au bar de l'auberge serait sûrement heureuse d'arrêter le sale métier qu'elle venait de commencer – il le savait, il avait été un de ses premiers clients – pour travailler avec lui.

Il réfléchissait tout haut en enfilant bière sur bière et commençait tout doucement à divaguer d'une voix pâteuse. Marc, pour une fois, lui tenait compagnie. Il n'avait vraiment rien de mieux à faire. Sarah s'éloignait de lui sans qu'il comprenne pourquoi. Elle s'était excitée quelques instants sur le mailing, puis avait retrouvé cette sorte de réserve silencieuse qui ne la quittait plus depuis trois jours.

Les deux garçons allèrent se coucher, assez désabusés Antonio, Anne et Khadia n'étaient toujours pas rentrés.

## 16.

Ils furent réveillés au petit matin par un bruit d'altercation, juste devant le portail de la maison. Des échanges furieux opposaient plusieurs hommes en face de chez eux. Ils reconnurent, parmi les intonations gutturales, celle de leur gardien, un brave homme tout à fait pacifique qui assurait le service de nuit devant la résidence. Le plus souvent, il s'endormait sur sa chaise devant le portail.

Cette fois, l'homme avait des problèmes. Réveillé en sursaut car sa chambre donnait sur la cour, Didier enfila à la hâte un tee-shirt et un slip et sortit en trombe. Il se trouva nez à nez avec quatre uniformes surmontés d'autant de mines menaçantes. Le plus galonné des militaires, échauffé par la réticence du gardien à le laisser entrer, l'apostropha avec violence. Il devait se rendre immédiatement au poste de police. Didier n'eut que le temps d'enfiler un pantalon de toile et des chaussures de sport. Il partit le ventre creux en se demandant ce qui pouvait bien se passer.

En chemin, il se rendit soudain compte qu'il n'avait pas entendu Anne et Antonio rentrer la veille au soir. Pourvu qu'il ne leur soit rien arrivé, après la conversation houleuse qu'ils avaient échangée avec Bernard. Il avait l'estomac noué, d'autant plus noué qu'il n'avait rien eu le temps d'avaler, lorsque les militaires l'introduisirent auprès du commandant Ben. Celui-ci avait l'air absolument furieux. Ce jour-là, il aurait fallu plus d'une bière pour le dérider.

L'homme brandit sous son nez quatre feuilles de papier en exigeant des explications. Il ne fallut qu'un coup d'œil à Didier pour identifier le fax adressé l'avant-veille à Paris, celui qui rendait compte de la mission exploratoire dans le Nord et se terminait par leur demande d'ouverture d'un programme d'assistance. Il comprit mieux la fureur du gradé. Mais comment avait-il pu avoir connaissance de cette correspondance ? Il soupçonna un instant Anne ou Antonio, mais très vite l'hypothèse lui parut absurde : ils n'auraient eu aucun intérêt à aller informer les militaires, puisque tous deux souhaitaient ardemment pouvoir porter secours à la population du Nord. Non, ils avaient dû être victimes d'un de leurs employés, chargés de renseigner le régime. Dans les régimes autoritaires, toutes les agences humanitaires étaient confrontées un jour ou l'autre à ce type de problème : compter parmi leurs employés locaux un espion à la solde des autorités. Il aurait dû se méfier, ne pas laisser traîner le fax dans son bureau. Quelle imprudence de sa part ! Il s'était conduit comme un débutant. À moins que le fax n'ait été intercepté par d'autres méthodes...

Tout en réfléchissant, il écoutait le chef de la police militaire monter sur ses grands chevaux. Ben semblait s'alimenter de son propre énervement. L'homme énumérait une liste de griefs contre leur association, la voix pénétrée de l'importance que l'incident lui conférait tout à coup. Ils avaient enfreint les consignes du gouvernement en se rendant sans autorisation dans le Nord, zone pourtant interdite, ils le savaient ; dans leur imprudence, ils avaient mis en péril leur propre sécurité ; ils avaient trahi la confiance que les autorités avaient placée en eux..

Profil bas, Didier essayait vaguement d'endiguer l'avalanche de reproches en marmonnant quelques excuses. Mais ses efforts restaient vains. Le crime était consommé aux yeux du gradé. Une fois terminé son sermon, l'homme le fit raccompagner par une escorte armée jusqu'à la mission, non sans avoir asséné préalablement son verdict : en attendant les suites que ne manquerait pas de connaître cette affaire, ils étaient assignés à résidence. Interdiction de quitter leur maison jusqu'à ce que les autorités du pays aient statué sur leur sort.

Lorsqu'il arriva à la mission, Marc et Sarah étaient évidemment réveillés et sur le pied de guerre, avec les trois autres volontaires. Anne et Antonio n'étaient toujours pas rentrés.

Quand elle comprit qu'elle n'avait plus le droit de sortir jusqu'à nouvel ordre, Sarah fut atterrée par la nouvelle.

– Que vont devenir mes bébés ? Fatou ? Il faut absolument que j'aille la voir !

Didier l'en dissuada. Un tel geste aurait été interprété comme une provocation supplémentaire. De toute façon, les assistants nutritionnistes continueraient de travailler. Du moins, tant qu'ils percevraient leur solde. Didier savait d'expérience que dès qu'ils s'apercevraient que leurs superviseurs étaient dans l'impossibilité d'assurer la paye, la plupart d'entre eux quitteraient instantanément leur poste. Il tut ses inquiétudes face à Sarah, l'assurant au contraire qu'elle pouvait compter sur Khadia, qui saurait assurer seule le fonctionnement du centre nutritionnel. Peut-être la situation allait-elle se dénouer rapidement. En son for intérieur, il en doutait . maintenant que d'autres associations humanitaires intervenaient dans le pays, le gouvernement avait moins besoin d'eux. Il pouvait avoir décidé de faire un exemple.

Le cuisinier entra dans la pièce où il se trouvait, pour demander de ce qu'il devait préparer pour midi. D'habitude, il confectionnait des repas froids que l'équipe emportait dans sa tournée. Didier le regarda sévèrement. Était-ce lui qui avait trahi ? Mais la sollicitude innocente avec laquelle l'homme s'enquérait de l'éventuelle présence au déjeuner de ceux qu'ils avaient sous les yeux mais aussi des absents, Antonio et Anne, le persuada de son innocence. Il n'aurait pas pu feindre avec autant de duplicité. Qui alors ? Même en réfléchissant, il ne parvenait pas à identifier le coupable. Tellement de personnes déambulaient dans cette maison finalement. Ils en discutèrent entre eux, une fois le cuisinier sorti, sans réussir à comprendre ce qui avait pu exactement se passer.

Il appela ensuite Bernard sur le téléphone satellite pour l'aviser de la situation. Pour une fois, ce ne fut pas Nadia qui répondit, mais une voix qu'il ne reconnut pas, mal assurée, hésitante. Il pensa un instant que la liaison avait été piratée et se sentit vaciller. Le malentendu s'éclaircit dès qu'il s'enquit de l'identité de son interlocutrice : c'était Renée. Elle s'empêtra dans une explication gênée qui leur apprit que Nadia, la standardiste, avait été virée. En attendant de lui trouver une remplaçante, la vieille dame assurait provisoirement le standard. La pauvre paraissait totalement débordée, mais Didier n'était vraiment pas d'humeur à s'apitoyer. Quand il demanda à parler à Bernard, Renée objecta qu'elle ne pouvait pas lui passer le directeur général : elle avait reçu des consignes.

Didier se mit à hurler au téléphone. Les autres ne le reconnaissaient pas. Renée obtempéra, la voix hachée de sanglots – Marc pensa que Véronique Braga avait intérêt à trouver vite l'oiseau rare qui accepterait ce poste ingrat –, mais Bernard Boron n'était pas dans son bureau. À cette heure de la matinée, les locaux du siège parisien étaient vides. Et le téléphone d'urgence sur messagerie. Ils devaient attendre.

Cinq jours s'écoulèrent. Interminables. Ils étaient toujours assignés à résidence. Tous, sauf Anne, Antonio et Khadia, qui n'avaient pas reparu. Sans doute avaient-ils appris la mesure d'isolement dont les volontaires de MCF étaient victimes, car ils se gardaient bien de rentrer. Didier ne cessait de s'interroger sur l'endroit où ils se cachaient.

Les heures s'égrenaient dans un ennui profond, que seuls les coups de fil avec Paris rompaient. Bernard leur avait passé un savon mémorable. Jamais, au cours de sa vie de volontaire, Didier n'avait eu droit à un tel tombereau d'insultes. Le chef de mission ne comprenait pas : Bernard lui-même avait pourtant donné son autorisation pour la mission exploratoire. Le directeur général nia farouchement : jamais, au grand jamais, il n'aurait accepté s'il avait eu vent de ce projet. Encore eût-il fallu que l'équipe l'en informe.

Didier tomba des nues : mais Anne ne lui en avait-elle pas parlé ? Ils avaient eu tous deux une longue conversation à ce sujet, c'est l'administratrice elle-même qui le lui avait dit.

Le directeur général démentit de nouveau, plus sec que jamais : selon lui, ils avaient juste évoqué avec Anne l'éventualité d'une mission dans le Nord, mais dès que l'administratrice lui avait demandé son feu vert, Bernard avait tout de suite exprimé son désaccord net et définitif et ils en étaient restés là.

Didier ne savait plus que penser : se pouvait-il qu'Anne lui ait menti ? La jeune femme avait disparu depuis leur assignation à résidence et il n'avait aucun moyen de vérifier la justesse de la version des faits que lui donnait le directeur général. Son aplomb faisait mouche. Avec une telle assurance, il ne pouvait quand même pas s'être trompé, se dit Didier.

Exploitant son avantage, Bernard Boron les mit tous en accusation : ils avaient commis une faute grave, très grave ; leur comportement irresponsable mettait en danger l'association. Le directeur général devait maintenant décider avec le comité de direction et le conseil d'administration de la position à adopter vis-à-vis des autorités sawanaises. Mais il ne savait pas s'il allait réussir à sauver la tête de l'équipe.

Paradoxalement, Didier fut rassuré par l'extrême violence de ses propos : le directeur général devait en rajouter parce qu'il savait que la ligne était sur écoute. Tout ce qu'il avait dit jusque-là n'était que de la mise en scène, propre à rassurer ceux qui les espionnaient. Bernard Boron renforça involontairement sa certitude lorsqu'il lui apprit que les autorités sawanaises avaient fait un véritable scandale auprès du ministère des Affaires étrangères français. On lui avait dit que le président de la République lui-même prenait l'affaire très au sérieux. Boron avait rencontré plusieurs fois l'ambassadeur du Sawana en France pour expliquer le terrible malentendu qui venait de se produire.

Entrant dans son jeu, Didier lui demanda comment les membres du conseil d'administration réagissaient. La question déconcerta le directeur général. Fidèle à son habitude, il s'était bien gardé de porter l'affaire à leur connaissance. Il répondit avec componction qu'il préférait ne pas ébruiter la situation. Alerter les membres du conseil d'administration risquait de provoquer des fuites dans les médias, ce qui radicaliserait le régime. Didier pensa qu'il redoutait que leur sécurité, leur intégrité même, ne soient menacées. Si, pour faire un exemple à l'intention des autres agences d'aide travaillant dans le pays, le gouvernement décidait de les inculper pour haute trahison, ils pouvaient passer des mois dans les geôles sawanaises avant que le gouvernement français ne parvienne à les faire libérer.

Didier frissonna. Leur réputation était sinistre. De véritables mouroirs, où les prisonniers d'opinion étaient enfermés des années durant sur simple dénonciation, dans des conditions de promiscuité et d'hygiène effroyables. Les détenus y étaient entassés tellement à l'étroit qu'ils ne pouvaient même pas s'asseoir. Ils y pourrissaient littéralement par la plante des pieds. De nombreuses associations de défense des droits de l'homme avaient émis à plusieurs reprises des protestations officielles, qui étaient restées sans lendemain : tant que le gouvernement français soutiendrait la dictature sawanaise, rien ne bougerait.

À présent qu'il était directement concerné par le sort de ces prisonniers – même s'il était probable que leur condition d'Occidentaux et la vigilance de leur consulat leur donneraient droit à un traitement de faveur s'ils étaient emprisonnés –, Didier regrettait que MCF ne se soit pas associée à ces campagnes de dénonciation. Sous prétexte que leur organisation était neutre et n'avait pas à prendre de position politique, Bernard avait toujours catégoriquement refusé que le chef de mission signe les pétitions contre le traitement inhumain des prisonniers sawanais. Et Didier devait bien s'avouer qu'il ne s'était pas battu pour le faire changer d'avis. C'était plus confortable pour tout le monde, ce prétendu apolitisme qui leur permettait surtout d'intervenir tranquillement au Sawana.

Lorsqu'il raccrocha, Gisèle, Lucas et Céline le prirent violemment à partie : à cause de son comportement, ils risquaient de voir rompu leur contrat de volontaire, de devoir quitter MCF. Furieux, les trois nouveaux invectivèrent Marc et Sarah, les seuls de la malheureuse expédition vers le nord qui étaient encore présents. Vidant son sac, Gisèle en profita pour accabler Sarah de reproches : en ne testant pas les biscuits, elle avait compromis les recherches nutritionnelles de son département.

Didier s'interposa. Il ne servait à rien d'envenimer le climat ambiant, déjà détestable. Il pensait que les nouvelles recrues auraient été plus inquiètes encore si elles avaient compris ce qu'elles risquaient. Ce n'était pas le moment de parler à la jolie Céline des conditions carcérales au Sawana.

Plus tard, Didier rappela Bernard, qui avait enfin consenti à lui donner sa ligne directe. Il se trouvait avec Morteau et, manifestement, l'appel le dérangeait. Tous deux furent assez elliptiques lorsque Didier les interrogea sur l'état des négociations. Ils ne voulaient visiblement pas s'exprimer au téléphone. Aucun moyen de télécommunication n'était vraiment sûr, maintenant qu'ils se trouvaient dans l'œil du cyclone.

Marc et Sarah, eux, ne comprenaient pas pourquoi MCF ne lançait pas une vigoureuse campagne de protestation sur le sort qui était réservé à son équipe au Sawana. Lorsqu'ils s'en étaient ouverts à Didier, celui-ci les avait mis en garde . ce n'était pas à eux de décider de la conduite à tenir. Sans doute instruite par le chef de mission, Véronique Braga les appela pour enfoncer le clou : elle leur rappela que le code de déontologie qu'ils avaient signé leur interdisait d'entrer en relation avec les médias de leur propre initiative ou de prendre des positions politiques.

– Pourtant, si toutes les ONG faisaient front commun pour dénoncer le sort qui nous est réservé, quel impact cela aurait ! soupira Marc, lorsqu'il eut raccroché.

– Apparemment, MCF ne souhaite pas s'associer aux autres ONG, constata Sarah.

Ils ne savaient pas que le régime avait fait courir auprès des autorités françaises le bruit que de graves malversations financières expliquaient la mesure conservatoire prise à l'encontre de l'ONG. Malversations sur lesquelles, par respect pour une association émanant d'un pays ami, ils préféraient ne pas s'étendre. Bien entendu, la rumeur avait fait son chemin et, du coup, les autres organisations caritatives ne savaient pas quelle attitude adopter : devaient-elles rester campées sur leurs principes, le respect du travail humanitaire, la liberté d'accéder aux victimes, et prendre la défense de leur consœur ? Ou se désolidariser au contraire des canards boiteux ? À plusieurs reprises, MCF n'avait pas fait preuve de beaucoup d'enthousiasme pour mener des campagnes communes avec les autres ONG. La dénonciation des prisons par exemple. Les responsables des autres ONG hésitaient donc à monter au créneau pour défendre MCF, qui plus est pour une affaire plutôt trouble, sur laquelle personne n'avait d'information précise. Les programmes humanitaires des agences d'aide au Sawana tournaient à fond, ils bénéficiaient de la générosité de millions de donateurs, grâce aux images d'affamés et d'amputés qui avaient été diffusées par les médias. Suspendre l'ensemble des activités humanitaires au Sawana pour manifester leur solidarité avec MCF, comme il était d'usage en pareilles circonstances, risquait de coûter très cher. Médecins Urgence Solidarité et la Croix-Bleue notamment se réjouissaient secrètement de la mésaventure de leur consœur, dont ils ne pouvaient que recueillir les bénéfices, en termes de budgets et de donateurs.

Bernard Boron – qui, par ailleurs, n'était pas tellement apprécié dans le milieu à cause de ses manières plutôt frustes – aurait de toute façon catégoriquement refusé une initiative commune. Fidèle à lui-même, il préférait agir en cavalier seul auprès des autorités, par la voie diplomatique. Le directeur général était extrêmement contrarié de voir compromise une mission indispensable à l'équilibre financier de MCF.

Sarah désespérait de ne pouvoir se rendre auprès des enfants. Elle tournait en rond en ressassant toujours les mêmes interrogations, où le nom de Fatou revenait comme un disque rayé. Marc était aussi exaspéré que Didier. Alors qu'ils auraient eu besoin de sérénité, son attitude accentuait au contraire un peu plus le climat de tension qui régnait dans la maison.

– Quelle dinde alors, elle m'énerve ! râlait ouvertement Didier.

Marc se taisait lâchement plutôt que de défendre son amie. Il avait les nerfs à vif à cause de ses parents, qui harcelaient le siège de MCF d'appels à la fois angoissés et furieux – c'est Renée qui le lui avait appris. Le pire, c'est qu'ils l'appelaient lui aussi presque toutes les deux heures pour s'enquérir de son moral et lui demander s'il n'avait besoin de rien. Son moral commençait à flancher d'entendre sa mère en larmes au téléphone. Quant à son père, Marc avait dû se battre pour qu'il n'alerte pas les médias de leur région, l'exhorter à la patience : il imaginait très bien la teneur des interviews de son père, à qui il avait eu le tort de s'ouvrir plusieurs fois, dans ses lettres, de la vraie nature du régime sawanais. Rien de bon ne pouvait déboucher d'une série d'articles où il apparaîtrait comme l'otage d'une sanglante dictature africaine. Il fallait bien le reconnaître, les autorités sawanaises n'avaient pas pour l'instant appliqué de mesures de rétorsion trop cruelles, l'assignation à résidence pouvant être considérée comme un moindre mal. Mais Marc ne doutait pas qu'elles se sentiraient libérées de tout scrupule si elles se voyaient ainsi publiquement clouées au pilori.

Des militaires entouraient en permanence la maison, veillant jour et nuit à ce que personne n'entre ni ne sorte. Le personnel local avait dû quitter les lieux. Il fallait espérer qu'il n'avait pas été maltraité, pressé de questions, voire emprisonné. Son départ soulageait pourtant Didier : il les débarrassait de leur espion. Ils ignoraient toujours qui avait pu les dénoncer.

Ils vivaient sur leurs réserves de nourriture, tandis que le groupe électrogène faiblissait peu à peu, faute de pouvoir être alimenté en carburant. Au moins, Anne et Antonio ne partageaient-ils pas leur détention. Ils ne savaient pas où ils s'étaient réfugiés. Bernard leur avait assuré qu'ils se trouvaient en lieu sûr, sans vouloir s'étendre davantage, redoutant les écoutes.

Tous tournaient en rond comme des lions en cage, les nerfs à fleur de peau. Cette inactivité forcée à huis clos, après des semaines de labeur sans relâche, les rendait agressifs comme jamais.

La sixième nuit fut terrible. Le pays tout entier fêtait l'anniversaire de la prise de pouvoir du général-président. La bière coulait à flots Des groupes de militaires ivres, parfois drogués, erraient dans les rues en tirant des coups de feu. Réveillée par le vacarme, l'équipe restait sur le qui-vive, dans l'obscurité de la maison. Ils n'avaient pas allumé la lumière, autant pour économiser le groupe électrogène que pour éviter d'attirer sur eux l'attention des soldats éméchés.

Mais une partie des conscrits, furieux de ne pas avoir reçu leur solde, décidèrent soudain de se servir eux-mêmes. Ils se mirent à entrer dans les cases une à une, brutalisant la population, pillant les réserves de nourriture et d'alcool. Des hurlements, le fracas des meubles renversés et de la vaisselle cassée accompagnaient leurs incursions. De plus en plus ivres, ils multipliaient les brutalités, surtout contre ceux qui ne pouvaient rien leur donner. Des flammes s'élevaient dans la nuit, éclairant par intermittence des scènes apocalyptiques de pillage et de violence. Les plaintes des femmes, les cris des enfants affolaient les volontaires, terrés dans l'obscurité. La soldatesque sans contrôle se livrait à des débordements horribles, abattant d'une rafale tous ceux qui avaient le malheur de lui déplaire. Didier espérait qu'elle respecterait les locaux humanitaires, mais il tremblait d'appréhension.

Soudain, un petit groupe décida d'entrer dans leur maison. Dans la liesse ambiante, ceux qui la gardaient habituellement avaient déserté leur poste pour prendre part aux rapines. Les soldats défoncèrent la porte à coups de pied. Aussitôt Didier alluma la lumière, espérant les intimider. À sa grande stupeur, le commandant Ben menait les insurgés. L'alcool dont il avait déjà amplement abusé déformait ses traits, lui donnant un masque qui n'avait plus rien d'humain.

Le colosse entra en titubant dans la maison, exigeant d'une voix rauque qu'on lui serve à boire. Les autres suivaient en brandissant leurs mitraillettes. Indécis, ils évaluaient la situation du regard, attendant un geste de leur chef pour piller la maison des Blancs.

Toute l'équipe s'était réfugiée, terrifiée, dans un coin de la pièce. Personne ne bougeait, de peur de provoquer la colère des soldats. Ben gesticulait, exigeait de l'alcool. Il renversa la table d'un coup de pied, brisant la lampe à pétrole. Une odeur infecte se répandit, tandis que des flammes jaillissaient. Aussitôt, Didier jeta sur le brasier naissant un plaid qui traînait dans la pièce, étouffant l'incendie. Comme anesthésiés par l'alcool, les militaires n'avaient pas esquissé un geste. Puis, à la grande stupéfaction des autres, le chef de mission vint se placer en face du commandant Ben. Avec beaucoup de calme, il lui annonça que leurs réserves d'alcool étaient vides.

Après un instant de flottement, l'homme reprit ses vociférations, accusant le chef de mission d'être un traître. Il commençait à loucher en direction des filles. Marc pressentit le pire. Didier comprit que la situation menaçait d'échapper à tout contrôle. Soudain, il se frappa le front :

– Suis-je bête ! s'exclama-t-il, j'ai oublié ce que j'avais mis de côté en prévision de mon anniversaire ! Attendez-moi, je crois que j'ai une bonne surprise pour vous. Marc, en attendant que je revienne, peux-tu t'occuper de ces messieurs ?

Il fit signe aux trois filles de le suivre et s'éclipsa avec elles à l'arrière de la concession. Marc se retrouva nez à nez avec la petite troupe, ne sachant quelle contenance adopter. Ils restaient là, tous, incertains. Le commandant Ben lui-même hésitait sur la conduite à tenir. Marc prit des verres dans un meuble, demanda à l'un des types de l'aider à redresser la table – l'autre s'exécuta immédiatement – et commença à les disposer, comme s'ils se préparaient tous ensemble à prendre l'apéritif, entre amis.

Pendant ce temps, Didier, sans perdre une minute, emmenait les trois infirmières dans la pièce où ils mettaient sous clef les valeurs de la mission, argent, documents importants, comptabilité.

– Barricadez-vous là-dedans et n'ouvrez sous aucun prétexte, jeta le chef de mission aux infirmières, pétrifiées.

– Et toi ? Et Marc ? répondit Sarah d'une voix blanche

– Ne t'inquiète pas, nous risquons moins que vous.

– Mais tu leur as promis une surprise ? Que vas-tu faire ?

– Ne t'inquiète pas, je te dis, j'ai des ressources insoupçonnées.

Il sortit de la pièce en leur recommandant à nouveau de bien verrouiller la porte et se rendit dans sa chambre. Il n'y avait pas un instant à perdre. Frénétiquement, il souleva ses sacs de voyage, entreposés au fond d'un placard, jeta sur son lit quelques pièces de tissu. Elles dissimulaient une caisse, au fond d'un réduit. Une escouade de margouillats brutalement débusqués s'enfuirent. Il essaya de tirer la caisse, mais elle était trop lourde pour lui. Pas question de demander de l'aide pourtant : une telle requête aurait risqué d'attirer les soldats à l'intérieur de la maison, de les rapprocher dangereusement des femmes et de l'argent. Son bras abîmé le gênait. Des gouttes de sueur dégoulinaient de son front. L'angoisse qui, soudain, le submergeait devant son impuissance lui donna une force inattendue. En ahanant sous l'effort, il parvint à arracher la caisse de son réduit et à la caler sur son épaule.

Brandissant fièrement son précieux colis, il déboucha, en titubant sous la charge dans la grande pièce, juste à temps pour couper court à l'énervement croissant des hommes. Ils exigeaient de l'argent, prenant à partie Marc et Lucas d'un air de plus en plus menaçant.

– Messieurs, la surprise du chef !

Quiconque connaissait un peu Didier se serait immédiatement aperçu que sa voix joviale sonnait faux. Mais les soldats n'y firent pas attention. Ils se mirent à brailler de joie en découvrant le contenu de la caisse : une douzaine de bouteilles d'alcools divers, champagne, pastis, cognac... Didier avait fait les choses en grand.

Le chef de mission empoigna à toute vitesse les bouteilles et, ignorant les verres, les fourra les unes après les autres dans les mains des militaires, qui n'en revenaient pas de l'aubaine. Ils ne pensaient plus du tout à se servir de leurs fusils qui, au contraire, les encombraient pour s'emparer des alcools. Déposée à la hâte contre un mur, l'une des armes s'abattit au sol dans un fracas épouvantable. Heureusement, le coup ne partit pas.

Didier avait pris soin de réserver le meilleur au commandant Ben. Il lui tendit trois bouteilles :

– Tenez commandant Ben ! Vous les boirez à ma santé !

Un reste de scrupule effleura le gradé.

– Mais... ne serait-il pas plus sympathique que nous trinquions ensemble ? émit l'homme d'une voix pâteuse où affleurait la joie la plus brute.

– J'aurais partagé ces bouteilles avec joie avec vous, mais je suis totalement épuisé, s'excusa Didier. Pour tout dire, je crois que mon vieux palu a refait surface. Faites-moi plaisir : allez boire ensemble à ma santé. À charge de revanche, n'est-ce pas, commandant Ben ?

Et il fit un clin d'œil complice au militaire, sous l'œil ébahi de Marc. Amin Dada se sentit obligé d'acquiescer.

– Bien sûr, quand vous voulez !

– Je vous ferai signe, conclut Didier, en le raccompagnant amicalement mais fermement vers la sortie, une main dans le dos du colosse pour mieux guider ses pas.

Au moment où Ben franchissait le seuil, il se retourna soudain :

– Ah, j'oubliais, votre voiture est réquisitionnée. Nécessité du service.

– Bien sûr, commandant Ben, bien sûr, répondit Didier sans protester. Je vais vous chercher les clefs.

Marc et Lucas le regardaient, interloqués. Didier revint avec le trousseau qu'il avait décroché du tableau.

– Voici les clefs du pick-up. Ne vous trompez pas : nous avons dû démonter les roues de l'autre. La crémaillère de direction a été endommagée. Je ne voulais pas qu'il arrive un accident.

Ben le regarda, incrédule. Didier ajouta, jovial :

– Vous ne pouvez pas vous tromper : celui qui fonctionne est entier. Pas l'autre.

Et il les poussa dans la cour. Marc lui chuchota :

– Mais... tu leur as donné les clefs du vieux pick-up ? Tu sais qu'il a des problèmes ? Ali devait le réparer.

– Justement, répondit Didier. Quand j'ai compris que

nous étions bloqués ici, j'ai demandé à Lucas d'enlever les roues du nouveau 4 × 4. Elles sont planquées.

Marc était sidéré.

– Ce n'est pas aux vieux singes qu'on apprend à faire des grimaces, conclut Didier, sardonique. Puis il héla les militaires, qui étaient en train de s'installer dans la vieille voiture en jetant des coups d'œil envieux à la nouvelle.

– Commandant Ben, pouvez-vous donner des instructions à vos troupes pour que nous ne soyons pas dérangés cette nuit ? Parce qu'avec l'état de la porte...

– Comptez sur moi ! Et merci encore ! cria l'homme avant de disparaître dans l'obscurité dans un bruit de ferraille.

– Tu parles ! dit Didier en se tournant vers Marc. Aide-moi vite à barricader la maison. Ça tiendra ce que ça tiendra, mais on ne peut pas rester ouvert à tous vents une nuit pareille.

Ils poussèrent tous les meubles qu'ils trouvèrent contre l'entrée restée béante et décidèrent de veiller à tour de rôle jusqu'au petit matin.

– Comment as-tu fait pour dégoter tout cet alcool ? demanda Marc.

– Trésor de guerre. Comme tu le sais, dans ce domaine, j'ai horreur de manquer !

Marc se rendit dans la pièce où s'étaient réfugiées les infirmières pour leur donner quelques couvertures, afin qu'elles s'improvisent des lits de fortune. Elles n'en menaient pas large, comprenant qu'elles venaient d'échapper au pire grâce à la présence d'esprit du chef de mission. Marc consola tendrement Sarah en lui caressant les cheveux, lui murmurant des paroles apaisantes. Puis il retourna voir Didier en lui conseillant d'aller dire un mot gentil à Céline...

Didier revint quelques instants plus tard, le visage tout

éclairé, confirmant Marc dans son intuition : Céline n'était pas restée insensible à l'attitude héroïque du chef de mission.

Les trois hommes tombèrent d'accord : il ne fallait pas que les filles sortent de leur abri avant que le jour revienne. Le reste de la nuit se passa à attendre en tours de veille successifs que les soldats aient cuvé leur vin. Ils n'eurent plus de nouvelles des militaires.

Lorsque les premières lueurs du matin apparurent enfin, que les coqs se mirent à chanter, Marc assurait son tour de garde. Une aube terne se levait sur un paysage désolé. Partout, ce n'était que bouteilles cassées, débris, déchets. Des formes sombres gisaient sur le sol, sans qu'il distingue s'il s'agissait ou non d'êtres humains. On aurait dit qu'un bombardement avait eu lieu. Tout le quartier paraissait devoir être reconstruit.

Marc ressentait un immense soulagement. Encore une nuit qui aurait pu mal tourner et dont ils s'étaient miraculeusement sortis. Didier les avait tirés d'un sacré guêpier. L'homme avait plus de ressources qu'il n'y paraissait. Il regretta de l'avoir considéré avec tellement de mépris depuis son arrivée au Sawana. Comme chacun d'entre eux, Didier faisait de son mieux pour surnager dans l'absurdité ambiante. Il s'en tirait grâce à l'alcool et aux amours vénales. Est-ce que lui, Marc, valait mieux que le chef de mission ?

Il soupira. Laure, Caltech, les cours de boxe française, Nathalie, tous ces vestiges de sa vie passée ne le narguaient même plus : ils s'étaient dissous dans l'irréalité. Sarah avait raison : il avait franchi une frontière.

La nouvelle tomba dans la journée : ils étaient expulsés du Sawana. Ils avaient vingt-quatre heures pour quitter le pays, sans rien emporter. Didier était fou de rage : leur véhicule – la carcasse de l'autre gisait, désossée, à quelques centaines de mètres de leur maison –, leurs stocks de nourriture, le matériel hydraulique, les pompes, les foreuses, tout était confisqué par les autorités. Ils devaient licencier sur l'heure leur centaine d'employés locaux. Lorsqu'il leur signifia la mesure, avec un air narquois qu'il ne parvenait même pas à masquer, le commandant Ben leur conseilla d'indemniser correctement le personnel s'ils ne voulaient pas, en plus, être traînés en justice pour infraction à la législation du travail.

Didier dut se rendre avec le reste de l'équipe sur les différents sites où l'association avait travaillé pour procéder au règlement des questions de personnel. Ils découvrirent avec écœurement que, partout, leurs réalisations, leurs bâtiments de stockage, leurs centres nutritionnels avaient déjà été détruits ou pillés. Comme si les Sawanais savaient déjà qu'ils ne reviendraient pas.

Apprenant qu'ils se trouvaient dans le centre nutritionnel, un des Suédois vint les rejoindre. Il voulait dire au revoir à Céline, la journée sur le bateau au lac Vert lui ayant laissé quelque vague à l'âme. Il étreignit la jeune femme, qui parut mal à l'aise vis-à-vis de Didier. Celui-ci ne parut rien remarquer. L'état d'agitation extrême où se trouvait le jeune homme excusait la familiarité de sa conduite. Il leur raconta, dans un mauvais français qui en l'espèce leur parut suffisamment éloquent, qu'il avait assisté à une véritable curée : dès que la nouvelle de leur départ avait commencé à circuler, les ouvrages de MCF avaient été démantelés. Rien ne résistait à l'avidité de la population. Les bornes-fontaines étaient détruites, les robinets arrachés pour être revendus au prix du cuivre. Même les poignées de porte des centres avaient été dévissées. Les chefs de village s'étaient approprié les stocks de nourriture et les médicaments, qu'ils disputaient férocement aux militaires.

Mais le plus horrible, raconta le jeune homme, les larmes aux yeux, avait été la façon dont les soldats avaient fait évacuer les centres nutritionnels, jetant dehors des enfants malnutris qui parvenaient à peine à tenir debout, alors que leurs parents n'étaient pas là pour les récupérer. Plusieurs assistants avaient tenté de s'interposer. Ils avaient été menacés, les plus réticents à abandonner leur poste frappés, jetés à terre, blessés.

En entendant ces récits, Sarah avait pâli. Fatou avait disparu, nul ne savait où elle était allée et même si elle était encore vivante. Marc serrait les poings de rage. Il ne parvenait pas à comprendre comment les Sawanais pouvaient ainsi se désolidariser les uns des autres : tout ce que MCF avait construit depuis des années pour améliorer la vie des villageois, tout ce travail venait d'être réduit à néant en l'espace de quelques heures.

– Ah, les salauds ! répétait Didier.

– Ils ne comprennent même pas que leurs enfants seront les premiers à pâtir de l'eau contaminée, constatait Marc.

– Ce n'est pas de leur faute : les violences qu'ils ont subies, le dénuement, les déplacements..., le tissu social est complètement déstructuré ici. Le premier qui se sert a gagné, soupira Sarah.

L'air désolé, le Suédois acquiesçait à leurs propos, dont il devinait la teneur sans les comprendre.

Didier avait préparé les enveloppes des soldes de tout compte à l'intention du personnel local. L'absence d'Anne lui pesait : c'était elle qui, en tant qu'administratrice, gérait habituellement les salaires. Beaucoup d'employés locaux manquaient à l'appel. Ils devaient déjà estimer s'être servis. Ali, curieusement, n'avait pas reparu depuis l'assignation à résidence de l'équipe et Didier pensait qu'il devait être parti avec Anne.

Dans le groupe de ceux qui se présentèrent pour percevoir leur paie, certains réclamaient, hostiles, la totalité de la rémunération qu'ils auraient perçue s'ils avaient continué à travailler normalement pour MCF. D'autres, au contraire, paraissaient désolés de devoir ainsi quitter leurs employeurs humanitaires avec lesquels ils avaient noué depuis des années des liens étroits. Ceux-là avaient honte du comportement de leurs compatriotes. Comme Ali, Khadia avait disparu. Elle aussi devait être partie avec Antonio, en déduisit Didier. Mais où donc se trouvaient-ils, tous les quatre ?

De retour à la maison, ils empaquetèrent à la hâte leurs affaires personnelles, dans l'attente du véhicule qui devait les conduire à l'aéroport.

Avant de quitter le Sawana, ils purent avoir une conversation téléphonique avec Bernard Boron, qui avait déjà été prévenu du verdict par la voie diplomatique. Le directeur général ne fit aucun commentaire. Commençant à le connaître, Marc pensa que lui aussi était sous le choc de la nouvelle. Il devait réfléchir aux implications financières de la fermeture brutale de cette mission, qui signifiait une baisse de chiffre d'affaires, peut-être même des remboursements aux bailleurs de fonds. Sans parler des explications à apporter aux donateurs privés, qui avaient été largement sollicités pour le Sawana.

Boron leur passa ensuite Véronique Braga. Celle-ci leur demanda de se présenter le plus vite possible au siège parisien pour ce qu'elle appelait un « debriefing émotionnel ».

– Qu'est-ce que c'est que ce truc ? murmura Marc à Sarah, qui haussa les épaules en signe d'ignorance.

Didier promit à la responsable du personnel qu'il transmettrait sa demande à l'équipe, puis il raccrocha. Les autres le regardaient d'un air interrogateur. Il leur expliqua que MCF voulait leur faire rencontrer, à leur retour, une équipe spécialisée dans la « gestion du stress », selon le jargon qu'il avait entendu par le passé. Lui-même y avait eu droit après la Somalie. Ainsi, les volontaires pourraient se confier, se libérer des émotions qu'ils venaient de vivre dans le contexte particulièrement violent du Sawana.

– Braga ne vous le dit pas, mais elle craint que vous disjonctiez, plaisanta-t-il.

Il leur expliqua que la directrice du personnel redoutait les décompressions soudaines que les volontaires subissaient parfois après une mission difficile. Sur le moment, ils contenaient leurs émotions, mais la crise pouvait survenir beaucoup plus tard. La santé mentale du volontaire pouvait alors basculer : attaques de panique, dépression nerveuse, tentative de suicide parfois. Didier savait que Véronique Braga redoutait plus que tout ces chocs en retour, surtout lorsque le volontaire avait été renvoyé sur le terrain. Il eût été plus simple de ne pas réemployer ceux qui avaient connu pareille situation ; malheureusement, le nombre de candidatures n'était pas tel qu'elle puisse se permettre de « gaspiller de la ressource humaine », selon son expression. Encore que, pensa Didier, Marc et Sarah avaient peu de chances de repartir avec MCF.

– Moi, après ma balle dans le coude, j'ai eu droit au grand jeu. Du coup, vous voyez, je suis un mec normal, ajouta-t-il, jovial.

– Enfin presque... sourit Céline, tandis que Marc pensait au contraire que Didier était complètement ravagé.

Sarah, elle, avait écouté attentivement les explications de Didier, mais elle ne fit aucun commentaire.

– Et qui le fait, ce debriefing émotionnel ? Des psychiatres ? Des psychologues ? s'enquit Marc.

– Non, une équipe du siège, constituée de personnes qui ont suivi une formation avec Véronique Braga.

Marc éclata de rire.

– Me faire débriefer émotionnellement par cette bonne femme ? Le comble ! Je décompresse tout de suite, dans son bureau, ça ne fait pas un pli.

Sarah, un instant tentée par la proposition, partageait le même avis. Pas question de rentrer immédiatement à Paris. Ils n'avaient aucune envie de se faire réprimander par Boron. Et puis, abandonner ainsi leur mission aurait été l'aveu de leur échec. Ils ne voulaient pas que le gouvernement sawanais ait le dernier mot.

Ils décidèrent d'un commun accord de se replier dans la capitale du Kongue, en attendant de voir comment la situation allait évoluer. Ils étaient bien conscients qu'une telle décision allait leur valoir les foudres du directeur général, mais tous deux n'en avaient cure : ils estimaient ne rien devoir à MCF.

Un conseiller diplomatique de l'ambassade de France vint chercher l'équipe humanitaire, accompagné d'une escorte armée destinée à leur éviter l'agressivité de la population, voire des militaires. Ils n'emportaient chacun qu'un sac contenant leurs affaires personnelles. Tout le reste, absolument tout, était confisqué par les autorités. Ils savaient qu'ils n'en reverraient jamais la couleur. Marc préféra ne pas calculer le montant des équipements et du matériel que l'association sacrifiait. Didier, Sarah et lui se sentaient coupables de ce dénouement sordide, dont ils portaient une grande part de responsabilité.

– Je n'aurais jamais dû vous autoriser à aller dans le Nord, se lamentait Didier, alors qu'ils patientaient sur le tarmac de l'aéroport, en attendant le vol qui devait les emmener à Kongue-City.

– Attends ! s'insurgea Sarah. Ne me dis pas que tu aurais préféré continuer ton train-train, alors que des milliers de gens crèvent de faim près de la frontière ?

– On aurait dû s'y prendre autrement, reprit le chef de mission.

– S'y prendre comment ? le coupa Marc. Tu crois qu'on aurait eu l'autorisation un jour de mettre en œuvre un programme en zone rebelle ?

– Je n'en sais rien, soupira Didier. Mais quel gâchis !

Anne, Khadia et Antonio avaient disparu. Marc pensa qu'ils s'étaient mis depuis longtemps en lieu sûr. Il avait pu récupérer la radio d'Antonio et quelques-uns de ses enregistrements préférés. Mais il se demandait s'il aurait l'occasion de les lui rendre un jour. Didier aussi avait rangé dans son propre sac les affaires auxquelles Anne tenait le plus, mais ce qu'elle laissait derrière elle, tout comme lui, représentait des années de présence au Sawana. Lorsque les autorités les avaient interrogés, plutôt brutalement d'ailleurs, sur l'endroit où se trouvaient les volontaires manquants, ils avaient dû avouer leur ignorance. Cette incertitude n'avait fait que renforcer la certitude des militaires : ils avaient bien affaire à des espions.

– S'ils tombent entre les mains du régime, je ne donne pas cher de leur peau, s'inquiétait Didier.

Ils eurent la surprise de voir arriver Ali à l'aéroport. Il voulait les saluer avant leur départ. Il parut vraiment désolé de ce qui leur arrivait. Didier s'excusa auprès de lui de devoir ainsi mettre fin à une collaboration de plusieurs années. Le chef de mission s'était beaucoup inquiété de savoir si le chauffeur avait eu des ennuis avec les autorités. Ali le rassura : tout s'était bien passé, il n'était qu'un employé qui avait obéi aux ordres.

Didier voulut lui remettre les affaires d'Anne, mais Ali refusa : il ne l'avait pas revue depuis le soir où ils avaient quitté la mission. Elle était partie avec Antonio et Khadia.

# 17.

Marc s'ennuyait ferme depuis deux semaines dans la petite auberge de Kongue-City, où Sarah et lui avaient décidé de s'installer, en attendant d'y voir plus clair. Sa mission humanitaire prématurément interrompue, il n'avait nulle envie de rentrer tout de suite en France, où personne ne l'attendait avant de longs mois. Essuyer les remontrances de ses parents et leurs commentaires acerbes le décourageait d'avance. Et puis, il avait encore des choses à faire en Afrique, il en était sûr. Peut-être une autre organisation les embaucherait-elle. Pour MCF, il paraissait difficile d'y compter : le siège n'avait guère apprécié leur initiative, il le savait par Didier qui avait regagné Paris, convoqué par l'association pour solder les comptes de la mission.

Par désœuvrement, il se rendit dans le salon d'accueil. Sarah était partie dîner dans un petit restaurant avec une amie du Burkina, providentiellement retrouvée sur place. Toute une faune hétéroclite d'expatriés, routards, hommes d'affaires, humanitaires de passage comme lui, avait pris l'habitude de se retrouver le soir, pour jouer aux cartes en sifflant des whiskies, ou reconstruire le monde entre deux joints. Les sempiternelles compagnes locales leur tenaient compagnie, mettant un peu d'animation à coups de grands rires enjoués. Elles passaient le temps en profitant de la générosité très sollicitée de ces messieurs, jusqu'à ce que la nuit tombe. Alors, avec la complicité du tenancier qui devait percevoir son pourcentage au passage, elles faisaient le tour des chambres en grattant aux portes. Le business marchait bien, car les prix restaient très modiques.

Marc jeta un coup d'œil à la vieille télévision crachotante que, luxe suprême, l'auberge mettait à la disposition de ses hôtes dans le salon commun. La télévision nationale meublait laborieusement ses programmes d'une succession de séries américaines et de longs comptes rendus des faits et gestes du vieux colonel qui dirigeait le pays depuis l'indépendance, longtemps avant la naissance de Marc. Marc les trouvait particulièrement fastidieux. Mais le soir, influence de l'oncle Sam oblige, la télévision retransmettait le journal de CNN. Même vues sous l'angle des Américains, les nouvelles du monde présentaient autrement plus d'intérêt que l'énumération des inaugurations et des discours du chef d'État cacochyme. L'ingénieur ne ratait jamais ce rendez-vous télévisé, qui rompait avec le désœuvrement dans lequel il s'enlisait depuis des jours et des jours.

Pour mieux entendre dans le brouhaha ambiant, il s'installa tout près du poste, qui devait lui aussi dater de la colonisation, à en juger par son état de vétusté avancée. Les nouvelles défilaient, très américano-centrées comme Marc s'y était habitué. Les seuls sujets internationaux concernaient la traque des terroristes en Afghanistan. L'attention de Marc commençait à décliner – comprendre l'américain rapide du présentateur lui demandait un effort soutenu, après des mois passés en Afrique centrale –, quand son attention fut brusquement éveillée : une carte familière venait de s'inscrire en haut de l'écran.

Marc n'en revenait pas : voilà qu'on parlait du Sawana sur

CNN ! Il mobilisa toute son énergie pour comprendre ce que le présentateur était en train d'expliquer. Il prononça les mots guerre civile, famine, dictature. Un reportage fut lancé. Il débutait comme toujours par la vision d'un petit squelette vivant, accroché au sein flétri de sa mère, tellement émaciée elle-même qu'elle paraissait une vieillarde. Puis le plan s'élargissait et on découvrait au fur et à mesure des centaines de femmes et d'enfants dans le même état, scènes de famine mille fois vues, déjà, à la télévision, mais dans lesquelles Marc identifia aisément le peuple soro.

L'image revint sur une femme blanche en saharienne, un micro à la main, campée au milieu des morts vivants. Elle expliqua qu'elle se trouvait au nord du Sawana, où les enfants mouraient de faim depuis des mois. Marc crut comprendre qu'elle soulignait qu'ils n'avaient que des racines à manger, ce qui leur donnait la diarrhée, mais il n'était pas tout à fait sûr de son interprétation, pourtant plausible. Elle se trouva confirmée par le plan suivant : tandis que le commentaire se poursuivait en voix off, la caméra s'attarda sur de petits monticules de terre ; Marc reconnut les tombes improvisées autour des cases, qu'il avait vues dans les camps de déplacés, avec Elvis Dieudonné. Justement, ce dernier apparaissait à l'image, coiffé de son béret rouge. Il marchait à grandes enjambées au milieu des affamés, tandis que ses troupes, reconnaissables à leurs bottes vertes, lui faisaient comme une haie d'honneur. La caméra revint sur les enfants dénutris, détaillant leur anatomie désolée. Puis la journaliste évoqua les camps de regroupement, tandis que défilaient des images, visiblement prises en caméra cachée à partir d'une voiture. Ces alignements de cases le long de la route ne devaient sans doute rien signifier pour le téléspectateur moyen, mais Marc reconnut l'un des nouveaux villages créés par le régime, où les villageois manquaient de tout. Le reportage s'acheva sur la vision d'une fillette aux deux mains coupées, entourées de bandages, tandis que la journaliste accélérait le débit pour tenir son temps de parole. Marc saisit au passage les mots de guerre totale, de génocide, de peuple chrétien, de pétrole acheté par la France. Elle termina en donnant son nom et le lieu où le reportage avait été tourné : Soro, Sawana.

Il n'en croyait pas ses oreilles. S'il avait bien compris, la journaliste dénonçait clairement le régime du Sawana et la complicité française. Le présentateur apparut de nouveau à l'écran, avec la mine tragique de circonstance. Il se tourna alors vers son invité, une femme. Marc en resta bouche bée : c'était Anne. Elle paraissait extrêmement tendue. Le présentateur lui demanda d'expliquer la situation. Ce n'est que lorsqu'Anne se mit à parler que Marc comprit enfin clairement les propos tenus à l'antenne : l'anglais scolaire de la jeune femme ressemblait au sien.

– Le Sawana, votre journaliste l'a dit, expliqua-t-elle, est une dictature dont le président ne tolère pas la moindre opposition. Un pays caserne, quadrillé par les militaires, que la France soutient parce que ses réserves en pétrole sont gigantesques. Une minorité, les Soros, a le malheur d'habiter les terres les plus riches. C'est ce qui explique la politique dc regroupement forcé, les destructions de récolte et cette terrible famine qui frappe des milliers d'innocents. Le but est de vider le Soro de sa population pour pouvoir exploiter le pétrole en toute tranquillité.

La voix d'Anne, au départ voilée par le trac, s'affermissait au fur et à mesure qu'elle se laissait emporter par son indignation. Le présentateur la laissa parler, ravi de la liberté de ton de son invitée. Lancée, Anne ne s'arrêtait plus. Elle accusa le gouvernement français de soutenir la dictature, expliquant que son organisation humanitaire avait été expulsée parce qu'elle avait voulu intervenir dans le nord du pays et non, comme le voulait le régime, dans le cadre des camps de regroupement forcé. Marc nota qu'elle taisait soigneusement le fait que c'était bien, pourtant, dans ces camps que l'association était intervenue pendant trois ans, jusqu'à son départ forcé.

– Qu'allez-vous faire maintenant ? lança le présentateur, soucieux de conclure, maintenant.

– Nous allons mettre en œuvre un programme humanitaire à partir de la frontière du Kongue. Tout est prêt pour lancer les secours et sauver le maximum de gens de la famine.

Anne laissa un blanc. Minuscule, pour reprendre son souffle. Le présentateur s'y engouffra. Il avait hâte de passer au sujet suivant.

– Vous avez besoin d'argent, je suppose.

Évidemment, Anne acquiesça. À la grande surprise de Marc, le nom de Feed, une des plus grandes organisations caritatives américaines, apparut à l'écran. Mais Anne, visiblement, n'avait pas terminé. Elle poursuivit :

– Merci de votre aide. Mais je voudrais aussi que ceux qui nous regardent manifestent leur opposition à la politique du gouvernement français au Sawana en signant notre pétition. Nous exigeons que la France cesse de soutenir le régime du Sawana.

Elle se tourna vers l'écran, regardant le téléspectateur droit dans les yeux.

– Donner, c'est bien. Mais si votre chèque est accompagné de cette pétition, nous serons plus efficaces encore pour combattre la famine. Il faut faire cesser cette situation scandaleuse, faire cesser la vraie raison de la famine. Faites un geste citoyen en vous associant à notre campagne de protestation.

L'adresse de Feed aux États-Unis clignotait en bas de l'écran. Dans le monde entier, des millions de gens avaient dû voir le reportage. Marc ne douta pas que l'organisation allait recueillir des centaines de milliers de signatures. La pétition allait sérieusement ébranler le régime du Sawana, mais aussi la France, par ricochet. Le rouleau compresseur était en marche. Lorsque les Américains voulaient récupérer des territoires pétroliers, ils savaient employer les grands moyens. Personne n'ignorait dans le microcosme humanitaire que, même si Feed prétendait lutter contre la famine, elle agissait d'abord et avant tout au service des intérêts américains partout dans le monde. La pseudo-ONG recevait des sommes tellement colossales du gouvernement fédéral qu'à côté de son budget, MCF faisait figure de naine. Elle était en réalité le bras désarmé des Yankees, leur branche humanitaire, derrière laquelle s'activaient les grandes entreprises pétrolières et les services de renseignement.

Marc avait oublié où il se trouvait. Il était sidéré de l'aplomb avec lequel Anne avait lancé son appel. Elle avait trouvé le moyen de se venger en même temps de MCF et du régime sawanais, tout en restant fidèle à ses convictions humanitaires. Une sacrée bonne femme.

– Elle a raison, la nana !

– Ouais, il est temps qu'on arrête de soutenir ce régime pourri !

Les types autour de lui avaient marché à fond. Sans que Marc, obnubilé par ce qu'il venait de voir, le remarque, ils s'étaient peu à peu regroupés derrière lui, autour du poste de télévision, et poursuivaient, enflammés, la discussion.

– Ouais, mais on est bien contents, en France, de ne pas la payer trop cher à la pompe, notre essence ! objecta un homme d'un certain âge.

Il tenait par l'épaule une petite prostituée qui ne devait pas avoir seize ans, comme s'il se fût agi de la femme de sa vie. Bedonnant et sûr de lui, il incarnait pour Marc le prototype du représentant de commerce envoyé par sa boîte en

Afrique pour y fourguer bien trop cher une camelote invendable ailleurs. Bref, ce que Deloye avait attendu de lui au Sawana, pour Caltech.

Les autres, échauffés par l'alcool, s'énervèrent.

– Mais qu'est-ce que tu racontes ? lui rétorqua un grand mec aux cheveux jusqu'aux épaules, que les autres appelaient l'Indien. Les raisons de sa présence dans le pays étaient plutôt obscures. Il continuait, véhément :

– L'essence, on peut l'avoir ailleurs. Y en a marre que la France aille toujours se compromettre avec des dictateurs sous prétexte de faire des affaires !

– Ouais, c'est quand même la patrie des droits de l'homme, merde ! renchérit un humanitaire qui faisait un break entre deux missions.

Marc les laissa s'affronter et quitta la pièce. Il remonta dans sa chambre pour réfléchir à son aise en attendant Sarah.

## 18.

De pauvres hères affamés affluaient de partout. Il en sortait des buissons, des collines, des fossés. Ils avançaient par grappes, tels des cadavres ambulants, tenant à peine sur leurs jambes trop maigres, les yeux profondément enfoncés dans des orbites décharnées, hâves, gris de poussière. La faim avait creusé leurs chairs. Une armée d'ombres qui surgissait du néant, toujours plus nombreuse, toujours plus compacte, en quête de la pitance dont elle avait été privée depuis des mois.

Lorsqu'Anne avait ouvert le premier centre nutritionnel de Feed, à l'endroit présenté par Elvis Dieudonné comme étant le mieux situé pour accueillir les affamés, elle ne pensait pas devoir s'occuper d'une foule aussi nombreuse. L'association américaine avait installé sa mission à proximité de la frontière entre le Kongue et le Sawana, dans un no man's land que contrôlaient les rebelles depuis de nombreuses années déjà. Elvis Dieudonné avait bien calculé l'accessibilité du lieu, desservi par une piste routière. La route s'élargissait à proximité des campements jusqu'à former une sorte d'immense terrain vague qui pouvait, le cas échéant, servir de piste d'atterrissage pour de petits avions. La guérilla avait déployé une batterie antiaérienne, aimablement fournie par les Américains, sur les collines entourant le site, afin de le défendre contre les incursions de l'armée sawanaise. Le régime avait essayé à plusieurs reprises déjà de bombarder cette zone, stratégique pour le Front de Libération du Soro.

C'est sans état d'âme que Feed avait traité avec les rebelles pour mettre en place le dispositif d'assistance humanitaire. L'organisation américaine avait choisi son camp. Depuis des années, les États-Unis finançaient en sous-main le FLS, qui avait pu bénéficier au Kongue d'une base arrière sûre, grâce à la protection bienveillante du vieux dictateur. Les Américains arrosaient le régime de dollars, d'armes et de céréales, garantissant sa longévité tant qu'il protégeait leurs intérêts. Les rebelles pouvaient lancer des raids éclair contre l'armée sawanaise, puis se replier en toute sécurité dans le pays ami.

Les Américains avaient confié à Anne la responsabilité de la mission humanitaire en raison de sa longue expérience d'administratrice de MCF au Sawana. Feed avait apprécié aussi qu'elle parle français. Peu d'Américains possédaient cet atout au sein du staff de l'organisation. Feed l'autorisa aussi à embaucher Marc et Sarah. Ces derniers l'avaient contactée par e-mail à New York au lendemain de sa prestation télévisée. La surprise d'apprendre qu'ils étaient restés postés à Kongue-City, après leur éviction du Sawana, s'était doublée d'une véritable joie lorsque tous deux lui avaient proposé de reprendre du service. Pour Anne, c'était pain béni : ils connaissaient déjà la population dont ils allaient devoir s'occuper, étaient immédiatement disponibles, prêts à se mettre au travail, un travail dont ils n'ignoraient rien, après les mois passés pour MCF au Sawana. Marc se félicitait d'avoir pensé à conserver les guides techniques de l'ONG. Ainsi, il disposait de toutes les procédures et normes à respecter pour effectuer sa tâche. Même au service d'une autre organisation, le métier restait sensiblement le même

Anne était heureuse aussi de pouvoir compter des Français au sein de son équipe. Elle baignait toute la journée dans un milieu anglo-saxon depuis qu'elle avait su convaincre les responsables de Feed de l'importance de lancer très vite un programme humanitaire dans le nord du Soro. Ils avaient été singulièrement réceptifs d'ailleurs, au point d'organiser son passage sur CNN. Loin de se douter que l'intervention était déjà programmée depuis de longs mois, elle se demandait encore par quel miracle cet enchaînement de circonstances, qui permettait de ne pas abandonner les affamés du Sawana, avait pu se produire en si peu de temps. La rapidité de la réaction de Feed lui avait mis du baume au cœur, après la double trahison qu'elle venait de vivre.

– C'est Ali qui a communiqué le fax aux autorités, avait-elle avoué à Marc et Sarah lorsqu'elle les avait retrouvés.

– Ali ? Mais c'est impossible ! Il est venu nous dire au revoir à l'aéroport ! s'exclama Sarah.

– Et il prétendait nous accompagner dans la mission exploratoire par solidarité, avait renchéri Marc, incrédule.

– Il vous avait accompagnés pour vous surveiller. Et il a fait son rapport dès qu'il est rentré. Intercepter le fax était pour lui un jeu d'enfant, quand il venait me voir la nuit. En réalité, il n'avait jamais cessé de travailler pour le régime. On lui avait demandé de nous surveiller. Ben et lui sont des amis de toujours. Nous avons été infiltrés. Dans tous les sens du terme, soupira-t-elle avec une ironie désabusée.

Elle s'était bien fait avoir. Dès le retour d'Ali, elle s'était doutée de quelque chose : il paraissait préoccupé, anxieux. Au début, elle avait interprété son attitude comme le contrecoup de ce qu'il avait subi chez les rebelles. Mais il n'avait pas voulu passer avec elle la nuit suivant son retour, prétextant qu'il se sentait épuisé. Didier venait d'envoyer le fax à Paris. C'est à ce moment-là qu'il avait dû le subtiliser pour en faire une copie et l'apporter au commandant Ben. Le lendemain, alors que tout le monde attendait la réponse de Paris, il était comme par hasard absent. Antonio comptait pourtant sur lui pour réparer la voiture. Elle s'en était fait la remarque, mais avait attribué son absence à son besoin de récupérer.

Quand la réponse négative de Paris était arrivée, son premier réflexe avait été de retrouver son ami pour lui faire part de sa colère. Elle avait quitté la mission, accompagnée de Khadia et d'Antonio, aussi furieux qu'elle. Le couple avait décidé de retrouver des amis africains. Anne avait été déçue : Ali n'était pas chez lui. Comme elle n'avait pas envie d'être seule, elle était restée avec Antonio et Khadia. Ils lui avaient alors avoué qu'ils se rendaient chez des membres du FLS, avec lesquels ils étaient en contact depuis plusieurs semaines déjà.

– C'est pour ça qu'Antonio tenait tant à cette mission exploratoire au nord du Soro ! s'exclama Marc.

Il comprenait mieux à présent l'insistance du logisticien.

– Mais comment as-tu su que Ben était déjà au courant ? demanda Sarah.

– Parce qu'au sein des militaires aussi, il y a des espions. Les amis de Khadia savaient déjà qu'Ali avait trahi et que des mesures de représailles allaient être prises contre nous par le régime.

Anne, Khadia et Antonio avaient compris que les militaires devaient déjà surveiller la maison. Ils ne pouvaient plus y retourner. Ils étaient restés cachés chez leurs amis, se terrant jusqu'à ce que la rébellion puisse les exfiltrer vers le Kongue. De là, Anne avait pris l'avion pour les États-Unis, où les représentants du FLS l'avaient mise en contact avec les responsables de Feed.

– Et Antonio et Khadia ? Où sont-ils à présent ? demanda Sarah.

Anne ne le savait pas. Elle avait perdu toute trace d'eux lorsqu'elle avait quitté le Kongue.

Sarah observa Anne. Elle semblait blessée au plus profond d'elle-même par la trahison de son amant. Sarah mesurait combien sa désillusion était cruelle : avoir donné toute sa confiance à un traître, qui s'était servi d'elle, devait être insupportable à Anne, elle qui se méfiait toujours de tout et de tout le monde. Cette mésaventure l'avait rendue plus dure et plus fermée que jamais, une écorchée vive qui essayait d'oublier les vicissitudes de son existence en s'absorbant corps et âme dans sa mission humanitaire.

– Je comprends mieux maintenant pourquoi l'autre, monsieur Propre, se méfiait d'Ali, remarqua soudain Marc.

– Monsieur Propre, de qui parles-tu ? dit Anne, surprise.

– Un des seigneurs de la guerre, un lieutenant de Dieudonné. Il a toujours une combinaison blanche et des lunettes noires. Un vrai charlot. Il avait accusé Ali d'être avec l'armée, expliqua Marc.

– Je vois de qui tu parles. Lord Johnson ! s'exclama Anne. Je l'ai rencontré aussi quand j'ai dû traiter avec le FLS. Tu aurais tort de le sous-estimer. Il est très proche de Dieudonné, sans avoir ses scrupules. Ce type a pas mal de sang sur les mains. C'est plutôt monsieur Sale que tu devrais l'appeler.

Marc se repassait le film en arrière, réinterprétant rétrospectivement toutes les attitudes et les comportements d'Ali depuis qu'il avait fait sa connaissance, en arrivant dans le Soro. Sortir avec Anne avait été le moyen le plus efficace pour le chauffeur de vivre au cœur de l'équipe. Il avait choisi de séduire celle qui aurait pu se révéler la plus suspicieuse du groupe, s'il n'avait pas endormi sa méfiance. A posteriori, il comprenait que c'était lui aussi qui avait dû avertir les autorités de leur expédition nocturne, quand Sarah n'avait pas respecté le couvre-feu pour rester auprès de Fatou.

Anne leur apprit qu'elle avait essuyé une autre déception, qui achevait de la convaincre que la nature humaine, décidément, s'accordait mal avec l'idéal humanitaire. Selon les informations qu'elle avait pu recueillir, Bernard Boron, loin de les soutenir, avait négocié avec les autorités sawanaises et le gouvernement français pendant tout le temps où ils avaient été assignés à résidence. Son but était de pouvoir continuer à travailler coûte que coûte au Sawana. Il avait su très vite que l'équipe serait expulsée : les autorités voulaient faire un exemple, pour dissuader toutes les ONG intervenant dans le pays d'agir ailleurs que dans les zones contrôlées par l'armée.

– Le pire, c'est que MCF est en train de programmer son retour au Sawana, conclut Anne.

– Ce n'est pas possible ! Tu dois faire erreur. Ils n'auraient pas laissé détruire tout le travail que nous avons fait si c'était pour revenir dans le pays...

Sarah n'arrivait pas à croire ce qu'elle venait d'entendre. Quant à Marc, il se disait intérieurement qu'Anne, pour le coup, manifestait une tendance inquiétante à la paranoïa.

Agacée de les sentir tous les deux dubitatifs, Anne s'emporta.

– Il nous a tous sacrifiés parce que c'était le seul moyen de calmer les autorités. De leur montrer que MCF était prête à montrer patte blanche pour pouvoir revenir dans le pays. C'est même pour ça qu'ils ont viré la standardiste, Nadia. Elle en savait trop : elle avait suivi toute l'affaire depuis le début. Elle seule aurait pu parler des revirements, des changements d'attitude, de toutes les conversations que nous avions eues avec le siège avant d'aller dans le Nord. Mis à part les membres du comité de direction bien sûr, mais Bernard savait qu'eux se la boucleraient. La voix de son maître...

– Ils ont laissé chasser, peut-être même mourir, tous les

enfants du centre... commença Sarah d'une voix altérée par l'émotion.

– Détruire les puits, les bornes-fontaines... ajouta Marc.

– Sans compter les latrines, ponctua Anne qui, même dans de telles circonstances, ne pouvait s'empêcher d'ironiser.

– Ils ont préféré tout foutre en l'air, reprit Marc en ignorant l'interruption, tout laisser détruire pour pouvoir mieux faire repartir la mission Sawana sur de nouvelles bases. Faire table rase...

– Les intérêts en jeu sont considérables, expliqua Anne. Pour Boron, c'est l'équilibre financier de la boîte qui aurait été menacé par une fermeture définitive.

– Mais les intérêts humains aussi sont considérables ! s'exclama Sarah. Il le sait, Boron, puisqu'il est venu au Sawana. Il l'a vue, Fatou, il a vu les gosses du centre...

Anne haussa les épaules, désabusée.

– Et on sait quand MCF va recommencer un programme ? Et qui s'en occupera ? demanda Marc, pragmatique.

– Personne de l'ancienne équipe en tout cas : aux yeux des autorités, ils sont tous grillés.

– Même les trois nouveaux ? Gisèle et les autres, ils n'y étaient pour rien, eux, remarqua Sarah.

– Tous grillés. Ils faisaient partie de l'équipe qui a été expulsée.

Anne fut incapable de leur donner plus de précisions : depuis qu'elle travaillait pour Feed, ses sources de renseignement au sein de MCF s'étaient taries. Désormais, elle appartenait à la concurrence.

Marc se dit que Gisèle avait eu raison de se mettre tellement en colère quand elle avait deviné que la mission exploratoire vers le nord compromettrait sa présence au Sawana. Il n'empêche que l'ONG les avait sciemment mis en danger plutôt que de renoncer à ses budgets. Les choses auraient pu mal tourner si les autorités avaient décidé d'appliquer des mesures de rétorsion plus spectaculaires encore. Ils auraient pu se faire massacrer par les militaires, ou même par la population, furieuse d'être ainsi abandonnée. Il en frissonna rétrospectivement, mais ne dit rien. Sarah était déjà assez secouée par les révélations d'Anne.

Ils se retrouvaient désormais engagés par Feed, ce qui n'était d'ailleurs pas pour leur déplaire : au moins les ONG américaines gratifiaient-elles leur personnel d'une indemnité plus importante que l'aumône améliorée versée chaque mois par MCF. À Feed, les rémunérations étaient très correctes, même si elles n'égalaient pas, bien sûr, les salaires élevés des Nations unies. Marc appréciait cette nouvelle donne, qui rendait moins lourde de conséquences sa démission de Caltech. Quant à Sarah, c'était la première fois de sa vie qu'elle gagnait autant d'argent.

Ils bénéficiaient en outre de la logistique lourde d'une ONG puissante, qu'un demi-siècle d'existence avait doté de moyens sans aucune commune mesure avec ceux de MCF. Après deux décennies de bidouillages sur le terrain, habillés de grands coups de gueule qui donnaient le change quant à la portée réelle de leurs réalisations, les Français avaient enfin compris que le tapage ne suffisait pas ; soucieuse de se démarquer de la concurrence dans un monde caritatif de plus en plus proliférant, MCF commençait à se professionnaliser depuis quelques années. Chez les Américains non plus, pas question de pratiquer le coulage franchouillard habituel dans la gestion des frais de la mission : Anne avait compris qu'il lui faudrait, cette fois, rendre des comptes pointilleux sur l'argent qui lui était alloué par Feed.

Mieux valait pour eux, d'ailleurs, disposer des épaules solides de l'ONG américaine : la création d'un point de ravitaillement, dans une zone qui n'avait pas été approvisionnée depuis des mois, avait fonctionné comme un aimant, polarisant tous les affamés de la région. Dès que l'équipe avait ouvert les centres de distribution alimentaire, la nouvelle s'était répandue à travers les montagnes en quelques jours. Très vite, les réfugiés avaient commencé à affluer. Mille, deux mille, puis cinq mille, dix mille... Ils se pressaient maintenant en une foule toujours plus compacte autour des bâtiments. Ceux qui se portaient le mieux devenaient agressifs, exigeant de recevoir de la nourriture et des soins.

– C'est toujours comme ça, constata Anne. Chaque fois qu'on met en place des distributions, on crée un abcès de fixation pour la population déracinée. Maintenant, il faut essayer de gérer cette situation au mieux.

Les autres la regardaient, incrédules. Après une semaine de fonctionnement, ils n'osaient plus sortir des baraquements, tant le nombre de ceux qui attendaient grossissait d'heure en heure. L'ampleur du désastre nutritionnel dépassait l'entendement. Faute d'une intervention plus précoce, la faminc avait pris des proportions bibliques. La foule des affamés qui entourait le centre était surtout composée d'adultes : les plus faibles étaient déjà morts ou n'avaient pu rallier le point de distribution. Des milliers d'enfants en bas âge manquaient à l'appel. Ceux qui restaient étaient ceux qui avaient pu survivre. Les plus résistants. Les plus agressifs aussi. Puisque l'aide humanitaire était là, ils réclamaient leur dû.

L'équipe commençait à prendre peur : que se passerait-il s'ils venaient à manquer de nourriture ? Ce serait l'émeute. Anne ne cessait de réclamer par radio qu'on achemine des vivres supplémentaires, des céréales, du sucre, de l'huile, des haricots, du lait en poudre. Comme toujours, l'aide tardait à arriver, malgré les accords conclus entre le Kongue et le gouvernement américain. Le régime du Kongue n'entendait nullement distribuer aux réfugiés du Soro les précieuses céréales de l'aide alimentaire, qu'il réservait à ses fonctionnaires et à ses militaires. Il fallait tabler sur les stocks invendus que le gouvernement américain remettait au Programme d'aide des Nations unies, qui lui-même fournissait Feed à partir du Kongue. À cause des lenteurs bureaucratiques, ce circuit mettait des semaines à se mettre en branle. Il faudrait des jours et des jours pour que les cargos parviennent jusqu'aux côtes de l'Afrique, des jours encore pour qu'ils soient déchargés, des jours enfin pour que les camions acheminent la nourriture jusqu'au cœur du continent.

Comme par un fait exprès, la saison des pluies venait de débuter, défonçant un peu plus les pistes, aggravant surtout la condition des affamés, que les maladies intestinales et respiratoires commençaient à décimer. Le froid de la nuit et l'air saturé d'humidité faisaient des ravages sur les organismes affaiblis.

Chaque distribution de nourriture représentait une véritable épreuve pour les membres de l'équipe, une épreuve violente où la solidarité et l'altruisme étaient mis à mal. Les assistants locaux, dont beaucoup avaient été recrutés, à la demande de Dieudonné, au sein des combattants de la rébellion, avaient créé des files d'attente à l'aide d'épineux collectés sur le site, afin de canaliser le flot impérieux des affamés. La population devait s'y ranger et attendre patiemment son tour.

Le jour de la distribution, la file commençait à se former dès l'aube, alors que les vivres ne seraient remis aux réfugiés qu'en fin de matinée. Les familles attendaient des heures, parfois sous un soleil accablant, parfois, au contraire sous une pluie fine qui tombait sans discontinuer, transperçant les haillons et enfonçant petit à petit les pieds nus dans une boue gluante. Les toux rauques et les raclements de gorge des malades montaient de la file d'attente. Un bruit répétitif et lancinant qui franchissait, dès les premières heures du matin, l'illusoire rempart des tentes, où l'équipe tentait de trouver un sommeil réparateur après des journées de labeur et de stress. En dépit de leur épuisement, les humanitaires ne pouvaient se dérober plus longtemps à ce signal impérieux.

Sarah était toujours la première à sortir, suivie d'Anne ; l'infirmière allait voir comment se portaient les bébés pris en charge dans le bâtiment thérapeutique, la seconde s'occupait de la logistique complexe des distributions de nourriture, aidée de Marc et de tout le personnel américain de Feed. Anne remontait la file silencieuse, qui s'allongeait déjà sur des centaines de mètres, en serpentant à l'intérieur des haies épineuses. Beaucoup d'adolescents tenaient dans leurs bras un jeune enfant squelettique, qu'ils présentaient comme leur petit frère ou leur petite sœur. L'attente constituait un véritable supplice pour ces êtres chétifs au seuil de la mort, mais ceux qui les avaient amenés comptaient sur le supplément de nourriture que leur vaudrait ce précieux viatique. Certaines familles conservaient ainsi avec elles des bébés qui auraient dû être pris en charge au centre thérapeutique, tant leur état de maigreur était alarmant. Mais les mères refusaient catégoriquement qu'on leur enlève ce sésame nutritionnel : celles qui portaient un bébé, allaitaient ou étaient enceintes recevaient double portion.

Tout en se dirigeant vers les entrepôts, Anne tentait d'ignorer les centaines de regards braqués sur elle en autant de supplications silencieuses. S'arrêter, sortir de la file une femme âgée, un enfant chancelant, pour le confier au centre thérapeutique, c'était s'exposer à voir la foule passive se muer immédiatement en une horde hurlante et vindicative, qui tenterait par mille bras tendus de solliciter cette pitié qu'elle venait d'avoir la faiblesse de manifester.

Voilà pourquoi, regardant droit devant elle, l'air affairé, elle se rendait à grandes enjambées décidées vers la zone de stockage. Jour et nuit, des hommes en armes fournis par la guérilla montaient la garde devant les portes des entrepôts pour éviter les pillages. Jamais l'équipe n'avait travaillé dans une atmosphère aussi violente. Lorsque la distribution commençait, les assistants locaux n'hésitaient pas à brandir bâtons et fouets. Ils repoussaient brutalement les resquilleurs, comme ceux qui tentaient de gagner quelques places dans la file, au détriment des plus faibles. Les chicotes cinglaient les membres décharnés, y imprimant de sanglantes zébrures.

À plusieurs reprises, Anne et les autres membres de l'équipe avaient demandé aux employés de modérer leurs ardeurs, mais ils se justifiaient en expliquant que s'ils n'imposaient pas cette discipline de fer, le centre serait submergé par la foule, les stocks dévastés en quelques minutes. Seule une brutalité supérieure à l'énergie du désespoir de ceux qui, désormais, n'avaient plus rien d'autre à perdre que leur vie, permettait d'endiguer les débordements des affamés.

Anne avait fini par se résigner à ces méthodes qui, pourtant, la choquaient profondément. En revanche, elle n'arrivait pas à accepter l'attitude de certains adolescents : kalachnikov en bandoulière, ils négligeaient les haies canalisant la foule, remontaient la file d'attente et, parvenus à sa tête, exigeaient avec morgue d'être servis en priorité, arguant de leur statut de combattant. Ceux-là mangeaient visiblement à leur faim, mais les employés locaux obéissaient immédiatement à leur demande, sans que jamais personne, dans la file, n'ose émettre la moindre protestation. Ceux qui patientaient pourtant depuis de longues heures leur cédaient leur tour sans rechigner.

Chaque personne recevait une ration de céréales déversée dans le récipient de fortune qu'elle avait pu trouver – une calebasse, une bouteille vide, un sac en plastique, parfois juste le creux des mains. Les familles se voyaient remettre un sac de toile contenant la quantité de provisions correspondant au nombre de ses membres. Le sac affichait à la fois le logo de Feed et celui de la coopération américaine. Et en grosses lettres rouges, la mention « Don du peuple américain », qui mettait toujours Anne mal à l'aise. Certaines familles repartaient directement dans la brousse, chargées de leur précieux colis. La plupart préféraient rester à proximité des centres de distribution.

Marc avait retrouvé à son grand déplaisir l'occupation à laquelle il semblait condamné depuis qu'il était entré dans l'humanitaire : construire des latrines. Il avait retardé le plus possible ce moment fatidique, peu enthousiaste à l'idée de reprendre le travail ingrat exécuté pour MCF, mais il devait bien se rendre à l'évidence : sans lieux d'aisance institutionnalisés, les déplacés avaient tendance à faire leurs besoins n'importe où. Les pluies dissolvaient les déjections, qui infiltraient le sol, polluaient les rares mares d'eau qui auraient pu être potables. Comme les malades risquaient ainsi de contaminer les autres, les volontaires redoutaient les épidémies. Il fallait à tout prix assainir la zone. La première priorité était de trouver le meilleur emplacement pour installer les latrines.

– Je replonge dans la merde, avait-il soupiré ce matin-là à l'adresse de Sarah avant de partir.

– Ne t'inquiète pas, moi j'y suis déjà toute la journée, lui avait-elle répondu.

À cause des plantes sauvages qu'ils avaient avalées pour tromper leur faim, beaucoup d'enfants se vidaient en de terribles diarrhées qui pouvaient les tuer en quelques heures. L'équipe médicale tentait de faire face.

Le travail n'avait rien à voir avec ce que Sarah et Marc avaient connu jusque-là : ici, ils agissaient dans l'urgence, avec le sentiment que leurs efforts dérisoires ne parviendraient jamais à endiguer le flux des affamés, qui menaçait à chaque instant de les engloutir. Avec le recul, Sarah se disait que ce qu'elle avait connu avec MCF, où la mission, rodée, tournait depuis des années, avait été une période de tranquillité comparée à la démence ambiante. Quant au Burkina, il était si loin dans son souvenir, à présent, qu'il apparaissait comme un éden perdu.

Marc et deux hydrologues américains s'éloignèrent du camp de réfugiés pour examiner la configuration géologique du terrain. Il leur fallait déceler les affleurements de la nappe phréatique pour effectuer de nouveaux forages, car les captages installés dans le camp ne suffisaient plus à la demande. Et aussi pour construire les latrines en un lieu sûr, sans risquer de contaminer la circulation souterraine de l'eau.

Soudain, leur attention fut attirée par un insolite paquet gisant au milieu des buissons. Ils s'approchèrent et constatèrent, soulagés, qu'il ne s'agissait pas, comme ils l'avaient craint, d'une personne morte avant d'avoir pu rallier le camp. Intrigué pourtant par l'amoncellement, Marc se pencha : il n'était pas habituel, dans ce pays de pénurie, qu'on délaisse ainsi des objets. Mus par l'ingéniosité du dénuement, les déplacés parvenaient toujours à tout recycler, à tout réutiliser.

Marc souleva les rebuts et eut un haut-le-cœur : il s'agissait de deux sacs de nourriture, ceux que Feed distribuait quotidiennement aux affamés. Vides et maculés de taches de sang. Ceux qui les transportaient avaient dû les abandonner sous la contrainte, après avoir essayé de défendre chèrement leur bien.

Ils en parlèrent au retour au reste de l'équipe. Anne en déduisit que les contrôles devaient être renforcés. Le lendemain, après la distribution, Marc suivit à distance une femme et sa fille, âgée d'une dizaine d'années. Elles repartaient dans la brousse, lestées de l'inestimable chargement qu'elles venaient de recevoir après des heures d'attente.

Ce qu'il redoutait ne tarda pas : à peine les deux femmes furent-elles hors de vue du campement que deux adolescents armés de machette fondirent sur elles, menaçants. En un clin d'œil, elles furent délestées de leurs provisions. Les deux hommes disparurent aussi rapidement qu'ils étaient arrivés.

Marc ramena au camp la mère et sa fille, éprouvées et tremblantes. Il leur donna de nouvelles rations en leur demandant de les consommer sur place, cette fois. La femme refusa. Elle expliqua qu'elle vivait à quelques kilomètres de là. Sa famille attendait la nourriture, tentant comme beaucoup d'autres villageois de profiter des distributions humanitaires aux réfugiés.

Marc fit raccompagner chez elles les deux femmes par deux assistants armés. Les deux hommes revinrent alors que l'après-midi touchait à sa fin. Ils relatèrent aux membres de l'équipe combien la situation nutritionnelle était précaire chez les villageois. Les habitants de la région souffraient autant que les réfugiés de la guerre civile, car leurs champs étaient pillés sur pied par les soldats ou par les affamés. Les anciennes traditions de solidarité, qui obligeaient à accueillir et à nourrir tous ceux que la faim conduisait dans les villages, étaient mises à mal par la pénurie alimentaire, suscitant des tensions croissantes entre les réfugiés et les autochtones.

Le soir même, Anne décida de mettre en œuvre un programme complémentaire dans les villages de la frontière :

maintenir l'assistance aux réfugiés en négligeant les besoins locaux risquait d'exacerber les animosités, de transformer ceux qui fuyaient la guerre en de véritables parias, indésirables autant dans les régions où ils tentaient de trouver refuge que dans celles qu'ils avaient dû fuir.

## 19.

Ils en étaient à leur troisième forage. Sans succès. Le site manquait d'eau. Avec les hydrauliciens américains, Marc s'échinait à mettre en place un système satisfaisant de captage d'eau potable et d'évacuation des eaux usées. Sans ce dispositif, il était tout simplement impossible que le camp continue de s'accroître : les réfugiés risquaient de devenir les proies vulnérables de toutes les maladies de l'entassement, les gastro-entérites, les infections respiratoires et intestinales. Mais si construire les latrines et les puits relevait du champ des compétences qu'ils maîtrisaient parfaitement, ils avaient du mal à trouver une nappe phréatique suffisante pour les milliers de personnes que comptait à présent le camp.

Ils étaient une dizaine d'hommes à faire cercle autour de la foreuse, un modèle que Feed avait élaboré pour répondre aux besoins de ses missions dans le monde entier. L'ONG l'avait breveté et, désormais, elle encaissait des redevances chaque fois qu'une autre association ou des entreprises souhaitaient acquérir son procédé. Marc connaissait cette foreuse pour l'avoir utilisée au Sawana, avec MCF. Il était loin de s'imaginer alors qu'il travaillerait un jour pour l'organisation dont le logo prestigieux s'affichait sur le matériel transporté de village en village.

La foreuse s'enfonçait profondément dans le sol en vrillant. Ils espéraient tous que cette fois-ci serait la bonne. Les sondages effectués semblaient l'indiquer, mais la vis se mit à buter sur un terrain dur. Elle ne progressait plus. Les hommes s'arrêtèrent quelques instants pour faire le point en s'épongeant le front. À force d'être penchés sur ce trou, ils dégoulinaient de sueur.

– Je sens que vous avez besoin d'un coup de main.

Marc sursauta : cette voix familière... Il se retourna et poussa une exclamation de joie : Antonio se tenait derrière lui. Inchangé, avec toujours autant d'amulettes et de gris-gris autour du cou. Ils tombèrent dans les bras l'un de l'autre, s'étreignant avec la joie de deux vieux amis qui se retrouvent après des années d'absence. Marc enregistra machinalement qu'Antonio portait à présent le treillis et les mêmes bottes vertes en caoutchouc que les rebelles du Front.

– Antonio ! Ça alors ! Si je m'attendais à une telle surprise...

Marc tapait dans le dos de son compagnon avec une véritable joie. Il avait souvent pensé à lui. C'était le seul des membres de l'équipe dont tous se demandaient ce qu'il était devenu. Didier était reparti pour Paris, avec Céline, Gisèle et Lucas, et ils avaient sans doute reçu aujourd'hui une nouvelle affectation ; Anne était revenue travailler pour Feed dans le Kongue, où lui et Sarah s'étaient joints à elle. Mais Antonio avait disparu, avec Khadia.

Marc laissa les autres poursuivre le travail pour accompagner Antonio dans les entrepôts, où il savait trouver Anne. Le logisticien espagnol lui apprit en chemin qu'avec Khadia, il avait rejoint la guérilla.

– Tu comprends, expliquait-il, l'aide humanitaire telle qu'on la pratiquait, je n'en pouvais plus. Je savais déjà que le bureau de Madrid allait me réexpédier dans un bled quelconque, où il me faudrait lui pondre un proposal toutes les semaines, vu qu'en Espagne aujourd'hui, tout le monde veut faire de l'humanitaire et cherche des projets sympas à financer.

Marc avait retrouvé la volubilité coutumière de son ami. Il se rendait compte à quel point elle lui avait manqué : ni Anne ni Sarah n'étaient très loquaces. Quant au personnel américain de Feed, c'était des bûcheurs assez rigides, avec lesquels il avait du mal à créer des relations vraiment décontractées.

– Bientôt, reprit Antonio qui suivait sa petite idée, ils installeront des caméras dans les centres, directement braquées sur les bénéficiaires en train de recevoir leur bouffe. Le petit Pedro tout heureux de recevoir sa ration sera diffusé en temps réel sur le Web pour faire plaisir aux sponsors et rassurer le donateur. Non, pour moi, l'humanitaire, c'est autre chose. J'avais envie de m'engager vraiment. J'en ai discuté avec Khadia, avec les gens du Front, Elvis surtout. C'est vraiment un type bien... J'ai réfléchi. Et puis j'ai envoyé ma dém à Madrid. Je suis passé de l'autre côté.

Il se tourna vers Marc en écartant les bras, d'un air de dire : et me voilà, identique à moi-même, et pourtant tout a changé.

Antonio travaillait donc désormais dans l'état-major rapproché d'Elvis Dieudonné. Khadia et lui avaient décidé de mettre leurs compétences au service du Front de Libération du Soro. Marc pensa qu'Antonio avait radicalement rompu avec le sacro-saint code de déontologie des volontaires humanitaires. Il avait pris position, rejeté cette neutralité proclamée qui constituait le soubassement de leur engagement dans l'action caritative.

Ils arrivaient aux entrepôts. Khadia était là aussi. Elle avait retrouvé Sarah au centre nutritionnel. Les deux jeunes femmes discutaient avec animation lorsque Marc et Antonio les rejoignirent.

– Devine Marc ! Khadia ne m'apporte que des bonnes nouvelles : elle est enceinte ! Antonio et elle vont avoir un bébé !

Marc acquiesça, un peu gêné. Il se tourna vers Antonio pour le congratuler d'une poignée de main. À vrai dire, il ne savait pas si c'était une bonne nouvelle ou non. Peut-être Antonio n'avait-il pas tellement envie d'avoir un enfant ; le dénuement poignant qui les entourait rendait presque incongrue cette future naissance. Il jeta un coup d'œil à Khadia, en pensant à quel point il l'avait désirée pendant des semaines, lorsqu'il était arrivé au Sawana. Elle avait perdu cet air tendu et sévère qu'il lui avait toujours vu au centre nutritionnel. Elle s'était épanouie et sa beauté n'en apparaissait que plus éclatante. Au moins Khadia avait-elle enfin rompu avec le « mauvais œil », elle avait repris une existence normale. Une future jeune mère, vivant avec son ami. Il pensa qu'elle avait dû trouver une famille de substitution avec le Front : partager la lutte des guérilleros devait lui donner le sentiment de venger les siens, tous ces morts autour d'elle, pendant si longtemps.

Sarah continuait, tout excitée :

– Et Fatou est vivante ! Lorsque les bénéficiaires ont dû évacuer le CNT, elle a pu être récupérée par une maman originaire du même village qu'elle, qui avait perdu son bébé.

Khadia avait eu des nouvelles de la petite fille grâce au réseau d'informateurs du Front. Apparemment, elle se portait bien car l'endroit où elle vivait était couvert par les distributions humanitaires. Marc avait presque oublié que des ONG continuaient d'agir au Sawana. Édifiées par la mésaventure de MCF, elles avaient juste appris à se la fermer. Il ne fit pas de commentaires. Sarah resplendissait de joie, elle qui s'était rongé les sangs pour la fillette.

– Et les autres enfants ? demanda-t-il simplement, désireux de montrer à Sarah qu'il partageait ses préoccupations.

Khadia leur expliqua que la plupart d'entre eux avaient retrouvé leur famille. La petite Samira par exemple, dont le mailing de MCF devait raconter l'histoire, avait été récupérée par son père dès l'évacuation du centre. Mais d'autres avaient disparu et Khadia redoutait le pire : certains d'entre eux, très faibles, se trouvaient seuls quand les premiers pillages avaient commencé. Elle ne précisa pas sa pensée, mais tout le monde comprit que les plus chétifs n'avaient pas survécu. Le visage de Sarah s'assombrit.

Ils déjeunèrent ensemble avec Anne. Marc nota que celle-ci ne partageait pas leur enthousiasme en revoyant ses anciens coéquipiers. Elle leur posait des questions sur leur nouvelle vie sans se départir d'une certaine réserve. Certes, Anne n'avait jamais été aussi liée que Marc et Sarah à Antonio et, surtout, à Khadia, qui était pour elle une employée. Mais son attitude circonspecte allait plus loin. Il comprit que la jeune femme n'appréciait guère l'engagement des deux jeunes gens dans la guérilla.

Antonio, toujours intarissable, ne se rendait compte de rien. Tout à son enthousiasme, il racontait, avec une ferveur qui parut très subjective à Marc, combien Elvis Dieudonné était une personnalité remarquable, combien le combat qu'il menait était juste.

Tout comme Anne, Sarah considérait pensivement le logisticien, sans faire aucun commentaire. Elle non plus n'adhérait pas au discours militant du jeune homme. Antonio multipliait les anecdotes quant à la pureté révolutionnaire de son nouveau chef, sans paraître remarquer le malaise qui, peu à peu, s'installait autour de la table. Khadia, plus fine, avait perçu la réticence des autres, d'Anne surtout, et elle se tenait à son tour un peu en retrait. Marc surprit les regards peu amènes qu'elle jetait à la chef de mission. Visiblement, Khadia non plus n'aimait pas Anne.

Soucieux de surmonter ces tensions, qui mettaient en péril la belle amitié qu'ils croyaient avoir cimentée sur les fondations de leur vie commune à MCF, ils changèrent de sujet. Mais ils n'avaient pas grand-chose à se dire, en dehors du seul dénominateur commun de leur travail humanitaire. La conversation finit donc par se fixer sur ce qui, précisément, les liait : les conditions de l'assistance aux réfugiés, les difficultés que rencontrait l'équipe dans la recherche de l'eau potable et l'approvisionnement. Anne déplorait la mauvaise qualité de la nourriture envoyée par les États-Unis.

– Ils cherchent vraiment à écouler leurs vieux stocks. Le maïs est dur comme de la pierre. Il faut des heures aux cuisiniers pour le préparer.

– Estime-toi heureuse qu'ils ne t'expédient pas leur bouffe génétiquement modifiée ! s'exclama Marc.

– Justement, je suis à peu près persuadée qu'elle l'est. Surtout le soja. J'ai envoyé un échantillon pour analyse dans un laboratoire de Kongue-City.

– Ce n'est pas très important, du moment qu'ils reçoivent à manger, remarqua Sarah.

– Je ne suis pas de ton avis : nous devons savoir ce que nous distribuons exactement, répliqua Anne d'un ton sec.

Elle ne changeait pas, elle non plus. Antonio et Khadia continuèrent à poser de nombreuses questions. Marc nota qu'ils semblaient passionnés par tous les aspects du programme humanitaire, comme s'ils n'avaient pas renoncé à leur ancien métier. Cette curiosité le rassura : ainsi, Antonio et Khadia n'étaient-ils pas totalement perdus pour l'humanitaire.

Ils en parlèrent ensemble le soir, lorsqu'ils se retrouvèrent seuls tous les trois, Anne, Marc et Sarah, dans la grande tente où ils dormaient, séparés par des cloisons de toile.

– Tu as raison, je suis très choquée, avoua Anne, lorsque Marc lui fit part des réserves qu'il avait cru noter chez elle. Pour moi, Antonio a trahi un des principes de base qui nous permet d'intervenir partout : être neutre, ne pas prendre parti.

– Pourquoi parles-tu de trahison ? demanda Sarah.

– Antonio se met au service de la guérilla, il adopte le discours de la guérilla. D'une façon incroyable : j'ai eu l'impression qu'on lui avait fait un lavage de cerveau ! Et ces bottes ridicules ! À tout prendre, je le préférais avec ses claquettes.

– Bon, mais tu ne peux pas lui reprocher de défendre la cause à laquelle il croit, objecta Marc. Puisque nous ne pouvions pas intervenir au nord, il est resté fidèle à ses convictions en choisissant le moyen qui lui permettait de lutter contre la famine.

– Toi-même, n'as-tu pas abandonné ta neutralité aussi, lorsque tu es allée sur CNN dénoncer les pratiques du régime sawanais ? questionna sans malice Sarah.

Elle cherchait à comprendre. Anne se raidit.

– Pas du tout ! J'ai juste expliqué pourquoi on en était arrivé à cette situation de famine dans le Soro : un peuple était victime d'une agression destinée à prendre possession de ses terres. Être neutre, ça ne veut pas dire qu'on refuse de dire qu'il y a un agresseur et un agressé ! Sinon, ça revient à prendre implicitement parti pour l'agresseur. À le laisser commettre son agression, en mettant bourreaux et victimes sur le même plan.

– Être neutre, c'est précisément l'inverse, objecta Sarah.

Tu l'as dit toi-même : ne jamais prendre parti. En tout cas, c'est ce que disait le code de déontologie de MCF.

Anne haussa les épaules, comme toujours lorsqu'elle ne partageait pas l'avis de son interlocuteur. Elle prit le temps d'allumer une cigarette, en tira quelques bouffées, puis poursuivit :

– Sauf qu'Antonio met en danger tous les volontaires de l'aide humanitaire : à partir du moment où nous montrons que nous sommes capables de quitter la tenue du secouriste pour endosser celle du combattant, nous devenons suspects. Il n'y aura plus un pays où nous pourrons aller !

– Certes, répliqua Sarah de la même voix égale, mais si nous ne pouvons pas secourir les victimes, comme MCF au Sawana, qui n'avait pas le droit d'aller dans le Soro, nous sommes peut-être neutres, mais c'est notre mission d'assistance que nous trahissons. Et je ne sais plus qui, j'ai lu son livre il y a quelques années, explique très bien que les victimes, ce sont – attends que je me souvienne exactement de l'expression...

Le visage de la jeune femme s'éclaira :

– J'y suis ! C'est un philosophe, Paul Ricœur. Pour lui, les victimes, ce sont souvent les vaincus, c'est-à-dire – je cite de mémoire – des candidats à la domination qui ont échoué.

– Qu'en déduis-tu ? Je ne te suis pas, demanda Anne, agacée.

– On en revient toujours à la nécessité de la neutralité. Tu prétends dresser le constat des faits, mais tu sais bien que les faits peuvent être interprétés différemment selon le point de vue d'où on se place, que les victimes d'aujourd'hui peuvent se transformer demain en bourreaux, expliqua Sarah.

Anne balaya l'objection d'un revers de la main.

– N'importe quoi ! Quand les juifs ont été exterminés par les nazis dans les camps de concentration, quand les milices hutues ont commencé à découper un à un tous les Tutsis avec qui ils cohabitaient jusque-là, parce que la radio leur disait d'exterminer ceux qu'elle appelait des cancrelats, c'était bien des génocides, non ? Avec des gens tués et d'autres qui avaient décidé de les tuer, non pour ce qu'ils avaient fait, mais pour ce qu'ils étaient. Quel que soit le point de vue d'où on se place, on ne peut trouver aucune excuse.

– Sauf que la situation ici n'a rien à voir, objecta Marc. Nous ne sommes pas en présence d'un génocide, mais d'une lutte féroce pour s'approprier un territoire riche en pétrole. Les Soros ne sont pas tués parce qu'ils sont soros, mais parce qu'ils ont le tort d'habiter une terre convoitée.

– Raison de plus pour ne pas accepter qu'Antonio nous menace tous en s'engageant dans la guérilla ! triompha Anne.

– Mais son choix ne regarde que lui, non ? remarqua Sarah d'une voix douce.

– Tu plaisantes ! Il a travaillé avec nous, il a été étiqueté humanitaire pendant des années, et voilà qu'il fournit la preuve vivante qu'un humanitaire n'est finalement qu'un soldat défroqué. Il a suffi à cette Khadia de lui monter la tête. Et comme Antonio est particulièrement influençable – il n'y a qu'à voir ses bottes et ses gris-gris débiles –, voilà notre humanitaire prêt à partir sur le sentier de la guerre pour venger les victimes !

Marc ne put s'empêcher de rire. La fureur d'Anne lui semblait presque comique.

– Est-ce que tu es sûre d'être objective toi-même ? Tu n'aimes pas Khadia.

– C'est vrai, admit Anne. Cette fille a un côté un peu calculateur qui ne m'a jamais plu. Même son histoire ne me convainc pas totalement.

– Tu exagères ! l'interrompit Sarah. Comment oses-tu dire une chose pareille alors que toute sa famille a été massacrée ?

– Je sais et c'est triste pour elle, consentit Anne. Mais cette tragédie n'exonère pas tout. Pour tout dire, je pense qu'elle avait décidé de mettre le grappin sur Antonio.

– Attends Anne, tu ne peux pas dire une chose pareille ! s'indigna Sarah. Pendant que tu y es, accuse-moi d'avoir mis le grappin, pour reprendre ton expression, sur Marc !

– Je ne me sens pas tout à fait grappiné, intervint Marc.

– Écoute, reprit Anne, Antonio disparaît brutalement de la circulation, il quitte MCF pour se mettre au service du chef des rebelles, Khadia se fait faire un enfant par lui. Comme phagocytage, il est difficile de trouver mieux !

– Tu devrais redevenir un peu plus neutre, lui conseilla gentiment Marc.

Malgré son énervement, Anne ne put s'empêcher de sourire. Calmée, elle conclut :

– N'empêche, croyez-en ma vieille expérience, tout ça ne présage rien de bon. Même leurs questions ce soir, sur le programme de Feed, j'ai eu du mal à les interpréter seulement comme le signe qu'ils voulaient nous montrer leur solidarité.

– Que veux-tu dire ?

– Je n'en sais rien exactement, Marc. Mais je me suis demandée si leur but n'était pas d'abord de renseigner leur chef sur le programme, la capacité d'accueil... D'ailleurs, tu n'aurais pas dû leur parler des tonnes de bouffe que les UN doivent nous envoyer la semaine prochaine.

– Sincèrement, je n'ai pas pensé à mal en répondant à leurs questions, s'étonna Marc.

– Je m'en doute bien ! mais il y a quelque chose qui me chiffonne... hésita Anne.

– Quoi ? dis !

– Non rien ! J'ai dû me tromper. Allons dormir maintenant, je suis crevée.

Lorsqu'ils furent tous les deux couchés, Sarah chuchota à Marc :

– Tu sais, je crois savoir pourquoi Anne a été aussi agressive vis-à-vis de Khadia.

– Dis-moi.

– Je ne devrais pas car c'est une confidence qu'Anne m'a faite un soir, une confidence entre nanas.

– Écoute, Sarah, fais ce que tu veux. C'est toi qui as abordé la question.

– Tu as raison... En réalité, Anne elle aussi était enceinte.

– D'Ali ?

Marc avait presque crié. Il s'était redressé, surpris, pour regarder sa compagne. Celle-ci acquiesça en lui faisant signe de parler plus bas.

– Sauf qu'elle, elle a préféré avorter. Pourtant, je crois qu'elle aurait préféré garder le bébé. Elle prend de l'âge, et puis elle aimait vraiment Ali... Mais après sa trahison, être enceinte de lui lui faisait horreur.

– Je comprends mieux pourquoi elle paraît si mal dans sa peau, constata Marc. La pauvre... N'empêche, ce qu'elle a dit ce soir est quand même troublant.

– Tu crois qu'Antonio venait pour renseigner Dieudonné ?

– Ça m'étonnerait d'Antonio. Il a beaucoup de défauts, mais c'est vraiment un type franc du collier. Non, je crois qu'il était sincèrement heureux de nous revoir. Et moi aussi d'ailleurs.

– Et moi donc ! Tu te rends compte : apprendre que Fatou est entre de bonnes mains... c'est la plus belle nouvelle de la journée !

Ils s'endormirent très vite l'un contre l'autre, sans se douter que quelques mètres plus loin, Anne restait éveillée dans le noir en fumant, pensive et inquiète.

# 20.

Une noria de camions acheminait de la nourriture vers le camp. L'aide alimentaire promise était enfin arrivée. Pourtant, il y avait toujours autant d'affamés.

Les enfants venaient chaque jour retirer leur repas dans les centres nutritionnels, où ils étaient systématiquement pesés par les assistants, mais ils ne prenaient pas de poids. Seul l'état des plus jeunes, pris en charge dans le centre thérapeutique, s'améliorait : ceux qui restaient jour et nuit dans la tente du CNT, sous la surveillance du personnel médical, grossissaient régulièrement, petit à petit. Mais dès qu'ils sortaient du centre, parce que leur état ne justifiait plus une surveillance médicale stricte, dès qu'ils revenaient au système des distributions générales, ils recommençaient à maigrir. Donner de la nourriture aux familles ne permettait visiblement pas d'enrayer la famine.

De longs conciliabules réunissaient chaque soir les membres de l'équipe. Quelle conduite fallait-il adopter face à ce problème ? Il était évident que la nourriture ne parvenait pas à ceux qui en avaient le plus besoin. L'épisode des deux femmes détroussées à peine sorties du camp restait présent dans tous les esprits.

– La détresse de la population permet de piéger l'aide humanitaire, constata Anne. Ce ne sont pas les bénéficiaires qui en profitent, mais d'autres qu'eux. Les vivres que nous fournissons aux affamés permettent de nourrir tout un tas de personnes.

– Tu penses aux combattants de la guérilla ? demanda Marc.

– Je ne vois pas d'autre solution. J'ai constaté que les stocks diminuaient dans les entrepôts, même lorsque nous ne prélevions rien pour les distributions. Pourtant, nous avons mis des gardes armés. J'en déduis qu'ils sont complices de ceux qui se servent.

– Qu'ils volent dans les stocks, passe encore, remarqua Sarah. Mais je ne comprends pas comment ils peuvent racketter ceux qui viennent de recevoir leurs rations. Les laisser dans un tel état de dénutrition ! Il s'agit de leur peuple, quand même...

– C'est un problème pour nous, mais pas pour eux visiblement, rétorqua Anne. Au contraire : plus longtemps le peuple soro sera affamé, plus longtemps il recevra de l'aide. À la limite, ils ont intérêt à créer eux-mêmes la famine pour susciter les secours.

– Tu veux dire que nous sommes manipulés ? demanda Marc.

– J'en ai bien peur, soupira Anne.

– Une telle stratégie me paraît tellement horrible que j'ai du mal à y croire, s'exclama Sarah. Je ne pense pas que le commandant Dieudonné puisse être capable d'un calcul pareil.

– Arrête, on croirait entendre Antonio ! la coupa Anne, mi-agacée, mi-ironique.

– Mais enfin, il ne cesse de proclamer qu'il se bat uniquement pour la libération de son peuple, s'obstina Sarah.

– Tu parles ! Il se bat pour le pouvoir et pour le pétrole, comme les autres ! Tu n'es pas surprise que Feed ait eu si peu de mal à intervenir dans la zone rebelle ?

Anne s'enflammait en portant ces accusations. Marc espéra qu'il n'y avait pas, cette fois, d'espion parmi eux.

– Écoute, il n'y a pas de mystère : MCF intervenait du côté du régime sawanais, avec des financements français. Nous, nous intervenons du côté kongue grâce à la rébellion. Et comme par hasard, nous sommes arrosés de financements américains. Tu y vois une simple coïncidence ?

– Non, bien sûr, je sais bien que ceux qui financent l'aide humanitaire ne le font pas seulement par altruisme, se récria Sarah. Mais en l'espèce, nous parlons de ceux qui la reçoivent. Je ne comprends pas comment on peut accepter de laisser mourir des gens sous prétexte d'attirer plus d'aide.

– Si ce que tu subodores est vrai, c'est vraiment dégueulasse, constata Marc.

Ils savaient, instruits par l'expérience, que prévenir la direction de Feed aux États-Unis ne résoudrait pas le problème. Leur message risquait d'être intercepté ou de rester sans suite. Ils en vinrent donc à la conclusion que le seul moyen d'éviter les détournements de nourriture était de veiller à ce que les familles consomment sur place la totalité de leurs provisions. De façon à éviter les vols, les distributions seraient fractionnées : en fournissant une fois par jour leur repas aux affamés au lieu de deux fois par semaine, ils pourraient espérer réduire les prélèvements des rebelles.

– La logistique va être horrible à mettre en place, fit remarquer un des Américains.

– Sans aucun doute. Et les gens risquent de rester à proximité des entrepôts sans vouloir s'éloigner. Mais c'est le prix à payer pour que la nourriture parvienne bien à ceux qui en ont besoin, répliqua fermement Anne.

– Il y a un autre problème, intervint Sarah. Les médicaments disparaissent à une vitesse suspecte.

– Que veux-tu dire ?

– J'ai fait les comptes des deux dernières semaines et vérifié par rapport aux prescriptions sur le registre du centre médical. L'écart entre ce qui reste en stock et ce qui a été prescrit est énorme : nous sommes presque au bout de nos réserves.

– Tu soupçonnes les assistants médicaux de voler les médicaments ?

Sarah acquiesça d'un air accablé. Un silence s'installa. Toute l'équipe était consternée.

– Puisque c'est comme ça, je vais employer les grands moyens, décida Anne.

Elle convoqua les chefs coutumiers installés dans le camp. Son but était de recruter de nouveaux gardes armés, qui veilleraient jour et nuit sur les entrepôts de nourriture et à la sortie des centres nutritionnels. Toute personne qui sortirait un paquet, quelle que soit sa taille, devrait le justifier en présentant soit l'ordonnance des médecins de Feed, soit un bordereau contresigné par l'administrateur de mission, un grand Américain nommé Peter. On pouvait faire confiance à Peter pour surveiller scrupuleusement les mouvements de matériel. Il ne plaisantait pas avec les livres de comptes.

Cette fois, Anne ne voulait pas passer par le Front de libération du Soro. Elle rencontra donc les chefs de village : dans le camp de réfugiés, les anciennes communautés s'étaient reconstituées sous l'autorité de leurs responsables. Les villageois s'étaient spontanément regroupés par quartiers en fonction de leur origine géographique.

Devant la petite assemblée de notables, des personnes souvent âgées envers lesquelles leurs concitoyens manifestaient les plus grandes marques de respect, Anne demanda que soient désignées des personnes de confiance, des civils. Elle expliqua qu'ils se verraient confier une tâche rémunérée d'intérêt général. Les vieillards hésitèrent quand ils comprirent qu'il s'agissait d'adjoindre de nouveaux gardiens à ceux qui existaient déjà.

– Ce n'est pas possible, madame, dit l'un des hommes. Il y aura des altercations permanentes entre les anciens et les nouveaux gardes. Ils ne suivent pas les mêmes intérêts.

– Vous étiez donc au courant pour les vols ? demanda Anne.

L'homme baissa la tête en silence, honteux d'avouer qu'il savait.

– Nous n'avons pas le choix. Vous ne comprenez pas notre situation.

Il se tut. Anne comprit très bien ce qu'il essayait de lui suggérer sans pouvoir le formuler : il se sentait pris en otage. Sans doute certains des chefs coutumiers travaillaient-ils au service des combattants. Mais d'autres y avaient été contraints et, aujourd'hui, ils se taisaient pour protéger leur population.

– Désignez-moi les personnes en qui vous avez le plus confiance, une par communauté, c'est tout ce que je vous demande, répéta Anne.

Les hommes s'inclinèrent et sortirent, sauf celui qui avait parlé des vols.

– J'ai autre chose à vous dire.

– Allez-y.

– Savez-vous comment se comportent certains de vos employés ?

– Vous voulez dire qu'ils volent la nourriture et les médicaments, c'est ça ?

– Pas seulement.

L'homme était empli de confusion à l'idée d'évoquer un sujet pareil devant une femme. Anne s'impatienta. Déjà, l'entretien avec les notables, qu'elle trouvait singulièrement soumis, pour ne pas dire complices, l'avait passablement agacée.

– Dites-moi ce que vous avez à me dire, je vous en prie.

– Est-ce que vous savez à quelles pressions sont soumises nos filles ?

Anne le regarda en haussant les sourcils d'un air interrogatif. Elle ne comprenait pas ce qu'il essayait de lui suggérer.

– Ceux qui fouettent les villageois dans les rangs pour qu'ils attendent sagement leur tour ne se contentent pas d'exercer cette violence. Ils exigent aussi des faveurs en échange de la nourriture. Ou pour accepter les enfants à l'hôpital.

– Des faveurs ?

Anne avait peur de comprendre.

– Oui, des faveurs. Qui devraient être réservées aux relations entre mari et femme. Ils transforment nos filles en prostituées. Beaucoup s'inclinent parce qu'elles n'ont pas le choix si elles veulent que leurs petits frères puissent manger.

Anne était horrifiée. Apprendre que de telles choses puissent se passer, qui plus est dans un camp dont elle avait la responsabilité, lui donnait la nausée.

– Mais pourquoi personne n'a-t-il dénoncé une telle abjection jusque-là ?

– Parce que nous avons honte, madame. Honte d'être tombés si bas. Et que nous ne savions pas si vous étiez au courant ou pas.

– Mais comment aurais-je pu être au courant ? s'indigna Anne.

Il y eut un silence. L'homme hésitait, conscient de l'énormité de ce qu'il s'apprêtait à révéler. Anne attendit sans rien dire. Ses oreilles et ses joues, cramoisies, la brûlaient.

– Certains toubabis se comportent aussi de cette façon, avoua finalement le vieil homme dans un souffle.

– Quoi ! Que dites-vous ? Des membres de l'équipe ? Des volontaires ? Ce n'est pas possible !

Anne en suffoquait. Elle avait l'impression d'avoir reçu un coup de poing. Son visage avait pris une teinte livide, comme si tout le sang avait brutalement reflué. L'homme se contenta de baisser la tête. Anne reprit d'une voix blanche :

– Mais qui ? Dites-moi, qui ?

– Je n'aime pas jouer les délateurs, se rétracta l'homme, visiblement au supplice.

– Je vous en prie, il s'agit du bien de vos filles. De leur honneur, supplia Anne.

Deux noms furent prononcés. Anne reconnut ceux de deux membres américains de l'équipe, deux personnes que Feed lui avait envoyées des États-Unis. Elle leur aurait donné le bon dieu sans confession pourtant.

– Vous êtes sûr ? questionna-t-elle à nouveau.

– Certain, hélas. Pour mon plus grand malheur. Ma petite-fille elle-même m'a avoué la semaine dernière qu'elle avait été victime de leur chantage.

Il partit, voûté et triste. Anne resta seule dans la tente où elle avait réuni les chefs coutumiers, ne sachant que faire. Elle avait déjà entendu parler de telles pratiques ailleurs, dans d'autres missions, mais c'était la première fois qu'elle s'y trouvait personnellement confrontée. Le microcosme humanitaire étouffait avec soin les déviances qui auraient pu discréditer l'ensemble des ONG aux yeux du grand public, des donateurs. Et voilà qu'elle-même devait faire face à une telle ignominie. Les vols de nourriture lui apparaissaient presque bénins en comparaison.

Elle réfléchit à la conduite à tenir. Elle devait réagir. Très vite. Au moins Marc ne faisait-il pas partie des accusés. Le siège américain de MCF ne pourrait pas lui reprocher ses propres recrutements. Elle décida d'en parler à Peter, mais de taire l'information au reste de l'équipe. Pour l'instant.

Anne se rendit auprès de l'administrateur. Penché sur une liasse de bordereaux, le front soucieux, il semblait profondément absorbé par sa tâche.

– Peter, il faut que je te parle

Le jeune homme releva la tête, l'air préoccupé de celui qu'on dérange en pleine concentration. Mais il changea vite d'expression quand il découvrit à quel point Anne était pâle. Elle lui expliqua ce qu'elle venait d'apprendre, sûre de trouver une oreille compréhensive.

À sa grande surprise, Peter parut profondément contrarié, comme si elle avait proféré des incongruités. Il mit en doute la version du vieil homme, suggérant que ce dernier avait inventé les faits. Anne n'en revenait pas. Elle faillit se mettre en colère, mais, consciente que perdre son sang-froid ne résoudrait rien, elle lui réexpliqua posément pourquoi elle ne pouvait tolérer que de telles rumeurs circulent dans le camp, même si elles se révélaient infondées. Il était essentiel de faire la lumière sur les pratiques des employés locaux comme des volontaires humanitaires.

Peter n'en démordait pas : pour lui, il fallait temporiser, calmer le jeu. Les gestes des volontaires avaient probablement été mal interprétés. Anne comprit qu'il était d'abord choqué que des Américains puissent être livrés en pâture à l'opprobre public : il n'était pas question de salir l'honneur de ses compatriotes. Pensait-il vraiment que le comportement des jeunes gens avait été irréprochable ? Il haussa les épaules : tout le monde savait bien qu'en Afrique, les choses du sexe étaient plus courantes, moins choquantes que partout ailleurs. Sans doute, les jeunes femmes elles-mêmes avaient-elles tenté de monnayer leurs faveurs en échange de nourriture. La prostitution était une pratique tellement courante dans ces contrées qu'on ne pouvait pas décemment faire grief à des volontaires d'être tombés dans le panneau, et à des employés locaux d'avoir voulu exploiter cette propension des femmes africaines à chercher à tout prix à se faire entretenir par un homme riche.

– Et s'il est blanc en plus, quel filon ! ajouta-t-il en plaisantant, tout content de ses explications.

Anne fulminait. Elle n'avait jamais entendu pareilles insanités.

– Il n'est pas question de prendre à la légère des comportements qui en Occident sont considérés comme des crimes, asséna-t-elle. Le double standard, très peu pour moi. Je vais de ce fait alerter le siège afin qu'il prenne des mesures disciplinaires contre les fautifs. Ils n'ont plus leur place dans l'humanitaire.

Lorsqu'il vit qu'elle parlait sérieusement, le jeune homme s'alarma. Il était clair que dans son esprit, il fallait neutraliser cette folle. Pour la calmer, il lui jura qu'il allait morigéner les coupables, les tenir à l'œil. Ils cesseraient immédiatement leurs agissements de bandits, elle pouvait lui faire confiance à ce sujet.

Devant son apparente conviction, Anne consentit à le laisser procéder à sa façon. Elle sentait bien que Feed pouvait tout autant la désavouer, elle la Française, si tout le reste de l'équipe américaine minimisait les faits. Elle ne se trouvait pas en position de force. Mais elle en parla le soir même à Marc. L'ingénieur fut scandalisé, autant par ce qu'elle lui révélait que par l'indulgence de Peter.

– Il faudrait leur casser la figure à ces deux types, gronda-t-il, les poings serrés. Si tu apprends qu'ils ont continué, dis-le-moi : je me charge de leur faire la tête au carré.

Elle croisa les deux volontaires le lendemain en fin de matinée, alors qu'ils sortaient du bureau de Peter. À la façon dont ils plongèrent la tête vers le sol, piquant un fard lorsqu'elle passa à leur hauteur en les fixant d'un air sévère, il était clair que Peter avait tenu parole. Les deux garçons faisaient horreur à Anne, avec leur tête de coupable pris en flagrant délit. Elle avait envie de leur envoyer elle-même son poing dans la figure. Ils s'en tiraient bien, ces deux-là : pour la même faute commise aux États-Unis, ils auraient passé une bonne partie de leur vie en prison. Mais voilà, l'erreur avait été commise en Afrique, où tout soudain devenait excusable. Elle se rendit compte qu'elle haïssait de toute son âme ces humanitaires dévoyés.

Malgré leur réticence initiale, les chefs coutumiers lui proposèrent une vingtaine de personnes, des hommes plutôt âgés – tous les autres avaient été enrôlés par la guérilla. Dans la journée, tous les gardes avaient été remplacés, de même que ceux des assistants dont Anne avait appris qu'ils avaient eu un comportement pour le moins indélicat. Comme il ne fallait pas faire de vagues, tous furent indemnisés comme il convenait.

– Un comble pour des voleurs et des violeurs, grinça Marc.

– Nous n'avons pas le choix. Tu te rends compte du risque que nous courons si nous nous mettons tous ces gens-là à dos ? Je préfère acheter leur silence.

Anne les avait reçus un à un dans son bureau, en présence de Peter et de Marc. Elle savait qu'ils la respecteraient plus si elle opérait accompagnée de deux hommes. Une femme seule ne valait pas grand-chose ici.

À chacun, elle dit la même chose : leur forfait avait été découvert, ils auraient dû être remis aux autorités militaires du Front, mais comme elle était femme de paix, elle leur donnait leur dû, à condition toutefois qu'ils disparaissent du camp dès qu'ils auraient signé leur reçu. Beaucoup n'en revenaient pas de l'aubaine. Anne devina à la morgue de quelques-uns qu'ils ne se sentaient pas tellement coupables. Il était visible qu'à côté de petits truands ordinaires, les autres avaient agi en service commandé.

Les détournements cessèrent. Les hommes nommés par les chefs de village prenaient leur travail à cœur. Celui des chefs coutumiers qui avait informé Anne sur les sordides échanges de sexe contre de la nourriture lui fit savoir tout aussi discrètement que de telles pratiques avaient cessé, en la remerciant chaleureusement d'être intervenue.

Très vite, les enfants montrèrent des signes d'amélioration visible. Les familles s'étaient accommodées de la distribution quotidienne qui, paradoxalement, avait réduit le temps qu'elles passaient dans les files d'attente. Tout le monde était assuré d'avoir sa part à présent, même si l'équipe avait l'impression de passer toutes ses journées à organiser les distributions de nourriture. Beaucoup de femmes préparaient leurs repas tout autour des points de distribution, sans s'en éloigner de plus d'un jet de pierre.

À cause de cet entassement dans un espace réduit, la zone devenait peu à peu une immense aire de piétinement, un désert végétal. Le moindre branchage avait été collecté pour alimenter les foyers. Il fallait des heures aux femmes pour faire cuire le maïs et les haricots de l'aide internationale, durs comme des pierres. Les plus affaiblis ne parvenaient pas à digérer ces denrées, dont Anne pensait qu'on n'aurait pas osé les donner à des animaux domestiques en Occident. Parfois, le maïs ressortait entier de l'autre côté, après avoir transité par les corps affaiblis. Les médecins devaient traiter les problèmes intestinaux et les carences alimentaires engendrés par cette nourriture inadaptée.

Plus un arbre, plus une ombre, les réfugiés coupaient tout, arrachaient tout, partant du principe que s'ils ne prélevaient pas eux-mêmes le bois disponible, d'autres s'en chargeraient à leur place. Certains petits malins s'étaient improvisés marchands de bois, ils défrichaient un peu plus loin que ne parvenaient à le faire les familles, pour leur vendre ensuite des fagots tout préparés. Marc constata avec surprise que certains villageois possédaient encore de l'argent. Toute une vie s'était reconstituée autour des bâtiments humanitaires : les femmes vendaient des plats cuisinés à partir des vivres fournis par l'aide alimentaire, agrémentés de sauces et de piments qui les africanisaient, d'autres coupaient les cheveux ou tressaient des nattes. Des sages-femmes opéraient discrètement, dans le secret des abris que les familles s'étaient construits à l'aide de feuilles de plastique fournies par les humanitaires. Et malheureusement aussi, des exciseuses, au grand désespoir de Sarah, que leurs méthodes radicales affligeaient profondément. Elle essayait sans succès de convaincre les mères de renoncer à mutiler leurs filles. Lorsqu'elle avait voulu décrire à Marc dans quel désastre intime elle découvrait parfois les femmes, le jeune homme, révulsé, l'avait priée de se taire. Certains détails lui donnaient l'impression qu'il ne pourrait jamais plus approcher un sexe féminin de sa vie.

À intervalles réguliers, l'équipe médicale devait enrayer les hémorragies, soigner tant bien que mal les mutilations et les infections qui résultaient des interventions des matrones. Les enfants et les mères qui n'étaient pas encore vaccinés contre le tétanos couraient de grands risques à cause des désastreuses conditions d'hygiène. L'équipe vaccinait donc à tour de bras, mais le contrôle avait des lacunes, à cause des incessants mouvements de population. Certains recevaient deux vaccinations, d'autres passaient à travers les mailles du filet. Soucieux de procéder méthodiquement, les médecins de Feed s'arrachaient les cheveux devant ce désordre.

Une multitude de petits métiers avaient éclos dans le camp. Les gens se comportaient comme s'ils avaient toujours vécu là, vaquant à leurs occupations, tenant des conciliabules, se prenant à partie, parfois, dans de violentes altercations, pour un emplacement, l'accès à la borne-fontaine, une rivalité liée aux femmes. Certes, les corps portaient toujours les stigmates de la famine et ils en garderaient longtemps les séquelles, mais l'aide alimentaire, qui arrivait désormais, avait permis de rétablir une vie presque normale. À la différence près que les villageois recevaient de la nourriture au lieu de cultiver leurs champs. Libérés de cette charge, ils consacraient plus de temps au troc et au commerce, chacun se livrant à sa spécialité favorite pour pouvoir échanger son savoir-faire contre celui du voisin.

Une vie intense animait la petite société du camp. Comme dans un gros village, chacun reprenait ses habitudes à mesure que la famine refluait. Les réfugiés pouvaient enfin penser à autre chose qu'à leurs ventres creux. La police traditionnelle, instituée conjointement par les chefs coutumiers et les humanitaires, jouait efficacement son rôle, veillant à ce que ne s'installent pas les trafics les plus louches, drogue, diamants, voire armes, s'interposant dans les escarmouches qui risquaient toujours de dégénérer, surtout lorsque, sous les yeux ébahis des humanitaires, un des protagonistes de l'altercation sortait de son abri de plastique une arme qu'il tenait jusque-là soigneusement dissimulée.

Les volontaires avaient compris depuis longtemps qu'ils ne voyaient que la face émergée de l'iceberg : il était évident qu'une vie occulte continuait de fourmiller. Mais ils pouvaient seulement soupçonner que le camp de réfugiés, apparemment paisible, qui s'activait sous leurs yeux à mille occupations bénignes, possédait en réalité des ramifications secrètes, une activité qui le dévorait de l'intérieur, dissimulée sous la cendre apaisante de l'aide humanitaire.

# 21.

Un matin, Khadia revint les voir, accompagnée d'Antonio. Son ventre s'était arrondi, ce qui suscita un pincement de cœur chez Anne. Bien sûr, elle n'en laissa rien paraître, la félicitant chaleureusement, tandis qu'Antonio éclatait de fierté à côté de sa belle compagne, qu'il arborait comme un trophée de guerre.

En discutant avec Khadia, tandis qu'elle lui présentait un à un les enfants renutris – ils ne s'étaient jamais aussi bien portés que depuis qu'ils recevaient enfin les rations qui leur étaient destinées –, Sarah sentit que quelque chose chiffonnait son amie. Son attitude tendue contrastait avec le calme qu'elle affichait toujours lorsqu'elles travaillaient ensemble au centre nutritionnel de MCF, quand Khadia l'exhortait à faire preuve d'un peu plus de distance à l'égard des enfants malades : Sarah aurait été bien plus efficace si elle avait cessé de faire de chaque cas une affaire personnelle, lui reprochait son amie.

La jeune femme espéra que ses soucis ne provenaient pas de sa grossesse. Khadia n'avait pas eu une vie facile au cours des derniers mois. Mais elle n'osa pas lui poser de questions : dans la culture des Soros, on ne parlait pas d'un enfant à naître, pour ne pas lui porter malheur, lui donner ce fameux mauvais œil qui avait déjà fait tant de mal à Khadia. Aborder certains sujets intimes pouvait donc être vécu par son amie comme une faute.

Ils déjeunèrent de nouveau tous ensemble, avec Anne et Marc, à l'ombre de l'immense manguier, seule sa taille l'avait préservé du sort fatal réservé aux autres arbres du campement : finir débité en bois de feu.

Soudain, la conversation dérapa. Antonio se mit à leur reprocher les consignes de sécurité adoptées. L'équipe des humanitaires comprit que la visite de leurs anciens camarades de travail n'avait rien d'innocent. La virulence des attaques de leur ami déconcerta Anne, Marc et Sarah.

– Tu plaisantes j'espère, Antonio ? Tu ne vas quand même pas regretter que la situation des bénéficiaires se soit améliorée ? demanda Anne, interloquée.

– Tu déplores que nous soyons en train de veiller au bien-être de la population, si je comprends bien ? renchérit Marc.

– Le bien-être des populations sera garanti lorsqu'elles pourront revenir vivre dans leurs villages en toute sécurité, rétorqua Antonio d'un ton sec.

– Ne me dis pas que tu préfères qu'ils souffrent de la faim et de la maladie ici, en attendant l'avenir radieux que leur réserve ton cher Dieudonné ? ironisa Anne.

Marc lui jeta un coup d'œil atterré : elle en faisait toujours trop. Évidemment, Antonio et Khadia se mirent en colère.

– Comment oses-tu parler ainsi ? Comment oses-tu critiquer un homme qui, au péril de sa vie, combat pour la liberté de son peuple ? s'emporta Khadia.

– Et pour sa volonté de pouvoir personnel, rétorqua sèchement Anne. Moi, ici, je fais de l'humanitaire, pas de la politique. Tant qu'il y avait les gardes armés fournis par la guérilla, la nourriture disparaissait, les enfants maigrissaient. Aujourd'hui, la situation s'est améliorée.

– Pas pour les combattants du Front. Ils connaissent la faim, ils sont malades, et pourtant, c'est sur eux que repose la charge de libérer leur pays.

– Je regrette, rétorqua aussitôt Anne. Je n'ai pas pour mandat de nourrir des hommes en armes, mais les victimes de la guerre. Crois-tu que la guérilla s'est beaucoup préoccupée du sort des civils jusqu'ici ? Curieuse conception de l'intérêt d'un peuple que son asservissement préalable...

– Savez-vous combien d'enfants sont morts de faim avant que nous puissions mettre en place un vrai protocole de renutrition ? intervint timidement Sarah. Khadia a vu tout à l'heure comme ils vont mieux maintenant.

Elle se tourna vers son amie, quêtant son assentiment, mais la jeune femme l'ignora, grise de rage.

– Il faut en passer par là. C'est la loi de la guerre.

Anne fixa Khadia avec stupeur : comment pouvait-elle s'exprimer ainsi, avec son bébé dans le ventre ?

– On voit bien qu'il ne s'agit pas du tien, asséna-t-elle froidement.

– Le mien, je serais prête à le sacrifier, s'il le fallait pour la liberté de mon peuple, répondit instantanément Khadia, les yeux étincelants, tandis qu'Antonio posait sa main sur le ventre de son amie d'un air de totale approbation.

Ce n'est pas possible, elle est folle, pensa Marc. Ils sont devenus fous tous les deux. La propagande du Front les a complètement intoxiqués.

Entre les convives maintenant, l'atmosphère était à couteaux tirés. Antonio et Khadia ne prenaient même plus la peine de feindre l'amitié : ils étaient en service commandé.

– Je ne comprends pas comment tu peux parler ainsi, après la façon dont les rebelles t'ont rejetée. Tu as pu compter sur eux quand ta famille a été tuée, ton copain abattu ? Heureusement que nous étions là pour t'embaucher, car tu étais salement seule, explosa soudain Anne, oubliant toute prudence.

Khadia se leva d'un bond en la toisant comme si elle avait été giflée.

– Je te défends de t'adresser à moi sur ce ton ! C'est fini le temps où tu jouais les patronnes, maintenant ! D'ailleurs, tu vas l'apprendre à tes dépens.

Elle s'éloigna à grandes enjambées, Antonio à ses basques.

– Comme un toutou en laisse..., constata Anne.

Antonio l'entendit et il s'arrêta net, revint sur ses pas.

– Vous êtes fous, leur dit-il, d'une voix où affleuraient le regret et la déception, plus que l'agressivité. Vous croyez agir au nom de grands principes, jouer les parfaits humanitaires. Vous ne vous rendez même pas compte que vous n'êtes que des pions au cœur d'une guerre. Une guerre totale. Les bons sentiments, la naïveté, ça n'a rien à faire ici.

Marc tenta de l'interrompre, mais il était déjà parti, ignorant le geste de conciliation de son ancien ami. L'Espagnol rejoignit Khadia, déjà installée dans leur voiture, le regard fixé sur la ligne d'horizon. Il s'apprêtait à démarrer quand Marc les rattrapa, saisissant Antonio par le bras pour l'obliger à l'écouter.

– Antonio, ne pars pas comme ça ! C'est stupide.

L'homme se dégagea violemment.

– C'est vous qui êtes stupides. Malheureusement, je ne peux plus rien faire à présent. J'aurai essayé de vous mettre en garde. Tant pis pour vous.

Ils démarrèrent en trombe, dans un crissement de pneus, une envolée de boue. Marc n'eut que le temps de se jeter en arrière.

La nuit était tombée quand ils entendirent des cris, des hurlements, des pleurs d'enfants, une agitation et un fracas qui les firent bondir hors de leurs tentes, stupéfaits.

Un spectacle apocalyptique se déroulait sous leurs yeux. Des rebelles avaient envahi le camp et obligeaient les familles à plier bagage. Hébétées, éberluées, les femmes protestaient, criaient, couraient dans tous les sens, des enfants en pleurs ballottés sous leur bras et dans leur dos. D'autres hurlaient sans bouger, tétanisées par la terreur. Les soldats brandissaient des bâtons, des fusils, des fouets, n'hésitant pas à frapper tous ceux qui n'obéissaient pas assez vite à leur gré. Des coups de feu retentirent.

À demi dévêtus, hagards, les volontaires se précipitèrent vers les hommes armés.

– Arrêtez ! Vous êtes fous ! C'est un camp humanitaire ici !

Ils constatèrent alors que tous les hommes portaient les bottes des combattants du Front. Au milieu d'eux, une silhouette blanche semblait commander les opérations. Sarah et Marc reconnurent lord Johnson. Il était en train de malmener une femme déjà âgée, qui tentait de protéger trois enfants de la brutalité des soldats, tout en invectivant celui qu'elle avait identifié comme leur chef. La vieille vociférait, se débattait en griffant et en hurlant, folle de rage de voir son abri renversé, ses affaires piétinées.

Perdant patience, Johnson lui asséna un violent coup de bâton sur la tête. La femme s'effondra comme un paquet de chiffons, tandis qu'une tache de sang s'élargissait sur son crâne presque chauve. Les enfants hurlaient de terreur. La vision de leur grand-mère écroulée à terre les remplissait d'une panique incontrôlable, comme s'ils avaient perdu l'esprit.

Sans réfléchir, Marc se précipita et arracha le gourdin des mains de Johnson en l'injuriant. Il comprit immédiatement son erreur : en une fraction de seconde, cinq soldats l'avaient encerclé. Johnson lui reprit son arme, le repoussant d'une bourrade si brusque qu'elle le précipita sur le sol. Les autres le mirent en joue.

Marc ne bougea plus, tétanisé. Pour la seconde fois, avec les mêmes protagonistes, il sentit sa mort imminente. Cette fois-ci, c'est la bonne, se dit-il, soudain résigné. Il eut le temps de remarquer que les hurlements des enfants s'étaient tus, comme si un voile glacé avait figé la scène.

– Arrêtez !

Sarah s'était précipitée, rompant le cercle des soldats. Elle s'arrêta devant Johnson, toute droite, bravant de ses cent soixante centimètres le colosse en blanc qui devait en faire le double. C'est du moins l'impression que donnait la scène à Marc, toujours à terre.

– Qu'est-ce qui vous prend ? Nous sommes là pour vous aider, vous le savez bien. Cette vieille femme ne vous avait rien fait, pourquoi la frapper ? Et lui, ajouta-t-elle en désignant Marc, il n'a fait que défendre les personnes dont il a la charge. De quoi sommes-nous coupables ?

Johnson la regarda, indécis. Sa réaction l'avait dégrisé. Il la reconnaissait, cette petite infirmière rousse qui était venue avec les autres lui annoncer qu'elle envisageait d'ouvrir une mission humanitaire dans le Soro. Johnson avait toujours eu un faible pour les femmes, surtout les femmes courageuses, comme cette Blanche qui ne doutait de rien.

– Nous devons évacuer le camp, mademoiselle. Les combats approchent. La population est menacée. Le commandant Dieudonné m'a demandé d'amener les réfugiés plus à l'est, à cinquante kilomètres d'ici. Ils seront plus en sécurité. Le temps presse. Je ne fais qu'obéir aux ordres et votre ami m'empêche de faire mon travail.

Johnson désigna Marc à terre :

– Heureusement que vous êtes intervenue. Je n'ai pas l'habitude qu'on se mette en travers de mon chemin. Ce monsieur ferait mieux de retourner à ses latrines. Il prendra moins de risques.

Sarah aida Marc à se relever, mais elle n'abandonnait pas la partie pour autant.

– Les personnes qui vivent dans ce camp ne sont pas en état de faire cinquante kilomètres à pied. Pourquoi les effrayer en pleine nuit ?

– Les combats approchent, mademoiselle, je viens de vous le dire. Pour ces gens, il s'agit d'une question de vie ou de mort.

Ils comprirent qu'ils n'avaient pas le choix. Il fallait obtempérer. Tandis que les familles préparaient hâtivement un maigre baluchon, abandonnant sur place l'essentiel de leurs pauvres biens, l'équipe chargea dans les pick-up et les camions les enfants les plus mal en point et le matériel qu'ils pouvaient emporter.

Évidemment, les rebelles s'emparèrent des stocks de nourriture et de médicaments, prétextant qu'ils seraient acheminés dans le nouveau campement, où l'équipe devait poursuivre son travail humanitaire.

– Nous n'en reverrons pas le dixième, déplora Anne, furieuse.

Ils suivirent le flot des réfugiés dans la nuit. Une file de plusieurs centaines de mètres de long s'étirait dans la pénombre, étrangement silencieuse et apathique. Même les enfants s'étaient tus, occupés à marcher sans trébucher sur le sol irrégulier. Les mères ployaient sous la charge de tout ce qu'elles avaient essayé d'emporter en plus de leurs bébés, arrimés à leur dos voûté. La procession était jalonnée d'objets abandonnés, qu'éclairaient fugitivement les pinceaux des phares : hardes, matériel de cuisine, nattes… Les plus faibles laissaient échapper leurs biens sans avoir le temps de s'arrêter pour les ramasser, poussés en avant par ceux qui les suivaient.

Les volontaires avaient le cœur serré devant ce misérable exode. Les phares balayaient un alignement sans fin de jambes trop maigres, comme une armée d'araignées. Un enfant trop chargé faisait parfois jaillir des véhicules Marc, Sarah ou l'un des autres, qui le prenait dans ses bras pour l'installer dans un des véhicules où s'entassaient déjà des dizaines d'autres passagers recueillis sur la route. Il fallait trouver tant bien que mal une place au nouveau venu. Plus personne, déjà, ne pouvait s'asseoir. Marc redémarrait avec mille précautions, pour éviter que les secousses ne fassent basculer la grappe compacte de tous ceux qui vacillaient à l'arrière, en se raccrochant les uns aux autres.

La marche fut interminable. Marc se demandait comment les réfugiés trouvaient encore la force de résister. Peut-être parce que les soldats cheminaient, silencieux, à leurs côtés, sans qu'on puisse deviner si leur présence constituait une menace ou un espoir, s'ils jouaient les anges gardiens ou les gardes-chiourme. Ils veillaient en tout cas à ce que la cohorte ne s'arrête jamais en chemin, qu'inlassablement elle poursuive sa lente progression vers un lieu inconnu, tandis qu'une aube triste se levait peu à peu sur le pitoyable exil.

Marc calcula que les guérilleros devaient être environ cinquante et qu'ils encadraient mille fois plus de personnes. Mais leurs armes à elles seules suffisaient à inverser le rapport de force. Leurs armes, leur détermination et la résignation des réfugiés aussi : aucun ne tentait de quitter la colonne. La fuite signifiait se condamner à mort à brève échéance, coupé du groupe, à la merci des mines, de la faim, des bêtes sauvages. Et parmi elles, la pire de toutes : l'homme, qu'il soit rôdeur, soldat ou rebelle.

Marc avait pris la vieille femme blessée à ses côtés dans la voiture. Inconsciente, retenue sur son siège par la ceinture de sécurité, elle gémissait en ballottant au gré des cahots. La tache de sang, à demi coagulée maintenant, poissait ses habits et tatouait le siège, derrière sa tête, de sinistres marbrures.

L'errance prit fin au petit matin. Ils étaient parvenus à une immense savane piquetée de maigres acacias, où les soldats leur ordonnèrent de bivouaquer. Marc et Anne regardèrent autour d'eux, incrédules. Se pouvait-il qu'on les fasse stopper dans ce no man's land où ils seraient à la merci du soleil, des raids, sans rien pour les protéger ? Anne tenta de parlementer avec lord Johnson, d'obtenir qu'ils puissent au moins gagner la lisière d'un petit bois, qu'elle apercevait sur la ligne d'horizon. Mais l'homme, buté, ne voulut rien entendre. Épuisés par leur pérégrination, les réfugiés eux-mêmes avaient renoncé. Tous s'étaient laissés choir par terre, avec leurs colis, leurs misérables effets. Prostrés, hagards, ils attendaient la suite des événements. Dans le jour naissant, les paquets d'êtres humains écroulés sur le sol se distinguaient à peine des paquets d'objets hétéroclites qu'ils avaient emportés dans leur fuite.

Sarah et Marc allongèrent la vieille femme sur une natte. Sarah lui prit le pouls. Il battait si faiblement qu'elle crut un instant qu'elle était morte. Les enfants restaient indécis près du corps étendu, sans que leurs yeux creux ne traduisent autre chose qu'un immense accablement. Sarah voulut prendre dans ses bras l'un d'eux, une petite fille d'environ cinq ans qui lui rappelait Fatou, mais la gamine se dégagea avec violence. Son grand frère, à qui l'infirmière donnait entre huit et dix ans, avait les mâchoires serrées, le regard fixe. Toute la haine du monde s'inscrivait dans son visage livide.

La grand-mère mourut dans la journée qui suivit cette funeste expédition. Un des médecins américains diagnostiqua un œdème cérébral. Amina, l'aînée des enfants, qui devait avoir environ treize ans, disparut le jour même, laissant sur place son frère cadet et la petite dernière.

Marc se demandait si Amina n'avait pas rejoint les rangs de la guérilla. Ou plutôt si elle n'avait pas été emmenée de force par la guérilla. Son corps était déjà celui d'une femme, peut-être l'un des combattants l'avait-il kidnappée ou convaincue de le suivre, après l'avoir repérée dans la foule des réfugiés. C'était la seule explication plausible pour qu'elle ait ainsi abandonné le reste de la fratrie. À moins, mais personne n'osait formuler cette hypothèse, qu'elle n'ait été tuée dans la brousse, si d'aventure elle avait cherché à s'éloigner du camp.

Le jeune garçon et sa petite sœur se retrouvaient désormais seuls au monde. Leurs parents étaient morts. La grand-mère qui les avait recueillis avait été tuée par les rebelles. De quelque côté qu'ils se tournent, nulle espérance ne subsistait. Aucun camp ne pouvait leur paraître meilleur que l'autre. Les humanitaires restaient les derniers à s'occuper d'eux.

Mais leur sort, pour l'instant, n'apparaissait pas l'urgence la plus préoccupante : cinquante mille personnes étaient abandonnées en plein désert, sous la protection ambiguë de soldats rebelles. L'équipe de Feed ne disposait que de moyens dérisoires comparés aux besoins vitaux d'un peuple déplacé de force. Une grande partie des stocks de nourriture et de médicaments avait été détruite ou volée. Il fallait édifier de nouveaux bâtiments. Les déplacés n'avaient avec eux que de maigres provisions qui leur permettraient de tenir un jour ou deux au plus.

Anne décida de refaire le chemin en sens inverse pour récupérer ce qu'ils pouvaient encore rapporter du précédent emplacement. Les autres tentèrent de l'en dissuader : les rebelles avaient annoncé que l'armée se rapprochait, elle courait au-devant des combats, mettait sa vie en danger. Anne haussa les épaules : avec son véhicule portant le sigle de Feed, elle ne risquait rien. Et puis, qui leur assurait que les soldats du Front n'avaient pas bluffé, dans le but de reprendre le contrôle d'une situation qui leur avait échappé ?

Aucun des membres américains de Feed n'accepta de l'accompagner. Les consignes de sécurité données par leur organisation étaient très strictes. La vie du personnel humanitaire ne devait jamais être inconsidérément exposée. Peter accusa Anne de les mettre tous en danger : en prenant la décision de retourner au premier camp de réfugiés, elle les abandonnait. Son devoir de chef de mission était au contraire, lui affirma-t-il, de rester avec eux.

Anne tenta d'argumenter qu'elle ne faisait que remplir sa mission au mieux, puisqu'ils avaient abandonné tout leur matériel et toutes leurs installations. Peter haussa les épaules : que valaient les biens quand des vies humaines pouvaient être menacées ?

Soudain, Marc comprit. Il attira Anne à l'écart :

– N'insiste pas, lui chuchota-t-il. Je connais la vraie raison de son irritation : il redoute les procès.

– Les procès ? Quels procès ?

Anne était interloquée. Ils se retrouvaient en plein bush, à mille lieues de tout concept même d'État, de police, de justice, d'ordre, de sécurité, et voilà qu'il lui parlait d'un procès.

– Réfléchis un peu, s'agaça Marc. Tu sais combien les Américains sont procéduriers. Peter craint que Feed ne soit poursuivi en justice par les familles des volontaires, si tu les mets en danger alors que les rebelles t'ont prévenue de l'arrivée des combats. Aux États-Unis, une association humanitaire peut laisser sa peau en frais de justice et d'indemnisation si l'un des volontaires est blessé ou, pire, tué dans l'expédition que son chef de mission a organisée.

– Enfin, nous ne sommes pas des fonctionnaires ! C'est de l'humanitaire en Afrique qu'on est en train de faire. Tout le monde sait qu'il y a des risques.

Anne criait, indignée.

– Des risques certes, rétorqua calmement Marc. Mais ce n'est pas à toi de les créer. Reste ici avec les Américains, j'y vais moi.

– Mais tu ne peux pas partir seul ! Trouve quelqu'un pour t'accompagner.

– Tu veux que je demande à qui ? À Johnson ? Sûr qu'il se fera une joie de me servir d'escorte ! Non, je n'ai besoin de personne. C'est mieux comme ça. On y retournera en groupe si ça vaut la peine. N'abandonne pas ton équipe : c'est un coup à te faire virer.

– Si tu savais ce que je m'en fous !

– Sauf que si tu veux aider les gens d'ici, c'est en chef de mission pour Feed que tu es la plus utile.

Anne se rangea à ses arguments.

Marc se dirigeait vers la voiture quand Sarah se précipita vers lui.

– Je t'accompagne.

– Tu es folle ! Tu es bien mieux ici.

L'infirmière lui décocha un sourire radieux.

– Ne t'inquiète pas : ma famille n'ira jamais faire un procès.

– Je vois qu'Anne t'a parlé. Puisque c'est comme ça... en voiture, ma belle ! sourit à son tour Marc.

Ils partirent. Le jeune homme se sentait étrangement soulagé par la présence de Sarah à ses côtés. C'était curieux à dire, mais il avait l'impression qu'elle le protégeait.

## 22.

Elvis Dieudonné avait endossé son costume avec un plaisir certain. Depuis des années, il ne portait plus les belles vestes, les cravates de marque et les chemises élégantes de sa vie d'avant. Le treillis et les bottes en caoutchouc, qui constituaient l'uniforme des combattants du Front de libération du Soro, étaient devenus sa seule et unique tenue, jour après jour. Il ne s'en plaignait pas, mais avoir l'occasion de revêtir, de nouveau, un habit civil de bonne coupe lui procurait un véritable bonheur. Et personne n'aurait pu l'accuser de renier ses convictions : changer de panoplie s'imposait pour ne pas effaroucher les membres du Congrès américain, devant lesquels il témoignerait dans quelques heures de la situation dramatique du Soro. Il avait juste gardé son béret rouge.

Dieudonné s'était engagé dans le mouvement d'insurrection quand le régime du Sawana avait commencé à pilonner les villages du Soro. Le prétexte avancé par l'armée était de mater une rébellion naissante. En réalité, quelques chefs de village – parmi lesquels son père, qu'il n'avait plus jamais revu depuis cette date fatidique où il s'était rendu en délégation officielle à Bango, la capitale du Sawana –, des notables reconnus et tout à fait pacifiques donc, avaient protesté contre la façon dont le gouvernement prenait possession des terres pétrolifères, sans respecter les droits coutumiers des communautés.

La brutalité de la réaction du régime sawanais avait pris tout le monde au dépourvu : les notables avaient été emprisonnés, des militaires s'étaient mis à envahir le Soro sous prétexte de rétablir l'ordre. D'une curieuse façon d'ailleurs, car la violence des mesures de répression exercées contre les villageois, l'utilisation d'avions qui bombardaient sans discernement les villages avaient très vite suscité, au sein de la province, une révolte à la mesure de l'agression dont la plupart des habitants du Soro, qui n'avaient jamais jusque-là cherché noise à personne, se retrouvaient brutalement victimes.

Rappelé par sa famille, Elvis Dieudonné avait dû rentrer dare-dare des États-Unis où, après ses études de commerce, il avait commencé à New York une belle carrière dans la finance internationale – il pensait parfois qu'il aurait pu faire partie des victimes du World Trade Center, si la guerre ne l'avait pas amené à quitter sa fonction pour prendre le maquis. L'un des chefs historiques du mouvement avait été ensuite tué dans les raids aériens, un autre emprisonné. Naturellement, par les hasards de l'histoire, Elvis Dieudonné s'était trouvé en quelques mois à la tête du mouvement rebelle, passant du statut de cadre supérieur d'une banque nord-américaine à celui de guérillero en bottes de caoutchouc dans la brousse africaine.

Un grand écart qu'il avait parfois du mal à vivre : les combattants du Front ne venaient pas tous, comme lui, d'une bonne université américaine, loin s'en fallait. Il devait composer avec une troupe hétéroclite où les pillards l'emportaient souvent sur les justiciers. La guerre sécrétait son lot d'horreurs et d'excès incontrôlables, que les exactions de l'armée au sein de la population civile exacerbaient. Même si certains combattants du Front étaient des gens tout à fait honorables, contraints par le destin à se muer en soldats, Dieudonné se trouvait également, malgré lui, à la tête de brigands de grand chemin, qui profitaient du conflit pour donner libre cours à leurs plus bas instincts.

Quand les amputations avaient commencé, Dieudonné avait convoqué les seigneurs de la guerre. Chacun d'entre eux régnait sans partage sur son petit fief, tout en prétendant obéir aux ordres venus du commandement le plus élevé de la guérilla. Devant l'assemblée réunie, il s'était mis dans une colère terrible, exigeant que de tels actes cessent immédiatement. Les seigneurs de la guerre s'étaient récriés d'un air indigné : jamais ils n'auraient commis de pareils actes. C'était l'armée qui amputait, accusaient-ils, pour terroriser les villageois et discréditer les rebelles en leur donnant la réputation d'un mouvement sanguinaire. Les militaires avaient délégué leurs opérations de nettoyage à des milices de jeunes gens prêts à tout. Ils leur donnaient carte blanche ; à charge pour eux de se payer eux-mêmes sur les villageois.

Ces jeunes venaient des villes où, le plus souvent, ils avaient dû s'élever tout seuls, dans la rue, sans jamais avoir connu leur père ; ils avaient parfois vu mourir leur mère, du sida ou d'autres maladies ; ils avaient manqué de tout, tenté de survivre au prix de mille débrouilles dans des rues boueuses, tandis que les berlines de luxe des dignitaires du régime les éclaboussaient en passant à toute allure. Ces âmes perdues rêvaient de revanche. Les paysans constituaient une proie facile pour leur délire de puissance. Ils violaient, assassinaient, pillaient sans retenue, puisque, désormais, ils pouvaient agir sans barrière d'aucune sorte. Ni la pauvreté, ni la police, ni malheureusement les principes moraux, que personne ne leur avait jamais inculqués, n'entravaient le nouveau règne des miliciens.

Les villageois avaient fini par organiser la défense de leurs biens et de leurs familles. Les rebelles étaient trop peu nombreux encore pour qu'ils puissent compter sur leur protection. Les paysans possédaient des armes, car beaucoup chassaient le gibier sauvage dans les terres riches du Soro. Ils avaient des machettes pour défricher leurs champs et des couteaux pour dépecer les animaux. Les forgerons disposaient de masses, de crochets et de toutes sortes d'outils, qui se transformaient aisément en armes de guerre. Les jeunes des villages, à leur tour, avaient constitué des milices d'autodéfense. Et pour se venger des actes terribles commis contre les leurs dans le Soro, ils avaient, à leur tour, commis des actes terribles aux lisières du Soro, là où vivaient les peuples dont étaient issus les membres de l'armée et du régime. Les autres amputaient ? Ils amputaient. Ils pillaient et violaient aussi, justifiant leur comportement par la vieille loi du talion. Grisés par leurs victoires, ils s'exonéraient de leurs fautes en s'imaginant combattre pour la liberté.

Bien sûr, le régime avait vite compris quel parti il pouvait tirer de ces violences. Les exactions, toutes attribuées aux rebelles, avaient été largement rendues publiques auprès des médias. Le gouvernement sawanais avait même recruté une agence de communication, dont le travail était de diffuser en Occident l'image d'un pays ami en butte à un mouvement rebelle sanguinaire et coupeur de mains, qui menaçait l'intégrité du territoire national. Les militaires français furent appelés à la rescousse pour soutenir et conseiller l'armée, au nom des accords de défense conclus entre la France et le Sawana. La véritable raison de l'engagement de l'ancienne métropole résidait dans les concessions pétrolières accordées par le régime, à des compagnies qui craignaient désormais pour la sécurité de leur personnel et de leurs gisements. Des mercenaires furent recrutés au nom de la « sécurisation » des territoires, selon les propres termes du gouvernement. Leurs méthodes de pacification n'avaient rien à envier à celles des miliciens.

Les raids aériens contre le Soro terrorisaient la population et détruisaient les villages. Certains fuyaient vers le sud de la province, d'autres se mettaient sous la protection des rebelles. Le Front de libération du Soro comprit très vite l'intérêt de disposer de ces viviers de cultivateurs, de porteurs, de combattants, qui leur fournissaient une base arrière idéale et, par leur allégeance contrainte, préparaient les conditions politiques d'un retour à la paix. La situation sur le terrain avait peu à peu complètement échappé à Dieudonné, même si ses lieutenants lui restaient fidèles en apparence. Chacun menait désormais sa propre bataille, au service de ses seuls intérêts.

Dieudonné voulait donc en finir avec la guerre, qui était en train de dégénérer en un conflit aux ramifications internationales. L'intervention de cette humanitaire française sur CNN lui avait facilité les choses : en montrant les souffrances du peuple soro, en accusant la France de soutenir le régime criminel du Sawana, elle lui avait ouvert un boulevard. Sans compter cette fabuleuse idée de pétition, qui avait suscité un véritable élan de sympathie dans le monde entier en faveur de son mouvement de libération. Il avait reçu secrètement des émissaires du gouvernement américain à Kongue-City, accompagnés de représentants de grandes firmes texanes. Le marché était clair : en échange de son engagement à faciliter plus tard l'accès des entreprises américaines aux principaux gisements pétroliers, la rébellion recevrait des armes, de l'argent, de la nourriture. Les humanitaires de Feed étaient arrivés dans la foulée, concrétisant la promesse. Et maintenant, Dieudonné entrevoyait la consécration de ses efforts sous la forme de cette audition par le Congrès, qui l'adoubait officiellement dans le rôle prestigieux de leader des Soros en lutte

Les hasards de la colonisation, puis la délimitation des frontières au moment des indépendances africaines avaient rattaché au Sawana francophone et musulman cette terre anglophone de confession chrétienne. Les Français, comme à leur habitude, avaient particulièrement bien négocié lors de la partition du continent, rattachant le Soro au Sawana en échange d'une autre province, située au sud du pays, qui avait rejoint, elle, un autre grand pays anglophone, alors même qu'on y parlait français. Dans leur gigantesque partie de Monopoly, les Européens s'étaient fait un malin plaisir de jouer avec les provinces africaines, sans tenir compte de ceux qui y vivaient depuis la nuit des temps. À l'époque, les Français devaient déjà connaître la richesse du Soro en réserves pétrolières : leurs géologues ne sillonnaient-ils pas l'Afrique depuis plus d'un siècle, rivalisant avec les Britanniques pour s'approprier les terres les plus prometteuses ? Les Américains, eux, ne s'étaient intéressés que tardivement au continent noir, estimant disposer dans les deux Amériques, celle du Nord et celle du Sud, de toutes les réserves nécessaires. Jusqu'à ce que leur consommation dévorante d'énergie ne leur fasse considérer la planète sous un angle nouveau : celui d'un immense coffre-fort géologique, doté de compartiments malheureusement inégaux, certains vides et d'autres pleins. Bien entendu, seuls les pleins méritaient leur attention. Oncle Sam y envoyait d'abord ses espions, puis ses mercenaires, renversait en sous-main les régimes récalcitrants, voire y menait des guerres ouvertes, pour pouvoir enfin planter son drapeau et envoyer en toute légitimité des légions de marchands organiser méthodiquement l'exploitation des richesses conquises.

Après l'Amérique du Sud, les États-Unis avaient fait main basse sur le Proche et le Moyen-Orient, puis le compartiment de l'Asie centrale s'était miraculeusement ouvert avec l'effondrement soviétique. Mais comme l'Amérique se savait extrêmement dispendieuse, d'une prodigalité énergétique sans égale, elle n'avait jamais cessé de garder un œil sur cette Afrique certes inquiétante mais tellement prometteuse, ce cœur des ténèbres où palpitait l'or noir. Pendant que le monde entier avait les yeux tournés vers l'Asie centrale, Français et Américains s'affrontaient en sous-main en Afrique centrale pour la maîtrise des champs pétrolifères du Soro.

Dans quelques heures, Elvis Dieudonné pénétrerait dans le saint des saints, là où se jouait le pouvoir mondial. Il expliquerait les drames et les souffrances de son peuple, accuserait la France, sans la nommer ouvertement car elle était officiellement un pays ami des Américains, de soutenir une dictature sanglante, qui bafouait chaque jour les droits de l'homme pour s'approprier des terres, sous le misérable prétexte d'immenses réserves pétrolières. Il savait que cette dernière formule réveillerait brutalement l'attention faiblissante des membres du Congrès. Des droits de l'homme bafoués, il y en avait partout ; d'immenses réserves pétrolières, moins en revanche. Beaucoup de représentants du Congrès venaient du monde des affaires et de la finance, nombreux étaient ceux en cheville avec l'industrie pétrolière. Dans les propos de ce chef rebelle qui parlait si bien anglais et semblait si fréquentable, malgré son amusant béret rouge qui rappelait son origine exotique, ils entendraient résonner les tintements d'un énorme et futur tiroir-caisse.

Et comme les Américains rêvaient de tenir la dragée haute à ces arrogants Français, qui continuaient à se croire très importants, sans même réaliser à quel point ils étaient devenus faibles et ridicules, Elvis Dieudonné savait déjà que ses accusations seraient entendues. Certes, le monde musulman dénoncerait une fois de plus la croisade menée par les États-Unis contre leur civilisation, présentée comme le nouvel empire du mal depuis ce funeste jour où les tours du World

Trade Center s'étaient effondrées sous les yeux horrifiés de l'Occident, mais l'envoûtement du pétrole valait toutes les fatwas. Le combat pour la liberté et la démocratie de la grande nation américaine était jalonné de derricks.

Bien que le trafic des diamants ait déjà fourni à Elvis Dieudonné les moyens financiers nécessaires à l'acquisition d'armes, il avait pu mesurer à quel point l'aide des États-Unis offrait des possibilités sans commune mesure avec tout ce dont il avait pu bénéficier jusque-là : le nouvel État qu'il serait sans doute un jour amené à diriger ne manquerait de rien.

L'avion amorça un virage. Il approchait de New York. Dieudonné devait s'y arrêter afin de récupérer quelques affaires, avant de rejoindre Washington. Il avait laissé chez des amis les reliques de sa vie passée, des vêtements chauds notamment, qui auraient été inutiles en Afrique. Il lui fallait maintenant se reconstituer une garde-robe décente. Pas question de se rendre au Congrès en bottes de caoutchouc, ni même de prendre le risque de s'y présenter avec son unique costume, avec lequel il venait de voyager.

Dans New York mutilée, il aperçut au loin la silhouette étincelante du building de l'ONU. Il se voyait déjà reçu au trente-huitième étage de cet immense bâtiment qu'il côtoyait autrefois tous les jours, longeant l'Hudson pour se rendre à son travail. Il était heureux de n'y être jamais entré, même pour une simple visite de curiosité : un jour, le drapeau du nouvel État du Soro flotterait à côté des autres devant ce temple des nations du monde, où il pénétrerait par la grande porte.

Les hôtesses passaient dans les travées pour distribuer les documents de douane. Il secoua gentiment la jeune femme qui dormait à côté de lui, épuisée par un interminable voyage que sa grossesse avait rendu plus pénible encore : il leur avait fallu rallier Kongue-City en voiture, puis prendre l'avion jusqu'au Kenya, où un avion de ligne assurait la liaison jusqu'à New York.

Khadia s'étira et, lorsqu'elle comprit qu'ils arrivaient, regarda avidement par la fenêtre : pour elle, c'était le premier voyage hors d'Afrique, la première fois qu'elle découvrait New York. Pour l'avoir vécue avant elle, Elvis Dieudonné comprenait l'émotion qu'elle ressentait. Il lui jeta un coup d'œil attendri, mais néanmoins sagace : nul doute qu'avec ce petit ventre rond qui humanisait son corps de mannequin, cette jeune femme si belle et si digne saurait émouvoir les membres du Congrès lorsqu'elle leur raconterait le meurtre de sa famille. Son témoignage vécu pèserait lourd dans la balance.

Retrouver le campement n'avait pas été difficile : il suffisait de suivre l'exode à la trace, de remonter la piste parsemée des vestiges de la marche nocturne. Ils n'avaient pas croisé âme qui vive sur le chemin suivi la nuit même par les déplacés.

– Johnson a menti, constata Sarah.

– Pourquoi ?

– Je pense qu'il voulait déplacer les villageois pour reprendre son ascendant sur eux et contrôler de nouveau l'aide humanitaire. Tu as vu comme Antonio et Khadia étaient furieux lorsqu'ils ont compris que nous avions remplacé les gardes ?

Le camp déserté ressemblait à un champ de bataille. Tout était détruit et gisait au sol : les anciens abris des familles, les ustensiles de cuisine qu'elles avaient dû abandonner, des calebasses brisées, le combustible pour le feu éparpillé, des vêtements, salis par la poussière et les bagarres de la nuit. Les tentes du personnel humanitaire elles-mêmes avaient été démantelées, saccagées. Ce qui restait du matériel médical était en miettes. Des sachets éventrés de sels de réhydratation et des boîtes béantes de lait thérapeutique mélangeaient leur contenu à la terre, en traînées blanchâtres déjà parsemées de déjections d'animaux et d'un grouillement affairé d'insectes.

Marc et Sarah parcoururent ce qui avait été une ville de plastique et de toile, dérangeant de grosses mouches vertes et des nuées de papillons noirs qui s'envolaient sous leurs pieds. Une odeur atroce de cadavre flottait sur les ruines. Les hommes désignés par les chefs coutumiers pour remplacer les anciens gardes du Front avaient pour la plupart été abattus. Il n'était pas certain qu'ils aient tenté de résister aux combattants, plus nombreux et mieux armés qu'eux, mais Marc ne doutait pas que ces derniers avaient profité de la bagarre pour leur régler leur compte. Leurs corps reposaient sur le sol dans la position où une mort violente les avait figés. La chaleur et l'humidité étaient telles qu'ils commençaient déjà à se putréfier, les orbites creusées par les charognards.

Marc eut un haut-le-cœur. Jamais il n'avait vu un tel carnage. Sarah lui prit la main et l'entraîna. Il n'y avait rien qui puisse être sauvé. Pas un être humain, pas un objet. Ils repartirent accablés vers la voiture.

Bouleversé par ce qu'il venait de voir, Marc admirait l'apparent sang-froid de l'infirmière, sans comprendre que le spectacle de cette désolation, de ces cadavres abandonnés, l'avait replongée dans ses fantômes. Marc croyait au contraire que le métier de son amie avait dû la rendre insensible à la mort. Lui se sentait brisé, anéanti. Confronté aussi à une énigme fondamentale : comment une armée prétendument de libération pouvait-elle se comporter ainsi avec son peuple ?

À mi-chemin, ils perçurent des vrombissements au-dessus de leur tête. Ils se penchèrent par les fenêtres : des avions de chasse les survolaient. Marc espéra que le sigle humanitaire que portait la voiture, bien visible, les protégerait. Il accéléra, faisant rebondir plus violemment encore le pick-up sur les cahots de la piste. Sarah s'accrocha à la portière. Curieusement, elle ne ressentait rien face au danger qui les menaçait.

Ils entendirent soudain un sifflement sourd qui se rapprochait à toute vitesse. Un obus. Envahi d'une peur intense, Marc rentra la tête dans les épaules, s'agrippant au volant dans l'attente de l'impact. Sans s'en rendre compte, il appuyait comme un forcené sur l'accélérateur. En rugissant, la voiture rebondissait dans les ornières de la piste. Il eut le temps de penser qu'Anne avait bien fait de rester au nouveau campement, de les envoyer tous les deux à sa place : comme ceux de Sarah, ses parents n'auraient jamais l'idée de faire un procès à Feed.

L'obus explosa au sol dans un bruit assourdissant qui leur perça les tympans. Un nuage de terre et de projectiles divers vint violemment heurter la carrosserie de la voiture, qui poursuivit sa course folle.

Ils se regardèrent, incrédules. Les avions s'étaient déjà éloignés. Marc et Sarah ne sauraient jamais si les pilotes les avaient ratés ou s'ils avaient seulement voulu les intimider.

– C'est la troisième vie que j'use dans ce putain de pays, hurla Marc à Sarah.

– Eh bien, il t'en reste quatre, tout va bien ! lui cria à son tour Sarah. Ce n'est pas une raison pour en gaspiller une bêtement...

– Que veux-tu dire ?

– RALENTIS ! tonitrua Sarah.

Marc réalisa qu'il roulait à un train d'enfer depuis qu'il avait entendu les avions. Sarah avait raison : le véhicule faisait de telles embardées qu'il allait tôt ou tard se renverser. Il obtempéra.

Ils étaient tous les deux assourdis par la déflagration. Leurs oreilles bourdonnaient douloureusement. Mais ils étaient vivants.

– Donc Johnson avait raison, fit-il remarquer à Sarah quelque temps plus tard.

– Pas sûr. Qui te dit que ce n'est pas une coïncidence ?

– Une coïncidence surprenante alors. J'espère que les avions n'auront pas bombardé le camp.

# 23.

La mobilisation américaine en faveur du Soro dépassa toutes les espérances de Dieudonné. La prestation d'Anne sur CNN avait éveillé l'attention de quelques grands journaux. Ils commencèrent à diffuser dans l'opinion publique l'idée que le Soro constituait un drame oublié, dont une grande démocratie comme l'Amérique ne pouvait se désin téresser. Lorsqu'Elvis Dieudonné vint témoigner au Congrès, accompagné de Khadia, la jeune femme ne passa pas inaperçue. Elle fut sollicitée pour intervenir dans des émissions de télévision à grande audience, où elle incarnait à merveille la figure emblématique de cette Afrique si meurtrie et pourtant si belle et si digne.

Chaque fois que Khadia jouait son rôle de composition, avec une conviction qu'elle n'avait pas besoin de feindre, Elvis Dieudonné renchérissait, expliquant gravement combien son peuple souffrait à cause des atrocités commises par l'armée sawanaise.

Une résolution condamnant le Sawana fut adoptée par l'Assemblée générale des Nations unies. Les Américains hésitaient à placer le dossier devant le Conseil de sécurité car ils redoutaient que la France n'oppose son veto à une éventuelle intervention. Même si les Français agaçaient depuis longtemps les États-Unis par leur volonté farouche d'affirmer leur indépendance d'esprit, ils jouaient un rôle important dans le dispositif des forces armées déployées en Asie centrale et dans les Balkans. Et ils influençaient largement les orientations de la politique européenne. Washington ne voulait pas prendre le risque de s'aliéner Paris.

Des concertations discrètes eurent lieu entre les ministres des Affaires étrangères des deux pays, tandis que le président américain appelait le président de la République française pour converser avec lui par téléphone, en toute amitié.

Les deux pays tombèrent d'accord : le gâteau à se partager en Afrique centrale était suffisamment important pour qu'ils trouvent un terrain d'entente. Soucieux de jouer les bons offices, les États-Unis proposèrent officiellement de nommer médiateur du conflit le vieux dictateur africain du Kongue, auquel un demi-siècle de pouvoir sans partage avait fini par conférer l'aura de sage respecté. Le choix ne convenait qu'à moitié à Paris, parce que le Kongue abritait de notoriété publique le Front de libération du Soro et servait de base arrière à ses opérations en territoire sawanais. Mais la France, désireuse de montrer sa bonne volonté, accepta.

Une rencontre entre le général-président du Sawana, le président-colonel du Kongue et Elvis Dieudonné, en tant que dirigeant du Front de Libération du Soro, fut donc organisée au Sénégal, pays neutre dans le conflit. Les ministres des Affaires étrangères de plusieurs pays européens et le Secrétaire américain chargé de l'Afrique y assistèrent, gage de l'intérêt porté par les grandes puissances au processus de paix. Une armada de juristes et de diplomates travaillaient en coulisse pour préparer un compromis acceptable par toutes les parties en présence.

Elvis Dieudonné n'en revenait pas de la stature internationale acquise par le Front en l'espace de quelques semaines.

Il pensait à la bande de gueux hétéroclites qu'il était parvenu à grand-peine à rassembler, s'émerveillant de la voir ainsi transfigurée en un parti de glorieux rebelles en lutte pour la liberté d'une province martyre. Finalement, ils avaient eu raison de se dresser contre l'armée sawanaise et même de multiplier les actes de violence : vu de l'Occident, leur combat se parait des couleurs héroïques d'une résistance farouche contre l'oppression. Les rebelles du Soro s'étaient mués en valeureux gladiateurs de la démocratie. Même les amputations, les violences exercées en représailles contre les villages sawanais qui avaient le tort de se situer à proximité du Soro, la destruction des récoltes pour mieux obliger les villageois à les suivre passaient par pertes et profits, dans cette imagerie manichéenne que l'Occident se plaisait à construire de ses banlieues lointaines.

Anne ne décolérait pas : toute l'aide humanitaire était passée sous la coupe du Front. Dès l'arrivée des déplacés dans le nouveau site, Antonio s'était présenté à elle comme le représentant civil de la guérilla. Désormais, toutes les procédures d'assistance devraient obtenir son agrément. Pour bien marquer qu'un ordre nouveau régnait, il avait commencé par organiser des distributions : abris en plastique destinés à remplacer ceux qui avaient été détruits et abandonnés dans le précédent site, sacs de nourriture, couvertures..., les déplacés s'arrachaient avec gratitude du matériel dans lequel Anne reconnut avec stupeur les stocks qui leur avaient été dérobés. Les sacs de nourriture, ces généreux « dons du peuple américain », portaient encore l'emblème de Feed !

En recevant l'aide des mains des guérilleros, qui effectuaient la distribution sous l'œil vigilant d'Antonio, les bénéficiaires se confondaient en remerciements empressés vis-à-vis de leurs généreux bienfaiteurs. Le Front apparaissait comme la nouvelle providence. Les villageois étaient-ils dupes ? Anne n'en savait rien. Lorsque Marc et Sarah étaient revenus de leur expédition, bredouilles mais encore sous le choc du bombardement dont ils avaient été victimes, leur récit avait perturbé le chef de mission : les avions effectuaient-ils une mission de reconnaissance pour l'armée ? Étaient-ils en raid pour bombarder les positions de la rébellion ? Dans ce cas, leur départ du précédent camp avait peut-être permis d'éviter un carnage, mais personne ne pouvait lui apporter de réponse.

Après quelques jours de flottement lié à l'exode et à la réorganisation des secours sous l'égide de la guérilla, la vie du camp avait repris son cours. Les volontaires avaient du mal à admettre que le Front y soit désormais adulé : les déplacés avaient l'impression que leur salut tenait à sa générosité et que, sans lui, ils ne bénéficieraient ni de protection ni d'assistance. Les volontaires de Feed n'étaient plus que des supplétifs au service des nouveaux maîtres de l'aide, dans une inversion des rôles qui révoltait Anne. Même les Nations unies adoubaient le mouvement rebelle en négociant directement avec Antonio l'acheminement de l'aide alimentaire.

Anne haïssait l'Espagnol à présent, tout comme elle haïssait Johnson, qui paradait au milieu des rangées d'abris, en fouillant du regard l'intérieur des tentes de plastique, dans l'espoir de dénicher de nouvelles proies à une concupiscence toujours en éveil. Anne avait eu la confirmation de ce qu'Amina avait bien été kidnappée par l'homme en blanc. Le pire, c'est qu'elle préférait désormais rester avec lui, assurée d'être nourrie, fière même de son statut d'« épouse » d'un des seigneurs de la guerre, plutôt que de retourner dans la précarité du camp.

Antonio aussi jouait les importants en l'absence d'Elvis Dieudonné. On ne voyait jamais le chef des rebelles, absorbé par le jeu diplomatique qui s'organisait autour du Soro, dont les volontaires humanitaires, perdus dans leur bush, ne recueillaient que quelques échos lointains.

– La chèvre broute toujours là où elle est attachée, fit remarquer Sarah d'un ton sentencieux.

Elle regardait les chefs de village s'incliner avec déférence devant leur ancien compagnon, certains lui baisaient même les mains. Antonio aimait parcourir les rangées d'abris pour vérifier la situation des familles. Et surtout se montrer.

– Que veux-tu dire ? lui demanda Marc.

– C'est un proverbe africain qui signifie que les gens éprouvent de la reconnaissance pour celui qui les nourrit, même lorsqu'ils ont perdu toute liberté. Ils tournent autour du piquet tout en profitant de la situation. On le dit des fonctionnaires et des hommes politiques qui utilisent leur pouvoir pour s'en remplir les poches, tout en faisant allégeance au régime. Regarde comme les réfugiés sont heureux de recevoir leur pitance de leurs nouveaux bienfaiteurs !

– Sauf que cette pitance ne va pas tarder à manquer et que leurs bienfaiteurs portent une large part de responsabilité dans la situation actuelle...

– Oui, mais ça, ils ne le savent pas, conclut Sarah tout en soulevant Rhadi, comme toujours accrochée à ses basques, pour la couvrir de baisers.

Comme Amina, Rhadi était la petite-fille de la femme tuée lors de l'évacuation du camp. Puisqu'Amina s'était détournée de ses jeunes frère et sœur, Sarah avait décidé qu'elle les recueillerait tous les deux, au mépris de toutes les consignes de l'association : elle ne pouvait se résoudre à les abandonner, comme elle avait abandonné avant eux Fatou.

Anne avait essayé de l'en dissuader, lui proposant de mener

des recherches pour retrouver une tante, des cousins, des parents éloignés, qui auraient pu prendre en charge les enfants, mais Sarah avait répondu qu'Anne pouvait bien lancer toutes les démarches qu'elle voulait, elle ne laisserait pas tomber les deux orphelins.

– Il y a déjà eu trop de malheurs autour de moi depuis que je suis arrivée au Sawana. Peut-être n'aurai-je jamais d'enfants, peut-être ceux-là partiront-ils dès qu'un membre de leur famille voudra bien s'intéresser à eux. Mais en attendant, ils sauront qu'ils peuvent compter sur moi, avait affirmé Sarah.

Sarah pensait à Christian en regardant le corps frêle du petit garçon, ses yeux tristes et pleins de haine. Elle avait laissé partir son petit frère, elle ne s'était jamais occupée de lui lorsqu'il était malade comme elle aurait dû le faire. Elle s'occuperait de Rhadi et de son frère, Oscar, pour compenser cette culpabilité terrible qui la rongeait.

Marc regardait agir son amie, dubitatif. Il pensait qu'elle avait tort d'interférer ainsi avec la vie de ceux qu'elle était venue secourir, tort de s'impliquer personnellement de cette façon. D'autant que l'attitude d'Oscar n'avait rien de gratifiant. Il était buté, révolté. Ingrat pour tout dire. Sarah allait souffrir lorsqu'il grandirait, si d'aventure elle maintenait son projet de s'occuper des enfants, ce que Marc trouvait tout à fait déraisonnable. Il était persuadé qu'Oscar portait en lui une fêlure profonde, qui ne pourrait que s'aggraver avec le temps. Il ne manifestait aucun signe de joie ou de gratitude face aux multiples gestes d'affection que l'infirmière lui prodiguait.

La petite Rhadi en revanche suscitait autour d'elle un élan de tendresse et de sympathie : malgré ce qu'elle avait enduré, elle restait souriante, reconnaissante, gaie. Elle passait toutes ses journées collée à Sarah, la suivait comme son ombre, observait tout en suçant son pouce, tenant sa nouvelle maman par un coin de son tee-shirt, qu'elle tortillait méticuleusement autour de ses petits doigts. Si par hasard quelqu'un lui adressait la parole, s'intéressait à elle, Rhadi se métamorphosait, remisait son pouce pour décocher un sourire radieux, qui désarçonnait même le plus revêche des observateurs.

Sarah avait décrété à Marc qu'elle effectuerait toutes les formalités nécessaires pour adopter les enfants, ce qui n'allait pas se révéler facile dans cette nouvelle nation sans État. Bien évidemment, la notion même de papiers d'identité avait été balayée par la guerre. Des enfants aussi jeunes n'en avaient probablement jamais eu. Anne suggéra à Sarah, si elle persévérait dans son projet, de mettre d'abord les enfants en sécurité, avant de chercher à régulariser leur situation. Aucun enfant n'était à l'abri du danger et de la maladie dans ce camp.

Marc, lui, n'avait rien dit. Mais il avait instantanément pensé qu'en adoptant deux enfants, Sarah signait implicitement la fin de leur relation. Jamais il n'accepterait de s'embarrasser de tels fardeaux, alors que sa vie tout entière lui paraissait désormais comme une page blanche à écrire. Il avait envie de la remplir différemment de tout ce qu'il avait pu vivre jusque-là : jamais il ne retournerait chez Caltech, jamais il ne reprendrait son travail rangé d'ingénieur et ses liaisons dérangées, ses flirts passagers. Il savait qu'il ne supporterait plus Laure si d'aventure il la revoyait, avec ses préoccupations mesquines, sa coiffure, les dernières fringues à la mode, son horizon borné. D'ailleurs, il n'avait aucune envie de la revoir. Mais ce n'était pas pour se rogner les ailes avec deux enfants. Certes, ils lui faisaient pitié, mais pas au point de sacrifier sa liberté pour eux. La décision de Sarah l'arrangeait presque, parce qu'elle lui donnait une bonne raison de reprendre du champ. Les bonnes sœurs, ce n'est pas pour moi, se répétait-il pour s'ancrer dans sa décision.

Il ne fit évidemment pas part à Sarah de telles réflexions, mais son attitude tout entière exprimait tant de réticence face au comportement de son amie qu'elle apparaissait plus éloquente qu'une rupture en bonne et due forme. De toute façon, la petite Rhadi passait désormais ses nuits blottie contre l'infirmière, ne la quittait plus d'une semelle. Marc pouvait donc légitimement s'éloigner de celle qui avait été sa compagne pendant plus de six mois.

Il en avait assez de son travail humanitaire. Il ne le reconnaissait plus dans le camp désormais supervisé par Antonio. Khadia avait rejoint ce dernier après avoir passé quelques jours aux États-Unis où, paraît-il, elle était devenue une star. Mais elle était très vite repartie, expliquant que son rôle était de convaincre les journalistes et tous ceux qui approchaient Elvis Dieudonné de la justesse de leur cause. Une super-attachée de presse, pensait Antonio, un peu dépité. Il comprenait bien à quel point la vie triste du camp devait lui paraître terne après les lumières de New York. Et peut-être aussi le petit logisticien qu'il était, même promu représentant civil du Front pour l'aide humanitaire, bien fade comparé au brillant Dieudonné.

On disait que la situation du Soro allait bientôt trouver une issue politique. Il était temps, parce que les réponses humanitaires apparaissaient de plus en plus insuffisantes : dans le gigantesque camp improvisé, les réfugiés étaient plus vulnérables, plus exposés que jamais. Il faisait plus de quarante degrés l'après-midi à l'intérieur des abris. Juste après leur arrivée, des enfants que Sarah avait à grand-peine arrachés à la mort dans l'ancien centre thérapeutique avaient été emportés en quelques heures par la déshydratation. Antonio avait demandé à Marc de l'aider à superviser la construc tion de latrines, mais Marc avait catégoriquement refusé : c'était la troisième fois qu'on lui faisait le coup, il n'en pouvait plus. Et surtout, il ne voulait pas servir de factotum à la guérilla. Antonio n'avait pas insisté, l'avait toisé de la tête aux pieds avec mépris, avant de tourner les talons.

Anne avait essayé de faire fléchir Marc, puis l'avait menacé de mettre fin à son contrat avec Feed, mais Marc restait inflexible.

– Pardonne-moi Anne, mais je ne me sens plus concerné. Quand je vois tous ces gens faire des salamalecs à leurs bourreaux, ça me dégoûte. Je pense que je vais partir maintenant. Je suis vraiment lassé de tout ce tintouin. Puisqu'on dit que les Américains ont pris les choses en main et que la paix n'est plus qu'une question de jours, laisse-moi anticiper la fin de ma mission.

– Tu ne peux pas me laisser maintenant, Marc, répondit Anne, d'une voix suppliante qui surprit le jeune homme. Attends au moins qu'on soit sûrs que ces gens puissent rentrer chez eux.

– J'en ai plus qu'assez, Anne. J'aurai passé six mois à construire des chiottes et à sentir la merde. Je ne me sens pas le courage de replonger là-dedans ici, pour ces connards du Front qui vont prendre le pouvoir en plus.

– Marc, je t'en supplie. Ne m'abandonne pas.

La façon dont Anne l'implorait mit l'ingénieur mal à l'aise. Elle n'était quand même pas tombée amoureuse de lui ? Il espéra que non, car cette grande gigue desséchée par la clope, avec ses dents jaunies et son haleine puissante de fumeuse, ne le tentait vraiment pas du tout, même en situation de manque comme il l'était depuis l'engouement de Sarah pour ses enfants blacks.

Anne se raidit lorsqu'elle comprit le malentendu qui venait de s'instaurer.

– Minute, jeune homme. Ne te méprends pas : ce n'est pas le mec qui m'intéresse. C'est de l'ami dont j'ai besoin.

Marc fut soulagé de retrouver l'Anne agressive et en colère qu'il connaissait bien.

– Tu es suffisamment solide pour te passer de moi, Anne. Il y a les autres, Sarah, Peter, toute l'équipe. Même Antonio.

Anne fronça les sourcils, s'apprêtant à répliquer vertement, mais Marc ne lui en laissa pas le temps.

– Je sais que tu le détestes. Et tu as raison. N'empêche qu'il est au moins aussi compétent que les autres pour répondre aux besoins humanitaires des gens d'ici.

– Il y a quelque chose qu'il faut que je te dise, Marc, commença Anne d'une voix faible.

L'aveu lui coûtait tellement qu'elle n'arrivait même pas à s'exprimer normalement. Elle était comme asphyxiée.

– Que se passe-t-il ? demanda Marc, soudain alerté par l'état d'angoisse dans lequel il voyait la chef de mission.

– MCF a décidé d'ouvrir une mission tout près d'ici.

– Quoi, au Kongue ? Mais comment est-ce possible ?

– Non, pas au Kongue. Ils sont en train d'ouvrir côté sawanais : les accords de paix conclus entre le régime et le front vont entraîner un immense déploiement humanitaire dans la région. Sous supervision franco-américaine.

– Bon, je ne savais pas. Je conçois que tu trouves énervant que MCF tire encore son épingle du jeu, mais, pardonne-moi si je te choque, je n'arrive pas à comprendre pourquoi cette perspective te met dans un état pareil ?

Marc était agacé par la nouvelle et agacé par l'attitude d'Anne. Il ne l'avait jamais vue si faible. Cette fragilité l'exaspérait.

– Le chef de la nouvelle mission de MCF... commença Anne, hésitante.

– Eh bien quoi ? la coupa impatiemment Marc. Ils ont repris Didier ?

– Non, Didier a arrêté l'action humanitaire. Il a ouvert un resto avec une Africaine, je ne sais plus où.

– Alors, je ne vois pas où est le problème ?

– La mission a été confiée à Ali.

– Quoi ? C'est impossible ! Comment le sais-tu ?

– C'est Johnson qui me l'a dit. Les nouvelles vont vite ici. Il se souvenait qu'Ali avait travaillé pour nous. Comme Ali a la confiance du régime et qu'il connaît bien le travail humanitaire, MCF lui a confié la responsabilité de lancer le nouveau programme du Soro. Financé sur fonds US et français.

– Attends ! Ce n'est pas possible ! Le mec qui nous a trahis, qui nous a fait expulser, on le retrouve investi d'une mission humanitaire ? Et par MCF, qu'il a fait renvoyer du Sawana en plus ?

Marc était indigné. Sa colère produisit sur Anne un effet apaisant. Elle se sentait moins seule dans sa rage.

– Visiblement, il n'a pas fait couler l'association puisqu'elle revient de plus belle. Et avec plus de moyens encore : depuis que les Américains s'intéressent au Soro, il n'y a jamais eu autant de fric déversé sur la région. On dit que Bowie et Jagger vont faire un disque ensemble sur la souffrance des gens d'ici, pour récolter des fonds à destination d'un immense plan d'assistance que veut monter l'ONU.

– Eh bien, au moins, la famine est terminée. C'est la seule bonne nouvelle de la journée, conclut ironiquement Marc.

– La famine, peut-être. Mais je trouve que l'aide n'arrive pas aussi bien qu'elle devrait. Les problèmes sont loin d'être terminés.

– Que veux-tu dire ?

– Nous avons eu un cas de choléra cette nuit. J'ai peur qu'une épidémie ne s'annonce.

Marc ne broncha pas. Anne comprit qu'il ne mesurait pas bien la portée de ce qu'elle venait de lui annoncer. Elle insista :

– Tu comprends pourquoi je te prie de ne pas partir maintenant. Je vais avoir besoin de toi comme jamais.

– Vraiment ?

Marc paraissait incrédule.

– Visiblement, tu n'as jamais connu une épidémie de choléra... remarqua Anne, de nouveau agacée.

– Excuse-moi, je croyais que ça n'existait plus depuis le Moyen Âge, rétorqua le jeune homme, vexé.

– Eh bien accroche-toi : si tu as aimé la famine, tu vas adorer le choléra.

Marc comprit qu'il n'avait pas le choix. Il soupira :

– C'est bon. Tu peux compter sur moi.

– Je n'en ai jamais douté, répliqua fermement la jeune femme.

Elle ajouta gaiement :

– J'oubliais : question merde, avec le choléra, tu vas être servi !

# 24.

Anne était bien renseignée. Après avoir étudié en détail la configuration politique et les budgets disponibles, Bernard Boron avait pris sa décision : le temps était venu d'ouvrir une nouvelle mission au nord du pays, aux confins du Sawana. Les centres nutritionnels devaient être disséminés tout le long de la frontière afin de pouvoir accueillir ceux qui retourneraient dans les villages détruits et devraient compter sur l'aide humanitaire avant de pouvoir vivre à nouveau de leurs récoltes.

Grâce aux Américains, un mouvement de solidarité planétaire était en train de naître. Pas un jour sans que les médias ne se fassent l'écho de la famine du Soro. Bien que MCF n'y fût plus présente depuis des mois, Isabelle et Bénédicte avaient eu la présence d'esprit de donner très vite les coordonnées bancaires de l'association aux journaux et aux télévisions, et des milliers de dons recommençaient à affluer chaque jour au courrier. Boron se félicitait d'avoir choisi la discrétion au moment de leur expulsion du Sawana. Elle était visiblement passée inaperçue. Tout ce que les gens retenaient, c'est que MCF travaillait dans le Soro – ou avait travaillé, ou allait travailler, on ne savait plus très bien. Les responsables de l'ONG avaient reçu la consigne d'être très flous là-dessus.

Lorsque, en comité de direction, Boron avait demandé à Véronique Braga de constituer d'urgence une équipe prête à partir pour le Sawana, la responsable du personnel lui avait fait part de sa surprise : comment les gens pouvaient-ils, à quelques mois d'intervalle, envoyer autant de chèques pour la même cause certes, mais présentée de façon radicalement différente ?

– Quand tu es rentré du Sawana, les premiers reportages qui ont été diffusés évoquaient les affamés comme des victimes de la rébellion sawanaise, remarqua-t-elle. Maintenant, le monde entier se mobilise comme s'il s'agissait de mettre fin à une guerre civile qui oppose depuis des années une dictature à un mouvement de libération en lutte pour sa liberté. Comment peut-on avoir la mémoire aussi courte ?

Bénédicte et Isabelle, elles, ne montraient pas la moindre surprise. La responsable du marketing direct répondit avec assurance :

– Ce sont toujours des affamés. Les gens réagissent à l'estomac.

– Tu veux dire qu'ils ne veulent pas vraiment savoir pourquoi les gens du Soro sont affamés ?

– Exactement, affirma Isabelle, du haut de sa grande compétence professionnelle. Que des Africains crèvent de faim est considéré comme à peu près normal dans l'imaginaire collectif. Ce que veulent les donateurs, c'est qu'on cesse de les culpabiliser en exhibant à l'heure du dîner des détresses insupportables. Ils veulent avoir la conscience tranquille. Envoyer un chèque, c'est une façon de s'exonérer. De pouvoir penser à autre chose, puisqu'ils ont fait acte de solidarité. Ils savent que MCF agit en leur nom auprès des affamés du Sawana.

Véronique Braga ne put s'empêcher de ricaner :

– Qu'on ne me dise pas, à moi, que MCF agit en ce

moment au Sawana ! Ou alors par procuration : j'ai toutes les peines du monde à constituer une équipe qui tienne la route, vu que tous ceux qui auraient pu en faire partie ont été recrutés par la concurrence... Par Feed par exemple.

– N'empêche que la pétition de Feed a eu un sacré succès. Quand je pense à toutes les adresses que ces salauds ont collectées gratuitement, intervint Bénédicte, rêveuse. Dommage que nous n'ayons pas trouvé nous-mêmes un angle aussi porteur.

– Nous étions financés par la coopération française, c'était dur de leur taper dessus, lui fit remarquer Philippe Morteau, pragmatique.

Mais Bénédicte, comme Isabelle, continuait à fantasmer sur l'outil extraordinaire que représentait la pétition pour des responsables de la collecte de fonds. Si seulement ils avaient eu l'idée de lancer eux-mêmes une campagne de protestation... L'ingénieur qui était au Sawana l'avait même proposé, se rappelait Bénédicte, mais Boron l'avait envoyé paître. Rassembler le plus de signatures possible grâce à une pétition était la démarche la plus rentable pour une organisation humanitaire. Ceux qui renvoyaient le formulaire portant leur nom et leur adresse étaient immédiatement enregistrés dans le fichier des donateurs de l'association. Même lorsqu'ils n'avaient pas joint de chèque de soutien à leur envoi, ce qui était rare. Par leur démarche en effet, ils apportaient eux-mêmes, spontanément, la preuve de leur sensibilité aux catastrophes humanitaires. L'association savait qu'elle pourrait, par la suite, solliciter ces donateurs potentiels chaque fois que nécessaire, sans avoir besoin d'acheter à grand prix des listes d'adresses, au résultat toujours hasardeux. Elle pourrait ainsi collecter beaucoup plus de dons que si elle avait envoyé ses mailings à l'aveugle. La pétition permettait de se constituer un fichier idéal sans débourser un centime, à un moment où les achats d'adresses coûtaient de plus en plus cher, avec des retombées de plus en plus médiocres : beaucoup de lettres de prospection terminaient à la poubelle sans même avoir été ouvertes.

– Nous aurions dû la garder, cette Anne, c'était une bonne administratrice, renchérit Véronique Braga.

– Tu parles ! Une tête de pioche oui. Elle ne nous a créé que des ennuis, gronda Boron.

– Tu ne disais pas cela il y a quelques années, remarqua Morteau avec malice.

Tous sourirent d'un air entendu : la liaison de Boron avec Anne avait été de notoriété publique. Ils s'étaient rencontrés en Éthiopie et ne se seraient probablement jamais quittés si leurs caractères à tous deux n'avaient pas été aussi raides, incitant Boron à plaquer Anne pour une éphémère liaison avec Braga. Personne n'ignorait cet épisode de la vie amoureuse mouvementée de leur directeur. Personne, sauf Bénédicte, trop récemment arrivée pour connaître le florilège des coucheries qui cimentait la complicité des anciens de l'ONG. Encore une, décidément…, se dit la responsable de la communication, froissée d'apprendre que son amant du moment était sorti avec l'ancienne administratrice du Sawana. Surtout qu'elle ne voyait vraiment pas ce qu'il avait pu lui trouver, à cette grande bringue.

– De toute façon, quand nous, nous avons fait des pétitions, elles n'ont jamais servi à rien, mis à part pour le marketing, remarqua Boron.

Il était contrarié par la plaisanterie de Morteau : la réaction de Bénédicte ne lui avait pas échappé.

– Oui, on les adressait au président de la République, qui en faisait des confettis, renchérit Morteau. Et la com rédigeait un communiqué de presse où Boron appelait solennellement la France à cesser de soutenir les régimes affameurs.

Tout le monde éclata de rire autour de la table au souvenir de cette bonne blague.

– Il ne se passait rien ? demanda Bénédicte.

Morteau se dit que décidément, elle ne comprenait rien à rien, une fois sortie de ses coups de fil aux journalistes pour qu'ils fassent passer son directeur général chéri à la télévision.

– Pas vraiment, sourit-il. Sauf en période électorale.

Ils s'esclaffèrent à nouveau. L'atmosphère était très détendue, comme chaque fois qu'il n'y avait pas de problèmes financiers.

– Quand ce sont les Américains qui pétitionnent, ça a quand même une autre allure, remarqua Morteau, de nouveau sérieux.

– Oui, enfin, s'il n'y avait pas eu le pétrole du Soro, la pétition de Feed n'aurait, elle non plus, servi à rien, précisa Fabrice.

– S'il n'y avait pas le pétrole du Soro, il n'y aurait pas eu de pétition du tout, rectifia Morteau.

– Ni d'audition au Congrès du chef des rebelles, renchérit Fabrice Dlume, qui avait horreur de laisser le dernier mot à son rival.

– Il paraît qu'Antonio travaille à son service maintenant, remarqua Véronique Braga.

– Il a raison : c'est une bonne place. Comme Dieudonné va occuper des fonctions importantes, Antonio en bénéficiera forcément, dit Boron, cynique.

– Il va devenir président du Soro ? demanda Bénédicte.

Les deux responsables des opérations la regardèrent avec commisération.

– Ne dis pas de bêtises : il n'est pas question que le Soro devienne indépendant. Ce serait en contradiction totale avec les principes adoptés au moment des indépendances, précisa

Morteau, avec une componction qui exaspérait toujours Fabrice Dlume.

– Pas sûr, répliqua ce dernier. Dans un premier temps, les gens du Front obtiendront sans doute l'autonomie de la province. Les États-Unis en feront un protectorat, soi-disant onusien. Les recettes de l'exploitation pétrolière seront directement affectées à son développement... Et la région pourra devenir indépendante dans quelques années, quand elle disposera des structures nécessaires. Mais de fait, ce sera toujours un protectorat...

– ... américain, conclut Boron.

Ils se remirent au travail, examinant une à une toutes les composantes de la nouvelle mission : son budget, son emplacement, ses répercussions logistiques, ses besoins humains. Comme la branche américaine de MCF entendait assumer la gestion du programme, Boron se dépêchait d'en arrêter toutes les modalités pour couper l'herbe sous le pied du siège new-yorkais. Mis devant le fait accompli, MCF-USA ne pourrait que s'incliner.

Ce fut Véronique Braga qui proposa de faire appel à l'ancien chauffeur pour assumer la fonction de chef de mission. Ali avait appelé Boron au moment où l'équipe du Sawana était assignée à résidence. Il l'avait informé de sa démarche, en la justifiant par les risques inconsidérés que les volontaires avaient pris vis-à-vis du régime. Se rendre sans autorisation dans une province en guerre, négocier avec les rebelles pouvaient leur valoir un assassinat que le régime camouflerait ensuite en « accident ».

À écouter Ali, transmettre la télécopie aux autorités avait été le seul moyen de faire jouer le fusible qui évitait aux volontaires les terribles représailles de la dictature. Certes, MCF avait été expulsée, mais Ali avait expliqué à Boron que cette mesure permettait au gouvernement sawanais de sauver la face, vis-à-vis des autres ONG surtout. Enfin, il l'avait rassuré : MCF pourrait revenir travailler au Sawana lorsque l'excitation serait retombée.

Effectivement, quelques jours après le départ de l'équipe, Boron rencontrait à nouveau l'ambassadeur du Sawana en France. C'était un moment difficile pour le régime : après l'intervention d'Anne sur CNN, l'opinion publique américaine se mobilisait contre la dictature. Le directeur de MCF convint avec le dignitaire que l'association interviendrait de nouveau au Sawana dès que la situation à l'intérieur du Soro serait sécurisée pour le personnel humanitaire. Sur fonds français : soucieuse de ne pas laisser le champ libre aux Américains dans le Soro, la France appuyait fortement le retour de l'ONG au Sawana. Il fallait une présence humanitaire qui témoigne de la compassion ressentie par les Français envers le peuple soro. Et puis, la France devait déjà se trouver sur place lorsque le processus de reconstruction de cette province tant éprouvée par la guerre civile ouvrirait les carnets de commande des entreprises, des entreprises sûres d'être payées, grâce à l'argent du pétrole.

Après les accords de paix, MCF allait donc intervenir doublement au Soro. D'abord dans le sillage des militaires français, appelés à participer à la remise en état des infrastructures de la province, un travail indispensable si l'on voulait permettre la circulation des camions et la construction des oléoducs. Auprès du Front ensuite, près de la frontière du nord, sur des budgets américains cette fois. Boron se demandait s'il ne devait pas autoriser MCF-USA à mettre en œuvre un ou deux programmes au nord du Soro : visiblement, le gâteau était assez gros pour tout le monde. Comme la branche américaine accusait Paris de l'étrangler financièrement, il pouvait bien lui accorder quelques miettes, pour la calmer.

Et puis, en s'installant non loin de Feed, MCF-USA marquerait l'ONG américaine à la culotte.

– Mais tout de même, confier le poste à Ali, qui s'est tellement compromis, est-ce vraiment judicieux ? demanda Dlume.

– Justement, rétorqua Boron. En prenant Ali, nous le disculpons de tout soupçon auprès des rebelles : comment pourrions-nous placer à ce poste quelqu'un qui nous aurait trahis ? Et l'intérêt, c'est d'avoir un chef de mission qui ne sera jamais embêté par les militaires sawanais, qui connaît le pays comme sa poche, qui saura gérer le personnel local sans se faire déborder, puisqu'il connaît déjà toutes les ficelles. Véronique a raison. Banco !

– Reste à trouver les dix autres... soupira Véronique Braga.

# 25.

Une puanteur insupportable avait envahi le camp, malgré les épandages réguliers de terre et de chlore dont les humanitaires recouvraient les déjections. Des miasmes de mort et de merde qui donnaient à Marc l'impression d'être contaminé rien qu'en les respirant.

Les volontaires américains se déplaçaient le visage recouvert d'un masque chirurgical. Les Français, qui ne voulaient pas humilier les réfugiés en les traitant comme des pestiférés, portaient juste un foulard, qui leur protégeait le nez et la bouche. Sarah, elle, allait et venait visage nu. C'était pourtant elle la plus exposée au vibrion du choléra, elle qui, sans relâche, soignait, réconfortait, nettoyait les corps en pleine débâcle.

Le choléra ravageait le camp comme un fléau biblique. Épuisés par la dénutrition puis par l'exode qui leur avait été imposé, entassés dans des conditions de promiscuité et d'hygiène affreuses, les réfugiés mouraient les uns après les autres. D'abord les vieillards et les enfants, puis les femmes, exténuées par des maternités trop nombreuses, puis... tous les autres. Cette fois, les fusils ne protégeaient plus les rebelles de la maladie comme ils les avaient protégés de la faim. Le choléra ignorait les préséances. Il fauchait au hasard, tandis que les volontaires humanitaires se battaient pour éviter l'hécatombe, avec le sentiment d'essayer d'arrêter la mer avec leurs bras. Ils passaient leurs journées à nourrir, soigner, désinfecter, creuser des tombes, nourrir à nouveau, soigner, désinfecter... Cycle infernal qui les avait enfermés dans une spirale désespérée.

Le choléra se délectait du manque d'eau potable, de l'insuffisance de la nourriture, de la saleté du camp. Les femmes n'avaient plus de lait pour leurs enfants, les adultes se flétrissaient avant d'agoniser dans d'atroces convulsions, tandis qu'ils se vidaient, par tous les orifices, de flots d'excréments grouillants de vibrions prêts à infester de nouvelles victimes.

Rhadi, qui traînait partout avec Sarah, avait été une des premières à mourir. Les volontaires n'avaient pas encore reçu les médicaments qui permettaient d'enrayer la maladie. Sarah hurla de désespoir et de douleur devant le petit corps sans vie.

Dès qu'elle fut privée de celle qu'elle considérait comme sa fille adoptive, l'infirmière prit tous les risques, bravant la contamination. On la trouvait présente sur tous les fronts, nuit et jour, enfermée dans sa souffrance. Déterminée et aveugle à elle-même, elle ne prenait plus le temps de se reposer, de manger. Elle devait sauver les enfants, tel était son unique objectif, l'obsession qui l'empêchait d'écouter son corps et de le ménager.

Lorsque Rhadi était tombée malade, elle avait sauté au cou de Marc, comme pour l'étrangler, hurlant telle une furie :

– Tout ça, c'est de ta faute ! Avec ton stupide égoïsme...

Marc la regardait, interloqué.

– Si seulement tu avais accepté d'aider Antonio à construire des latrines correctes, rien de tout cela ne serait arrivé ! Mais Monsieur ne voulait plus se salir les mains Monsieur en avait déjà trop fait..

Elle était rouge, échevelée, les yeux exorbités.

Quand Rhadi, deux jours plus tard, était morte, elle s'était effondrée en sanglotant sur la petite fille. Marc avait essayé de la prendre dans ses bras pour la consoler, malgré la répugnance que lui inspirait la maladie. Mais Sarah s'était dégagée tellement violemment qu'elle lui avait fait mal :

– Va-t'en ! Ne me touche plus jamais ! Je ne veux plus jamais te voir...

Et elle avait repris sa plainte lancinante de bête blessée.

Oscar tomba malade à son tour. Elle veilla le petit garçon jour et nuit. Et parvint à le sauver. Mais Oscar avait été brisé par la mort de sa petite sœur. Il restait dans un état catatonique, comme si son cerveau s'était vidé en même temps que son corps. Prostré, muet, le regard vide, il passait ses journées recroquevillé sur lui-même, dans un coin de l'hôpital de fortune bâti par les humanitaires, indifférent à l'agitation qui l'entourait, indifférent aux sollicitations, comme au défilé des brancards chargés de malades en phase terminale.

Ils allaient finir engloutis par l'amoncellement des cadavres. Chaque aube en livrait un nouveau lot, corps déposés par les familles au seuil de la dérisoire tente qui tenait lieu d'hôpital, ou tout simplement abandonnés entre les abris. Les plastiques bleus moutonnaient à perte de vue dans la plaine nue, où les acacias désormais avaient disparu. D'autres réfugiés étaient venus rejoindre les premiers. Poussés par les rebelles, qui contrôlaient ainsi une partie de la population du Soro ? Spontanément attirés par les distributions humanitaires ? Il était difficile de savoir pourquoi chaque journée amenait de nouveaux arrivants. Rassurés par le nombre de ceux qui habitaient déjà le camp, ils venaient ainsi se jeter eux-mêmes dans la gueule du loup. Plus d'un demi-million de personnes à présent s'entassaient dans la savane. Elles espéraient l'aide alimentaire, mais c'était le choléra qui leur sautait dessus

Bornes sinistres, des haies de corps entassés marquaient les limites de chaque quartier. On ne prenait même plus la peine de les traiter avec respect : un bulldozer saisissait les cadavres pour les jeter dans des bennes, avant de les enterrer dans les fosses communes construites tout autour du camp. La mâchoire d'acier attrapait les bras et les jambes brindilles, enfants, adultes, hommes, femmes, tous mélangés, tous recouverts d'une couche de chaux, dont dépassaient encore un pied, une main, implorant le ciel d'une clémence qui ne viendrait plus. Lit de cadavres et lit de chaux, jusqu'à la couche finale de terre. Les remugles du charnier parvenaient à traverser l'humus pour rappeler aux vivants la présence obsédante des morts.

Des journalistes étaient venus prendre des photographies du camp. Mais quand ils avaient compris ce qui était en train de se passer, ils avaient rebroussé chemin, horrifiés. Ils s'étaient rassemblés en haut d'une colline, suffisamment loin des contaminés pour que le vibrion ne puisse franchir le cordon sanitaire invisible dont ils avaient ceinturé les condamnés. Leur batterie de téléobjectifs blancs et noirs, sur son promontoire, telle une armée d'yeux ronds, cernait les suppliciés, enregistrait à distance leur agonie, portraiturait les murs de cadavres. Les photographes braquaient leurs viseurs sur les enfants atteints mais encore debout, qui titubaient en se soutenant les uns les autres, telles de vivantes et chancelantes béquilles.

– Que de paparazzi ! Nous sommes devenus des stars ! ricanait Anne.

Et comme si l'horreur n'avait pas atteint son apogée, les auxiliaires refusaient désormais de se livrer à la corvée de ramasser les cadavres, de creuser encore et toujours de nouvelles sépultures dans la terre grasse, négociant âprement une augmentation de salaire au milieu des linceuls. Antonio, Anne, Marc, les volontaires américains, tous étaient de nouveau solidaires maintenant. La mort menaçait chacun d'entre eux, rebelles et humanitaires, soldats et victimes, sans faire le tri. L'équipe n'en pouvait plus. Des jours qu'ils ne se nourrissaient plus que de lait en boîte et de riz, agrémenté de concentré de tomates. Chaque repas pris au milieu des malades était une épreuve.

En tant que responsable de la branche humanitaire du Front, Antonio recevait sans cesse la visite de membres d'ONG en mission exploratoire, d'hommes politiques occidentaux, de personnalités médiatiques. Beaucoup effectuaient leur visite dans un but de promotion personnelle, en se gardant bien d'approcher trop près des contaminés. Des photographes mitraillaient sous tous les angles la solidarité photogénique de tous ces illustres visiteurs. Chacun promettait de revenir, chaque ONG plantait son drapeau dans un coin du camp. Il y avait les islamiques, qui ne soignaient que les bons musulmans, les chrétiennes, qui accueillaient tout le monde mais ne pouvaient s'empêcher elles aussi de prêcher. Les unes et les autres présentaient l'épidémie comme un fléau de Dieu, entraînant leurs bénéficiaires dans de grandes cérémonies de culpabilisation collective, baptisant à tour de bras avant que la mort ne fauche les convertis. Il y avait aussi les urgentistes qui promettaient de superbes hôpitaux prêts à l'emploi ; seulement le matériel, acheminé en kit par des avions-cargos trop gros pour se poser près du camp, mettait des années-lumière à être acheminé : les camions s'embourbaient dans les pistes ravagées par la saison des pluies. Il y avait enfin le tout-venant de ceux qui s'improvisaient humanitaires et arrivaient pleins de bonne volonté, au volant d'un camion rempli des choses les plus diverses. Le temps d'ouvrir la remorque et la totalité du chargement avait disparu, pillé par les plus vaillants des réfugiés, ceux qui précisément n'avaient besoin de rien. Les bons samaritains restaient là, les bras ballants, un peu désorientés que tout soit allé si vite. Ils rentreraient chez eux en proclamant que l'aide était arrivée à bon port, puisqu'ils y avaient personnellement veillé.

Mais la logistique ne suivait pas. Feed paraissait maintenant sur une autre planète que le camp. Les journaux du monde entier ne parlaient que de l'épidémie de choléra qui ravageait le peuple soro. Elvis Dieudonné intervenait sur toutes les chaînes de télévision pour témoigner, lancer des appels à la solidarité internationale. Grâce au béret rouge, les gens le reconnaissaient immédiatement. Il était devenu aussi populaire qu'une vedette de variétés, qu'un grand joueur de football. Des tee-shirts étaient apparus à son effigie, les boutiques branchées s'étaient lancées dans le rutilant béret. Les jeunes arboraient ces nouvelles icônes, qui remisaient au grenier des vieilleries celles de leurs parents. Même son nom était devenu une marque de référence dans le catalogue des prophètes vivants, un cri de ralliement pour tous les damnés de la Terre.

L'inconvénient de cette consécration, c'est que Dieudonné ne mettait plus les pieds dans le Soro, sinon pour de rapides apparitions, escorté par une telle cour de journalistes et d'accompagnateurs qu'il était devenu difficile de l'approcher, encore plus de lui parler.

Un jour où l'ex-chef des rebelles effectuait dans les camps de la frontière une de ses nombreuses visites éclair dont il avait désormais le secret, son hélicoptère se posa sur le site où l'équipe de Feed tentait vaille que vaille d'endiguer l'épidémie. Les pales tournaient encore que des centaines de personnes, accourues de tout le camp, cernaient déjà l'appareil, au risque de se faire décapiter par l'hélice.

Dès sa sortie de l'appareil, Dieudonné fut accaparé par la meute de ses fidèles, bientôt évincés par les journalistes qui, pour une fois, avaient consenti à descendre de leur colline. Pendant qu'il donnait des interviews, son service d'ordre repoussait à distance la foule des miséreux, venus acclamer leur leader.

Ce jour-là, Antonio était présent au camp. Lui aussi se précipita sur Dieudonné, espérant pouvoir lui faire part des difficultés qu'il rencontrait dans l'acheminement de l'aide. Au milieu de la foule des solliciteurs, l'ex-chef des rebelles lui jeta un regard distrait puis, comme il insistait, lui fit comprendre que le moment était mal choisi pour l'importuner de détails matériels. Comme Antonio s'accrochait, déplorant la situation dramatique des camps de la frontière, l'homme lui jeta, impatient :

– Je suis désolé, Antonio, mais tu vois bien que je n'ai pas le temps maintenant. Le mieux, c'est que tu en parles à mon directeur de cabinet.

Il désigna à l'Espagnol, interloqué, la silhouette blanche de Johnson, qui paradait plus loin au milieu d'un essaim de jolies reporters, dont les micros ouverts recueillaient les précieux propos du flamboyant guerrier.

Antonio était reparti, découragé. Il aurait aimé confier à Anne sa désillusion, comme avant, à MCF. Mais ce temps-là était terminé. Et il la voyait tellement angoissée, tellement submergée par l'ampleur de la tâche, qu'elle n'aurait même pas savouré ce juste retour des choses.

La nourriture manquait, la chaleur était insupportable, l'odeur suffocante. Les insectes s'insinuaient partout. Râles, plaintes, gémissements, incapacité de faire face à toutes les demandes qui arrivaient en même temps, toutes aussi urgentes les unes que les autres, Anne, Marc, l'équipe humanitaire étaient en train de perdre pied. Seule Sarah faisait face. Elle évoluait désormais dans un monde à part, comme si les épreuves l'avaient détachée de tout. Diaphane, elle qui avait été si ronde, elle vivait en apesanteur. Disponible jour et nuit, aérienne, flottant dans ses vêtements devenus immenses pour son corps qui ne pesait plus rien, elle veillait à tout, tenait à bout de bras la mission qui, sans elle, se serait désagrégée.

– Elle est en train de se sanctifier de son vivant, ma parole, notre madone de l'humanitaire, plaisanta un jour Antonio.

Anne lui jeta un regard noir. Elle avait oublié qu'elle aussi, un jour, avait eu le sens de l'humour. Plus rien ne pouvait la faire rire à présent. La situation empirait de jour en jour. Le camp s'était transformé en mouroir. L'aide promise n'arrivait pas. On disait pourtant les camions en chemin. La nourriture apportée par les petits avions, les seuls à pouvoir se poser sur la piste défoncée, parvenait tout juste à maintenir en vie les plus résistants. Les rations étaient comptées au plus juste et les affamés se battaient sauvagement entre eux pour quelques grains de riz tombés dans la boue. Les plus faibles ne pouvaient rivaliser. Marc comprenait parfaitement, désormais, ce que signifiait l'expression « groupes à risque de la faim », qu'il avait lue dans les manuels de MCF, à Paris : il n'y avait plus un vieillard, plus un enfant. Les hommes volaient la nourriture de leurs femmes. Et les femmes dévoraient l'écuelle de leurs enfants.

– C'est l'enfer. Nous sommes arrivés dans l'enfer, constata Marc.

– Leur enfer, corrigea Anne.

– Oui, mais il va devenir le nôtre si personne ne nous aide, rétorqua l'ingénieur.

Il ne supportait plus cette situation. L'impression de souquer sans fin au fond d'une galère, tandis que sur le pont supérieur, paradaient tous ceux qui avaient droit aux honneurs des médias et à la sollicitude universelle. D'un seul coup, l'Afrique et l'humanitaire lui faisaient également horreur.

– Je veux rentrer à Paris, dit-il un matin.

Anne le regarda avec stupeur. Mais elle ne dit rien. Elle aussi rêvait de partir. Mais elle, elle était chef de mission. Elle lui répondit simplement :

– Va-t'en, tu es libre.

Il prépara son paquetage avec un soulagement qu'il n'arrivait même pas à trouver lâche. Ses affaires tenaient dans un petit sac de voyage. Il se souvint de tout ce qu'il avait emporté huit mois auparavant. Il n'en restait presque plus rien. Son aventure humanitaire l'avait délesté. Il avait maigri. Il se sentait l'esprit vide et le corps harassé. Sans doute hébergeait-il pas mal de saletés qui le rongeaient de l'intérieur. L'Afrique était rentrée dans son corps et en occupait désormais tout l'espace.

Il prit place dans un des petits avions qui convoyaient l'aide. À côté de lui, le pilote communiquait par radio avec leur destination, un grand port de la côte. Mais personne ne répondait à ses appels à la tour de contrôle. Huit mois en arrière, Marc aurait trouvé la situation particulièrement inquiétante. Aujourd'hui, il regardait droit devant lui, indifférent. Il n'eut même pas un regard pour la ville de plastique qu'il quittait. Il avait réussi à s'arracher aux abîmes de la terre, au trou du cul du monde, comme avait dit un jour Antonio, avant qu'il ne travaille pour les rebelles. Marc repartait enfin vers la civilisation, laissant tout derrière lui sans un regret.

Avant de partir, il était allé saluer Sarah, qui avait à peine paru le remarquer. Elle se fichait de son départ, comme il se fichait de la quitter. Leur histoire n'avait pu avoir lieu que parce que tous deux avaient été transplantés dans un monde qui n'était pas le leur. Il était devenu celui de Sarah, mais il n'avait pas réussi à digérer Marc qui, désormais, ne voulait plus en entendre parler.

L'avion approchait de la mer. L'immensité bleue lui fit l'effet d'une délivrance, d'un baume apaisant sur son corps meurtri. Il remarqua de loin le port, où d'énormes minéraliers attendaient, rangés les uns derrière les autres comme sur un parking.

Ils se posèrent le long du rivage. Jamais Marc n'avait vu un paysage aussi merveilleux que cette ligne d'eau étale. Le pilote suivit son regard.

– Je sais ce que tu ressens. Mais surtout, même si tu dois attendre ton avion des jours, des semaines, ne te baigne jamais : elle est infestée de requins. Chaque année, des touristes se font dévorer.

Marc soupira. L'Afrique restait fidèle à elle-même, impitoyable derrière son sourire. Il sortit du cockpit et se dirigea vers l'aérogare. Sur le tarmac, une ligne impressionnante d'avions-cargos exhibaient leurs soutes béantes que personne ne déchargeait. L'aide alimentaire que le monde entier expédiait au secours des affamés était bien là. Pourtant l'endroit était désert.

– Pourquoi cette aide n'arrive-t-elle pas dans le Soro ? demanda-t-il au pilote.

– Il y a une grève des dockers. Tu as dû voir aussi les cargos dans le port. Ils exigent une augmentation de salaire en raison du surcroît de travail provoqué par l'aide.

L'homme haussa les épaules, fataliste.

– De toute façon, les autorités douanières réclament des droits tellement élevés pour laisser entrer les céréales que les transporteurs sont en train de négocier avec elles. Et comme ils négocient aussi avec leurs affréteurs pour répercuter ces taxes sur le prix du transport, la nourriture n'est pas près d'arriver. La grève arrange tout le monde. Elle permet de gagner du temps, pendant que chacun cherche à tirer son épingle du jeu.

Marc ne releva même pas. L'homme savait aussi bien que lui que le Soro, pendant ce temps-là, agonisait. Le pilote prenait chaque jour des risques pour acheminer l'aide alimentaire avec son petit avion. Le spectacle des soutes dégorgeant de sacs de nourriture devait lui sembler aussi indécent qu'à Marc.

Il entra dans un des entrepôts qui bordaient le tarmac. Les céréales envoyées par l'aide alimentaire internationale montaient jusqu'au plafond, exhibant les logos de toutes les grandes agences humanitaires du monde. Une montagne de grains. Beaucoup des sacs étaient éventrés. Des rats couraient au milieu du festin en poussant de petits couinements. Ils ne se cachèrent même pas à son arrivée.

La nourriture s'abîmait. Et Anne attendait, guettant chaque jour la piste vide en se demandant pourquoi ses appels à l'aide n'étaient pas entendus. Chaque jour, elle voyait fondre un peu plus les réserves du camp. Chaque jour, elle rationnait un peu plus les affamés. Et des monceaux de grains se perdaient, à deux cents kilomètres de là. Bientôt, ils pourriraient dans l'humidité tropicale, infestés de charançons, gâchés par l'urine des rats. Pendant ce temps, les squelettes tombaient dans les fosses communes, dans le craquement de leurs os entrechoqués. Marc vacilla. Il se sentait mal. Des vertiges, la fièvre. Avait-il lui aussi le choléra ?

Il entendit derrière lui un bruit insolite et pourtant familier qui le fit se retourner. Une vieille 2 CV grise arrivait. Il distingua à l'avant deux religieuses, âgées.

Elles se garèrent devant lui en faisant crisser les freins, heureuses de rencontrer un visage blanc. Celle qui conduisait extirpa son grand corps usé de l'habitacle dans un grand froissement d'aube.

– Pardon, monsieur, savez-vous où il faut mettre l'aide pour le Soro ? On nous a dit que les routes étaient impraticables à cause de la pluie et qu'il fallait apporter les secours au centre de fret.

La vieille dame s'exprimait d'une petite voix pointue, un peu inquiète.

– Là.

Marc désigna l'amoncellement de sacs, qui écrasait de sa masse compacte la frêle silhouette de la vieille dame. Tout en bas de la montagne de grains, la voiture ressemblait à un jouet d'enfant.

L'autre religieuse sortit à son tour de la 2 CV. Elle était aussi vieille, aussi ridée, aussi voûtée que sa collègue.

– On ne va pas les laisser là quand même. Nous avons promis au curé de les acheminer à bon port, déplora-t-elle.

– Je crois que nous n'avons pas le choix, constata l'autre, tout ennuyée. Elle se tourna à nouveau vers Marc :

– Vous êtes sûr, monsieur, que cette nourriture partira bien pour le Soro ?

– Certainement, ma sœur : des avions font tous les jours le trajet.

Marc se demandait s'il n'était pas en train de rêver. Il avait retrouvé, sans même en être conscient, la formule de déférence que ses parents exigeaient qu'il emploie, enfant, lorsqu'il se rendait avec eux au presbytère.

– Eh bien, dans ce cas, trouvons un des pilotes, décida la religieuse.

Marc leur désigna le hall tout proche où il avait vu entrer l'homme qui l'avait convoyé. Toutes voûtées qu'elles étaient, les deux femmes se dirigèrent d'un pas alerte vers la salle. Marc les suivit, décontenancé.

Ils entrèrent tous trois dans le hall, où l'agitation frénétique des aéroports africains les saisit soudain de son effervescence. Marc désigna le pilote : il se trouvait dans un coin de la salle, en grande discussion avec d'autres employés de la même compagnie, reconnaissables à leur identique chemise beige, garnie d'écussons.

Ignorant les habituels solliciteurs, qu'elles chassaient d'un revers de main agacé tout en marchant, les religieuses se dirigèrent vers le petit groupe. Marc aurait dit de loin qu'elles marchaient l'amble, tant leurs enjambées étaient identiques. Il les vit parlementer avec les pilotes, faire de grands gestes en désignant l'extérieur. L'homme qui avait convoyé Marc haussa les épaules, un geste qui devait lui être familier. Mais les religieuses n'en démordaient pas.

Finalement l'une d'elles fit demi-tour, tandis que l'autre restait avec les pilotes, continuant de négocier.

– Pouvez-vous m'aider, monsieur ? lança-t-elle d'un ton sans appel en arrivant à la hauteur de Marc.

Il acquiesça silencieusement et la suivit. Il transpirait à grosses gouttes, de plus en plus mal.

La femme l'emmena à sa voiture. Elle ouvrit le coffre. Il était plein jusqu'à la gueule de produits divers, de paquets de nouilles, de boîtes de sucre, de sachets de riz, de chocolat en poudre, de boîtes de conserve.

– Ah, suis-je bête, ce n'est pas là, dit la femme en refermant le coffre d'un claquement sec.

Elle contourna la 2 CV, ouvrit la portière, poussa une exclamation de satisfaction. Marc vit une grande valise glissée entre les deux banquettes. La religieuse empoigna la poignée, tira, mais la valise ne bougeait pas d'un pouce, coincée. La vieille femme se tourna d'un air impérieux vers Marc en désignant l'objet du délit. Il se fit un devoir de l'aider. En se penchant dans la voiture, l'odeur de poussière, de vieux, de sale, le révulsa. Il crut qu'il allait vomir. Retenant sa respiration, il banda tous ses muscles et parvint à arracher la lourde valise à son carcan.

La religieuse le remercia à peine.

– Pouvez-vous me la porter jusqu'à ces messieurs ? Vous serez bien aimable.

L'ordre ne souffrait pas d'être discuté. Il s'exécuta dans un semi-brouillard. Arrivée auprès du petit groupe, la religieuse lui arracha la valise des mains et la tendit autoritairement au pilote.

– Je compte donc sur vous pour l'apporter dans les camps.

Elle se tourna vers Marc, consentant enfin à lui donner une explication :

– Ce sont des médicaments pour ces pauvres gens du Soro.

L'autre femme ajouta d'un air important :

– Nous nous sommes personnellement engagées à ce qu'ils parviennent bien à leurs destinataires.

Dans le groupe des pilotes, personne ne sourit. Celui qui avait amené Marc dit d'un ton grave :

– Soyez sans crainte, mesdames. Votre valise part tout à l'heure dans mon avion personnel.

Satisfaites, les deux religieuses le remercièrent chaleureusement et tournèrent les talons. Marc les vit de loin vider le coffre de leur voiture. Elles entreposèrent soigneusement les paquets de nourriture dans le hangar, au pied de la montagne des sacs. De sa place, il n'arrivait même pas à discerner leurs provisions du reste de l'aide alimentaire, comme si elles avaient été déjà englouties. Il espéra que les rats avaient eu peur de la 2 CV et s'étaient cachés le temps de leur besogne.

*Cet ouvrage a été imprimé par*

FIRMIN DIDOT

GROUPE CPI

*Mesnil-sur-l'Estrée*

*pour le compte des Éditions Denoël*
*en mars 2003*

Cet ouvrage, composé
par I.G..S. - Charente Photogravure
à L'Isle-d'Espagnac,

*Imprimé en France*
Dépôt légal : avril 2003
N° d'édition : 122203 - N° d'impression : 63487